涉外法治人才培养系列教材
总主编　陈毅坚

美国海商法

郭　萍／著

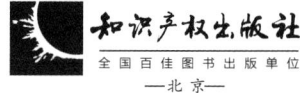
全国百佳图书出版单位
—北京—

图书在版编目（CIP）数据

美国海商法 / 郭萍著. -- 北京：知识产权出版社，2025.9. --（涉外法治人才培养系列教材 / 陈毅坚总主编）. -- ISBN 978-7-5130-9663-8

Ⅰ. D971.239.93

中国国家版本馆 CIP 数据核字第 2024HT4291 号

策划编辑：庞从容　　　　　　　　责任校对：谷　洋
责任编辑：张琪惠　　　　　　　　责任印制：孙婷婷
封面设计：乔智炜

美国海商法

郭　萍　著

出版发行：知识产权出版社 有限责任公司	网　址：http://www.ipph.cn
社　　址：北京市海淀区气象路 50 号院	邮　编：100081
责编电话：010-82000860 转 8782	责编邮箱：963810650@qq.com
发行电话：010-82000860 转 8101/8102	发行传真：010-82000893/82005070/82000270
印　　刷：北京建宏印刷有限公司	经　销：新华书店、各大网上书店及相关专业书店
开　　本：710mm×1000mm 1/16	印　张：22
版　　次：2025 年 9 月第 1 版	印　次：2025 年 9 月第 1 次印刷
字　　数：360 千字	定　价：98.00 元
ISBN 978-7-5130-9663-8	

出版权专有　侵权必究

如有印装质量问题，本社负责调换。

涉外法治人才培养系列教材编委会

总 主 编： 陈毅坚

编写委员会（以姓氏拼音为序）：

曹旭东　　陈健斌　　陈毅坚　　董淳锷
高秦伟　　郭　萍　　郭天武　　黄　瑶
李挚萍　　林　威　　刘晓光　　刘　瑛
罗剑雯　　梅成达　　闪　涛　　唐志峰
肖　潇　　谢进杰　　杨小强　　杨晓楠
于海涌　　张　亮

总 序

当今世界百年未有之大变局正在加速演进。以习近平新时代中国特色社会主义思想为指导，以习近平法治思想为根本遵循，党和国家坚持统筹推进国内法治和涉外法治，高度重视涉外法治人才培养。习近平总书记在二十届中共中央政治局第十次集体学习时强调："要加强专业人才培养和队伍建设。坚持立德树人、德法兼修，加强学科建设，办好法学教育，完善以实践为导向的培养机制，早日培养出一批政治立场坚定、专业素质过硬、通晓国际规则、精通涉外法律实务的涉外法治人才。"党的二十届三中全会《决定》进一步强调加强涉外法治建设，建立一体推进涉外立法、执法、司法、守法和法律服务、法治人才培养的工作机制。围绕着涉外法治人才培养，党和国家出台了一系列重要政策文件并作出了一系列重大战略部署。

中山大学地处粤港澳大湾区，位于国家改革开放前沿阵地，积累了多年的涉外法治人才培养经验，具有深厚的涉外法治人才培养基础。中山大学法学学科肇始于1905年成立的广东法政学堂，有着百余年的历史传统，底蕴深厚，法学大家史尚宽、周鲠生、杨兆龙、曾昭琼等曾在此任教。1979年7月，中山大学复办法律学系，最高人民法院原副院长、著名国际法学家端木正教授任系主任。2001年9月，复建法学院。中山大学法学院秉承"明德笃志、崇法守正"的中大法科精神，现已发展成国内外知名的法学重镇。为深入贯彻落实党中央关于统筹推进国内法治和涉外法治的重大战略部署与习近平总书记关于加强涉外法治人才培养工作的重要指示精神，中山大学根据国家重大发展战略、粤港澳大湾区发展实际以及学校学院学科发展规划，坚持需求导向、凸显学科特色，成立了多个国家级、省部级高端涉外法治研究平台，积极提升涉外法治研究水平，不断探索创新涉外法治人才培养模式。例如，2019 年入选教育部"双万计划"国家一流本科专业，2021 年、2022 年先后入选教育部、司法部法律硕士专业学位（涉外律师）研究生培养项目实施单位（全国首批 15 家）、法律硕士专业学位（国际仲裁）研究生培养项目实施单位（全国首批 20 家），2022 年获批成为首批国家级涉外法治研究基地，2023 年入选教育部首批涉外法治人才协同培养创新基地（培育），等等。

中山大学坚持完善以实践为导向的教育培养机制，坚持高质量培养新时代涉外法治高层次人才，不断探索"专业+行业"联合培养机制，提升产教协同育人成效，聚力推进我国涉外法治建设的高质量发展。在涉外律师专项中，中山大学与北京市金杜（广州）律师事务所、广东广信君达律师事务所、广东卓信律师事务所、中伦文德胡百全（前海）联营律师事务所、德和衡简家骢永本金月（前海）联营律师事务所、上海市方达（广州）律师事务所等高水平律师事务所开展联培合作。在国际仲裁专项中，中山大学与中国国际经济贸易仲裁委员会、中国海事仲裁委员会、北京仲裁委员会、上海国际经济贸易仲裁委员会、广州仲裁委员会、深圳国际仲裁院、珠海国际仲裁院、杭州仲裁委员会、海南国际仲裁院等知名仲裁机构开展联培合作。通过组建涉外法治人才联合培养团队，开展"双师同堂"，全面实行校内外"双导师制"联合指导模式，建设产教融合实践联培基地，在涉外法治人才培养上卓有成效。当前，中山大学已逐步形成并不断完善以学生成长成才为中心，"本研贯通、学专双轨、通专并重"的全方位、多元化、分层次的涉外法治人才培养体系，始终围绕培养学生学习力、思想力、行动力，提升学生引领未来的创新力，着力从党建引领、分类培养、实践教学、对外交流、融合交叉等方面探索培养新时代实践性、国际化、创新型涉外法治高层次人才。

高素质涉外法治人才的培养，离不开高质量涉外法治教材的支撑。《关于加强新时代法学教育和法学理论研究的意见》提出："完善法学教材体系。坚持以习近平法治思想为统领，通过抓好核心教材、编好主干教材、开发新形态教材等，构建中国特色法学教材体系。……推进中国法学系列教材建设，充分反映全面依法治国发展成就。"《教育部关于加快高校涉外法治人才培养的实施意见》也强调，要建设高质量涉外法治教材。以新时代马工程重点教材建设为引领，整体推进不同层次、不同类型高校涉外法治相关课程教材建设。鼓励支持涉外法治专家学者编写符合国家需要、体现学术专长的高水平教材。

长期以来，中山大学高度重视高水平涉外法治教材建设。早在20世纪八九十年代，由中山大学黎学玲教授主编的《涉外经济法教程》《国际贸易法大辞典》等优秀著述教材，就引领了涉外法治领域教材建设风气之先。之后，中山大学陆续出版《国际私法学》《当代法律英语》《商事仲裁法学》《法国民法总论》《法国债法总论》等涉外法治教材，被全国各大高校选用，部分教材被纳入国家级规划教材，深受师生好评。赓续传统、开创未来，为更好地支撑高水平对外开放和高质量涉外法治人才培养，中山大学以习近平法治思想为指导，积极回应新时期我国涉外法治建设与涉外法治人才培养需求，组建由中山大学专任教师和校外实务导师等涉外法治专家学者组成的教材编写团队，着力推进"涉外法治人才培养系列教材"建设。"涉外法治人才培养系列教材"立足我国实际需求，以涉外法治相关课程教学与科学研究为抓手，一方面，聚焦涉外法治自主知识体系建构，系统阐述相关涉外法治基础理论、实务运作并进行案例剖析，充分体现涉外法治建设和研究的中国智慧、中国特色和中国气派；另一方面，坚持"两个结合"，编译涉外法治相关领域的国内外重要规范文件，迻译涉外法治领域经典教材，推动文明交流互鉴。2024年喜逢中山大学建校100周年，中山大学法学院通过打造"涉外法治人才培养系列教材"，聚焦涉外法治建设最新实践，展现涉外法治研究最新成果，为中山大学百年校庆献礼，并以此聚焦国家重大战略和粤港澳大湾区发展需要，不断促进完善我国涉外法治教材体系，助力我国涉外法治人才培养质量提升，积极服务国家、地方涉外法治建设，为建设教育强国、推进中国式现代化作出新的更大贡献！

前　言

中国拥有五千年灿烂历史和文化，长期以来受到农耕经济和农耕文化的影响。尽管中国的造船和航海历史也非常悠久，早在夏商周时期就开始航海运输，秦汉时期从近海向远洋发展，与周边临海国家通航，并在唐宋时期设立了专门的海上贸易机构——市舶司，但是涉及海商方面的法律规定付之阙如。据史料记载，中国当代海商法起源于清朝光绪年间。明清之前，由于朝廷实行闭关自守、海禁森严的政策，海上贸易活动几乎没有开展，因此尚未形成私法意义上的海商法。1904 年，清政府颁布《钦定大清商律》，1908 年编纂《大清商律草案》，其中第五编"海船律"是中国近代海事立法的先声。尽管该草案未正式颁行，但对其后的海商立法产生了直接影响。1926 年，北洋政府对"海船律"进行局部修改，定名为《海船法案》后颁布实施。南京国民政府在此基础上于 1929 年 12 月 30 日颁布《中华民国海商法》，这是中国第一部专门的海商法，我国台湾地区现行所谓的"海商法"即继承了《中华民国海商法》。而《中华人民共和国海商法》（以下简称《海商法》）的起草则始于 1949 年中华人民共和国成立。[①]

中国《海商法》从 1951 年起草至 1993 年生效，历时 40 余年，凝聚了一代代中国海商法学者的辛苦努力和智慧结晶，其过程可以分为起草探索阶段（1951—1963 年）、起草恢复阶段（1981—1985 年）、持续推进阶段（1986—1992 年 10 月）、通过与生效阶段（1992 年

---

① 郭萍、黎理：《史径望海，借鉴反思：中国海商法回顾与展望》，载《中山大学学报（社会科学版）》2021 年第 2 期，第 135 页。

11月—1993年7月)。

基于航运业对国民经济发展的重要性，新中国成立后不久，中央人民政府就于1951年组建了由25人组成的海商法起草委员会。①在适当参考苏联海商法章节编排及条文内容的基础上，起草委员会历经无数次研究、讨论和修改，至1963年完成《海商法（草案）》第九稿，并报送相关部门审查。1963—1981年因种种原因起草工作被迫中止，1981年重新恢复起草工作。随着国家改革开放政策的实施，我国经济管理体制从计划经济向市场经济过渡。为促进航运业繁荣和推进国际贸易发展，我国于1981年恢复成立海商法起草委员会，形成以时任交通部副部长为主任委员的40人委员会，并下设由9人组成的起草委员会办公室，专门负责组织协调与起草工作。起草委员会办公室在收集、整理、翻译了大量国外海事法律、法规，以及借鉴参考相关国际海事条约的基础上，确定了海商法立法原则、法律形式与主要章节架构等，并先后形成《海商法（送审修改稿）》《海商法（送审稿）》等文本。为有效推进立法工作，1989年1月成立由5人组成的海商法审查研究小组开展后续工作。②

自1989年2月起，海商法审查研究小组先后赴中国人民保险公司、中国远洋运输总公司、中国国际贸易促进委员会等单位进行实地调研，并与国内主管部门、科研机构、高等院校、海事法院、港航企业、经贸企业等进行广泛而深入的沟通与交流。③ 同时期，海商法审查研究小组还派员向与海事相关的政府间国际组织、非政府间国际组织、国外专业海事律师事务所、国外著名海商法专家等咨询并征求意见。经过上述国内外广泛调研及征求意见，形成了1991年3月31日《海商法（修改稿）》。国家有关部门就该修改稿又先后召开3次论证会，分别征求交通与经贸系统、全国海事法院系统、

---

① 司玉琢：《艰辛的历程，辉煌的成就——纪念〈海商法〉实施三十周年》，载《中国海商法研究》2023年第2期，第3页。
② 司玉琢：《艰辛的历程，辉煌的成就——纪念〈海商法〉实施三十周年》，载《中国海商法研究》2023年第2期，第4页。
③ 司玉琢：《艰辛的历程，辉煌的成就——纪念〈海商法〉实施三十周年》，载《中国海商法研究》2023年第2期，第4—5页。

国内民商法与国际法专家等的意见,不断改进立法技术,力求在多个焦点问题上消除分歧、达成共识。1991年8月8日,《海商法(草案)》正式形成并提交全国人大常委会法工委。

1992年6月,国务院常务会议审议通过《海商法(草案)》。全国人大常委会在对草案审议稿多次征求意见并协调综合各方意见后,在1992年11月召开的第28次会议上高票通过《海商法》——101位常委中,98位赞成,2位弃权,1位反对。该法于1993年7月1日正式生效。①

中国《海商法》在起草过程中,特别注意结合本国国情和国际航运、国际贸易发展的实际情况,注重船方与货方之间的利益平衡,其条文的国际化特征十分显著。该法90%以上的条文规定吸收、采纳或借鉴了相关国际公约、国际惯例或外国立法例。这一特征在海商法立法原则和指导思想中得以体现,即"有公约的依照国际公约;没有公约的依照事实上起了国际公约作用的民间规则;没有这种规则的,参考具有广泛影响的标准合同"②。随着中国《海商法》的实施及其司法实践的发展,有关海商法的学术研究活动方兴未艾。国内从事海商法教学研究的人员,大多具有英国留学或访学的经历或背景,这使国内涉及英国海商法领域的学术研究成果十分丰硕,有关英国经典海商法著作的译著层出不穷。但是与之形成鲜明对比的是,国内针对同属普通法系的美国海商法的学术研究仍相对薄弱,成果有限。

承蒙教育部国家留学基金委资金支持,笔者曾以访问学者身份于2000—2001年赴英国南安普顿大学留学,旁听了给海商法专业硕士研究生开设的全部课程。2007—2008年,笔者有幸得到富布赖特项目的支持,作为中美富布赖特高级访问学者在美国杜兰大学访学,学习了法学院针对法律博士生开设的海商法相关课程。这两段经历使笔者能够深刻了解英美两国在法律渊源、法律体系,尤其是海商

---

① 司玉琢:《艰辛的历程,辉煌的成就——纪念〈海商法〉实施三十周年》,载《中国海商法研究》2023年第2期,第5页。
② 郭萍、黎理:《史径望海,借鉴反思:中国海商法回顾与展望》,载《中山大学学报(社会科学版)》2021年第2期,第136页。

法法律制度等方面的异同。从美国回来之后,笔者在给硕士研究生讲授英美海商法课程时,常常受困于国内尚无合适的中文参考书目,仅有的几本相对体系化的涉及美国海商法的教材或论著,也大都因为出版于20世纪90年代而面临需要更新和补充的问题。因此,笔者萌生了撰写本书的想法。

美国与英国虽然都是普通法系国家,但其法律存在比较明显的差异。如果一定要寻求海商法的普遍性,那么仅能描述出一些大致特征,例如"家族相似性"。① 作为普通法系的主要国家,美国同样遵循先例原则,这使得判例法制度成为美国海商法不可或缺的一个主要特征。这一判例制度汇集了美国法官在司法审判活动中处理司法案例法律智慧的所有精华。一方面,这些传统的判例集能够激发美国法官调动自身积极性并强化责任感以审理每一个案件。因为一旦某个经典的案例判决成为判例,便足以使该法官名垂青史。当然,并非每位法官都能拥有这样的良机,但是这种传统理念已经足以使法官们更加努力地保持自己的职业操守。另一方面,为了使判例法制度能够持续保持生机和活力,法官们要不断根据现实生活的发展和变化,在审理具体案件中,策略性地选择创设规则并不断贡献司法智慧,从而很好地体现出融已有法律传统与创设法律新知于一体的"一体双元"的精神。②

此外,美国是联邦制国家,建立在充分尊重各州自主的基础之上,各州享有独立的立法权,因此形成了美国联邦法律和州法律并存的独特现象。根据1791年《美国宪法》第十修正案的规定,凡是宪法未授予合众国的权力以及宪法不禁止各州行使的权力,由各州各自保留,或由人民保留。因此,在宪法规定的权限范围内,只要不与联邦法律相悖,各州就有权制定各自的法律以弥补联邦法律的缺漏。

尽管美国法律制度与英国法律制度存在许多差异,但是其共同

---

① 郑智:《英美法系法律人职业范式的轨迹——以英国与美国为例》,载何勤华主编:《英美法系及其对中国的影响》,法律出版社2009年版,第159页。
② 郑智:《英美法系法律人职业范式的轨迹——以英国与美国为例》,载何勤华主编:《英美法系及其对中国的影响》,法律出版社2009年版,第162页。

特征仍然清晰可辨，正如罗斯科·庞德（Roscoe Pound）在《普通法的精神》一书中所坚信的那样，在现代世界，似乎没有别的制度能够像英美法律传统那样富有活力且坚韧顽强。普通法作为司法和法学思维模式的一种，提供的是解决法律问题的方法，而不是一成不变的具体条文规定。但是，普通法总是能够成功地按照已有的法律原则创造出各种具体条文规定，而不论其渊源如何；也总是能够一如既往地捍卫其法律原则，无论那些要推翻、取代这些法律原则的企图是多么来势凶猛。①

2020年11月16—17日召开的中央全面依法治国工作会议，明确了习近平法治思想在全面依法治国中的指导地位。习近平总书记对当前和今后一个时期推进全面依法治国要重点抓好的工作提出了11个方面的要求，其中强调"坚持统筹推进国内法治和涉外法治"②。而中国走向世界，以负责任大国参与国际事务，必须善于运用法治。因此，在坚持统筹推进国内法治和涉外法治的进程中，我国应积极参与国际规则制定，做全球治理变革的参与者、推动者、引领者。而涉外法治人才培养则是实现上述目标的重要抓手。希望本书对国内法学院相关涉外法治人才的培养，对从事国际贸易、国际航运与国际物流工作的实务人员，参与涉外纠纷解决的司法人员及法律服务工作者等具有参考价值。

---

① ［美］罗斯科·庞德：《普通法的精神》，唐前宏等译，法律出版社2001年版，第1页。
② 参见《为千秋伟业夯基固本——习近平法治思想引领新时代全面依法治国纪实》，载新华网，http://www.xinhuanet.com/politics/2020-11/18/c_1126756747.htm，最后访问日期：2024年7月16日。

目 录

第一章 承继与发展：美国法律制度 / 1
  第一节 承继的基础：英国民事法律制度 / 3
  第二节 发展的源流：美国历史与政府架构 / 10
  第三节 美国法律的渊源及法律位阶 / 18
  第四节 美国法院体系 / 29

第二章 美国有关海商案件管辖及程序规定 / 36
  第一节 海商与海事的区别与联系 / 36
  第二节 美国海商案件管辖权的法定性与限定性 / 39
  第三节 海事侵权案件的管辖及其确定 / 41
  第四节 海事合同案件的管辖及其确定 / 61
  第五节 多重管辖的法律问题 / 70

第三章 美国海商法的形式及法律适用 / 85
  第一节 美国海商法形式的基本类型 / 85
  第二节 美国海商法形式的特殊类型：一般海商法 / 85
  第三节 海商法律适用选择之一：美国法或外国法 / 86
  第四节 海商法律适用选择之二：联邦法或州法 / 89

第四章 海事案件的诉讼程序 / 97
  第一节 《联邦民事诉讼程序规则》概述 / 97
  第二节 海事诉讼特别程序规则 / 104

第五章 与货物运输相关的商事规则 / 121

第一节 货物运输法概述 / 121

第二节 租船合同 / 123

第三节 提单下的货物运输 / 144

第六章 海上人身损害赔偿 / 179

第一节 海上人身损害赔偿概述 / 179

第二节 船员人身损害赔偿救济的理由 / 186

第三节 非船员身份的海事雇佣服务人员人身损害赔偿救济 / 206

第四节 非海事雇佣服务人员的人身损害赔偿救济 / 221

第五节 非正常死亡的损害赔偿救济 / 226

第七章 船舶碰撞 / 235

第一节 船舶碰撞概述 / 235

第二节 美国碰撞法律的主要内容 / 238

第八章 海事赔偿责任限制 / 248

第一节 海事赔偿责任限制概述 / 248

第二节 海事赔偿责任限制主要内容及其程序 / 249

第九章 拖航合同 / 259

第一节 拖航合同概述 / 259

第二节 拖航合同双方当事人的权利与义务 / 260

第十章 船舶引航 / 264

第一节 船舶引航概述 / 264

第二节 引航规则、引航员及引航员协会责任 / 265

第十一章　海难救助 / 268

　　第一节　海难救助概述 / 268

　　第二节　海难救助的成立要件 / 270

　　第三节　合同救助和人命救助 / 278

第十二章　船舶优先权与船舶抵押权 / 281

　　第一节　船舶优先权 / 281

　　第二节　船舶抵押权 / 295

第十三章　海上保险合同 / 298

　　第一节　海上保险合同概述 / 299

　　第二节　海上保险合同的种类 / 306

第十四章　美国政府的海事责任及豁免 / 311

　　第一节　有关联邦政府海事责任及豁免的制定法 / 311

　　第二节　美国地区政府、外国政府海事责任及豁免 / 317

第十五章　共同海损 / 321

　　第一节　共同海损概述 / 321

　　第二节　共同海损构成要件 / 322

　　第三节　《约克—安特卫普规则》：共同海损理算规则 / 325

　　第四节　共同海损、过错与新杰森条款 / 326

　　第五节　共同海损声明书及计算 / 328

参考文献 / 330

后　记 / 334

第一章

承继与发展：美国法律制度

美国法律主要继承了英国法律的传统，但又与英国存在差异。例如在宪法制度、宪治思想方面，美国与英国截然不同。①

法律是一面魔镜，从这面镜子里，我们不仅能够看到自己当下的生活状态，还能看到前人的生活方式。美国法从不同角度反映出美国国家的历史发展。正如奥利弗·温德尔·霍姆斯（Oliver Wendell Holmes）法官所言，对法律的理性研究很大程度上是对历史的研究。尽管法律的历史可能不是美国社会完整历史的再现，但是如果忽略了美国法律制度的发展，那么美国的历史也就变得不完整并且会被歪曲。②

在美国，法律对生活的各个方面始终发挥着不容忽视的关键作用，法律和社会之间存在着异常紧密的联系。美国出现的一些政治问题，也大多通过司法途径予以解决。因此从某种意义上讲，美国独立战争可以视为一场法律斗争。③ 在签署美国《独立宣言》文件的56人中，有25人是律师；在美国制宪会议的55名成员中，有31人是律师；在美国第一届国会上，参加会议的29名参议员中，有10人是律师，参加会议的65名众议员中，有17人是律师。④ 因此从这段历史回顾中可以发现，美国国家制度的构建始终体现着法治精神，其中尤为突出的表现就是律师和法官发挥了积极的作用，美国民众依

---

① [美]伯纳德·施瓦茨：《美国法律史》，王军、洪德、杨静辉译，法律出版社2018年版，序言第1页。
② [美]伯纳德·施瓦茨：《美国法律史》，王军、洪德、杨静辉译，法律出版社2018年版，第21页。
③ [美]伯纳德·施瓦茨：《美国法律史》，王军、洪德、杨静辉译，法律出版社2018年版，第22—24页。
④ [美]伯纳德·施瓦茨：《美国法律史》，王军、洪德、杨静辉译，法律出版社2018年版，第26页。

法行事也成为普遍的风尚。与很多国家相比，美国人民更加充分地受到法律文化的熏陶。①

美国存在一个独特的现象，既遵循传统普通法，也制定自己的联邦法。自 1607 年第一批英国人在弗吉尼亚开始定居，北美殖民地时期的序幕由此拉开。② 殖民地居民以英格兰人为主，还有少数非洲人、荷兰人、法国人、德国人、爱尔兰人、苏格兰人、西班牙人、瑞典人、瑞士人等。他们大多为商人、工匠、种植园园主或劳工、小农户以及拓荒者。这些居民分散在 13 个殖民地，在英国国王的统治下，这 13 个殖民地彼此独立，有不同的政权组织形式。在美国独立战争爆发之前，上述 13 个殖民地处于相互独立、自给自足的状态。但是在 18 世纪中叶，英国对殖民地原料、市场及土地采取管控政策，被认为侵犯了殖民者的自由，因此殖民地的各方代表于 1774 年在美国费城召开殖民地联合会议（史称"第一届大陆会议"），由此开启了各个殖民地联合行动的篇章。之后各个殖民地与作为宗主国的英国之间的矛盾激化，因此爆发了独立战争，并于 1776 年通过《独立宣言》。在此基础上，来自各个殖民地的代表就殖民地联合问题起草了《联邦条例》，并达成共识，即明确在不损害各殖民地原有独立性和自治权的前提下，建立一个强大的联邦国家，这些共识在 1789 年生效的《美国宪法》中得以确认。③

如前文所述，北美 13 个殖民地的政治组织演进路径不统一，导致各个殖民地的法律制度也各不相同。由于各个殖民地在受英国国王控制程度和自身经济发展状况等方面存在差异，其法律制度具有各自独特的历史背景。除了英国本土的法律制度及法律体系对各个殖民地产生了巨大影响，在相当长的一段时间内，西班牙、法国等国家的法律制度也在一些殖民地留下了不同印记。因此一些州的法律，例如路易斯安那州的法律，就具有明显的大陆法系痕迹。但是总体而言，各个州法律的相似之处远不及它们之间的差异。除了殖民地法，美国还通过宪法、司法判决或其他制定法等不同形式继受了部分

---

① ［美］伯纳德·施瓦茨：《美国法律史》，王军、洪德、杨静辉译，法律出版社 2018 年版，第 22 页。
② ［美］艾伦·法恩思沃斯：《美国法律体系》（第 4 版），李明倩译，上海人民出版社 2018 年版，第 3 页。
③ ［美］艾伦·法恩思沃斯：《美国法律体系》（第 4 版），李明倩译，上海人民出版社 2018 年版，第 3—5 页。

英国法律，总体上受英国法影响深远，尤其是在法律研习方法、大部分法律术语以及英国普通法的一些原则和概念方面，美国法律与英国法律存在更多相似性。①

第一节　承继的基础：英国民事法律制度

一、英国民事法律渊源

英国民事法律渊源主要包括判例法和成文法。2020年1月31日，英国正式离开欧盟，结束了其47年的欧盟成员国身份。在"脱欧"之前以及"脱欧"过渡期内，一些欧盟法律也是英国处理涉及欧盟事务的主要法律依据。虽然英国"脱欧"之后将不再受欧盟法律的约束，但是欧盟一些法律规定已经被英国转化为其国内法的一部分，仍将在英国法律体系下发挥作用。

（一）判例法

判例法是英国民事法律最主要的渊源，遵循先例原则是判例法的核心和基础。一般法律原则是英国法院在长期的司法实践中逐渐累积的古老法则，包括来自普通法和衡平法的一般原则。

（二）成文法

成文法是由英国国家立法机构颁布的法律文件，包括法案、法规、规章等，其中法案是最重要的成文法形式。英国最高立法机构是议会。英国议会由君主、上院和下院组成。议会中作为君主的国王或女王仅为象征意义的领袖，权力十分有限。上、下两院均设有全院委员会、常设委员会、特别委员会、联合委员会等机构，协助议院审查有关议案。上院议长由大法官兼任，议员包括王室后裔、世袭贵族、终身贵族、教会大主教及主教。下院议长按惯例由多数党议员出任，议员由选民按小选区多数代表制直接选举产生。

立法程序包括3个阶段：一是提出议案。议案分公议案、私议案和混合

---

① ［美］艾伦·法恩思沃斯：《美国法律体系》（第4版），李明倩译，上海人民出版社2018年版，第7—12页。

议案 3 种。二是通过议案。任何议案都必须经上下两院各自的"三读"程序通过，然后交君主批准才生效。三是公布议案。议案经议会两院通过后，即呈送君主批准，由君主发给特许证书，交两院议长宣布，有时由王室委员会宣布。君主对议案有否决权，但一般不会拒绝批准已经由议会两院通过的议案。

二、英国法院体系及管辖制度

英国拥有悠久的法律文明和独特的法律传统，其司法体制也是在长期历史传统和司法实践中逐渐建立起来的，这也决定了英国法院体系及管辖制度具有明显的复杂性和烦琐性。总体上，英国有 3 种不同的法律体系：英格兰和威尔士实行普通法系，苏格兰实行民法法系，北爱尔兰实行与英格兰相似的法律制度。司法机构分民事法庭和刑事法庭 2 个系统。在英格兰和威尔士，民事审理机构按级分为郡法院、高等法院、上诉法院民事庭、最高法院；刑事审理机构按级分为地方法院、刑事法院、上诉法院刑事庭、最高法院。最高法院是英国所有民事案件的最终上诉机关，也是英格兰、威尔士和北爱尔兰所有刑事案件的最终上诉机关。苏格兰高等法院是苏格兰所有刑事案件的最终上诉机关。[①]

事实上，英国法院体系中存在着审级不同、管辖权各异的法院。从管辖权角度来看，英国法院可以分为普通管辖权法院和特别管辖权法院。而普通管辖权法院根据不同的标准，又可以分为民事法院和刑事法院、高级法院与基层法院、档案法院与无档案法院。民事法院主要解决公民之间以及公民与国家之间涉及违约、侵权和权力机关错误行使权力等方面的纠纷；刑事法院主要审理被告人触犯刑事法律的指控并作出判决。高级法院主要包括最高法院、上诉法院、高等法院、刑事法院，其管辖权不受诉讼标的大小及地域限制；基层法院主要包括郡法院与治安法院。档案法院是指将诉讼过程中形成的文件制作成永久档案并存放在公共档案办公室的法院，既可以是高级法院，也可以是基层法院；治安法院是无档案法院。

---

① 参见《英国国家概况》，载中国外交部网站，https://www.mfa.gov.cn/web/gjhdq_676201/gj_676203/oz_678770/1206_679906/1206x0_679908/，最后访问日期：2024 年 7 月 16 日。

(一) 普通管辖权法院

1. 上院与最高法院

2009年10月，英国最高法院正式成立，将取代上院成为英国最高级别的法院。① 长期以来，作为最高立法机构的英国议会，一直掌握着部分司法权，上院上诉委员会是英国最高的终审司法机构。根据2005年《宪法改革法案》（Constitutional Reform Act 2005）第三部分的规定，英国将议会的司法权与立法权分离，从而形成议会立法权、最高法院司法权与英国政府行政权三权分立的架构。作为上诉法院，英国最高法院不能直接受理民事、刑事案件，而只能受理下级法院提交的上诉案件。主要涉及的案件类型包括：英国民事最终上诉案件，英格兰、威尔士、北爱尔兰刑事最终上诉案件，涉及重大公共法律问题的上诉案件，涉及公共利益以及宪法性质的重要案件，以及有助于维护和发挥英国最高法院作为普通法领域领导者作用的案件。

《联合王国最高法院有关苏格兰地区上诉案件管辖：人权、2012年〈苏格兰法案〉、2014年〈法院改革（苏格兰地区）法案〉》［The Jurisdiction of the Supreme Court of the United Kingdom in Scottish Appeals: Human Rights, the Scotland Act 2012 and the Courts Reform (Scotland) Act 2014］② 就苏格兰地区上诉案件的管辖问题明确了两个层面的内容：一是规定了英国最高法院有权受理根据《欧洲保障人权和根本自由公约》（以下简称《欧洲人权公约》）所提起的涉及人权问题的所有民事、刑事最终上诉案件。因为根据《欧洲人权公约》的规定，设立在法国斯特拉斯堡的欧洲人权法院只能受理欧盟成员国已经穷尽所有国内救济手段仍无法解决的涉及人权问题的案件。二是根据2012年《苏格兰法案》（Scotland Act 2012）以及2014年《法院改革（苏格兰地区）法案》［Courts Reform (Scotland) Act 2014］的规定，苏格兰高等法院为苏格兰地区所有刑事案件的最终上诉机关，无须将苏格兰地区刑事案件上诉至英国最高法院，而苏格兰地区所有民事案件的最终上诉机关仍然是英国最高法院。但是在符合法律规定的情形下，英国最高法院还存在

---

① 参见英国最高法院网站，https://www.supremecourt.uk/about/role-of-the-supreme-court.html，最后访问日期：2022年7月19日。

② 参见英国最高法院网站，https://www.supremecourt.uk/about/role-of-the-supreme-court.html，最后访问日期：2022年7月19日。

受理苏格兰地区刑事上诉案件的可能。因为根据 1998 年《苏格兰法案》（Scotland Act 1998）的规定，英国枢密院司法委员会享有针对"符合审查事项"的法定审查权，在英国最高法院成立后，枢密院的这项审查权就转由英国最高法院享有。1998 年《苏格兰法案》附表 6 规定，"符合审查事项"包括：一是苏格兰议会通过的法案或其具体条款是否属于该议会的立法权限范围；二是苏格兰政府成员的行为；三是苏格兰政府成员的作为或不作为超出欧盟法律或相关公约所规定的权利范围。① 2012 年《苏格兰法案》再次明确，若苏格兰地区的刑事案件涉及"符合审查事项"，则英国最高法院享有受理该案件的权力。2012 年《苏格兰法案》第 34 条第 3 款和第 36 条第 6 款规定，"符合审查事项"包括如下方面：一是公权力机关的行为或其行为的目的超出公约规定的权利范围或者违反欧盟法律规定；二是苏格兰议会通过的法案或其具体条款超出公约规定的权利范围或者违反欧盟法律规定。②

英国最高法院由 12 位大法官组成，他们全部由英国君主任命。其中的 11 位大法官系常任上诉法官，包括最高法院院长、副院长各 1 名。12 位大法官中有 2 位来自苏格兰地区，1 位来自北爱尔兰地区。大法官候选人必须具备担任高级司法职务 2 年以上的经历。高级司法职务经历主要是指在英格兰、威尔士和北爱尔兰地区高等法院担任法官的经历，在英格兰、威尔士和北爱尔兰地区上诉法院担任法官的经历，在英格兰、威尔士地区担任出庭律师 15 年以上，或者具有司法任命资格并在英格兰、威尔士地区担任事务律师 15 年以上的经历。

英国最高法院是英国所有民事上诉案件以及除苏格兰地区之外的其他大部分地区刑事上诉案件的终审法院，同时英国枢密院司法委员会扮演一些独立的英联邦国家民事、刑事上诉案件终审法院的角色，例如英国枢密院司法委员会审理来自巴哈马、特立尼达和多巴哥、牙买加和毛里求斯等英联邦国家，泽西岛、根西岛和马恩岛等英国皇室属地的上诉案件，以及来自英国百

---

① 1998 年《苏格兰法案》附表 6，参见英国最高法院网站，https：//www.supremecourt.uk/docs/jurisdiction-of-the-supreme-court-in-scottish-appeals-human-rights-the-scotland-act-2012-and-the-courts-reform-scotland-act-2014.pdf，最后访问日期：2023 年 7 月 10 日。

② 2012 年《苏格兰法案》第 34 条第 3 款和第 36 条第 6 款规定，参见 Legislation.gov.uk 网站，https：//www.legislation.gov.uk/ukpga/2012/11/contents，最后访问日期：2025 年 8 月 20 日。

慕大、直布罗陀等其他海外领地的上诉案件。①

英国最高法院开庭审理案件时，其法庭通常由5名大法官组成。但是根据案件的具体情况，也会出现由7名或9名大法官组成法庭的情形。目前，最高法院庭审程序主要延续了上院上诉委员会制定的庭审程序，只是在部分案件中进行了一些创新和改革。

2. 上诉法院

上诉法院是根据1873年《司法法案》（Judicature Act 1873）设立的。当时，英国准备废除上院的司法管辖权，因此将上诉法院设为终审法院。但是废除上院司法管辖权的提案最终没有通过，所以上诉法院属于高级法院，不是"最高法院"。根据1981年《最高法院法案》（Supreme Court Act 1981），上诉法院的法官包括首席大法官、上诉法院民事庭首席法官、高等法院家事分庭庭长、高等法院大法官法庭的副大法官以及35名上诉法院大法官等。英国议会可以决定增加上述法官的数量。上诉法院大法官的人选必须具备高等法院法官或者15年出庭律师资历。上诉法院包括民事审判庭和刑事审判庭。

3. 高等法院

高等法院成立于1873年，设立伊始包括5个分庭，分别是大法官法庭、王座法庭、普通法法庭、财政法庭以及遗嘱检验、离婚及海事法庭。1880年，普通法法庭和财政法庭被撤销，其管辖权由王座法庭行使。根据1970年《司法管理法案》（Administration of Justice Act 1970）的有关规定，遗嘱检验、离婚及海事法庭更名为家事法庭。因此目前高等法院包括大法官法庭、王座法庭以及家事法庭。高等法院的法官包括大法官法庭的大法官和副大法官、王座法庭的首席大法官和副大法官、家事法庭庭长和高级法官，以及一定数量的普通法官。这些普通法官必须具备10年以上出庭律师资历或担任过2年以上巡回法官，他们由大法官以君主的名义任命，又被称为助理法官。

王座法庭的法官会在伦敦以外的各个巡回地点审理高等法院的民事或刑事案件。王座法庭之下设有商事法庭和海事法庭。随着越来越少的民事案件适用陪审团制度，王座法庭的初审案件大多由独任法官审理，并且大多数以调解或撤诉方式结案，只有1%的案件最终通过诉讼解决。

---

① 参见《最高法院年度报告与账目（2009—2010）》，载英国最高法院网站，https：//www.supremecourt.uk/about/planning-and-governance.html，最后访问日期：2024年5月19日。

商事法庭主要受理因贸易和商业纠纷而起诉的案件，主要包括文书方面的纠纷，商品出口或进口方面的纠纷，货物的陆路运输、海上运输、航空运输或管道运输方面的纠纷，石油、天然气开发和利用方面的纠纷，保险和再保险方面的纠纷，银行和金融服务方面的纠纷，市场运作、商业代理纠纷，以及仲裁案件纠纷。

根据1995年《商船航运法案》（Merchant Shipping Act 1995）的规定，海事法庭主要受理如下案件：海事对物诉讼、海事对人诉讼、海上碰撞案件、海难救助案件以及海事赔偿责任限制案件等。显然，除上述专属海事法庭审理的海事纠纷之外的其他海事案件，例如与海上运输有关的纠纷，均可以向商事法庭提起诉讼。除此之外，高等法院的其他法庭也可以行使部分海事案件管辖权。

大法官法庭通常只在伦敦开庭，既不实行巡回审判，也不使用陪审团。大法官法庭与王座法庭审理的案件类型可能存在交叉，但是下列案件专属于大法官法庭管辖，即公司、个人破产及清算，行业及产业纠纷，抵押的执行，信托，有争议的遗嘱事项，工业产权及著作权纠纷，税收，城镇和乡村规划，租赁，合伙，等等。

家事法庭作为初审法院，主要受理离婚、亲子关系、收养、监护等方面的案件，其中离婚案件为数最多。

4. 刑事法院

1971年以前，英国审理刑事案件的法院主要是巡回法院和四季法院。巡回法院的法官每年只进行2—3次巡回审判，而四季法院每年只进行4次审判，所以在英国刑事犯罪率激增的情况下，英国刑事审判体系不堪重负，加之审理案件的法庭在相关机制方面缺乏连续性，从而导致了英国法院体系变革。根据1971年《法院法案》（Courts Act 1971）的规定，英国废除了巡回法院和四季法院，而设立独立的刑事法院，以便专门审理有关犯罪的刑事案件以及不服治安法院依照简易程序作出判决的上诉案件等。

5. 郡法院

郡法院是英国民事司法系统的初审法院，其实际管辖范围与所在郡的地理边界未必一致。郡法院司法辖区的划分是按照交通便利原则进行的，并且这种划分可以由大法官修改或调整。英国郡法院分为50个巡回区（Circuit），大法官必须在每个巡回区配备 1 名或 1 名以上巡回法官。巡回法官和地区法官都是郡法院的常任法官。郡法院的管辖权根据 1984 年《郡法院法案》（County Courts Act 1984）和其他相关法律确定。受理案件类型一般包括合同之诉、侵权之诉，基于成文法提起的金钱之债的诉讼请求，依据儿童法以及婚姻诉讼程序法等规定提起的诉讼请求，等等。郡法院一般不受理涉及名誉侵权的案件，除非经双方当事人同意，或者经高等法院根据法律规定指定移送。

6. 治安法院

治安法院的治安法官专门针对那些扰乱社会治安的行为人采取监禁与罚金处罚等措施。每个郡的法官每年至少开庭 4 次，因此开庭审理案件作出的判决往往被称为四季法院判决。上述机制直到英国于 1971 年颁布《法院法案》才被废止。最初的治安法官除了具有审判职能，还具有许多行政管理职能。大部分治安法院的法官并不具备专业法官的资格，也不领取薪水，但是有权领取一些补贴。

治安法院开庭时，至少由 3 名治安法官组成合议庭。治安法院拥有刑事案件和部分民事案件的管辖权。民事管辖主要针对家事诉讼，例如赡养、抚养、收养等方面的纠纷，同时还受理有关地方的税收、水电费收取等案件。刑事管辖主要针对适用简易程序判处不超过 6 个月监禁的案件，以及根据法律规定罚金在一定数额以下的较为轻微的刑事案件，例如放任驾驶、疏忽驾驶、酒后驾驶、使用未参加保险的机动车辆等即决性犯罪。此外，治安法院还审理部分"可选择审判方式"的刑事案件，例如有些刑事案件既可以由治安法院适用简易程序审理，也可以由刑事法院适用普通程序审理，对于这类案件，治安法院有权受理。

（二）特别管辖权法院

1. 欧洲法院

欧洲法院最初建立于 1952 年，当时名为欧洲煤钢共同体法院，1958 年更名为欧共体法院。1993 年随着欧共体更名为欧盟，法院名称相应调整为欧盟法院，也被称为欧洲法院。法院设在比利时的卢森堡。英国于 1973 年 1 月 1 日成为欧共体成员国，自此涉及欧共体因素的案件，欧洲法院为终审法院，但是涉及英国本国因素的案件，英国最高法院仍然是最终上诉法院。所谓

"涉及欧共体因素"的案件是指，涉及英国以外欧共体其他成员国公民人身或财产权利的案件。大多数提交到欧洲法院的案件涉及商业贸易纠纷，部分案件涉及同工同酬、性别歧视等一些社会问题。

1985年9月9日，比利时、丹麦、德国、法国、意大利、荷兰等欧洲国家在比利时卢森堡参加会议，之后通过了《单一欧洲法案》（Single European Act）。欧洲法院之下设立了初审法院，自1989年开始运行。初审法院的设立减轻了欧洲法院的很多审判压力。2016年，英国经过国内公投决定退出欧盟，根据欧盟与英国之间达成的协议，自2020年12月31日起，包括英国最高法院在内的所有英国法院不再受欧洲法院判决的约束。

2. 枢密院司法委员会

根据1833年《司法委员会法案》（Judicial Committee Act 1833）的规定，目前来自英国海外领地和独立英联邦国家的上诉案件仍然由枢密院司法委员会审理。司法委员会由上院的大法官、法律贵族和枢密院的所有枢密顾问以及被指定为枢密院成员的英联邦成员国的法官组成。

此外，享有特别管辖权的还包括劳工上诉法院和验尸官法院。前者根据1975年《就业保护法案》（Employment Protection Act 1975）建立，并取代了之前的全国劳资关系法院，主要审理有关劳动纠纷的上诉案件。后者是为了辅助审理刑事案件而在各个郡设立的法院。验尸官有权对暴力或非自然原因导致的死亡、原因不明的突然死亡以及在监狱中发生的死亡案件进行调查。验尸官开展案件调查时，有权召集由7—11人组成的陪审团参与。

第二节　发展的源流：美国历史与政府架构

要想深入了解美国法律制度，首先需要了解美国历史发展以及美国政府架构。美国政府的组织架构由1789年《美国宪法》所明确规定，其特点是"三权分立"和"联邦制"。三权分立是指美国的政府权力和职能由3个政府分支机构掌握和承担，即立法机关、司法机关和行政机关，它们既各自独立，又形成美国政府的有机整体。而联邦制是一种复合制国家结构形式，由联邦中央政府和各州政府共同行使权力。

北美13个殖民地对英国的殖民统治存在诸多不满，最终导致1775年爆发独立战争。《独立宣言》于 1776 年 7 月 4 日通过，正式宣布建立美利坚合众国。同日制定了宪法性文件《联邦条例》，但根据该条例的规定，美国当时只设了国会，各州仍享有诸如主权、自由权、独立权、管辖权等非常重要的权力。美国首任总统乔治·华盛顿（George Washington）曾经说过，美国《联邦条例》将美国各个州松散地联合在一起。①

由于美国各个州呈现高度独立的状态，所以产生了很多问题。例如在美国独立战争结束后，联邦国会与英国签署了停战条约，但是美国很多州对该条约置之不理，而联邦国会又无权强制各州执行，从而使其他一些国家开始拒绝与没有任何实权的联邦国会签订相关的国际条约。此外，就美国国内而言，美国联邦政府无权管理各州之间发生的贸易纠纷，因此在美国各个州之间经常爆发"贸易战争"。各州先后自行设置限制自由贸易的高关税壁垒并拒绝向美国联邦政府提供已经允诺的资金支持，这导致美国联邦政府与各州政府之间矛盾重重、冲突不断。在这样的背景下，美国掀起了联邦主义风潮，最终认为有必要组成一个较具实权的全国性政府的"联邦主义者"战胜了"反联邦主义者"。1789 年，《美国宪法》正式生效，确定了联邦制，并成立了拥有实权的联邦政府。②

作为世界上第一部独立、统一国家的成文宪法，《美国宪法》明确了联邦制、三权分立等重要事项。18—19 世纪以来，美国共制定了 27 条宪法修正案。重要的修改有：1791 年 9 月由国会通过的包括保证信仰、言论、出版自由与和平集会权利在内的宪法前 10 条修正案，后通称《权利法案》；1865 年和 1870 年通过的关于废除奴隶制度和承认黑人公民权利的第 13 条和第 15 条修正案；1967 年通过的规定总统若不能行使职权则由副总统升任总统的第 25 条修正案。③《美国宪法》有 7 条实体性条款：有关联邦政府组织架构的规定体现在第 1—3 条中；第 4 条涉及美国州与州之间的关系；第 5 条涉及修正《美国宪法》之复杂程序；第 6 条最重要的内容就是明确联邦法律的至高无上性，即联邦法律具有优先于各州立法的效力，该条也被称为"最高条款"（The Supremacy Clause）；第 7 条规定宪法本身生效的条件。

---

① William Burnham：《英美法导论》，林利芝译，中国政法大学出版社 2003 年版，第 1—7 页。
② William Burnham：《英美法导论》，林利芝译，中国政法大学出版社 2003 年版，第 1—7 页。
③ 参见《美国国家概况》，载中国外交部网站，https：//www.mfa.gov.cn/web/gjhdq_676201/gj_676203/bmz_679954/1206_680528/1206x0_680530/，最后访问日期：2024 年 7 月 24 日。

一、立法权

《美国宪法》第1条共有10款，其中第1款明确规定立法权属于美国国会，国会由参议院和众议院组成。其他几款则分别规定众议院、参议院、国会的组织架构，国会享有的权力、禁止行使的权力以及各州禁止行使的权力等，并以举例的方式予以明确。例如，明确规定美国国会享有铸造货币、设立邮政系统、设立最高法院之下的各级法院、对外宣战、征税等权力。同样，未经国会同意，各州不得征收船舶吨位税，不得在和平时期保持军队或军舰，不得和另外一州或外国缔结任何协定或契约，亦不得从事战争，除非实际遭受入侵或遇到刻不容缓的危急情形。

美国众议员按各州的人口比例分配名额选出，共435名，任期2年，期满全部改选。凡年龄不满25岁、成为美国公民不满7年，且在一州当选时不是该州居民者，不得担任众议员。每位众议员代表其所在州的一个选区，选区的数量由每10年进行1次的人口普查确定，确保每个州至少有1名代表。

参议员每州2名，共100名，任期6年，每2年改选1/3。凡年龄不满30岁、成为美国公民不满9年，且在一州当选时不是该州居民者，不得担任参议员。参议员在第一次选举后集会时，即应分为人数尽可能相等的3个组。第一组参议员席位在第二年年终空出，第二组参议员席位在第四年年终空出，第三组参议员席位在第六年年终空出，使每2年有1/3的参议员得以改选。美国副总统任参议院议长，但无表决权，除非参议员投票时赞成票和反对票相等。

举行参议员和众议员选举的时间、地点与方式在每州由该州立法会规定。国会可随时用法律制定或变更这类规定，但选举参议员的地点除外。国会每年应至少开会1次，此会议应在1月3日举行，除非国会以法律另行规定日期。总统在认为有必要时，可以召集特殊会议。

众议院和参议院通过的每一议案，在成为法律前须送交美国总统。总统如批准该议案，应予以签署；如不批准，则应将该议案连同其反对意见退回最初提出该议案的议院。该院应将此项反对意见详细载入本院议事录并进行复议。如经复议后，该院2/3议员同意通过该议案，则将该议案连同彼反对意见一并送交另一议院，另一议院以同样方式进行复议，如亦经该院 2/3 议员赞同，该议案即成为法律。但在所有这类情况下，两院表决都由赞成票和反对票决定，对该议案投赞成票和反对票的议员姓名应分别载入各属议院议事录。如任何议案在送交总统后 10 日内（星期日除外）未经总统退回，则该议案如同总统已签署一样，即成为法律，除非因国会休会而使该议案不能被退回，在此种情况下，该议案不能成为法律。

二、行政权

《美国宪法》第 2 条没有对行政机关的架构和权力作出详尽规定，而主要规定了美国总统选举资格和复杂的选举方式。该条明确规定将行政权赋予美国总统，总统任期 4 年，并且与具有同样任期的副总统一起履行宪法规定的职责。美国总统是国家元首、政府首脑，同时也是武装部队总司令。总统有权提出人选，经咨询参议院和取得其同意后任命大使、公使、领事、最高法院法官，以及任命手续未由宪法规定而应由法律另行规定的美国所有其他官员。

目前，美国设立了 15 个行政部门，主要包括国务院、财政部、国防部、司法部、内政部、农业部、商务部、劳工部、卫生与公众服务部、住房与城市发展部、运输部、能源部、教育部、退伍军人事务部、国土安全部。这些部门的负责人由美国总统提名，经咨询参议院和取得其同意后予以任命。这些部门的负责人与副总统以及若干内阁级官员组成内阁，后者包括国家情报总监、美国贸易代表、白宫管理与预算办公室主任、白宫办公厅主任等。

美国总统享有立法否决权（Veto Power），这是其最重要也是最明确的权力之一，因此美国总统可以否决美国国会通过的法案，国会若要推翻总统的否决，需要参众两院各自以 2/3 多数票重新通过该法案。

在外交事务上，美国总统有明确的外交权，可以接见外国大使。总统经咨询参议院并取得其同意，有权缔结条约，但须有出席参议员总数的 2/3 表示赞成。

三、司法权

根据《美国宪法》第 3 条的规定，司法权属于最高法院以及国会不时委任和设立的下级法院。司法权的适用范围包括：由于美国宪法、美国法律和根据美国权力已缔结或将缔结的条约而产生的有关普通法和衡平法的所有案件；涉及大使、公使和领事的所有案件；关于海事法和海事管辖权的所有案件；美国为一方当事人的诉讼；两个或两个以上州之间的诉讼；不同州公民之间的诉讼；同州公民之间对不同州转让与土地的所有权的诉讼；等等。涉及大使、公使和领事以及一州为一方当事人的所有案件，最高法院有初审管辖权。对上述所有其他案件，不论法律方面还是事实方面，最高法院有上诉管辖权，但须依照国会所规定的例外和规章。除弹劾案之外，所有罪行皆由陪审团审判，此种审判应在罪行发生的州内进行，但如犯罪并非在任何一州内发生，审判应在国会以法律规定的一个或若干地点举行。

（一）美国联邦最高法院和各级联邦法院

尽管《美国宪法》第 3 条明确了美国联邦最高法院及其下级联邦法院的司法权，但是在该条文确定之前，有些州的代表认为设立下级联邦法院及美国联邦最高法院应当由宪法明确规定，以免美国各州和联邦立法部门及行政部门滥用权力进行干预。但是一些州的代表表示反对，并指出如果由《美国宪法》明确规定设立所有的联邦法院，将会对各州独立行使权力产生更大的干预。最终在美国制宪会议上各方达成共识，除了美国联邦最高法院，其他各级联邦法院由美国国会根据实践发展需要通过立法随时予以设立。

美国联邦法院体系主要包括 3 个层级：联邦地区法院、联邦上诉法院、联邦最高法院。除了上述传统的联邦法院，还包括诸如联邦索赔法院、国际贸易法院等具有有限管辖权的专门法院。[①]

目前，美国共有 94 个联邦地区法院。这些法院是美国联邦司法系统的初审法院，负责审理绝大多数的联邦民事和刑事案件。每个州和哥伦比亚特区至少设有 1 个地区法院。此外，美国领地波多黎各、北马里亚纳群岛、关岛、美属维尔京群岛也设有地区法院。联邦地区法院的数量在各州分布并不均衡，有些州只有 1 个联邦地区法院，而有些州如纽约州，则存在 4 个联邦地区

---

① ［美］艾伦·法恩思沃斯：《美国法律体系》（第 4 版），李明倩译，上海人民出版社 2018 年版，第 33 页。

法院。①

　　联邦地区法院、联邦索赔法院、国际贸易法院的上诉案件一般由负责该地区的联邦上诉法院审理，极少数情况下，来自联邦地区法院的上诉案件可直接提交给美国联邦最高法院审理。② 目前，美国共有 13 个联邦上诉法院，其中 11 个是按照地理区域划分的，后 2 个分别是专门针对哥伦比亚特区设立的哥伦比亚特区巡回上诉法院和主要审理专门法院上诉案件的联邦巡回上诉法院。尽管联邦上诉法院主要受理来自联邦地区法院的上诉案件，但由于美国联邦最高法院审理案件的数量比较有限，因此绝大多数联邦案件的终审判决实际上由联邦上诉法院作出。每个联邦上诉法院的法官数量并不相同，但上诉案件通常由 3 名法官组成的合议庭审理。联邦上诉法院通常无须对案件进行重审，也不再接受新的证据，因此一般不涉及陪审团参与案件审理，其主要审查地区法院的审判程序是否合法、适用法律是否正确等问题。

　　自 1869 年起，美国联邦最高法院就由 9 名大法官组成，包括 1 名首席大法官和 8 名大法官，他们作为一个整体参与案件庭审活动，而不是同其他联邦法院那样组成合议庭进行庭审。美国联邦最高法院也是美国联邦法院体系中唯一一个由《美国宪法》明确规定设立的，其他各级联邦法院由美国国会根据《美国宪法》的授权予以设立。因此，理论上美国联邦最高法院除了对各级联邦法院的判决享有审查权，还对各州法院的判决享有一定的审查权，尽管联邦最高法院通常很少对各级联邦法院或州法院的案件予以审查。美国实行法院体系双轨制，在联邦法院体系之外，各州根据本州宪法和法律确立了各自独立的司法体系。这种制度安排导致全美各州的司法系统在组织结构、诉讼程序和实体法适用等方面均存在显著差异。总体而言，各州的法院体系一般包括初审法院、上诉法院和最高法院。各州享有普遍管辖权的初审法院的名称并不统一，有的被称为州高等法院，还有的被称为州巡回法院或州地区法院。有的州初审法院使用巡回法院的名称，是因为法官曾经巡回多地开

---

　　① 参见美国联邦法院网站，https://www.uscourts.gov/about-federal-courts/court-role-and-structure，最后访问日期：2024 年 8 月 12 日。
　　② 参见美国联邦法院网站，https://www.uscourts.gov/about-federal-courts/court-role-and-structure/comparing-federal-state-courts，最后访问日期：2024 年 8 月 12 日。

庭。无论是否有陪审团参与庭审，通常各个州的初审法院由1名法官主持庭审活动，受理的案件包括民事案件、刑事案件。此外，各州的法院体系还包括具有有限管辖权的初审法院，例如家事法院、青少年法院以及处理死者遗产的遗嘱检验法院等。① 大多数州都会设立该州的最高法院作为终审法院，但是各州最高法院的名称并不统一，例如纽约州没有使用最高法院的表述，而是将其称为上诉法院，马萨诸塞州则将最高法院称为最高司法法院。这些州的终审法院的法官由5—9人组成，比较常见的是7人，包括1名首席大法官和其他大法官。大多数州还会在初审法院和州最高法院之间设立中级法院，通常被称为州上诉法院。② 美国各州法院法官的遴选机制比较多元化，与联邦法院法官的统一任命制形成鲜明对比。具体而言，各州法官的产生方式主要包括以下几种：其一，通过选举方式直接产生；其二，由州政府任命，此类任命又可分为限期任职和终身任职两种；其三，采用混合遴选制度，例如在选举之后再由州政府任命。州法院审理的案件主要涉及刑事犯罪、遗嘱和不动产继承、合同纠纷、侵权纠纷、家庭纠纷等。涉及州法律及州宪法的终审案件由州最高法院负责，若州法院审理的案件涉及联邦法律或联邦宪法，则可以上诉至美国联邦最高法院。但是美国联邦最高法院有权选择是否受理该上诉案件。

（二）联邦法院管辖范围及其限定性

《美国宪法》第3条第2款有关"司法权"的条文明确规定了联邦法院的管辖权。总体而言，联邦法院受理案件的类型主要包括涉及普通法与衡平法的诉讼，基于《美国宪法》、联邦法律提起的诉讼，以及与美国缔结之国际条约相关的争端。

英语中"法"一词指代所有法律规则的总和以及由立法部门制定的明文规定。③ 在美国，"普通法"一词最初主要是指法官作出的判决所涉及的英国法，即在英国各地普遍适用的法律，而非仅仅在某个特定地区适用的法律。

---

① 参见美国联邦法院网站，https://www.uscourts.gov/about-federal-courts/court-role-and-structure/comparing-federal-state-courts，最后访问日期：2024年8月12日。
② ［美］艾伦·法恩思沃斯：《美国法律体系》（第4版），李明倩译，上海人民出版社2018年版，第32—33页。
③ ［美］艾伦·法恩思沃斯：《美国法律体系》（第4版），李明倩译，上海人民出版社2018年版，术语注解页。

目前，针对普通法仍然以上述理解为主流。但是美国法学家认为，美国的普通法至少还包括如下三方面的内容：一是由法院而非立法部门制定的法律，即通称的判例法。当然在美国，判例法还可以包括除法院以外的其他审理案件的机构（例如行政法庭）所制定的规则。二是指普通法法院在审理案件中所应遵循的一些规则。三是指普通法国家的法律。①

根据《美国宪法》的规定，联邦法院审理案件的类型总体上可以概括为多元化管辖（Diversity Jurisdiction）和联邦问题管辖（Federation Question Jurisdiction）。所谓多元化管辖主要是指，美国不同州的公民之间或某一州的公民与外国人之间产生的纠纷均由联邦法院管辖；联邦问题管辖主要是指，基于《美国宪法》、联邦法律而产生的纠纷由联邦法院管辖。因此，如果一项纠纷仅涉及某一州的公民或法人，那么应当在该州法院而非联邦法院提起诉讼。

（三）联邦法院法官的遴选与律师资格考试

美国法官通常从执业律师中选拔，很少来自政府部门或教育界。与英国不同，美国没有建立统一的职业法官体系，法律职业准入主要由各州自主管理，这导致每个州有关批准律师执业的要求各不相同。美国大部分州都要求律师执业申请者在大学受到3—4年的高等教育，所修课程皆圆满完成，成绩合格，在正规学院或大学获得学士学位，然后再通过专门的考试（LSAT）进入美国律师协会核定的一所大学的法学院，经过3年的专业学习获得法学学士学位（JD）。各个州为执业申请者设置了律师资格考试的笔试，凡是通过笔试考试的，都可以获得某个州的律师资格。一般来说，在某个州获得的律师资格并不能得到其他州的认可，这使获得某个州律师资格的申请者很难在其他州开展律师执业工作，给律师跨州开展业务带来不少障碍。但近年来建立的跨州执业许可等机制已显著降低了制度壁垒。

由于美国各州的律师资格考试通常会涵盖本州的实体法和程序法内容，而当地法学院往往也会有针对性地开设相关课程，这种制度设计使得法学院学生在择校时通常会考虑未来执业地的选择。具体而言，学生会倾向于选择在目标执业州所在地区的法学院就读，这样既能系统学习该州的法律知识，

---

① ［美］艾伦·法恩思沃斯：《美国法律体系》（第4版），李明倩译，上海人民出版社2018年版，术语注解页。

又能为后续参加该州的律师资格考试和执业做好充分准备。美国一些州已经注意到，各州分别举办律师资格考试会对法律人才流动产生限制，为了吸引优秀律师在本州执业，这些州开始采取跨州律师资格联考方式，即只要在参与联考的任何一个州通过考试，就能获得所有参与联考的州均认可的律师资格。这不仅避免了从业人员需要在不同的州参加考试的情形，也为跨州执业提供了便利。

在美国，通过某个州的律师资格考试即可获得该州的执业资格，执业前不要求任何学徒经历，且不存在英国式的出庭律师与事务律师的区分。关于在联邦法院的出庭资格虽有不同规定，但通常而言，获得州最高法院出庭资格的律师，在满足相应程序要求后即可在联邦法院出庭。此外，部分优秀法学院毕业生会选择在联邦或州法院担任法官助理实习1—2年，这段经历主要为其提供实务学习机会，有助于其积累职业经验，而不会对其未来执业发展或成为法官作出任何保证或承诺。[1]

根据《美国宪法》的规定，所有联邦法院的法官均由美国总统提名，经参议院同意即可任命。因此，联邦法院法官的选任不可避免地会受到政治因素的影响，被提名者往往与总统同属一个政党或持有相近的政治立场。联邦法院的法官实行终身制，一旦被任命，理论上可以工作至退休、去世或被弹劾免职，但是国会很少启用弹劾权。州法官制度则呈现多样性：最高法院法官多由州长任命，初审法院法官任期通常为4年、6年或8年，上诉法院法官任期通常相应延长2年，大多为6年、8年或10年。[2]

第三节 美国法律的渊源及法律位阶

在殖民地时期，随着专业律师队伍的形成，殖民地居民越来越倾向于援引英国普通法作为他们主张权利的依据。例如，1774年第一届大陆会议通过

---

[1] ［美］艾伦·法恩思沃斯：《美国法律体系》（第4版），李明倩译，上海人民出版社2018年版，第21—23页。

[2] ［美］艾伦·法恩思沃斯：《美国法律体系》（第4版），李明倩译，上海人民出版社2018年版，第26—27页。

的《权利宣言》就明确提出，各殖民地居民享有英国普通法规定的权利。① 然而独立战争后，美国法经历了显著的本土化转型，有几个州（例如特拉华州、肯塔基州、新泽西州、宾夕法尼亚州）曾通过立法限制援引英国判例。②

尽管英国普通法对美国法律影响明显，但是美国并没有将英国普通法全部照搬过来，而仅仅采纳了其合理的内容，因为美国所处的环境有别于英国本土的环境，所以采取了"继承+扬弃"的方式。例如，凡是符合美国社会实际状况、不违背联邦及州宪法精神，且与制定法体系相协调的部分，均被保留并持续适用；反之，与美国社会发展和法律价值相冲突的部分，则被果断摒弃或修改。美国幅员辽阔、资源丰富，这促使其法律体系更加突出对个人自由和财产权的保障，在立法方面经历了从早期偏重财产权保护到逐步强化人权保障的演进过程。③

19世纪，美国法律的主要渊源是司法判决。美国的法官们采纳了英国普通法的部分内容，并对其不合理的地方予以修改，因此法院把主要力量放在司法判决上以实现法律的发展。这一时期最为典型的特征是强调高度的个人主义和自力更生，从而导致侵权责任法的理论基础不再考虑侵权人是否主观上存在过失，而是明确规定侵权人承担严格责任。

此外，鉴于法律规定每位美国公民都有权自由选择职业，因此也应当承担其选择的职业可能带来的全部风险。例如，如果因为责任人以外的其他人的过失而使原告遭受损害，那么法律不能为责任人提供免除赔偿责任的保护，责任人应当承担其行使择业自由权所带来的后果。在美国工业化快速发展的特殊时期，随着工厂及交通事故数量的激增，此种理论有力地减轻了雇主承担严格责任的经济负担，因此这一理论被认为适应了当时美国工业发展的需要。同时，美国契约法也是美国19世纪私法发展的核心特征。鉴于当时美国社会的各个方面与契约法的关系十分密切，美国法律明确规定只有明示的或默示的、宣告的或意会的契约，才会产生权利、义务及法律责任，并且明确

---

① ［美］伯纳德·施瓦茨：《美国法律史》，王军、洪德、杨静辉译，法律出版社2018年版，第30页。

② ［美］伯纳德·施瓦茨：《美国法律史》，王军、洪德、杨静辉译，法律出版社2018年版，第32页。

③ ［美］伯纳德·施瓦茨：《美国法律史》，王军、洪德、杨静辉译，法律出版社2018年版，第36—41页。

了处理合同纠纷所适用的法律。①

在欧洲文艺复兴时期，罗马法如同洪流般席卷了整个欧洲大陆，这在一定程度上也影响了美国立法。在此背景下，美国在 19 世纪开始探索法典化式的立法活动。19 世纪 20 年代，美国有几个州开启编纂法典活动。例如，路易斯安那州以法国《拿破仑法典》为基础颁布了《民法典》和具有明显独创性的《刑法典》；纽约州则启动制定法立法活动并对一些制定法进行多次修改，其中重新制定了《不动产法》。此后，宾夕法尼亚州、马萨诸塞州等也分别通过了相关制定法修正案，从而拉开美国本土颁布制定法的序幕。②

进入 20 世纪，美国法院开始从以往强调财产权利保护转变为强调人身权利保护。美国联邦最高法院也更加注重对《权利法案》中一些特殊权利予以保障，不仅明确应当通过正当程序条款对这些特殊权利予以保护，而且指出《美国宪法》第十四修正案中的正当程序条款所要保护的是每一位公民的基本人身权不受各州立法侵害，从而不断增强《美国宪法》对各州法律的约束。

20 世纪中期，美国行政法得到令人瞩目的发展。美国法院鼓励国会和各个州的立法机构应当将更多的行政权授予行政管理机构。这些机构不仅享有行政裁决权，而且享有制定行政法规、规章的权力。因此在出版《联邦行政法规规章汇编》时，美国颁布的行政规章的数量已经远远超过当时国会制定的法律的数量。③ 面对行政规章和行政判例数量激增的趋势，在美国法典化未能取得有效进展的同时，美国法学会承担了汇编美国法的基本工作。该学会组织了一批著名律师、法学教师以及法院法官等专业人士，通过制定"法律重述"的方式，将根据司法判决发展起来的美国普通法及制定多年且尚具效力的成文法，按照更加明确、简化的方式进行收集和整理，以便实现更能适应社会发展需要的目标。目前，美国已经先后完成了涉及民事代理、法律冲突、契约、审判、财产、恢复原状、担保、侵权、信托等领域的法律

---

① ［美］伯纳德·施瓦茨：《美国法律史》，王军、洪德、杨静辉译，法律出版社 2018 年版，第 99—100 页。
② ［美］伯纳德·施瓦茨：《美国法律史》，王军、洪德、杨静辉译，法律出版社 2018 年版，第 110—111 页。
③ ［美］伯纳德·施瓦茨：《美国法律史》，王军、洪德、杨静辉译，法律出版社 2018 年版，第 269 页。

文件汇总工作。但是制定"法律重述"属于非官方的汇编活动，而不是根据法律授权开展的立法活动。因此，"法律重述"并不具有法律约束力。然而不可否认的是，"法律重述"虽然并不属于严格意义上的法典，也并未反映出包罗万象的美国法律的全貌，但这些法律文件对于法官、律师仍然具有重大影响力。①

一、制定法

美国国会或各州议会制定的法律通常被称为制定法，制定法通常以"某某法"为标题开篇，表明该法的主题，紧随其后的是颁布机构。美国国会通过的立法会以单行法的形式正式公布，经总统签署后生效并独立发行。这些法律文本可以在美国国会图书馆网站、LexisNexis 或 Westlaw 等法律数据库中查询。在每届国会任期届满前，国会将本届任期内通过的所有制定法按照颁布时间顺序予以汇编，并列在《美国联邦法律大全》（United States Statutes at Large）中予以公布。而《美国法典》按主题分类重新编排现行有效的法律。此外，还有非官方的法典注释，最为常见的是《美国法典注释》。② 制定法的表现形式主要包括以下五种。

（一）宪法（Constitution Law）

美国宪法包括联邦宪法和州宪法。由于美国联邦宪法具有强大的保障效力，各州宪法在实际司法实践中很少需要发挥作用。③ 美国联邦最高法院无权直接审理纯属州法争议的案件，除非州法院关于州法合宪性的判决违反了联邦法律，否则美国联邦最高法院不会推翻这些州法院作出的判决。从司法实践情况来看，州法院关于州法合宪性的判决几乎未违反联邦法律。

（二）法规（Statutes）

法规是指由美国联邦政府、州政府、其他地方政府在授权范围内制定的

---

① ［美］伯纳德·施瓦茨：《美国法律史》，王军、洪德、杨静辉译，法律出版社 2018 年版，第 271—272 页。
② ［美］艾伦·法恩思沃斯：《美国法律体系》（第 4 版），李明倩译，上海人民出版社 2018 年版，第 62—63 页。
③ ［美］伯纳德·施瓦茨：《美国法律史》，王军、洪德、杨静辉译，法律出版社 2018 年版，第 270 页。

法律、法规、规章等的总称。《美国宪法》授权联邦政府各部门制定必要且适当的法律。联邦行政机关还可以经美国国会授权制定行政法规、规章等。在立法程序上，联邦政府提出的立法议案被称为"法案"，须经相关常设委员会审查及两院表决通过，再由总统签署方可成为法律。生效的联邦法律最终被编入《美国法典》，而各州法律法规的官方汇编通常称为"某某州法汇编"或"某某州法规"。

（三）条约（Treaties）

根据《美国宪法》的规定，总统经咨询参议院并取得其同意，有权与其他国家或国际组织缔结条约，但须有出席参议员总数的2/3表示赞成。此外，总统还可以缔结行政协定（Executive Agreements），此类协定无须参议院批准。由于美国联邦宪法明确禁止美国各个州与外国缔结条约，因此美国缔结的所有条约都属于联邦法律体系的范畴。就缔结的国际条约与国内法律的关系而言，大多数国家采取纳入或转化的方式。纳入方式又被称为一元论方式，即该国政府缔结的国际条约自动成为该国法律的一部分；而转化方式又被称为二元论方式，即该国政府缔结的国际条约必须通过国内立法程序——由立法机关制定或修改相应的国内法律——才能将条约内容转化为具有国内法律效力的规范。与其他国家不同，美国没有采用纳入或者转化的方式，而是认为经正式批准的国际条约和美国联邦法律具有同等效力，二者均次于联邦宪法。当美国缔结的国际条约与美国联邦法律发生冲突时，后制定者优先。

在美国，国际条约分为自动执行条约（Self-Executing Treaties）和非自动执行条约（Non-Self-Executing Treaties）两种。自动执行条约自美国总统批准之日起即对美国生效；而非自动执行条约通常需要国会制定相应的联邦法律作为实施依据，才能使条约内容在国内生效。例如，美国虽然批准了《1989年国际救助公约》，但该公约属于非自动执行条约，且美国未通过相关国内立法，国内法院也普遍拒绝直接适用该公约条款审理海难救助案件，这导致该公约在美国实际上无法得到履行，形同虚设。

（四）法院规则（Court Rules）

法院规则是规范美国各级法院在诉讼活动中各项行为的基本准则，主要是指美国法院开展诉讼活动时应遵守的一些程序规定。目前，美国联邦法院受下列法院规则约束：《联邦民事诉讼程序规则》①（Federal Rules of Civil Procedure）、《联邦刑事诉讼程序规则》（Federal Rules of Criminal Procedure）、《联邦上诉程序规则》（Federal Rules of Appellate Procedure）和《联邦证据规则》（Federal Rules of Evidence）。

联邦法院规则是由对联邦法院履行监督和行政管理职能的机构——美国司法会议制定的。通常情况下，美国司法会议会任命一些法学学者、法院法官和专职律师等组成咨询委员会，该委员会先行草拟法院规则，然后由美国联邦最高法院予以审查、适当修改，审议通过后提交给美国国会，经国会审议通过成为法律文件，该文件具有和联邦法规同样的效力位阶。美国各州也有州法院规则，通常由各州的最高法院制定。

（五）行政机关规则（Administrative Agency Rules）

除了前文提及的法规，美国其他行政机构根据法律授权也可以制定相关的规则，以便更好地开展行政管理工作。此外，这些行政机构通过召开听证会作出的裁定与各级法院作出的司法判决具有同样的法律效力。因此，不论是这些行政机构依法制定的行政规章还是依法作出的行政裁定，都属于美国制定法的渊源。某些联邦行政机构甚至会以个案审理的方式，对某些类型的案件有针对性地制定相关政策。②

二、判例法

与其他普通法系国家相同，美国也有遵循先例的法律原则，因此了解美国判例法有助于全面掌握美国法的渊源。美国判例法的渊源包括两种：针对普通法的判例法和诠释制定法的判例法。

美国的判例法主要源于上诉法院的判决。一般情况下，初审法院的判决不对外公开，但是联邦初审法院以及个别州的初审法院的判决属于例外情况，仍会对外公开。案例一般以双方当事人的名称命名，双方当事人名称之间以字母"v."隔开，表示"对抗（诉）"的意思。例如琼斯诉史密斯一案

---

① 国内学者普遍将该规则译为《联邦民事诉讼规则》。鉴于本书不涉及诉讼以外的调解、仲裁等其他争议解决方式及其程序问题，这里探讨的程序规则仅限于法院诉讼程序，因此笔者仍然将其直译为《联邦民事诉讼程序规则》。

② William Burnham：《英美法导论》，林利芝译，中国政法大学出版社2003年版，第35—37页。

（Jones v. Smith），排在前面的名字一般是初审法院审理案件的原告或者上诉法院审理二审案件的上诉人，后面的名字则为初审法院审理案件的被告或者上诉法院审理二审案件的被上诉人。

美国联邦法院体系及州法院体系并行运作的现实特点，导致美国各级法院判决数量庞大，而如何查找判例法就成为急需解决的问题。美国联邦最高法院和大多数州的上诉法院的判决，大部分发表在这些法院公开出版的书面官方判例集，或者体现在其官网发布的电子版判例集中。在美国公开出版的判例集中，州法院作出的判决根据美国地理区域分为7辑出版，每辑判例集包含某个地理区域内几个州法院的所有判决。其中3辑专门用于出版加利福尼亚州、伊利诺伊州以及纽约州法院的判决。

联邦法院的判决分为5卷出版，分别是联邦最高法院卷、联邦上诉法院卷、联邦地区法院精选案例卷、破产案例卷以及联邦诉讼程序规则案例卷。① 而常见的《美国联邦判例汇编》则属于非官方案例汇编，出版单位精选一些比较有争议或者涉及特殊利益的案例进行汇编，并加以注释和讨论，因此《美国联邦判例汇编》也是研读、学习美国案例的重要参考文献。

人们在指引或援引某个案件时，常常是同时标注官方和非官方的案例汇编，例如 Wangen v. Ford Motor Co., 97 Wis. 2d 260, 294 N. W. 2d 437, 13 A. L. R. 4th 1 (1980)，即表明该案于1980年作出判决，记录在《威斯康星州判例汇编》（官方版）第2辑第97卷第260页、美国《全国判例汇编》西北部系列第2辑第294卷第437页以及《美国联邦判例汇编》第4辑第13卷第1页中。但现在情况有所改变，根据法院或律师事务所的格式规范要求，更为常见的是仅引用其中任何一个官方或者非官方判例集即可。

遵循先例原则在司法实践中能够实现以下目标：第一，确保法院对类似案件适用相同的法律，体现法律适用的平等性，这也是法院平等对待每一位当事人的应有之义；第二，维护法律裁判的一致性和可预测性，使当事人能够合理预判争议解决结果；第三，适用已有的法律原则解决后续发生的案件，可以使法院在确定和适用法律方面节省更多的时间和精力；第

---

① ［美］艾伦·法恩思沃斯：《美国法律体系》（第4版），李明倩译，上海人民出版社2018年版，第41—42页。

四，遵循先例原则可以使法院作出的裁判充分体现对前辈法官们智慧和司法经验的尊重。然而，与英国严格遵循先例的实践不同，美国实行联邦法院与州法院双轨制，不同司法管辖区的判决可能存在冲突。若机械地适用遵循先例原则，反而可能削弱法律适用的统一性和判决的权威性。因此，美国法院将判例区分为约束性判例（binding precedent）和说服性判例（persuasive precedent），其划分标准取决于作出先例的法院层级，以及适用法院与先例法院的关系。①

说服性判例主要包含两种：一是其他司法管辖区法院的判决，例如联邦第五巡回上诉法院的判决对第十一巡回上诉法院仅具参考价值；二是同一司法管辖区同级法院的判决，如纽约州南区联邦地区法院的判决对纽约州西区联邦地区法院不产生约束力。法院在考量是否采纳说服性判例时，通常会综合评估以下因素：（1）案件事实的相似程度；（2）判决结论论证推理的程度；（3）判决结果是否具有显而易见的合理性；（4）作出判决的法官的社会威望；（5）该判决是否获得其他司法管辖区法院的支持。当存在相互冲突的判例时，若多数司法管辖区法院支持某一裁判观点，基于少数服从多数原则，后续审理法院更可能采纳该多数意见作为裁判依据。

约束性判例主要包含两种：其一，同一司法管辖区内上级法院作出的判决（如州初审法院必须遵循该州上诉法院或最高法院的既有判例）；其二，同级法院先前作出的判决。然而，该判例并非具有绝对约束力。在特殊情形下，若法院认定先例所依据的政策或事实基础已发生根本性变化，且严格遵循该判例将导致显著不公时，法院可例外地突破先例约束。这种情形在商法和财产法领域尤为常见。②

在美国司法体系中，法院诠释制定法的判例同样受遵循先例原则约束。此类判例的法律效力层级与其所诠释的制定法保持同等位阶，这一点区别于其他判例。以此类推，诠释宪法的判例具有宪法层级效力，当与其他法规或规章冲突时，可优先适用；诠释法规的判例与普通判例冲突时，法院应当优先采纳诠释法规的判例。

---

① ［美］艾伦·法恩思沃斯：《美国法律体系》（第4版），李明倩译，上海人民出版社2018年版，第45—46页。
② ［美］艾伦·法恩思沃斯：《美国法律体系》（第4版），李明倩译，上海人民出版社2018年版，第48—49页。

《元照英美法词典》指出，联邦法渊源包含制定法、条例、判例、规则、判例摘要及文书程式（图1）。

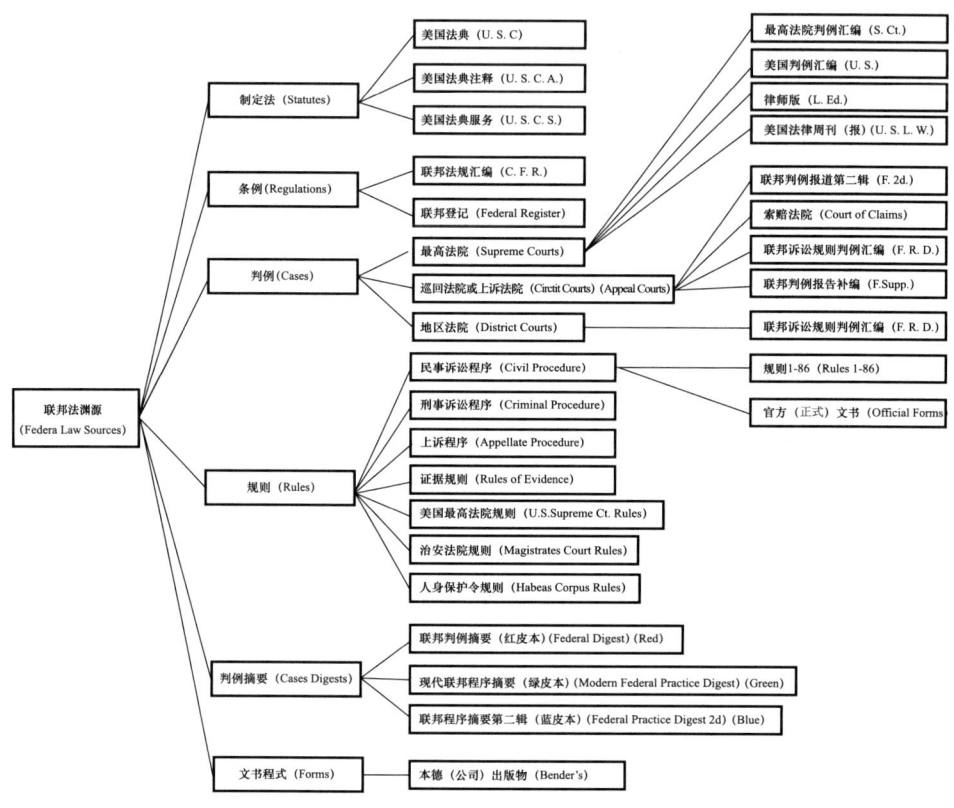

图 1　美国联邦法渊源①

三、美国法律的效力位阶

在前文阐述了美国法律渊源的基础上，以下将分析不同法律渊源的效力位阶。总体而言，美国法律按效力从高到低依次为联邦宪法，联邦法规、美国参加的国际条约及联邦法院规则，联邦行政机关规则，联邦判例法，各州宪法，各州法规及州法院规则，各州行政机关规则，各州判例法。下文分别予以简要说明。

---

① 薛波主编：《元照英美法词典》，北京大学出版社2017年版，第539页。

（一）联邦宪法

根据《美国宪法》的规定，美国联邦宪法是最重要的法律渊源，具有最高法律效力，任何法律不得与宪法相抵触。如果对美国联邦宪法条文存在争议，应由联邦最高法院裁判。国会在两院各有 2/3 议员认为必要时，应提出本宪法的修正案，又如有 2/3 的州立法会提出申请，亦应召开制宪会议并提出修正案。修正案无论由两者中的哪种方式提出，经 3/4 的州立法会或 3/4 的州制宪会议批准，即告完全生效，成为本宪法之一部分；两者中采用哪种批准方式，得由国会提议。[①]

（二）联邦法规、美国参加的国际条约及联邦法院规则

美国制定的联邦法规和美国与其他国家或国际组织缔结的国际条约具有同等法律效力位阶，仅次于宪法，而且它们大多更偏重实体法方面的内容。联邦法院规则涉及各级联邦法院开展诉讼程序需要遵循的规则，偏重程序法方面的内容。

（三）联邦行政机关规则

根据《美国宪法》的规定，总统享有签发行政命令的权力，这些行政命令通常具有与行政机关规则同等的法律效力。此外，联邦各级行政机关也可以经联邦制定法的授权制定相关规则。当这些规则是基于联邦制定法的明确授权时，其效力优先于与之相冲突的州法。

（四）联邦判例法

联邦判例法主要包括联邦法院体系之下不同层级的联邦法院所遵循的判例法、作出的司法判决等，而非制定法。

（五）各州宪法

各州宪法在本州行政管辖范围内具有最高法律效力，但必须服从于依据国会授权制定的有效联邦立法，只有经国会合法授权颁布的联邦法律才具有优先于州宪法和州法律的效力。相较于简明扼要的联邦宪法，各州宪法通常包含更为详尽的条文规定，且各州议会会根据本州实际情况对州宪法进行更

---

① ［美］艾伦·法恩思沃斯：《美国法律体系》（第 4 版），李明倩译，上海人民出版社 2018 年版，第 69 页。

为频繁的修订和调整，以更好地适应地方发展需求。

（六）各州法规及州法院规则

各州立法机关制定的法规原则上不得违反该州宪法和生效的联邦法律，它们在各州法律体系中具有重要地位。根据《美国宪法》第十修正案的规定，宪法未授予美利坚合众国，也未禁止各州行使的权力，由各州各自保留，或由人民保留。这里提及的各州法规主要是指各州立法机关制定的法规、规章、规则等法律规范的总和。各州法院规则主要是指在各州的法院体系内，不同层级的州法院开展相关诉讼活动时应当遵循的一些程序性规则。

（七）各州行政机关规则

各州行政机关规则是指由州级行政机关依法制定的具有普遍约束力的规范性文件，主要包括各类行政规章、实施细则和操作规程等，其核心功能在于为本州行政管辖范围内的各级行政机关提供具体的行政管理依据和行为准则，规范行政机关在执法、许可、监管等行政管理活动中的职权行使和程序要求。

（八）各州判例法

各州判例法主要包括州法院体系之下不同层级的法院所遵循的判例法、作出的司法判决等。① 在美国法律体系中，每一层级的制定法都伴随着解释该制定法的判例法，这些解释性判例与被解释的制定法具有同等法律效力位阶。当同一位阶的法律渊源发生冲突时，均适用"新法优于旧法"原则。

虽然美国仍属于普通法系国家，但是从 20 世纪开始，美国的成文立法越来越多，尤其是从被称为"法规年代"的 1930 年起，美国各级政府相继制定了大量法规，各州的立法重心也从传统的普通法转变为制定相关法规。② 据统计，美国单个州的立法数量已与欧洲大陆法系国家相当。若将 50 个州的立法总量综合考量，美国成文法的规模已达到相当可观的程度。需要指出的是，判例法在美国并未消失，尤其在合同法、侵权法和财产法等私法领域，判例法仍占据重要地位。但是在其他大多数法律领域，制定法已成为主要的法律形式。

---

① ［美］艾伦·法恩思沃斯：《美国法律体系》（第 4 版），李明倩译，上海人民出版社 2018 年版，第 55 页。

② William Burnham：《英美法导论》，林利芝译，中国政法大学出版社 2003 年版，第 41 页。

综览美国联邦法典或各州法典可以发现，美国不同层面的法规与一般大陆法系国家的法规相比，显得既冗长又复杂。产生这种差异的主要原因在于：两大法系对法规本质的理解不同。在大陆法系国家，制定法至上的观念一直占据主导地位，大陆法系国家的立法者希望制定一部能够处理所有争议的法典，当出现法律漏洞时，法官被赋予较大的解释权以延伸法条内涵；而美国则将制定法视为调整特定领域的专门法律文件，法官应当严格依照条文原义进行解释。在缺乏制定法的某些领域，美国法院法官不会像大陆法系国家法官那样通过扩张解释来解决法律适用空白的问题，而是通过适用判例法来处理个案。

因此，在大陆法系国家，针对制定法未规定的事项或情形，法院的法官通常会以类推的方式从现行制定法条文中推导出可适用的规则，从而解决个案的法律适用问题。以德国联邦宪法法院的判例为例，法院通过对保护死者同居配偶继续居住权的法律条文进行扩张解释，将该项权利延伸适用于与死者共同生活的其他自然人，即通过法律的推理适用和条文解释，赋予与死者共同生活的其他自然人与死者同居配偶相同的权利。同时，德国法院还强调此种推理适用法律的方法具备正当性，不违反相关法律规定，属于法院合理行使职权的范围。类似的案件如果在美国法院审理，美国法院大概率会因为制定法仅明确保护死者同居配偶的继续居住权，而判决与死者共同生活的其他自然人不享有继续居住在死者房屋的权利，即对死者同居配偶的解释限定在制定法文义范围内，不会轻易做扩张解释。[1]

事实上，不论是大陆法系，还是普通法系，判例法和制定法融合的趋势越来越明显。也就是说，在传统的普通法系国家，制定法的数量越来越多。正如某位哲人所言，"法律的血统很少能够做到单一纯正"，"民族这样的词汇如果未经验证而用于任何一种法律制度都是很危险的"。[2]

第四节 美国法院体系

17世纪末18世纪初，受英国司法制度影响，北美各殖民地相继建立起类

---

[1] William Burnham：《英美法导论》，林利芝译，中国政法大学出版社2003年版，第43页。
[2] ［英］R. C. 范·卡内冈：《英国普通法的诞生》（第2版），李红海译，中国政法大学出版社2003年版，第112页。

似英国法院体系的司法组织结构。纽约于 1681 年率先建立法院体系，随后马里兰和马萨诸塞（1692 年）、宾夕法尼亚（1701 年）、新泽西（1704 年）、弗吉尼亚（1705 年）及南卡罗来纳（1721 年）等殖民地陆续效仿。这些早期法院体系最显著的特征是采用以地理区域为基础的两级司法架构：在县级层面普遍设立治安法院（处理刑事案件）和普通诉讼法院；在州级层面则设立最高法院（通常由 1 名首席法官和 4 名助理法官组成）。值得注意的是，这种架构下各级法院的管辖权划分并不严格，导致州最高法院既可直接审理初审案件，又可审理上诉案件。

美国建立后的 200 多年间，各州法院体系经历了重大变革。各州通过司法改革将原先繁杂的法院组织简化为统一的三级架构：初审法院、中级上诉法院和终审上诉法院（州最高法院）。① 美国实行州法院与联邦法院并行的双轨制司法体系，下文将分别介绍州法院组织架构和联邦法院组织架构。

一、州法院组织架构

目前，美国州法院组织架构普遍包括 3 个层级的法院，即享有初审案件管辖权的初审法院，受理初审法院提起的上诉案件的上诉法院，以及享有终审案件管辖权的最高法院。

（一）初审法院

初审法院包括普遍管辖权法院和有限管辖权法院。美国各州都设立享有普遍管辖权的初审法院，该初审法院仅对本州行政管辖范围内的民事、刑事案件行使管辖权。不过，各州对这类初审法院的命名并不统一：虽然它们都属于基层初审法院，但比较常见的名称是"巡回法院"或"高等法院"，部分州则采用"地区法院"的称谓。需要特别注意的是，这些州初审法院的名称极易与联邦各级法院的名称相混淆，使用时应当仔细甄别。

除了享有普遍管辖权的初审法院，美国各州还设立了专门的初审法院，主要针对一些特殊类型的案件享有专门管辖权。这些初审法院主要包括处理死者遗产的遗嘱检验法院、青少年法院、家事法院等。美国各州对这些法院

---

① ［美］伯纳德·施瓦茨：《美国法律史》，王军、洪德、杨静辉译，法律出版社 2018 年版，第 27—29 页。

的级别设置存在差异。有些州将享有有限管辖权的初审法院与享有普遍管辖权的初审法院设为同级；而其他一些州则规定，享有有限管辖权的初审法院比享有普遍管辖权的初审法院层级低，此种情况下，享有普遍管辖权的初审法院就成为享有有限管辖权的初审法院的上诉法院。

（二）上诉法院

美国各州均设立上诉法院以受理上诉民事、刑事案件。各州对享有有限管辖权的初审法院的审级定位不一致，导致上诉法院的设置存在差异。部分州采取二审终审的组织架构，即在普遍管辖权法院之上设立州最高法院；部分州则采取三审终审的组织架构，规定有限管辖权法院的上诉案件由该州享有普遍管辖权的高等法院或巡回法院受理，这些法院的判决可再上诉至州最高法院。各州最高法院不仅享有对本州法律的最终解释权，同时对所有下级法院的上诉案件具有终审裁决权。

二、联邦法院组织架构

与美国州法院体系不同，美国联邦法院体系总体上比较明确、清晰，主要包括联邦地区法院、联邦上诉法院以及联邦最高法院。下文将分别予以说明。

（一）联邦地区法院

联邦地区法院作为联邦法院体系中最基层的初审法院，分散在全美94个司法管辖区。这94个司法管辖区的范围大小不一，对应的人口数量也各不相同。在人口稠密的州会再划分出3—4个区域，例如纽约州就被划分为东区、西区、南区、北区4个区。而人口相对稀少的州通常只设1个司法管辖区，例如蒙大拿州。通常情况下，所有联邦地区法院应至少配备2位联邦法官，但是有的法院（例如纽约州南区联邦地区法院）则拥有多达28位联邦法官。

联邦地区法院受理的案件数量虽总体少于州法院，但其审理的案件通常涉及更为重要的法律争议。由于联邦法官均由美国总统提名并实行终身任职制，且法官总数相对较少，这一特殊的任命机制和任职保障使得联邦法院法官普遍享有较州法院法官更高的社会声誉和更广泛的社会影响力。

与州法院类似，美国也设置了一些享有有限管辖权的联邦地区法院，例如专门审理以美国联邦政府为被告的索赔案件的联邦索赔法院，审理涉及联邦税务纠纷的税法法院，审理涉及关税和贸易协定方面争议的国际贸易法院，以及审理破产争议的破产法院。其中，联邦索赔法院以及税法法院都是根据《美国宪法》第1条设立的联邦法院，因此这两个法院的法官也通常被称为"美国宪法第一条法官"（Article I Judge）。但是与根据《美国宪法》第3条设立的联邦法院之下的法官有所区别，虽然"美国宪法第一条法官"也是由美国总统提名并由国会任命，但是并非终身制。

（二）联邦上诉法院

联邦地区法院之上设有13个联邦上诉法院（或称之为巡回上诉法院），其中11个联邦上诉法院分布于美国50个州，受理来自50个州的联邦地区法院的上诉案件。另外两个联邦上诉法院设在华盛顿，其中第十二巡回上诉法院专门针对哥伦比亚特区设立，第十三巡回上诉法院主要审理专门性联邦法院提起的上诉案件。联邦上诉法院的体系设置无法确保每一个州都能够设立1个上诉法院，因此跨州分配联邦上诉法院的管辖权，这就导致有的联邦上诉法院对应多个州的联邦地区法院，管辖范围十分广泛，例如第八巡回上诉法院、第九巡回上诉法院以及第十巡回上诉法院，而有的巡回上诉法院仅对应某个特定的州或地区。

美国联邦巡回上诉法院针对一些案情类似案件的判决可以存在不同的意见，因为任何一个巡回上诉法院的判决对于其他巡回上诉法院而言，仅具有参考作用，没有任何约束力，且不同巡回上诉法院之间也不存在遵循先例的义务。因此，这也导致了美国联邦上诉案件可能因由不同的巡回上诉法院审理而出现不同甚至完全相反的判决结果。当然，美国联邦最高法院对于存在重大分歧的巡回上诉法院判决，享有最终审查权。

（三）联邦最高法院

美国联邦最高法院，简称美国最高法院，其尽管隶属于联邦法院体系，但具有双重性。一方面，美国联邦最高法院除了可以受理来自联邦上诉法院的上诉案件并具有终审管辖权，还可以针对涉及联邦法律问题的州法院判决行使上诉管辖权。因此，从这个意义上来说，美国联邦最高法院也是涉及联邦法律问题的州法院判决的终审法院。虽然美国联邦最高法院是《美国宪法》明文规定并依此设立的唯一法院，但是根据宪法的规定，其组织结构和管辖权范围由美国国会决定。因此，从1869年起，美国联邦最高法院采取配置9

位大法官的制度，其中 1 位是首席大法官，另外 8 位是大法官。美国联邦最高法院位于首都华盛顿，与联邦各级法院及州法院的庭审制度不同，美国联邦最高法院的 9 位大法官通常共同出庭审理案件，并对所有受理的上诉案件作出判决。

三、美国法院体系二元性在司法体制中的作用

如前文所述，如果州法院审理案件时涉及联邦法律问题，那么联邦最高法院享有对州法院判决的上诉管辖权。而联邦法院在审理案件时并非仅仅适用联邦法律，在特定情形下也会适用州法律。因此，由于美国法院体系和法律体系都具有联邦和州分权的二元性，在州法院和联邦法院并行的制度下，两类法院都可以适用州法和联邦法审理案件。这不仅成为美国司法体制中一个独具特色的现象，也导致美国复杂且效率低下的诉讼情况时有发生。

（一）联邦法院审理州际争议案件应适用的法律

美国国会在 1789 年制定的《司法法案》（Judiciary Act of 1789）中明确规定，联邦法院在审理涉及州法问题的案件时，应当依据该州法律进行判决。美国联邦最高法院在诠释这个原则时指出，所谓的依据州法律进行判决是指联邦法院在审理此类案件的实体性争议时，应当适用州法，但在审理程序性争议时可以适用联邦法院程序法，而非某个州的程序法。该原则在美国联邦最高法院 1938 年审理的 Erie Railroad Co. v. Tompkins 案件①中得以确认。

该案中，Tompkins 是原告，他在夜晚沿着铁路线旁边的步行小路行走时，被被告 Erie Railroad 公司所运营的列车撞击并导致胳膊受到严重伤害。原告是宾夕法尼亚州的居民，他要求被告承担过失导致的人身伤害赔偿责任。被告系在纽约州注册的一家铁路公司。由于原被告涉及不同的州，因此原告向联邦地区法院提起诉讼。本案的争议焦点是，初审法院应当适用联邦法律还是宾夕法尼亚州法律。鉴于案件的原被告涉及不同的州，属于州际纠纷，联邦地区法院本应适用联邦法律，但是联邦制定法并未有相关规定。在联邦法律未作出明确规定的情形下，初审法院可以考虑适用宾夕法尼亚州法律，但遗憾的是，宾夕法尼亚州法律也未对涉及本案纠纷的问题作出明文规定。而宾

---

① Erie Railroad Co. v. Tompkins, 304 U. S. 64 (1938).

夕法尼亚州最高法院曾经审理过一个类似的案件，根据该案判决确定的原则，任何沿着与铁轨平行的小径行走的人都被认定为侵入者（trespasser），铁路公司对不可预见的侵入者不承担任何赔偿责任。最终，初审法院法官在陪审团参与诉讼的情况下，根据美国联邦普通法的一个先例 Swift v. Tyson 案①所确定的原则，而没有适用宾夕法尼亚州的侵权判例法，审理了本案并作出判决，判定被告应当向原告支付 3 万美元的损害赔偿金。判决的主要理由是，法院认为如果公众长期公开使用通行铁路线，并且该权利显而易见为众人所知，也未有任何异议，则运营铁路的公司应当对列车行进中铁路线周边的人员负有一般注意义务。该案得到联邦上诉法院的支持，但是美国联邦最高法院推翻了初审法院的判决，认为如果遵循先例 Swift v. Tyson 一案的原则，将会导致各州的法律被忽略，这不仅会造成法律适用的不统一，还可能因为择地行诉而产生对外州居民不公正的判决。因此，美国联邦最高法院认为 Swift v. Tyson 一案确定的原则应当被摒弃，并在 Erie Railroad Co. v. Tompkins 案件审理中创新了法律适用规则，即联邦各级法院无权创设自己的法律规则，在审理州际争议时，联邦法院应当依据适当的联邦法律，如果没有适当的联邦法律，那么应当适用案件所涉州的实体法律。所涉州的实体法律既包括该州的制定法，也包括该州最高法院作出的生效判决。美国联邦最高法院在该案中确立的原则被称为"艾瑞原则"，这也是处理州际争议法律适用问题的重要原则之一。

此外，联邦法院在审理跨州当事人纠纷案件时，还应当注意如下两个方面的因素：一个是避免当事人择地行诉，另一个是强调联邦法律的至高无上性。对于不同州当事人之间发生的争议而言，不能因为在州法院提起诉讼就必然适用该州的法律，或者在联邦法院提起诉讼就必然适用联邦法，这样会使当事人选择对自己有利的管辖法院。因此，若联邦法院适用联邦法会导致与州法院适用州法产生裁判分歧，且该分歧构成当事人规避州法院而选择联邦法院的动机时，联邦法院就应当适用州法来解决实体性争议。因此，根据"艾瑞原则"，审理案件的法院应当避免因当事人选择不同体系的管辖法院而导致法律适用的差异，防止因规避适用特定法律而可能引发的判决不一致或不公正现象。而强调联邦法律的至高无上性，是基于《美国宪法》第 6 条的明确规定，即"本宪法和依此所制定的合众国法律以及根据合众国的权力已

---

① Swift v. Tyson, 41 U. S. (16 Pet.) 1, 10 L. Ed. 865 (1842).

缔结或将缔结的一切条约皆为国家最高法律；每州的法官都应受其约束，即使任何一州的宪法和法律中有与之相抵触的内容"①。

（二）州法院审理涉及联邦事项的案件应适用的法律

关于州法院审理涉及联邦事项的案件应当如何适用法律的问题，美国联邦最高法院确立了与"艾瑞原则"不同的原则，即针对程序性争议，州法院应当适用该州的程序法，但是针对实体性争议，应当适用联邦实体法。如果适用该州的程序法可能会不当地妨碍案件审理，那么根据联邦法律的至高无上性，审理案件的州法院应当摒弃州程序法，而应当适用联邦程序法。

美国各州法院经常受理涉及联邦法的争议，而联邦法院也常对涉及州法的争议作出判决。若某州法院依据联邦法律审理案件并作出不当判决，则美国联邦最高法院对该联邦法争议享有上诉审查权。然而，若联邦法院在审理跨州案件时错误适用州法，该判决既不能上诉至州最高法院，也不能上诉至美国联邦最高法院，因为美国联邦最高法院历来拒绝审查州法适用问题，无论该判决是由州法院还是联邦法院作出。

尽管美国是普通法系最重要的国家之一，其法律体系深受英国法传统影响，但自建国以来，随着联邦制度的建立和完善，美国逐渐形成了独具特色的二元法律体系。在这一体系下，联邦法与州法并行不悖，判例法与制定法相互补充，联邦法院与州法院各司其职又相互交织。美国联邦法院与各州法院管辖权的边界总体较为清晰，但仍可能存在部分交叉。在审理案件时，联邦法院与州法院分别适用各自专属法律体系下的联邦法与州法律，不过也会出现联邦法院适用州法、州法院适用联邦法律的情况。这凸显了美国司法独特、多元且复杂的法律性质，而这些特性也不可避免地在美国不同法院审理涉及海事海商案件时留下明显印记。

---

① William Burnham：《英美法导论》，林利芝译，中国政法大学出版社 2003 年版，第 290 页。

第二章
美国有关海商案件管辖及程序规定

第一节 海商与海事的区别与联系

在中国,"海商"和"海事"并没有严格的法律界定。据位于广州市黄埔区南海神庙中"南海神广利王庙碑"拓片内容记载,该庙碑系元和十五年(820年)刻立,碑文由我国著名文学家、思想家韩愈撰写。碑文内容主要记载了当时担任岭南节度使及广州刺史的孔戣,自元和十三年(818年)起连续三年亲自祭祀南海神之事,碑文中明确提及"海事"一词,学界认为这是汉语中第一次出现该用词表述(图2)。

"海事"一词的含义从最初专指祭祀南海神的特定活动,逐渐扩展为涵盖更广泛的内容。如今,这一术语已被广泛应用于多个领域:我国设立了11家跨行政区划的海事法院[①];成立了专门处理海事海商纠纷的中国海事仲裁委员会;建立了负责水上交通安全管理的中华人民共和国海事局及其地方机构;加入了联合国下属的国际海事组织(IMO);创办了大连海事大学、上海海事大学等专业院校;制定了《中华人民共和国海事诉讼特别程序法》等专门法律。

此外,"海商"一词也并不罕见,例如海事法院通常会将受理的案件区分为海事案件、海商案件,由不同的审判庭处理;实体法方面,1992年11月7日,第七届全国人民代表大会常务委员会第二十八次会议通过的《中华人民共和国海商法》,系调整我国有关海上运输关系以及船舶关系的特定法律规范。[②]

---

① 11家海事法院分别是大连海事法院、青岛海事法院、天津海事法院、上海海事法院、武汉海事法院、宁波海事法院、厦门海事法院、广州海事法院、北海海事法院、海口海事法院、南京海事法院。

② 参见《中华人民共和国海商法》第1条规定。

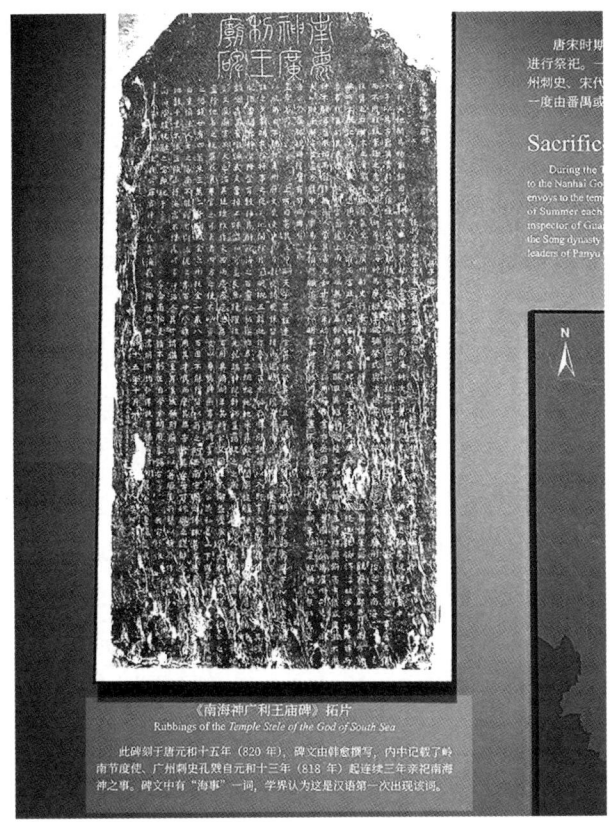

图 2　南海神广利王庙碑拓片照片①

在中国法律语境中,"海事"与"海商"这两个术语既有联系又存在差异。根据《海商法大辞典》的界定,"海事"有广义和狭义之分:广义上指一切与海洋相关的事务,包括海商法调整的横向海事社会关系中的各种事务,海运行政法调整的纵向海事行政关系中的各种事务,国家或国际社会从事海运经济、海事立法、海事交流等活动以及为此建立相应机构所从事的行为;狭义则特指各类海损事故,包括民事、行政和刑事等不同性质的海上责任事故,海损事故性质不同,受不同的海事法律规范调整。通常情况下应当从广义角度理解"海事"一词。② 而"海商"同样具有广狭二义:广义上的海商

---

① 照片来源于广州海事博物馆。
② 司玉琢主编:《海商法大辞典》,人民交通出版社 1998 年版,第 684 页。

与上文提及的广义海事含义相同;狭义则专指平等主体之间为了一定的经济目的在特定范围内从事的具有海事性质的商事活动,这类活动通常以合同形式呈现。狭义的海商与广义的海商或广义的海事之间是部分与整体的关系。①

在英文法律术语中,"maritime"与"admiralty"这两个概念同样存在区别与联系。根据《布莱克法律词典》(第9版)的解释,"maritime"一词存在两方面的含义:一是指与海洋有关的所有事项;二是指海上航行或商事活动,或者与之相关的事项。②"admiralty"则有三方面的含义:一是指对海商合同、海上侵权等纠纷享有管辖权的法院;二是指海事法院诉讼程序规则;三是狭义上特指因可航水域的商事活动而提起的涉及合同、侵权以及劳工方面损害赔偿的规则。③而《布莱克法律词典》(第5版)将"admiralty"解释为与"maritime"同义。④其中,第5版词典对"maritime"的界定也很简单,即指与近海、远洋、大湖区、可航的河流等可航水域有关的事项,或者与上述水域的航行或商事活动有关的事项。⑤《元照英美法词典》将"admiralty"解释为包括如下方面的含义:一是海军大臣或舰队司令的职位或权力;二是1963年之前的英国海军部;三是海军事务大臣或海军委员;四是海事法院;五是英国海事法院或海事法庭;六是海事法或海商法,特指海事法院审理海上民事纠纷与刑事犯罪案件所适用的法律。⑥该词典未对"maritime"一词予以解释。

显然从上述中外权威法律词典对"海商"和"海事"的界定可以看出,目前尚不存在统一性解释。但是总体而言,"maritime"与"admiralty"可以互换使用。"maritime"一般被翻译为"海商","admiralty"一般被翻译为"海事"。

需要指出的是,从严格意义上来说,"海商"和"海事"这两个概念在狭义理解上仍可能存在细微差别。为准确表述相关法律内容,避免可能产生的歧义或遗漏,美国的海商法教科书和专著普遍采用"admiralty and maritime law"的表述。除非另有特别说明,下文凡提及"美国海商法"或"美国海商

---

① 司玉琢主编:《海商法大辞典》,人民交通出版社1998年版,第706页。
② Bryan A. Garner, *Black's Law Dictionary* (9th edition), West Publishing Co. 2009, p. 1054.
③ Bryan A. Garner, *Black's Law Dictionary* (9th edition), West Publishing Co. 2009, p. 53.
④ Henry Campbell Black, *Black's Law Dictionary* (5th edition), West Publishing Co. 1979, p. 43.
⑤ Henry Campbell Black, *Black's Law Dictionary* (5th edition), West Publishing Co. 1979, p. 873.
⑥ 薛波主编:《元照英美法词典》,法律出版社2003年版,第37页。

案件"等表述,均同时包含"海商"和"海事"双重含义,二者可相互指代,不做区分。

第二节 美国海商案件管辖权的法定性与限定性

一、海商案件管辖权的法定性——源于《美国宪法》

《美国宪法》第 3 条明确规定了联邦法院的管辖范围,并特别指出该司法权限包括受理所有海事或海商方面的民事案件。值得注意的是,宪法条文本身同时使用了"admiralty"和"maritime"这两个术语,但并未明确解释二者在含义或范围方面的区别,也未具体界定何种纠纷属于海事或海商案件范畴。如果当事人向联邦法院提起诉讼,就发生的纠纷或争议是否属于海事或海商案件,完全取决于受理案件的法院或者美国国会如何认定或解释,尽管美国国会很少对海事或海商案件予以解释。但美国著名海商法学者罗伯特·福斯(Robert Force)教授认为,宪法条文中的海事管辖(admiralty jurisdiction)和海商管辖(maritime jurisdiction)并不存在实质性差异,二者可以互换使用。①

《美国宪法》虽然确立了联邦法院对海商案件的管辖权,但既未规定审理此类案件的特殊程序规则,也未明确实体法的法律渊源。因此,在具体案件中,有关程序规则的适用和实体法的确定,均需由受理案件的联邦法院通过行使自由裁量权来判定。

基于《美国宪法》有关海商案件管辖规定的实然状况,为了更好地审理案件,美国联邦法院不仅制订了一些规则来填补法律空白或者对美国民事诉讼程序规则在审理海商案件方面存在的不足予以弥补,而且在创设海商实体法方面也发挥了积极作用。长期以来,美国联邦法院在审理海商案件时所形成的有关实体法方面的判例,通常被称为"一般海商法"(General Maritime Law)或者"普通海商法"。因此,各级联邦法院在审理海商案件时,还应当遵守和适用这些具有实体法性质的一般海商法。

---

① See Robert Force, *Admiralty and Maritime Law* (2nd edition), Federal Judicial Center, 2013, p. 1.

二、海商案件管辖权的限定性——联邦制定法的是与非

目前，美国并未制定一部综合性联邦法律对海事海商管辖范围内的案件类型作出明确规定。虽然部分法案，如《船舶所有人责任限制法案》（The Limitation of Vessel Owner's Liability Act）、《船舶抵押权法案》（The Ship Mortgage Act）、《公海死亡法案》（Death on High Seas Act）、《海事诉讼法案》（The Suits in Admiralty Act）、《公用船舶法案》（The Public Vessels Act）、《外大陆架土地法案》（The Outer Continental Shelf Lands Act）和1990年《油污法案》（The Oil Pollution Act of 1990）等均明确规定其法案中涉及的纠纷属于海事海商案件范畴，但是有的制定法，例如《海上货物运输法案》（The Carriage of Goods by Sea Act）、《联邦船舶优先权法案》（The Federal Maritime Lien Act）则没有明确规定海上货物运输纠纷、船舶优先权纠纷是否属于海事海商案件范畴。与此类似的是，美国《琼斯法案》（The Jones Act）没有明确规定在美国可航水域内发生的人身损害赔偿纠纷是否属于海事海商案件范畴，而《近岸及港口工人赔偿法案》（The Longshore and Harbor Worker's Compensation Act）对此也未作出明确规定。船舶碰撞、船舶拖带、船舶引航、水上救助及海上保险等纠纷在大多数国家通常被视为典型的海事海商案件，但是美国法律没有明确涉及上述事项的纠纷是否属于海事海商案件。

在美国，海上人身伤亡损害赔偿案件缺乏统一的联邦实体法规范，相关立法呈现明显的碎片化特征。对于不同情形下的索赔诉讼，其法律适用存在显著差异：涉及公海死亡的案件适用《公海死亡法案》，涉及船员人身伤亡的案件适用《琼斯法案》，而涉及港口工人人身伤亡的案件则适用《近岸及港口工人赔偿法案》。然而，对于超出这些法案适用范围的海上人身伤亡案件，由于缺乏明确的联邦法律规定，索赔人只能依据各州法律提起诉讼。此外，除上述法律适用可能存在差异外，人身伤亡损害赔偿纠纷案件的法院管辖也呈现多元化特点。除《公海死亡法案》明确规定应由联邦法院管辖外，对于其他类型的海上人身伤亡索赔纠纷是否属于海事海商案件，以及是否应由联邦法院管辖，美国目前尚无明确法律规定。因此，索赔人可自主选择向某个联邦法院或某个州法院提起索赔诉讼。

除了宪法以及上述部分制定法，美国国会还颁布了《海事扩展法案》

（The Admiralty Extension Act）和《大湖区法案》（The Great Lakes Act），这两个法案涉及的争议属于海事海商案件范畴。然而，《大湖区法案》既未对大湖区商事活动的具体内涵作出界定，也未对大湖区的航运及航行问题进行明确规范，仅简单规定相关纠纷由联邦地区法院管辖。①

总而言之，由于美国目前并没有一部综合性的海商法典，也没有一部综合性的制定法明确规定海商或者海事案件的类型及其管辖权范围，加之美国国会通常倾向于将判定案件是否属于海事管辖范围的权力赋予各级联邦法院，因此大多数海事海商案件均由美国各级联邦法院根据自由裁量权予以判定并受理，但是美国法律也并未明确禁止州法院受理海事海商案件，尤其是在联邦制定法没有作出规定或者规定不明确的情形下。因此在美国的司法实践中，仍然会存在部分海事海商案件由州法院管辖的情形。

第三节 海事侵权案件的管辖及其确定

在美国，制定法并未明确界定侵权行为的内涵。一般来说，侵权行为是指侵害他人权益的行为。美国法院认定侵权行为的标准也在不断发生变化。②一方当事人的过错行为导致另一方人身损害或财产损失而引发的民事争议，都属于侵权法的调整范围。

综上，可以将海事侵权行为界定为在美国可航水域发生的一切具有侵害性的行为。虽然《美国宪法》明确规定海事侵权案件应当由联邦法院管辖，但是现行制定法并未明确可航水域的范围。因此，如何确定美国可航水域的含义，对于判断侵权行为是否构成海事侵权以及确定相关案件的管辖权具有十分重要的意义。下文将着重对此予以分析。

一、有关美国可航水域的理解

美国1789年《司法法案》第9条对作为初审法院的美国联邦地区法院的管辖权作出明确规定，即联邦地区法院对于一切海事海商案件享有排他性管辖权。

---

① See Robert Force, *Admiralty and Maritime Law* (2nd edition), Federal Judicial Center, 2013, p. 3.

② ［美］史蒂文·L. 伊曼纽尔：《侵权法》，中信出版社2003年版，第C1页、第1页。

此外，联邦地区法院的管辖权还包括受理根据美国有关征收、航行或贸易方面的法律规定申请扣押船舶的案件——此类扣押申请仅适用于载重吨 10 吨及以上，并且在美国海域以及公海航行的船舶。因此，联邦地区法院对某一海商案件是否享有管辖权，主要的判定依据就是该水域是否具有可航性，以及是否属于对公众开放的公共水域。

毋庸置疑，从"海事案件管辖"一词的表述来看，美国海事案件管辖的水域范围包括美国的领海以及符合一定条件的公海海域，但是对于是否包括美国内陆水域曾经存在一些争议。美国法院最初根据英国法院的规则来确定海事案件管辖的水域范围，即凡是存在潮汐的水域，都属于海事案件管辖的水域范围。显然，这个判定标准是对海事案件管辖水域采取了狭义理解。基于海事案件管辖的水域需要存在潮汐变化的特点，该标准明确将在大湖区以及美国内陆水域发生的事故或开展的交易活动所引发的争议或纠纷排除在海事案件管辖范围之外。

但是随着美国水上经济活动的不断开展，美国联邦最高法院摒弃了英国法院所确立的先例原则，不再采取狭义的海事案件管辖水域的观点，而是通过审理一些相关案件，不断明晰美国可航水域的含义及范畴，逐渐采用广义说，即美国海事案件管辖水域不仅包括存在潮汐的水域，还包括大湖区及美国内陆水域。根据广义说的判定标准，与海相通的河流等内陆水域也属于海事案件管辖水域，甚至认为即使是与海不相通的河流、水库等内陆水域，只要符合对可航水域的界定，就仍然属于海事案件管辖水域。

下文将通过对联邦法院典型判例的梳理，系统考察美国司法实践中可航水域界定标准的历史演进及其认定原则的发展轨迹。

（一）美国可航水域的范围：可以扩展至可通航的内陆湖泊及河流

美国有关可航水域的判定标准从传统潮汐水域原则的狭义说，扩展至包括具有可航性的内陆湖泊及河流的广义说。在这一标准演变过程中，最具典型性的案件是美国联邦最高法院于 1852 年审理的 The Propeller Genesee Chief v. Fitzhugh 一案[①]。

Fitzhugh 是 "Cuba" 号纵帆船的所有人。1847 年 5 月 6 日，当 "Cuba" 号

---

① The Propeller Genesee Chief v. Fitzhugh, 53 U.S.（12 How.）443（1852）.

从俄亥俄州的桑达斯基（Sandusky）航行至纽约州的奥斯威戈港口（Oswego）时，与正在向湖泊上游航行的"The Propeller Genesee Chief"号发生碰撞，导致"Cuba"号严重受损并很快沉没，船上货物也随之沉入水底。经查，"Cuba"号已在船舶管理部门登记注册，获准从事美国沿海贸易。碰撞事故发生后，Fitzhugh向纽约州北区联邦地区法院提起诉讼，主张碰撞系"The Propeller Genesee Chief"号船长及船员疏忽和管理不当所致，并向其船舶所有人提出索赔。案件争议焦点在于：碰撞发生在纽约州，"The Propeller Genesee Chief"号的船员均为纽约州居民，且不涉及公海、任何海域或者与潮汐水域相连通的其他河流、小溪或水域，因此双方对本案是否属于联邦地区法院的管辖范围产生争议。该案经联邦地区法院初审、上诉至巡回上诉法院，最终由美国联邦最高法院作出终审判决。

在该案中，美国联邦最高法院摒弃了原有的将可航水域限定于潮汐水域的狭义说观点，而是扩大了联邦海事案件管辖权的范围，认为可航水域应当包括可通航的任何内陆湖泊和河流，而不仅仅局限于存在潮汐的水域。但是美国联邦最高法院对于其在该案中拟扩展的海事案件管辖权又限定了范围，即可通航的任何内陆湖泊和河流应当是面向公众开放的、具有可航性的一切湖泊及河流，并且应确保能够通过这些湖泊及河流，在美国不同的州之间或者美国与其他国家之间开展水上贸易活动。

在此案之前，美国联邦最高法院一直遵循传统的英国规则，将海事管辖范围限制在有潮汐的水域内。但是考虑到美国国会希望能够促进和推动内陆水上贸易活动的开展，并且美国已经于1845年颁布了《大湖区法案》，有意将联邦法院的管辖权扩大至包括大湖区发生的海事海商案件，因此在审理本案时，联邦最高法院首席大法官罗杰·B. 坦尼（Roger B. Taney）认为，传统的英国规则已经不适合美国经济的发展，因为英国可以航行的湖泊和河流等水域状况与美国存在差异，不能完全遵循英国有关海事案件管辖的水域判定标准。他进一步指出，确定海事案件的管辖权主要取决于某一水域是否具有可航性，而不应当局限于该水域是否存在潮汐。尽管大法官彼得·V. 丹尼尔（Peter V. Daniel）对此持不同意见，并认为美国海事案件管辖权源于美国宪法的明确规定，不应当基于法院的自由裁量权而被轻易突破。但是美国联邦最高法院仍然以多数意见在该案中作出推翻传统英国规则的判决意见，并最终支持了联邦地区法院的裁判观点。

The Propeller Genesee Chief v. Fitzhugh 一案的判决极大地推动了美国开展水上商事活动和通航活动。联邦最高法院通过摒弃单一适用英国传统的潮汐水域原则,结合国会立法意图,旨在通过该判决确立统一的海商法原则,以规范船舶在内陆湖泊及河流的航运和经贸活动。

此外,通过对该案三审判决意见的梳理可以发现,联邦法院倾向于通过法律手段推动科技发展和应用。在该案发生的时代背景下,蒸汽机已广泛应用于航海领域,蒸汽机船不仅能够在海洋航行,也能深入内陆湖泊及河流。若继续沿用传统的潮汐水域原则,将难以适应新技术发展带来的航运实践变化。因此,本案判决突破了陈旧的法律标准,对于推动美国内陆航运发展产生了积极的促进作用。

(二) 可通航的内陆湖泊及河流包括与海不相通的水域

美国联邦最高法院在 The Propeller Genesee Chief v. Fitzhugh 一案中将可航水域从狭义的潮汐水域扩展至包括可通航内陆水域后,还通过后续案件的审理对美国可航水域判定标准予以扩张解释,认为可通航的内陆水域不仅包括与海相通的湖泊、河流等水域,还包括与海不相通的湖泊、河流等水域。这一原则在美国联邦最高法院于 1857 年审理的 Jackson v. The Magnolia 一案①中予以确认。

该案中,Jackson 是"Wetumpka"号汽船的所有人,该船从事路易斯安那州新奥尔良港(New Orleans)与亚拉巴马州蒙哥马利港(Montgomery)之间的定期商业航行,有沿海运输的经营许可。"The Magnolia"号则专门从事亚拉巴马州莫比尔港(Mobile)与蒙哥马利港之间的定期商业航行,也具有沿海运输的经营许可。两船在亚拉巴马河航行时相撞,导致"Wetumpka"号沉没。碰撞地点位于亚拉巴马河水域,距最近的潮汐水域 200 多英里。案件核心争议在于:碰撞发生在不与海相通的内陆水域,该案是否属于联邦地区法院有权受理的海事案件?

本案经亚拉巴马州中区联邦地区法院初审后,上诉至联邦上诉法院,最终由美国联邦最高法院作出终审判决。联邦最高法院在判决中认为,海事管

---

① Jackson v. The Magnolia, 61 U.S. (20 How.) 296 (1857).

辖范围的确定与水域的盐度高低无关，也不取决于水域是向公众开放还是限于私人使用。从各国设立海事法院的实践来看，主要是基于为水上商事活动提供安全保障和便利商业活动开展的考虑。如果仅因水域是否与潮汐水域相连通就采取不同的管辖权规则，不仅不符合美国宪法关于海事管辖权的立法意图，还会给当事人带来诸多不便并产生不公平的后果。因此，联邦最高法院最终确认，联邦地区法院对美国可航水域内发生的海事海商案件享有管辖权，而可航水域应当包括那些与海域相距甚远且与海水潮汐变化毫无关联的内陆水域。

（三）对可航水域内涵及其判定标准的理解

在美国，"可航水域"一词是指事实上可供船舶航行的所有水域。这一概念不仅涵盖已经被使用的水域，或者可以被使用且满足水上商事活动需要的一切水域，还包括能够满足水上运输工具通行或者能够满足旅客或货物运输需要的水域。因此在美国，判定水域是否具有可航性，普遍采用"商事活动功能说"，即考察该水域的自身水体或者与其相连水域所自然形成的水体是否足以支持持续性开展水上商事活动，或是否能够以传统方式开展跨州或国际水上商事活动。[①]

水域是否具有封闭性对于判断其是否具有可航性影响较大。例如，如果一片水域位于某一个州的地理管辖范围之内，并且属于完全被陆地所包围的封闭水域，那么美国联邦法院通常认为该水域并不具备海事管辖权所强调的"可航性"特征。但是应当注意的是，这里提及的可航性并不要求该水域的水体具有流动性或者一定汇入海洋。如果某一水域完全处于一个州的地理管辖范围之内，但是该水域的水体可以流向另外一个州的河流或湖泊，或者可以流向大海，那么该水域仍然可以被认定具有可航性。

判定水域是否具有"可航性"并不以该水域能否用于开展州际或国际贸易活动为标准。举例而言，假设河流 A 完全位于某一个州的地理管辖范围内，但其自然流向与海相连的主干河流 B，只要河流 A 的自然特性不妨碍水上商事活动的开展，即使目前尚未在该水域进行任何活动，美国联邦法院仍会认定河流 A 满足"可航性"要求。

---

① The Daniel Ball, 77 U. S.（10 Wall.）557, 563（1870）.

根据"商事活动功能说"理解"可航性"标准的内涵时，应当注意该学说并不以某个水域必须长期地、持续地开展水上商事活动为前提条件，因为美国联邦法院在判定某水域是否具有"可航性"时，明确指出不要求或者不强制该水域必须满足可以长期开展水上商事活动的要求。如果该水域仅仅是阶段性、季节性或者临时性被实际用于开展水上商事活动，并不影响其可航性，只要当事人能够举证证明该水域可以用于开展水上商事活动即可。

在 LeBlanc v. Cleveland 案①中，原告 Etoile LeBlanc 和 Stephen Ossen 从一家名为 JRD 的公司租赁了一艘皮划艇，于 1994 年 7 月 4 日在哈德逊河划行时，与另一艘娱乐机动船发生碰撞并遭受人身伤害。娱乐机动船由 Terry Cleveland 经营，Robert Grant 系该娱乐机动船的所有人。船舶碰撞发生在卢塞恩湖（Lake Luzerne）附近，距爱德华堡上游约 29 英里处。两原告向纽约州南区联邦地区法院对被告 Terry Cleveland 和 Robert Grant 提起海事诉讼，随后案件被移送至纽约州北区联邦地区法院，两被告同时向法院申请追加 JRD 公司为第三人。JRD 公司向纽约州北区联邦地区法院提出管辖权异议，认为事发水域并不具有可航性，联邦地区法院无权管辖该案。纽约州北区联邦地区法院支持了 JRD 公司的管辖权异议，认为哈德逊河并非事实上具有可航性的水域。因为虽然哈德逊河爱德华堡区段的下游水域可以用于开展水上商事活动并且可以通向公共海域，但是在爱德华堡区段上游水域建有数个大坝，并存在 3 处高达 30 英尺的瀑布，所以无论是过去还是现在，该水域从未被用于开展水上商事活动，因此联邦地区法院对该案不享有管辖权。

两原告对纽约州北区联邦地区法院的一审判决不服，故上诉至联邦第二巡回上诉法院。联邦上诉法院认为，初审法院关于哈德逊河不属于可航水域的判决结论是错误的，理由如下：首先，纽约州北区联邦地区法院认为哈德逊河部分水域存在人工水坝，继而就否定该水域具有通航能力的判定标准是不正确的。联邦上诉法院认为，确定河流是否具有可航性，应当重点关注该河流在自然状态下是否具有历史通航能力，而不是考虑目前已经被人为改造的状态。其次，无论从历史的角度还是现实的角度，都无法改变哈德逊河具有可航性的本质。纽约州北区联邦地区法院片面地理解"历史可航性标准"并作出相关判决是不合理的，因为至少在 1951 年之前尚未在哈德逊河建设人

---

① LeBlanc v. Cleveland, 198 F. 3d 353 (2nd Cir. 1999).

工水坝时，一些木材企业就通过哈德逊河爱德华堡区段的上游水域将木材运往其他木材加工厂，显然当时的哈德逊河是可以满足开展水上商事活动需要的。联邦上诉法院还认为，美国宪法赋予联邦法院管辖权审理一切海事或海商案件，目的就是通过适用统一的规则以推动水上商事活动的开展。因此判定某个河流是否具有可航性，关键在于验证该河流是否能够满足开展水上运输及水上商事活动的需要，至于该水域的地域范围如何以及人类使用该水域的具体方式是否发生了变化，都不是判定该水域是否具有可航性的因素。

需要注意的是，上诉人仅仅围绕哈德逊河是否具有可航性提出了异议，并未针对如何理解商事活动的含义提出任何主张。美国司法实践对"商事活动功能说"中的"商事活动"一词采取严格界定，其范围仅限于与船舶航运相关的活动，明确不包括垂钓等娱乐活动。在 LeBlanc v. Cleveland 一案中，联邦上诉法院认为，只要某个水域可以被用于开展传统的水上商事活动，就足以认定该水域具有可航性，至于该水域是否可以被用于开展其他非传统的商事活动，例如航运之外的其他商事活动，与该水域是否具有可航性没有必然的关联。本案中，涉事船舶虽均非从事传统水上商事活动，但这一事实并未成为法院判定水域可航性的考量因素。此外，美国联邦上诉法院还通过其他一些判例，例如 Adams v. Montana Power Co.①、Foremost Ins. Co. v. Richardson②等案件，明确认定娱乐船舶不属于海事管辖案件中从事传统水上商事活动的船舶范畴。

综上，联邦上诉法院判决认为，鉴于上诉人仅仅就涉案水域是否具有可航性提出异议，未对商事活动的内涵提出异议，因此并不妨碍联邦法院遵循已经适用多年的原则，即以该活动是否属于传统水上商事活动作为判断标准。由于本案涉事船舶为娱乐船舶，不属于从事传统水上商事活动的船舶范畴，因此本案不属于联邦法院的管辖范畴。联邦上诉法院最终认定初审法院作出的联邦法院无权审理该案的判决结果并无不当。

从该案二审法院的判决结果可以看出，尽管联邦上诉法院最终驳回了上诉请求，但是主要原因并非判定水域是否具有可航性的标准发生了变化，而是当事人的诉请并未触及可航性标准的本质，联邦上诉法院也仅对一审法院

---

① Adams v. Montana Power Co., 528 F. 2d 437 (9th Cir. 1975).
② Foremost Ins. Co. v. Richardson, 457 U. S. 668, 675; 102 S. Ct. 2654, 73 L. Ed. 2d 300 (1982).

有关历史可航性的理解和结论予以纠正。事实上,该案的实质争议焦点是如何认定传统水上商事活动的范畴,而上诉人并未对此提出异议。因此联邦上诉法院基于遵循先例原则并解释传统水上商事活动的内涵并无不当,并再次明确该案所涉的娱乐船舶不属于从事传统水上商事活动的船舶范畴,从而认定联邦法院对该案没有管辖权。该案的判决结果和说理反映出美国联邦法院在认定水域是否具有可航性时所应当遵循的一般原则和审判理念。

(四) 障碍物对认定水域是否具有可航性的影响

水域的可航性可能因天然或人为障碍物的存在而受到影响。若这些障碍物实质性地阻碍了水域的使用,导致无法通过该水域或其连接的水上通道开展跨州或国际商事活动,则该水域将被认定为不具备可航性。然而,若这些障碍物仅属临时性的,且可以被清除,则美国联邦法院仍会认定该水域具有可航性。

若某水域具有历史可航性,即在过去确实具备通航条件并被用于开展州际或国际商事活动,后因人为因素(如修建水坝或其他水上设施)导致无法继续用于开展商事活动,如同 LeBlanc v. Cleveland 一案的情形,则该水域可能被联邦法院认定为丧失传统水上商事活动功能而不再具有可航性。因此,在不具备可航性的水域发生的民事纠纷,将不属于联邦法院海事管辖范围。水域历史上具有可航性并被用于开展商事活动的事实,并不能当然推导出该水域具有永久可航性的结论。

综上,在某个水域范围内存在天然障碍物或人为障碍物,会对认定水域是否具有可航性产生影响。

(五) 对可航水域可航性的判定

从前文分析可知,在美国司法实践中,"可航水域"的界定始终是法院审理相关纠纷时的核心法律问题。这不仅关系到案件是否属于海事管辖范畴,更直接决定案件应由联邦法院还是州法院审理。然而,针对不同类型的案件和争议情形,美国联邦法院对"可航水域"的解释标准并不统一,特别是在判断水域的可航性这一关键要素上仍存在分歧。鉴于此,美国联邦最高法院在 1979 年审理 Kaiser Aetna v. United States 案[①]时,对可航水域判定标准中的

---

① Kaiser Aetna v. United States, 444 U. S. 164 (1979).

"可航性"要素作出解释，并明确要求应当综合考虑多方因素以便正确理解可航水域的含义。

在 Kaiser Aetna v. United States 一案中，原告 Kaiser Aetna 通过融资对夏威夷州欧胡岛附近的瓜帕池塘（Kuapa Pond）采取疏浚、填充等措施进行改造。该池塘原来与海相连。值得注意的是，美国陆军工程兵团曾出具咨询意见，认定原告无须取得许可即可实施改造工程。工程完成后，原告对该水域实施管控，允许周边居民和船舶通行，同时依据夏威夷州法律将该池塘作为私有财产管理，并通过收取通行费进行日常维护。美国政府随后向联邦地区法院提起诉讼，主张：第一，根据 1899 年《河流与港口拨款法案》（The Rivers and Harbors Appropriation Act of 1899）第 10 条规定，原告实施水域改造工程应事先获得陆军工程兵团许可；第二，改造后的池塘已符合联邦法律对"可航水域"的界定标准，应纳入联邦管辖范围。政府强调，若认定该水域为可航水域，则其应当归联邦政府管辖，只有联邦政府才有权决定是否免费将该海域向公众开放，原告个人无权通过该公共水域获取任何收益。

一审法院认为，通过审查相关法律规定，涉案池塘应当属于联邦政府管辖的可航水域，因此该水域的修缮活动应当受美国陆军工程兵团监管。鉴于原告已经实际支付了修缮池塘的相关费用，因此联邦政府在向原告支付适当赔偿款项之前，无权将该水域向公众开放。而联邦第九巡回上诉法院虽然也确认涉案池塘纠纷属于海事管辖范畴，但仍然推翻了联邦地区法院作出的一审判决。联邦上诉法院认为，当原告将池塘改造成码头并将该水域与海湾连接时，该水域不属于联邦政府的管辖范围，而应当成为联邦政府行使"公共通航权"的监管对象。此外，上诉法院进一步指出，联邦政府不能擅自行使对涉案池塘的征用权，向原告支付一定的赔偿金之后，才可将涉案池塘及相关水域向公众免费开放。

联邦上诉法院在判决中提及的公共通航权的英文表述为"navigational servitude"。其中"servitude"一词的本义是地役权或役权，在大陆法系中是指为他人的便利和利益而在某一财产上设立的负担，在普通法系中是指便利、利益或者获得便利、利益的财产。①《布莱克法律词典》（第 5 版）将"navigational

---

① 薛波主编：《元照英美法词典》，法律出版社 2003 年版，第 1248—1249 页。

servitude"解释为最大限度满足人们通航需求的公共权利。① 而《布莱克法律词典》（第9版）对于"navigational servitude"一词的解释更为宽泛，认为应包括两个层面的含义：第一，联邦政府所享有的规制可航水域内水上商事活动的权力。即使该权力的行使会影响私人财产所有权，联邦政府也无须承担任何赔偿责任。因为公共通航权与可航水域存在关联并且主要用于保护通航活动，所以公共通航权常常被认为是对公共信托原则的突破。公共通航权是基于通商权而对可航水域设定的联邦役权，与所有权或信托责任无关。第二，州政府基于司法权或公共信托原则而享有的役权，即允许某个州对可航水域内的商事活动予以规制，并且如果该权力的行使会对私人财产所有权产生影响，那么该州政府仅需向受影响的私人个体支付有限赔偿即可。如果某个州行使此种公共通航权与联邦政府发生冲突，那么州政府行使的公共通航权应当让位于联邦政府行使的公共通航权，即州政府行使公共通航权不得影响联邦政府行使公共通航权。②

Kaiser Aetna v. United States 案件初审法院和上诉法院的判决结果及理由存在明显差异，之后美国联邦最高法院对此案进行审查，并最终推翻了联邦上诉法院的判决，认为涉案池塘属于美国联邦政府可航水域范畴。美国联邦最高法院也认为美国联邦政府不能擅自行使征用权，而应当对原告进行合理的成本补偿，拥有涉案池塘的公共通航权后，才能允许公众免费使用该池塘。

该案中，美国联邦最高法院从4个不同角度诠释了对"可航性"一词的理解：（1）可航性涉及公共通航权，并且美国政府不可以使用征用权以确保公共通航权的实现；（2）确认本案涉及的国会立法权限应在商事条款规定的范围之内，可航性的判定与商事活动有关联；（3）根据《河流与港口拨款法案》的规定，明确美国陆军工程兵团的权限范围为联邦政府管辖的可航水域，不得扩展至其他可航水域；（4）再次明确联邦法院行使海事案件管辖权的范围仅限于因可航水域水上商事活动而产生的纠纷或争议。③

除了上文讨论的因地理条件而自然形成的水域具有可航性，如果是人工

---

① Henry Campbell Black, *Black's Law Dictionary* (5th edition), West Publishing Co. 1979, p. 927.
② Bryan A. Garner, *Black's Law Dictionary* (9th edition), West Publishing Co. 2009, p. 1493.
③ See Robert Force, *Admiralty and Maritime Law* (2nd edition), Federal Judicial Center, 2013, p. 5.

修建的水利工程，例如运河等，在美国也可以被认定为具有可航性，只要该水域能够满足开展跨州或国际商事活动的需要。这一观点在 Ex Parte Boyer 一案①中得以确认。

Ex Parte Boyer 案件的事实与主要争议如下：1882 年 8 月，一艘名为"Brilliant"号的船舶与另一艘名为"B&C"号的蒸汽机船在伊利诺伊州库克县（Cook）辖区内的运河段发生碰撞，碰撞地点距离芝加哥南部大约 4 英里。"Brilliant"号当时正从事自伊利诺伊州莫里斯（Morris）至芝加哥的水上运输活动。碰撞事故导致"Brilliant"号船舶严重受损，随即"Brilliant"号及所载货物沉没。这段运河位于伊利诺伊州与密歇根州之间，属于人工建造的运河。船舶碰撞事故发生后，"Brilliant"号船舶所有人及船载货物所有人向伊利诺伊州北区联邦地区法院提起对物诉讼，索赔财产损失。联邦地区法院经过审理认定，碰撞双方均存在过失，因此判定原告和被告平均承担财产损失的赔偿责任。虽然在该案审理中双方当事人并未对联邦地区法院的海事管辖权提出任何异议，但是"B&C"号船舶所有人在向法院申请解除对物诉讼禁令时，曾质疑联邦地区法院的海事管辖权。因此，联邦地区法院在判决书中针对海事管辖权事项也进行了说理，认为尽管从伊利诺伊州至密歇根州的这段运河是人工建造的，并且碰撞地点在伊利诺伊州境内，但该运河可以被用于跨州或国际贸易运输，因其连接了密歇根湖、芝加哥河、伊利诺伊河以及密西西比河。鉴于此，联邦地区法院认为，根据美国国会于 1822 年 3 月 30 日颁布的法案②，该运河建成后即被视为由联邦政府永久管理的公共水上通道，使用该水上通道的任何美国公民均无须支付任何通行费用。据此，联邦地区法院认为，尽管涉案水域并不是天然形成的，但是仍然符合"商事活动功能说"所确立的标准，联邦地区法院享有该案管辖权。

此外，美国法院在认定某水域是否具有可航性时，并不要求该水域在任何时间、任何季节都需要满足船舶可以通航的要求，一些联邦法院甚至还确立了"季节性可航能力"原则③。例如，在 Wilder v. Placid Oil Co. 案件中，原告 Richard Sanders 和 James Michael Wilder 于 1983 年 1 月在路易斯安那州某

---

① Ex Parte Boyer, 109 U. S. 629 (1884).
② 法院判决中未标注法案名称，仅显示法案来源为 c. 14, 3 Stat. 659。
③ See Wilder v. Placid Oil Co., 611 F. Supp. 841 (W. D. La. 1985); Missouri v. Craig, 163 F. 3d 482 (8th Cir. 1998); Gollatte v. Harrell, 731 F. Supp. 453 (S. D. Ala. 1989).

河流乘船游玩时，不慎与被告 Placid 石油公司安置在该水域某水下管道的钢制端口装置发生撞击并造成人员伤亡。被安置的水下管道由被告享有所有权并进行日常维护，但是被告未在水面上设置任何标识。路易斯安那州西区联邦地区法院受理了案件。经审理查明，虽然涉案水域设有人工水坝，且受气候影响在 1977—1981 年每年 3—5 月及 1982 年全年出现枯水期影响通航，但整体仍具备通航条件，不影响水域整体的可航性。被告提出的抗辩理由之一就是涉案水域不具有全天候可以开展通航活动的特点，由此涉案水域不具有可航性，由此产生的争议相应地也不属于海事管辖范畴。联邦地区法院通过对案件的审理，在判决中明确认定，虽然涉案河流的某个区域可能因为季节或天气变化在一年中的某个时段无法开展通航活动，但是这种情形属于正常现象，也是自然界中的常态，不能因此就否定该水域的可航性。因此，联邦地区法院没有支持被告的抗辩理由，并最终认定其对该案享有管辖权，支持了原告的全部诉请。

因此，根据 Wilder v. Placid Oil Co. 案件所确立的"季节性可航能力"原则，如果某个水域能够在一年中的某个时间段或者某个季节内可以满足美国州与州之间开展水上贸易活动或者美国对外贸易通航活动的需要，但是在其他时间段或季节无法被用于有效开展水上运输活动，例如冬季遭遇冰冻期、旱季遭遇枯水期等，则该水域在可以被用于开展水上运输活动或者通航活动期间所发生的纠纷或争议，仍然满足对海事案件的界定，并由联邦法院行使海事案件管辖权。[①]

二、确定海事侵权案件管辖的要件

如果侵权行为发生在美国可航水域，并且该侵权行为与传统海商活动存在某种联系，那么原告可以向联邦地区法院提起海事侵权诉讼。因此，只有同时满足如下两个方面要件的侵权案件才能构成海事侵权案件，并由美国联邦法院管辖。这两个要件分别为地点要件和因果关系要件。以下分别对这两个要件及其具体要素予以详述。

---

① See Robert Force, *Admiralty and Maritime Law* (2nd edition), Federal Judicial Center, 2013, p. 5.

（一）地点要件

地点要件强调海事侵权行为应当发生在可航水域内，而不论侵权行为发生的原因是否与可航水域有关。如果侵权行为并未发生在可航水域内，即使侵权行为发生的原因与可航水域存在关联，也不能被认定为海事侵权案件。

事实上，美国联邦法院早在 1865 年审理 The Plymouth 一案①时就明确了海事侵权行为结果发生地应在可航水域的地点要件。在 The Plymouth 一案中，一艘蒸汽机船"The Falcon"号被用于在芝加哥河以北的湖泊区域开展航行活动。"The Falcon"号在停靠码头时，因为船员疏忽发生火灾，火势迅速蔓延并导致码头及码头附近的店铺起火，房屋内的物品被全部烧毁。码头经营人 Hough & Kershaw 公司向伊利诺伊州北区联邦地区法院提起海事侵权诉讼，要求"The Falcon"号船舶所有人承担房屋内物品损失的赔偿责任，并扣押了该船的姊妹船"The Plymouth"号。联邦地区法院经过审理，认为该案不属于海事侵权案件，其不享有海事管辖权，因此驳回了原告的诉讼请求。案件上诉后，上诉法院支持了初审法院的判决。美国联邦最高法院对此案进行了司法审查，认为侵权行为发生在陆地而非可航水域，尽管房屋起火的原因与处于可航水域的船舶存在关联，但是不能仅仅因为侵权行为发生的原因与可航水域存在关联就将该案认定为海事侵权案件。

由此，美国联邦最高法院明确了海事侵权案件的必备要件之一，即地点要件，并强调无须考虑导致或引起海事侵权案件的原因是否与可航水域有关，即使海事侵权行为发生的原因源自陆地，只要侵权行为地在可航水域，不影响将其认定为海事侵权案件。例如某个人在岸边燃放烟火，导致正在可航水域航行的船舶上的一名旅客因燃放的烟火遭受人身伤害。又如在可航水域的船舶上发生人身伤亡事件，随后该受害人被送往陆地某医院治疗，但最终仍然无法避免该受害人因伤死亡的后果。这些都属于侵权行为地在可航水域的海事侵权案件，均满足地点要件，尽管引起这些侵权行为的原因有的来自陆地，有的来自可航水域的船舶。

美国国会于 1948 年通过《海事扩展法案》，以制定法的方式明确规定，如果侵权行为发生在可航水域的船舶上，即使伤害或者损害的结果发

---

① The Plymouth, 70 U.S. 20 (1865).

生在陆地，仍然属于海事侵权案件范畴，即《海事扩展法案》更加注重强调侵权行为发生地应当与可航水域存在关联，至于侵权行为的结果是否与可航水域存在关联，并不是认定海事侵权案件的必要条件。可见，《海事扩展法案》在一定程度上将海事侵权案件管辖范围从传统的可航水域适当扩展至陆地，但是也必须满足侵权行为地在可航水域内的要件，即处于可航水域的船舶或船舶属具引起的人身伤亡或财产损失均为海事侵权案件，仅强调行为发生地在可航水域内，而无须考虑结果发生地是否一定在可航水域内。

美国国会之所以将海事侵权案件的管辖范围适当扩展至陆地，是因为在港口、码头等场所作业的工人，经常会因为参与船舶装卸、停泊等相关活动而遭受伤害。例如，一艘停泊在码头的船舶其系泊缆绳意外断裂，导致正在码头工作的人员受伤。尽管并非船舶本身导致人身伤亡，但是该侵权行为与船舶从事的经营活动存在关联。在美国国会颁布《海事扩展法案》之前，类似情况是否属于海事侵权案件，以及是否应当由联邦法院管辖并不明确，这也导致受伤的工人无法有效地根据制定法保护自己的合法权益。为了弥补这一法律漏洞，美国国会颁布了《海事扩展法案》，并明确了海事侵权案件的管辖问题。

此外，根据《海事扩展法案》的规定，即使发生的侵权案件与船舶或船舶属具无关，而仅仅与船载货物的装卸、存储等作业有关，例如工人在作业时接触船载危险货物或者船载货物被卸载至码头存储期间发生倒塌等导致人身伤亡，也属于海事侵权案件并由联邦法院管辖。

《海事扩展法案》对船舶触碰案件的管辖问题作出了专门规定。通常情况下，船舶碰撞是指两艘或多艘船舶因为发生接触造成一方或多方船舶、财产或人身损害的事故或事件，而如果是一艘船舶与非船舶的其他物体、构造物或设施等发生接触造成财产或人身损害等事故，则被称为船舶触碰事件。如果一艘船舶同与陆地相连的装置或构造物发生接触导致人身伤亡或财产损害，由此引发的侵权索赔纠纷也属于海事管辖范围。

事实上，从《海事扩展法案》的条文表述来看，判定是否属于海事侵权案件，并不仅仅限于与船舶或船舶属具，或者与船舶运输、货物装卸、港口停泊、存储等经营活动有关的情形。在一些特殊情况下，美国联邦法院也可以根据该法案的规定，通过自由裁量权将某个案件认定为海事侵权案件。例如，在 Duluth Superior Excursions, Inc. v. Makela 一案①中，虽然案件并未涉及货物运输纠纷，而是有关游船旅客人身伤害赔偿争议，且旅客 Makela 是在陆地码头上被另一名已经离船的醉酒旅客驾驶的车辆撞伤，而非处于可航水域的游船上，但联邦第八巡回上诉法院仍根据《海事扩展法案》及既有判例认定该案属于海事侵权案件，并由联邦法院行使海事管辖权。

由此可见，判定某个案件是否属于海事侵权案件，除了依据作为制定法的《海事扩展法案》，还可以依据美国判例法，关键在于侵权行为发生的地点，即人身伤亡或财产损失是否发生在可航水域或处于可航水域的船舶上。如果受害人仅能证明其损害与船舶的经营活动存在关联，通常不足以使联邦法院认定该案属于海事侵权案件。然而，根据《海事扩展法案》，即使损害发生在陆地，索赔人仍有可能提起海事侵权诉讼，并追究船舶或其所有人、经营人的损害赔偿责任。例如，索赔人能够证明船舶或其所有人、经营人对损害的发生存在过失。索赔人可以举证船舶或船舶属具存在潜在缺陷，或者船长、船员存在过失。若证明船长、船员的侵权行为直接引起损害，即使损害发生地点在陆地，仍可能被认定为船舶过失，从而适用海事侵权规则。

综上，虽然侵权行为发生地是认定美国海事侵权案件的重要要件，但并非唯一要件。根据美国国会颁布的《海事扩展法案》，在某些特定情形下，即使侵权行为并非直接发生在可航水域或处于可航水域的船舶上，根据因果关系要件，仍可将某个侵权案件认定为海事侵权案件并由联邦法院管辖。

（二）因果关系要件

对于海事侵权案件的认定，美国联邦法院长期以来一直仅遵循地点要件。但是如果仅依据地点要件就将某个案件确定为海事侵权案件，那么可能会产生一些不合理的结果。例如，在公共海滩游泳的某个自然人，因另一位游泳者的过失遭受人身伤害，或者因浸没在水底的某个装置或物体遭受人身伤害。如果仅仅因为侵权行为发生在可航水域就认定这类案件为海事侵权案件并由联邦法院管辖，那么就会剥夺受害人通过州法院或者适用州法律寻求救济的权利。而且很显然，这类侵权案件的海事属性并不明显，与发生在陆地上的

---

① Duluth Superior Excursions, Inc. v. Makela, 623 F. 2d 1251 (8th Cir. 1980).

侵权案件相比也没有任何特殊性，仅仅是发生地点碰巧在可航水域而已。

尽管美国国会通过《海事扩展法案》这一制定法将满足特定情形、发生在陆地上的侵权案件也认定为海事侵权案件，并在一定程度上扩展了海事管辖范围，使美国联邦法院对于海事侵权案件的判定标准发生变化，但是地点要件仍然是美国联邦法院认定海事侵权案件的核心标准。

如前文所述，如果仅仅依据侵权行为发生地就将那些并不具有明显海事属性的侵权案件确定为海事侵权案件并由联邦法院管辖，那么可能会产生一些不合理的结果。为避免海事管辖权过度扩张及可能产生的不公平现象，美国联邦最高法院在司法实践中又增加了一个认定标准，即因果关系要件。

与地点要件相比，美国联邦法院确定海事侵权案件因果关系要件的时间比较晚。此外，美国联邦法院对于识别海事侵权案件中的因果关系要件的标准并未达成共识。根据美国联邦最高法院的判决，因果关系要件一般判定标准需要满足以下要求：（1）侵权行为对海商活动产生了潜在的破坏性影响；（2）侵权行为的一般特性能够表明该行为与传统的海商活动存在实质性联系。

第一个涉及上述判定标准的案件是 Executive Jet Aviation，Inc. v. City of Cleveland①。原告 Executive Jet Aviation，Inc. 是飞机的所有者，被告是作为机场所有者和经营者的克利夫兰市政府，Phillip A. Schwenz 是机场管理者，Howard E. Dicken 是机场空中交通指挥人员。1968 年 7 月 28 日，由原告所有和经营的喷气式飞机，在美国俄亥俄州克利夫兰市的伯克湖畔机场起飞时撞上一群海鸥，导致飞机失去动力并坠落，最后飞机沉入距离机场不远的可航水域——伊利湖。所幸的是，机组人员没有伤亡，但是失事飞机因沉入伊利湖造成全损。原告向俄亥俄州北区联邦地区法院提起诉讼，并主张失事飞机的财产损害赔偿，诉称该事故是机场管理者和机场空中交通指挥人员失职导致的，因为他们未能及时赶走停落在飞机跑道上的海鸥或者没有对海鸥的存在给予足够的警示。俄亥俄州北区联邦地区法院判定本案不属于海事侵权案件，并以缺乏海事管辖权为由驳回了原告的起诉。随后原告向联邦第六巡回上诉法院提起上诉，第六巡回上诉法院维持一审原判。该案最终被移送至美国联邦最高法院。经审理，美国联邦最高法院认定这是一起航空民事侵权案件而非海事侵权案件，仅凭飞机沉没地点在可航水域不足以判定该案为海事

---

① See Executive Jet Aviation, Inc. v. City of Cleveland, 409 U. S. 249 (1972).

侵权案件并由联邦法院管辖，除非原告能够举证证明机场管理者和机场空中交通指挥人员的过失行为与传统的海事活动存在密切联系。

该案中，飞机在陆地起飞时因撞上跑道上的海鸥而失控，最终坠入属于可航水域的伊利湖。虽然从事故发生地点来看似乎与海事侵权案件存在关联，但这种联系纯属偶然。本案各方当事人仅涉及航空商业活动，索赔的关键因素完全取决于陆地上的航空运营，而与海上服务、海上航行或海上商事活动没有任何关联。因此，美国联邦最高法院最终维持原判，认定本案不属于海事管辖范围。这一判决表明，联邦法院在确定海事侵权案件管辖权时，摒弃了仅以地点要件为依据的"一元论"标准，转而采用"二元论"标准：既要求满足海事侵权的地点要件，又强调必须考察因果关系要件。

第二个案件是 Foremost Insurance Co. v. Richardson①。该案中，联邦法院对海事侵权案件中因果关系要件如何理解予以解释。1976 年 4 月 25 日，两艘娱乐船在路易斯安那州阿密特河发生碰撞，造成其中一艘船上名为 Clyde Richardson 的游客死亡。1976 年 9 月 15 日，死者的妻子和孩子一共 6 人作为死者的直系亲属向路易斯安那州中区联邦地区法院提起诉讼，要求另一艘娱乐船上的人员 Shirley Eliser 和死者所在船舶上的操作人员 June Allen 承担损害赔偿责任。此外，原告还将被告之一的 Shirley Eliser 的保险公司列为被告。案件涉及的一个争议焦点就是，在可航水域内发生的两艘娱乐船之间的碰撞是否属于联邦法院海事管辖范围。初审法院认为，在可航水域内发生的人身伤亡事故，只有与传统的海商活动存在关联才属于联邦法院海事管辖范围，因此船舶是否从事海商活动，对于确定是否满足此种关联性十分必要。法院认为，本案中发生碰撞的是两艘娱乐船，而根据美国判例，娱乐船活动并不属于传统海商活动范畴，因此初审法院以缺乏海事管辖权为由驳回了原告的诉讼请求。而作为该案上诉法院的美国联邦第五巡回上诉法院，经过审理推翻了初审法院的判决并发回重审。该法院认为，根据国会关于海事规则统一适用的立法意图，即使涉案船舶为娱乐用途，只要碰撞发生在可航水域，就可能对海商活动产生潜在影响，故应纳入海事管辖范围。上诉法院强调，若对娱乐船与商船适用不同的管辖权标准，将导致法律适用的混乱，因为二者在碰撞事故的侵权性质上并无本质区别。由于初审法院与上诉法院的判决存在分

---

① See Foremost Insurance Co. v. Richardson, 457 U. S. 668（1982）.

歧，美国联邦最高法院对该案进行了审查，并最终支持上诉法院的判决。最高法院认为，只要船舶碰撞发生在可航水域，即使涉及娱乐船，也仍属于联邦海事管辖范围。

美国联邦最高法院在判决中还进一步阐述了以下观点：第一，本案确实涉及两艘专门用于娱乐的小型船舶——一艘长 18 英尺的水上滑行艇和一艘长 16 英尺的垂钓路亚艇，其娱乐性质与传统海商活动无关，这一事实毋庸置疑。第二，根据《海事扩展法案》的明文规定，海事管辖权可延伸至可航水域内因船舶过失导致的人身伤亡或财产损害案件，且该法案并未将船舶限定于从事传统海商活动的范围。第三，根据美国国会有关航运法或海上运输法对船舶的法律界定，并未发现将船舶一词限定于只能从事传统海商活动。例如，《美国法典》第 1 编第 3 条对船舶的定义具有广泛包容性，涵盖"所有用作或可用作水上交通工具的艇筏或其他人工构造物"。第四，美国有关的船舶水上避碰规则明确适用于所有类型的船舶，并未区分或限定船舶的类型或性质，也未规定船舶必须从事传统海商活动。当然不可否认的是，虽然 19 世纪前美国船舶主要被用于开展国际或国内的水上商事活动，但随着科技进步和休闲观念普及，娱乐船舶数量激增，至 1980 年本案审理时已达 1.43 亿艘。[①] 因为娱乐船舶毕竟在客观事实上区别于传统从事水上商事活动的船舶，所以如何认定娱乐船舶的性质就成为本案争议焦点的核心所在。这一焦点问题也导致美国联邦最高法院的 9 位大法官在对该案判决理由陈述时并未达成共识，仍有少数法官支持初审法院的观点。

通过对该案的司法实践分析可以看出，美国法院在海事管辖权因果关系要件的判定标准上尚未达成共识。该案判决并未从根本上否定或取消海事侵权案件中"船舶应与传统海商活动存在关联性"这一因果关系要件的要求。联邦最高法院主要是基于以下考量作出最终判决：首先，根据相关制定法的明文规定和既有判例；其次，考虑到美国娱乐船舶数量急剧增长的社会现实；最后，通过对"船舶"一词进行法律界定及解释，认定涉案娱乐船舶符合法定船舶定义。联邦最高法院最终判定，此类娱乐船舶碰撞事故引发的人身损害赔偿纠纷仍属于海事侵权案件范畴，应由联邦法院行使管辖权。

---

① See U. S. Dept. of Transportation, U. S. Coast Guard, Boating Statistics 1980, p. 8.

第三个案件是 Sisson v. Ruby①。该案涉及如何理解海事侵权案件因果关系要件的问题。Everett Sisson 是长度为 56 英尺的"The Ultorian"号娱乐游艇的所有人。1985 年 9 月 24 日,"The Ultorian"号游艇在美国密歇根湖的一个港口停靠时发生了火灾,导致该游艇整体毁损,并造成周边一些船舶及港口遭受财产损失。事发后,受损方 Ruby 等人联合提起诉讼,索赔总额达 27.5 万美元。根据美国《船舶所有人责任限制法案》的规定,如果船舶所有人对于船舶造成的损失不存在故意或重大过失,那么有权依据该法案的规定,以船舶及运费价值为限主张限制赔偿责任。因此,Everett Sisson 以不存在故意或重大过失为由,向联邦地区法院申请将赔偿责任限制在获救船舶价值 800 美元范围内。联邦地区法院以涉案纠纷不属于海事侵权案件为由驳回了 Everett Sisson 的申请,联邦第七巡回上诉法院支持了初审法院的判决。美国联邦最高法院对该案进行司法审查,驳回了初审法院的判决并发回重审,要求联邦各级法院在审理案件时应当考虑美国联邦最高法院关于类似案件的判决意见。

该案的争议焦点为如何理解海事侵权案件因果关系要件,美国联邦最高法院在审理过程中作出以下阐释:

第一,关于侵权行为是否对海商活动产生了潜在的破坏性影响的问题。美国联邦最高法院认为,涉案火灾源于停靠在可航水域的娱乐船舶。船上的火势蔓延至邻近的船舶及码头,并导致港口水域交通拥堵,以致其他船舶无法开展正常的通航活动。被告在初审法院庭审中曾经提出抗辩,主张案发当时港口并无其他商业船舶停靠,因此火灾所造成的潜在危害极小,尚不足以对海商活动产生潜在的破坏性影响。但是美国联邦最高法院在判决中认为,被告曾经提出的这个抗辩理由具有明显的不合理性,因为判断对海商活动是否产生潜在的破坏性影响应当考虑事故发生时的一般情况,而非基于某个特定的事实。尽管涉案火灾发生时恰巧港口没有停泊其他船舶,但是并不能因此否认火灾事故会对海商活动产生潜在的破坏性影响。

第二,侵权行为是否与传统的海商活动存在实质性联系的问题。本案中,游艇停泊在可航水域时发生火灾,这一事故直接影响到港口的安全使用

---

① See Sisson v. Ruby, 497 U.S. 358(1990).

和设施维护等传统海商活动。虽然被告辩称涉案游艇仅用于休闲目的,不涉及海上运输或航行等典型海商活动,并主张只有从事运输活动的船舶才属于传统海商范畴,但联邦最高法院驳回了这一观点。法院明确指出,将传统海商活动狭隘地限定为船舶航行活动是错误的。这种限制性理解既违背了联邦海商规则的立法宗旨,也不符合统一海事规则和责任标准的长远目标。在判定侵权行为与传统海商活动的关联性时,联邦法院并未要求船舶必须处于航行状态或从事运输活动。基于此,最高法院认定,停泊在码头的娱乐船发生火灾引发的损害赔偿案件属于海事侵权案件。

第四个案件是 Jerome B. Grubart, Inc. v. Great Lakes Dredge & Dock Co.[1]。在该案中,芝加哥河上有座桥梁因为过往船舶通行受到损害,需要工人对受损部位进行日常维护保养。于是进行维护工作的工人乘坐一艘驳船计划在芝加哥河上进行操作,拟对大桥受损的木桩予以替换,结果因操作方面的疏忽导致河底隧道坍塌,大量河水流向芝加哥商业区,产生了较大的财产损失和商业损失。

具体案情如下:Great Lakes Dredge & Dock Co.(以下简称"G 公司")竞标得到一份合同,合同约定对芝加哥河上受损的桥墩木桩进行替换以保护桥梁免受通行船舶的撞击。G 公司用一艘拖船拖着两艘驳船在河流上进行维修替换工作。G 公司雇员在将木桩从驳船搬向河床的过程中因过失导致河底隧道坍塌,河水淹没了芝加哥陆地上一个商业区内的大部分建筑物,产生了较大的财产损失和商业损失。原告 Jerome B. Grubart, Inc.(以下简称"J 公司")和其他受害方以及芝加哥市政府向当地的州法院对 G 公司提起侵权诉讼。而 G 公司则向联邦地区法院提起诉讼,请求法院行使海事管辖权,并主张根据《船舶所有人责任限制法案》申请赔偿责任限制。联邦地区法院驳回了 G 公司的诉讼请求,认为该案不属于海事管辖案件。G 公司不服提起上诉。作为上诉法院的第七巡回上诉法院驳回了一审法院判决,认为联邦地区法院享有海事管辖权。之后,美国联邦最高法院对该案进行司法审查,最终支持了第七巡回上诉法院的判决。

在该案中,美国联邦最高法院通过系统梳理前述判例,最终确立了判定海事侵权案件因果关系要件的明确标准,并强调原告需证明侵权行为与传统

---

[1] See Jerome B. Grubart, Inc. v. Great Lakes Dredge & Dock Co., 513 U.S. 527 (1995).

海商活动存在实质性联系。

联邦最高法院的判决说理包含以下方面：首先，本案符合地点要件——侵权行为发生于可航水域芝加哥河。其次，本案完全符合因果关系要件。一方面，事故对传统海商活动具有潜在的破坏性影响。法院特别指出，这种潜在影响不应作机械理解。本案中河底隧道受损不仅可能直接破坏航道通航功能，事实上已导致河道交通中断、驳船搁浅，并阻碍其他船舶正常通行。这种对航运活动的实质性干扰，完全符合因果关系要件中对"潜在的破坏性影响"的要求。另一方面，事故与传统海商活动存在实质性联系。最高法院对此要件的审查聚焦于两个层面：一是如何界定"传统海商活动"。法院强调应依据相关海事法律及规则判断某项活动是否适用特定海事规范，而非简单以商业性质作为区分标准。二是事故特性是否与传统海商活动相关。虽然本案涉及的驳船并非传统商船，但法院认为，在可航航道上使用船舶开展桥梁维修作业，本质上与传统海商活动具有紧密联系。

综上所述，美国联邦法院通过系列判例确立了以"地点要件"和"因果关系要件"为核心的二元论标准来判定海事侵权案件，但在具体适用上仍存在明显分歧。少数法院坚持严格二元论，认为地点要件和因果关系要件必须同时满足；而多数法院仍以地点要件为唯一必要要件，仅在航空器坠海等特殊情形下才审查因果关系要件。值得注意的是，联邦最高法院明显倾向于强化二元论标准，不仅要求考察事故对传统海商活动的潜在破坏性影响，还强调其与传统海商活动的实质性联系。一个无法回避的现实问题是：美国各级联邦法院对于因果关系要件的理解和判定尚未达成共识。

第四节　海事合同案件的管辖及其确定

一、确定海事合同需考虑的因素

美国法院在审理海事合同纠纷时，与采用地点要件和因果关系要件二元论标准的海事侵权案件不同，其审查焦点为合同标的。正如美国学者所言，判定某个合同纠纷是否属于海事管辖范畴，通常需结合海商法规定及相关判例，重点考察合同是否涉及船舶使用、可航水域的商事或航海活动、海上运输、海事雇佣服务等核心要素。值得注意的是，此类合同的管辖认定不受履行地点影响。

在判定某一合同是否属于海事合同范畴时，不能仅因其履行涉及船舶或可航水域就简单认定其性质，而应进行更深入的分析。首先，必须考察美国宪法或制定法是否对此类合同有明确规定，因为美国在航运领域始终追求法律适用的统一性。其次，应当结合航运业的实际发展需求进行判断。最关键的是，需要审查该合同是否与船舶的经营管理活动或水上航行活动存在直接且实质性的联系。

二、海事合同案件范围及其例外

在美国，根据相关法律规定及判例，下列合同属于海事合同范畴：货物运输合同和旅客运输合同，租船合同，船舶修理合同，为船舶提供供应品或其他物料的合同，为船舶提供拖带、引航、靠离码头等服务的合同，为船员提供服务的合同，海上保险合同，等等。

虽然一些合同表面看起来似乎与船舶存在关联，但是美国法院已经通过判例明确其不属于海事合同范畴。例如，船舶建造合同和船舶买卖合同，为订立租船合同而产生的费用支付协议，为闲置或已停航的船舶提供服务的合同，等等。在美国，判定某个合同纠纷是否属于海事合同纠纷并应由联邦法院管辖，可能随着制定法的规定而发生变化。以船舶抵押合同为例，早期的司法实践并未将其纳入海事合同范畴，直至国会通过专门立法明确将其纳入海事合同范畴。这一变化不仅影响美国海事司法实践对此类合同的定性，也直接影响了联邦法院的管辖权认定。

三、预备合同的海事管辖权认定

与海事侵权案件认定标准不同，美国法院关于海事合同案件的认定标准比较宽泛并且呈现多元化特点。由于涉及或者关联船舶及其航运事项的商事活动本身比较复杂，尤其在多个关联合同并存的情形下，法院会区分合同性质进行判定。例如，当合同 A 的订立与履行将直接影响另一份船舶相关合同的订立或履行时，美国法院通常将合同 A 认定为预备合同（Preliminary Contract）。尽管此类预备合同的履行可能会间接影响船舶，但美国法院普遍认为由此产生的纠纷不属于海事管辖范畴。典型的预备合同包括为船舶配备船员的合同和投保海上保险的合同。

为船舶配备船员的合同属于预备合同的典型案例是 Goumas v. K. Karras & Son 一案①。船舶从事经营活动，可能涉及运输合同、租船合同、船舶经营合同、船舶代理合同等相关合同的订立与履行。但是船舶从事经营活动非常重要的一个前提条件就是，船舶应当满足经营需要的适航条件。而满足适航条件的其中一个因素就是船舶应当配备符合法律规定的适当数量和要求的船员。该案就涉及为船舶配备船员的协议履行方面的纠纷。原告根据协议为被告船舶提供船员，但被告船舶不适航，无法满足船员基本居住条件，致使船员拒绝在船上提供服务。原告不得不安排这些船员到其他船舶上工作。原告不仅因此产生一些额外费用，还受到美国船员工会的制裁，使其公司名誉和生意受损。因此，原告向被告提起违约索赔之诉。美国联邦法院认为，该船员配备协议纠纷不属于海事合同案件，联邦法院对此种纠纷不享有海事管辖权。联邦法院在该案中进一步阐释了船员配备合同不属于海事合同范畴的裁判理由：本案争议的核心并非船员在船工作的具体纠纷，亦非因合同产生的代理费或佣金争议，而是船员拒绝登船服务导致的后续费用及损害赔偿问题。此类纠纷与陆地上普通劳务派遣协议引发的争议并无本质区别，因而缺乏海事合同的特殊性。联邦法院特别强调，如果将类似案件都认定为海事合同案件，将导致海事管辖权的过度扩张。航运实践中有大量与船舶经营存在间接关联的商事活动，例如租船经纪人促成租约谈判、保险经纪人协助订立海上保险合同，乃至货车司机或快递人员参与港口货物交付等。尽管这些服务与航运业务存在一定联系，但其本质上仍属于一般商事或劳务范畴。同理，船员配备合同虽与船舶运营相关，但其性质更接近于人员派遣安排。因此，法院最终认定该纠纷不属于海事合同案件。

投保海上保险的合同属于预备合同的典型案例是 F. S. Royster Guano Co. v. W. E. Hodger Co. 一案②。该案涉及海上货物保险合同纠纷。当事人之间订立了将货物从纽约港（New York）运至加拿大多伦多港（Toronto）的海上货物运输合同。为了保障货运合同的履行，其中一方当事人与涉案保险公司

---

① See Goumas v. K. Karras & Son, 51 F. Supp. 145, 322 U. S. 734 (1944).
② See F. S. Royster Guano Co. v. W. E. Hodger Co., 48 F. 2d 86 (2nd Cir.), 283 U. S. 858 (1931).

订立了海上货物运输保险合同，约定船舶在离开纽约港之前需要进行检验，并将此作为保险合同生效的必要条件。但是事实证明，被保险人未能依约安排船舶检验，且货物在运输途中发生损坏。原告向联邦地区法院提起诉讼，就货物遭受的实际全损向保险公司主张损害赔偿。一审法院支持了原告的诉请，并对如何计算赔偿金额等作出判决。之后案件上诉至第二巡回上诉法院，上诉法院虽然总体上支持了一审法院的判决，但是汉德（L. Hand）法官对判决书作出保留意见，认为涉案纠纷尽管与海上货物运输有关，但是本质上并不属于货物运输合同纠纷，而是货物运输保险合同纠纷，不应由联邦法院管辖。

20 世纪 80 年代之前，美国联邦法院将为船舶提供代理服务的协议认定为预备合同，不属于海事合同范畴，直到美国联邦最高法院在审理 Peralta Shipping Corporation v. Smith & Johnson（Shipping）Corp. 一案[1]时明确船舶代理协议具有海事合同属性。

在该案中，Peralta Shipping 公司（以下简称"P 公司"）是美国一家专门为远洋货运公司经营活动提供船舶代理服务的公司。1979 年，P 公司与 Smith & Johnson（Shipping）公司（以下简称"S 公司"）订立分代理协议，允许 S 公司作为其在湾区的代理人，负责为从得克萨斯州的布朗斯维尔港（Brownsville）至佛罗里达州坦帕港（Tampa）航行的船舶提供代理服务。协议约定 S 公司提供一揽子代理服务，包括但不限于船舶清关，准备所有清关文件，安排船舶添加燃油、淡水及供应品，船舶紧急修理，支付港口费用及其他相关费用，并且负责安排货物装卸、仓储及其他操作事项，安排拖船服务，等等。合同签订两年后，P 公司向纽约州南区联邦地区法院起诉，主张 S 公司应向 P 公司支付其已垫付的相关费用。初审法院认为，S 公司与 P 公司之间签订的分代理协议不属于联邦法院海事管辖权范围，因此根据《联邦民事诉讼程序规则》第 12 条的规定驳回原告的起诉。原告不服一审判决，上诉至第二巡回上诉法院。上诉法院根据 Minturn v. Maynard 一案[2]的判决（以下简称"Minturn 先例原则"），最终支持了初审法院的判决。但是联邦上诉法院在判决书中指出，本案中的分代理协议与船舶从事航行等经营活动关系非常密切。

---

[1] See Peralta Shipping Corporation v. Smith & Johnson（Shipping）Corp., 470 U. S. 1031（1985）.
[2] Minturn v. Maynard, 58 U. S. 17 How. 477（1854）.

只有美国联邦最高法院可以确定是否应推翻先例，联邦上诉法院本身没有这个权限。因此，联邦上诉法院根据遵循先例原则仍然维持一审判决。

随后，美国联邦最高法院对该案件进行司法审查，认为美国联邦法院判断海事合同纠纷的标准过于单一，应当不仅要考虑制定法是否对某类合同属于海事合同作出明确规定，还要判断合同是否与海运服务或海运交易存在关联。但是美国联邦最高法院并未明确合同与海运服务或海运交易存在关联性的标准。与美国联邦法院关于海事侵权案件的判定标准相比，有关海事合同案件的判定标准并不清晰、明确。而船舶代理协议或者船舶管理协议，通常都是船舶从事水上商事活动不可分割的必要组成部分，理应属于海事合同范畴。但是如上所述，长期以来美国联邦法院关于海事合同的判定标准一直比较模糊，使得不同地区的联邦上诉法院作出了不同的判决。例如在 Peralta Shipping Corporation v. Smith & Johnson (Shipping) Corp. 案件中，联邦上诉法院就严格遵循 Minturn 先例原则，尽管上诉法院在判决中也承认遵循先例原则可能存在不合理性。而第五巡回上诉法院则对 Minturn 先例原则作出有限解释，认为该先例原则仅仅涉及与会计内容有关的代理协议，不涉及提供海事服务的代理协议，因此第五巡回上诉法院认为船舶代理协议仍属于海事合同范畴。第九巡回上诉法院则在判定一份代理协议的属性时更加多元地考虑其他相关因素，例如代理人提供的服务对委托人的重要程度如何，委托人对代理人能否履行服务义务是否可以监督以及监督的程度，代理人与委托人之间是否存在持续性的代理关系，等等。因此，对于船舶代理协议是否属于海事合同范畴需要根据具体案件情况而定。基于各个巡回上诉法院对 Minturn 先例原则及其解释存在不同观点，第五巡回上诉法院、第九巡回上诉法院都曾经作出与 Minturn 先例不同的判决，即都曾经认定船舶代理协议属于海事合同范畴，由联邦法院行使海事管辖权。

美国联邦最高法院最终在该案中确立了统一的海事合同判定标准。针对各巡回上诉法院对船舶代理协议法律属性的分歧，最高法院从宪法赋予联邦法院统一海事管辖权的立法宗旨出发，明确指出：凡与海商事活动存在直接关联的协议均应被纳入海事合同范畴。这一裁决不仅推翻了第二巡回上诉法院遵循先例作出的判决，更从根本上明确了船舶代理协议的海事合同属性。

Peralta Shipping Corporation v. Smith & Johnson（Shipping）Corp. 一案所涉及的船舶代理协议不仅包括代理人根据委托事项提供服务的内容，还包括为船舶提供在港装卸、清关等传统的船舶代理服务内容。但是除此之外的其他海运服务合同，例如为船舶提供燃油、淡水以及其他供应品的服务合同是否属于海事合同，目前在美国司法实践中仍然存在一些不确定性。

在 Exxon Corp. v. Central Gulf Lines, Inc. 一案[①]中，Exxon 石油公司与 Waterman 轮船公司签订了一份船用燃料需求合同。所谓需求合同是指，一方当事人同意按照另一方当事人要求的数量提供货物或服务，作为对价，另一方当事人需要明示或默示其不会从合同以外的第三方购买同样的货物或服务的合同。[②] 涉案船用燃料需求合同明确约定：当 Waterman 轮船公司船舶停靠 Exxon 石油公司可直接供油的港口时，由 Exxon 石油公司直接提供燃料；在其他港口则由 Exxon 石油公司安排当地供应商代为供油并垫付费用。合同履行后，Waterman 轮船公司进入破产程序，而实际使用燃料的船舶系 Waterman 轮船公司从 Central Gulf 班轮公司租赁。Central Gulf 班轮公司拒绝直接支付相关费用，仅承诺在联邦法院对物诉讼中确认船舶责任时方予偿付。Exxon 石油公司遂向联邦地区法院同时提起对人诉讼（针对 Central Gulf 班轮公司）和对物诉讼（针对涉案船舶），并依据《联邦船舶优先权法案》主张对涉案船舶享有船舶优先权。

初审法院区分两种供油方式作出不同认定：对于原告直接向船舶提供燃料的部分，确认其享有船舶优先权；对于原告以代理人身份通过第三方间接提供燃料所产生欠款的部分，则以"具有代理合同属性、不属于海事合同范畴"为由，认定联邦法院不享有海事管辖权，进而否定原告对该部分燃油价款主张船舶优先权的请求。原告不服一审判决，上诉至联邦第二巡回上诉法院。上诉法院没有公开判决意见，但确认维持一审判决。美国联邦最高法院对该案进行司法审查，最终撤销了巡回上诉法院的判决，将案件发回初审法院重审。

美国联邦最高法院认为：第一，合同部分条款具有代理属性这一事实，不足以构成将整个合同争议排除在海事管辖范围之外的充分理由。法院强调，

[①] See Exxon Corp. v. Central Gulf Lines, Inc., 500 U.S. 603（1991）.

[②] Roger LeRoy Miller, Gaylord A. Jentz, *Business Law Today: The Essentials* (8th edition), South-WesternCollege/West, 2007, p. 336.

不能仅因合同包含代理性质条款就否定其整体海事合同属性。第二，关于燃料供应方式问题，最高法院明确指出，虽然涉案燃料由第三方实际采购并交付，但这不应影响联邦法院海事管辖权的认定。判断标准应当是 Exxon 石油公司是否依约完成了向船舶提供燃料的合同义务，至于其具体履行方式——是直接供油还是通过第三方间接供油——并非管辖权认定的决定性因素。第三，基于案件事实，最高法院特别强调：Exxon 石油公司在部分港口直接供油，在其他港口通过第三方供油，这两种方式在合同性质上并无本质区别，因为船舶均已实际接受了燃油提供服务。若仅因供油方式不同而对相同性质的纠纷作出截然不同的管辖权认定，将导致法律适用上的矛盾，即直接供油产生的欠款纠纷属于海事管辖范畴，而间接供油产生的相同欠款纠纷却不属于海事管辖范畴。这种差异化的处理方式显然违背了美国宪法赋予联邦法院海事管辖权的根本目的，即实现海运规则在全国范围内的统一适用。

总而言之，美国联邦最高法院在该案中已经明确指出，确定一个代理合同是否属于海事合同应该具体案件具体分析，即联邦法院应综合考虑代理合同的标的以及根据代理合同所提供的服务是否具有海事合同属性，既不能僵硬地适用法律规定，也不能片面地理解、遵循先例原则。

四、混合合同的海事管辖权认定

混合合同（Mixed Contracts）是指，合同的部分内容具有海事合同特征，同时又包含一部分内容明显不具有海事合同特征，典型如涉及海陆多式联运的运输合同。对此类合同的定性直接关系到法律适用与管辖权确定等核心问题：一方面决定争议是否适用海商法，另一方面决定案件应由联邦法院管辖还是由州法院管辖。然而，美国联邦法院对此类合同性质的判定标准不统一，从早期的"海事要素原则"逐步演变为"海事要素决定性占比原则"，并以 2004 年美国联邦最高法院的判决为分水岭。下文将对此展开具体分析。

在 2004 年之前，美国联邦法院普遍认为混合合同不具有海事合同的特征，除非满足以下两种情形之一：一是合同约定事项所涉及的海事要素占主导地位，而其中的非海事要素仅为偶发的次要因素，不影响合同整体呈现海事合同特点；二是混合合同中的海事要素与非海事要素相互独立且可以明确区分，同时争议仅涉及海事要素部分。若混合合同符合上述任一情形，则其纠纷可被认定为海事合同纠纷，由联邦地区法院管辖；反之，若不符合，则该合同不构成海事合同，案件可由州法院审理。也就是说，美国联邦法院根据混合合同中是否存在海事要素的原则确定该混合合同的性质，进而确定该合同是否构成海事合同以及联邦法院是否享有管辖权。比较典型的案例就是 Transatlantic Marine Claims Agency, Inc. v. Ace Shipping Corp. 一案①。

在该案中，韩国 Daewoo 汽车零配件有限公司于 1994 年 3 月与 Ace 航运公司签订租船合同，约定由后者负责将汽车零配件经由西雅图从纽约运至韩国釜山港（Busan），共履行了 6 个航次并签发 6 份提单。Ace 航运公司作为无船承运人，将 Daewoo 的货物与其他货主的货物拼装在箱式存储装置中，该装置可通过船舶、火车或卡车运输。Ace 航运公司在接收货物后，将拼装好的存储装置交由 Hyundai 多式联运公司承运，而后者又委托 Burlington 北方铁路公司通过铁路将货物从纽约运至西雅图，再经海运转运至釜山港。然而，火车在蒙大拿州发生脱轨事故，导致 Daewoo 的部分汽车零配件受损，部分甚至全损。作为保险公司代理人的 Transatlantic 海运索赔代理公司在赔付 Daewoo 后取得代位求偿权，遂向联邦地区法院起诉 Ace 航运公司、Hyundai 多式联运公司及 Burlington 北方铁路公司。法院最终判决各被告连带赔偿原告损失及利息共计 51753.86 美元，并对未应诉的 Ace 航运公司作出缺席判决。一审后，Ace 航运公司以联邦地区法院缺乏海事管辖权为由提出抗辩，但被驳回，遂上诉至联邦第二巡回上诉法院。

美国联邦第二巡回上诉法院经审理认为，本案争议的核心在于运输合同的性质认定。涉案合同虽然约定了"纽约—西雅图—釜山港"的运输路线，但未明确纽约至西雅图区段的具体运输方式（海上运输、铁路运输或其他方式），而货损实际发生于铁路运输区段，这一事实使合同呈现出明显的混合性特征。巡回上诉法院裁定将案件发回重审。在判决理由部分，巡回上诉法院特别强调：若经重审查明该合同确属混合合同，则联邦地区法院不享有海事管辖权，其作出的货损赔偿裁决将因缺乏管辖权基础而无效；反之，只有当合同被最终认定为海事合同时，联邦地区法院的海事管辖权才能成立，其判决方具有法律效力。

2004 年，美国联邦最高法院在 Norfolk Southern R. Co. v. James N. Kirby,

---

① See Transatlantic Marine Claims Agency, Inc. v. Ace Shipping Corp., 109 F. 3d 105 (2nd Cir. 1997).

Pty Ltd. 一案①中对混合合同的海事属性认定标准作出改变。该案中，澳大利亚制造商 James N. Kirby 有限公司将 10 个集装箱机械设备售予位于美国亚拉巴马州亨茨维尔小镇（Huntsville）的美国通用公司下属的一个工厂。James N. Kirby 有限公司委托澳大利亚 ICC 货运代理公司安排"门到门"全程货物运输，ICC 货运代理公司据此签发了多式联运提单，载明装货港为悉尼港（Sydney），卸货港为美国萨凡纳港（Savannah），最终交货地为亨茨维尔。ICC 货运代理公司实际将海运段委托给德国航运公司 Hamburg Südamerikanische Dampfschifahrts-Gesellschaft Eggert & Amsinck，后者签发的海运提单信息与多式联运提单一致。德国航运公司通过其下属公司委托 Norfolk Southern 铁路公司负责萨凡纳至亨茨维尔的铁路运输。运输途中发生列车脱轨事故，造成 1500 万美元货损。James N. Kirby 有限公司及其保险人遂向佐治亚州北区联邦地区法院起诉 Norfolk Southern 铁路公司，后者主张依据提单中载明的责任限制条款限制货损赔偿责任。联邦地区法院部分支持了 Norfolk Southern 铁路公司的主张。之后，案件上诉至第十一巡回上诉法院，上诉法院以多数意见推翻原判。联邦最高法院在司法审查中指出，虽然该案争议焦点是 Norfolk Southern 铁路公司能否援引提单责任限制条款，但解决该问题的前提是确认联邦法院对该案是否具有海事管辖权。最高法院摒弃了既往法律类推适用的方法，从概念解释论出发，认定尽管本案涉及多式联运且包含非海运区段，但提单所证明的运输合同具有明显的海事合同属性。由此确立了"海事要素决定性占比原则"：若混合合同中的海事要素在整体合同中起主要、本质性作用，则应认定为海事合同，联邦法院据此享有管辖权。

美国联邦最高法院在 2010 年审理 Kawasaki Kisen Kaisha Ltd. v. Regal-Beloit Corp. 案②时，再次确认了"海事要素决定性占比原则"。该案涉及典型的多式联运合同纠纷，具体案情如下：日本 Kawasaki 汽船株式会社负责将 Regal-Beloit 公司所有的集装箱货物从中国运往美国中西部内陆地区。Kawasaki 汽船株式会社签发了联运提单，并在运输合同中明确约定由其负责全程运输。货物在加利福尼亚州的一个港口卸船后，该公司委托 Union Pacific 铁路公司经铁路将货物运往俄克拉何马州蒂尔曼县（Tillman），途中因列车脱

---

① See Norfolk Southern R. Co. v. James N. Kirby, Pty Ltd., 543 U. S. 14 (2004).
② See Kawasaki Kisen Kaisha Ltd. v. Regal-Beloit Corp., 130 S. Ct. 2433 (2010).

轨导致货损。货主最初向加利福尼亚州高等法院、洛杉矶县法院等提起诉讼，而 Union Pacific 铁路公司则向加利福尼亚州中区联邦地区法院提起诉讼并主张适用海商法。联邦地区法院支持了 Union Pacific 铁路公司的诉请。之后，案件上诉至第九巡回上诉法院，该院推翻了初审法院的判决并要求发回重审，认为不应当适用海商法，而应当适用货损发生地的铁路运输法。联邦最高法院经司法审查认为，虽然案件争议焦点为法律适用问题，但应明确遵循 2004 年 Norfolk Southern R. Co. v. James N. Kirby，Pty Ltd. 一案确立的裁判标准，认定该联运合同具有海事属性，联邦法院对该案享有海事管辖权，最终撤销了上诉法院判决并发回联邦地区法院重审。

随着集装箱货物运输以及科学技术的发展，为了更好地为客户提供高效、便捷的运输服务，水上运输与其他运输方式组合的多式联运，以及应用范围更为广泛的物流服务日益蓬勃发展。因此，美国联邦法院认定混合合同属性的原则也发生了相应变化。"海事要素决定性占比原则"的确立，对于联邦法院正确认定混合合同是否属于海事合同，确定其对争议是否具有司法管辖权等具有重要指导作用。

第五节　多重管辖的法律问题

根据前文分析，即使原告认为案件属于海事侵权或海事合同纠纷，并依据美国宪法规定向联邦法院提起诉讼，但仍会面临诉因确定的难题。当争议双方分别来自美国不同州，或其中一方为外国公民或公司时，即构成"多重管辖"（Multiple Jurisdiction）情形。在此类案件中，若争议金额达到法定标准，根据美国联邦法律应由联邦法院行使管辖权。但需注意的是，当事人提出不同类型的诉讼请求，会导致联邦法院适用不同的审理程序，下文将对此展开具体分析。

一、多重管辖的制定法依据

根据美国《联邦民事诉讼程序规则》第 9 条（h）款[1]的规定，当涉及多

---

[1] See Rule 9 (h) of the Federal Rules of Civil Procedure: "If a claim for relief is within the admiralty or maritime jurisdiction and also within the court's subject-matter jurisdiction on some other ground, the pleading may designate the claim as an admiralty or maritime claim for purposes of Rules 14 (c), 38 (e), and 82 and the Supplemental Rules for Admiralty or Maritime Claims and Asset Forfeiture Actions."

重管辖的特殊情形时，原告面临重要的程序选择：既可以提起专门的海事诉讼（不适用陪审团审判），也可以提起普通民事诉讼（适用陪审团审判）。这一选择将产生显著的程序差异：若原告选择陪审团审判，虽可获得普通民事诉讼的程序优势，但将丧失海事诉讼特有的救济措施，包括依据《联邦民事诉讼程序规则》实施的船舶扣押制度，以及根据《联邦民事诉讼程序规则》附录的补充规则（以下简称《补充规则》）采取的财产保全扣押①等专属于海事案件的特别救济措施。这种程序选择带来的实质性影响在于，当涉及多重管辖的特殊情形时，诉因的选择不仅决定了审判组织形式，更直接关系到当事人能否通过海事特别程序获得有效救济，从而可能导致最终救济结果的显著差异。

二、索赔请求的多重性

原告提起的索赔请求可能具有多重性，即其中有的请求涉及海事诉讼特别程序，有的则涉及美国联邦法律规定的普通民事诉讼程序。这种情形就属于索赔请求具有多重性，在海事领域，比较常见于船员人身伤亡索赔案件中。例如，船员既可以根据《琼斯法案》提起一般民事诉讼程序规定之下的人身损害索赔，也可以根据美国一般海商法的规定，基于船舶不适航以及雇主未能尽到合理的供养和医疗义务等提起专门的海事诉讼。所以如果原告同时提出多个赔偿请求，就会在后续具体诉讼活动中产生一些法律冲突。

在缺乏联邦制定法特别规定的情况下，原告可以依据《联邦民事诉讼程序规则》第 9 条提起海事诉讼，此时原告无权主张陪审团参与诉讼。然而，当案件涉及多重性索赔请求时，原告可通过放弃海事请求转而基于非海事诉因提起普通民事诉讼，从而获得主张陪审团参与诉讼的权利。当原告依据《琼斯法案》或《大湖区法案》提起诉讼时，无论案件是否具有海事属性，原告均享有要求陪审团参与诉讼的权利。这种程序选择权在实践中会产生显著差异，以 3 名船员分别提起人身损害赔偿为例：船员甲单纯依据《琼斯法案》起诉时，当然享有主张陪审团参与诉讼的权利；船员乙仅基于一般海商法提起单一海事请求时，则无法主张陪审团参与诉讼；而船员丙若同时援引《琼

---

① 美国的财产保全扣押制度与我国的财产保全制度不同，具体比较详见后文。参见［美］苏本等：《民事诉讼法——原理、实务与运作环境》，傅郁林等译，中国政法大学出版社 2004 年版，译序第 8 页。

斯法案》与一般海商法提出多个索赔请求，或涉及多重管辖时，将面临《琼斯法案》的陪审条款与《联邦民事诉讼程序规则》海事程序规定的潜在冲突。上述基于不同的法律适用、不同的诉因所可能产生程序方面的法律冲突问题体现在如下几个典型案例中。

(一) Romero v. International Terminal Operating Co. ①

该案中出现了上文提及的多重索赔问题。原告 Romero 为一名西班牙籍船员，其工作的船舶悬挂西班牙国旗并且隶属于在西班牙注册的一家船公司。当船舶在纽约港靠泊进行装卸作业时，Romero 被甲板上的船用缆绳打到身体，遭受较为严重的人身伤害。Romero 向纽约州南区联邦地区法院提起针对船舶所有人 Compania Trasatlantica 公司的诉讼，主张：第一，根据美国《琼斯法案》的规定，船舶所有人应当对原告遭受的人身伤害承担赔偿责任；第二，根据美国一般海商法的规定，以船舶不适航以及雇主未尽到合理的供养和医疗义务向船舶所有人提出索赔；第三，以其雇主 Compania Trasatlantica 公司及其船舶代理公司存在过失为由提出索赔；第四，负责装卸作业的两家位于新泽西州的美国公司因其过失导致损害，也应承担损害赔偿责任。联邦地区法院驳回原告的上述请求，原告不服，提起上诉。美国联邦上诉法院维持联邦地区法院的判决，以原告的主张不属于海事请求为由，认定联邦法院对涉案纠纷不具有海事管辖权，并驳回当事人的上诉请求。美国联邦最高法院对案件进行了司法审查，对初审法院及联邦上诉法院的判决意见提出疑问。美国联邦最高法院认为该案涉及多重管辖问题，且初审法院和联邦上诉法院判定联邦法院对涉案纠纷没有海事管辖权是错误的。但是鉴于案件的复杂性，加上美国联邦最高法院 9 位大法官意见分歧比较严重，因此美国联邦最高法院未作出最终判决，仅发回初审法院重审。

美国联邦最高法院认为，该案具有明显的涉外性，应当由联邦法院管辖，所以认定初审法院及联邦上诉法院作出的联邦法院不具有海事管辖权的判决是错误的。此外，美国联邦最高法院认为，原告基于美国一般海商法和《琼斯法案》一并向法院提起诉讼，并不违反美国法律规定，因此认定原告有权根据相关法律规定选择向联邦法院提起诉讼。

---

① See Romero v. International Terminal Operating Co., 358 U.S. 354 (1959).

在明确联邦法院享有海事管辖权的基础上，美国联邦最高法院认为涉案焦点为如下两个最有争议的问题：其一，原告是否有权在向其雇主依据一般海商法提出海事请求的同时，又基于美国《琼斯法案》提出人身损害赔偿请求？其二，在案件具有公民身份多重性的前提下，如果允许原告根据《琼斯法案》向雇主以外与原告不同国籍的其他几个被告提出赔偿请求，是否还允许原告向与其拥有同一国籍的雇主提出赔偿请求？

就第一个争议问题，联邦法院的法官认为，美国《琼斯法案》明确规定任何船员有权就人身损害向其雇主提出赔偿主张，该条文规定的"任何船员"应当针对的是所有美国国籍的船员，并不包括在美国水域的一艘外籍船舶上发生了人身损害的外籍船员。例如，涉案纠纷中的原告 Romero 起诉其雇主 Compania Trasatlantica 公司。但是美国联邦最高法院法官认为，涉案初审联邦地区法院及联邦上诉法院的判决观点限缩了《琼斯法案》的适用范围，因为无论是从法律条文规定本身还是采用文义解释方法，《琼斯法案》规定的权益是赋予任何一名船员的，并未区分该船员是本国籍还是外国籍。既然美国国会在制定《琼斯法案》时明确规定船员可以依据美国法律规定将人身伤害索赔争议提交联邦法院管辖，并有权申请陪审团参与案件审理，则应当认定涉案原告 Romero 有权依据《琼斯法案》寻求救济。

就第二个争议，美国联邦最高法院多数大法官的意见是，原告基于公民身份多重性依照《琼斯法案》提起赔偿请求的同时，不妨碍其向雇主主张赔偿。尽管法官们注意到涉案事实情况是原告与其雇主具有同一国籍，就这一点而言，并不具备充分的公民身份多重性。针对原告向船舶代理公司以其未能尽到船舶适航义务以及合理的供养和医疗义务为由提出的诉讼请求，联邦地区法院予以驳回，认为船舶代理公司并不是原告的雇主，也不从事船舶经营活动或控制船舶，不应当承担一般海商法下雇主应当承担的责任。但是美国联邦最高法院认为，原告有权以船舶代理公司存在过失为由，依据一般海商法向船舶代理公司提起诉讼。只是美国联邦最高法院认为，初审法院针对船舶代理公司是否对原告遭受的人身损害存在过失的事实未能审查清楚，故美国联邦最高法院作出裁定，将这个事实问题发回初审法院重审。对于原告向负责装卸的两家美国公司以侵权为由提起的诉请，初审法院以没有海事管辖权为由予以驳回的问题，美国联邦最高法院认为初审法院的判决依据不充分,也裁定发回重审,并要求初审法院根据美国联邦最高法院的判决意见对初审法院是否对涉案争议享有海事管辖权予以审议。

该案引发了美国司法界对诉讼多重管辖相关法律问题的思考与探讨,但是美国联邦最高法院在一些关键问题上并没有给出明确、清晰的意见,导致下级法院在后续司法实践中出现分歧。① 有的联邦法院严格遵循美国联邦最高法院的判决意见,有的联邦法院则进行一些变通,例如将美国联邦最高法院确定的原则扩展适用于与该案存在差异的案件,即允许当事人在根据一般海商法向不具有公民身份多重性的被告提起赔偿请求的同时,一并向具有公民身份多重性的其他当事人提起诉讼。

在《补充规则》实施之前,大多数联邦法院主要根据《联邦民事诉讼程序规则》审理案件,由于《联邦民事诉讼程序规则》未对诉讼多重管辖问题作出明确规定,所以联邦法院的法官往往享有较大的自由裁量权,使得各联邦法院作出的判决所依据的理由也各不相同,例如基于未决事项管辖权原则(Pendent Jurisdiction Doctrine)以及附带管辖权原则(Ancillary Jurisdiction Doctrine)等。未决事项管辖权是指法院对某一诉讼请求本无管辖权,但因与该诉讼请求源于同一事件的另一诉讼请求正在法院审理,因而法院可同时享有对该诉讼请求的管辖权。例如,原告向联邦法院起诉称被告在某一交易行为中既违反联邦法律也违反州法律,则联邦法院对依据联邦法律提出的请求享有管辖权,同时也取得对依据州法律提出请求的管辖权。未决事项管辖权又被称为补充管辖权(Supplemental Jurisdiction),美国现行法律对此予以明确规定。根据未决事项管辖权原则,允许当事方向联邦法院提起一项基于州法的诉讼请求,条件是该诉讼请求与联邦法院享有初审管辖权的另一项诉讼请求存在密切关联。这两项诉讼请求是否由于存在关联性而予以合并审理,由联邦法院自行裁量。未决事项管辖权原则确立的意义在于,它既可以节约司法成本,也可以避免当事人因"平行诉讼"而进行二次诉讼之累。但是这一原则也不是绝对发生效力的,例如美国联邦最高法院根据《联邦仲裁法案》的规定认为,如果某些请求只能提交仲裁解决,那么法院不能根据未决事项管辖权原则对仲裁协议约定的事项予以审理。

---

① See Vodusek v. Bayliner Marine Corp., 71 F. 3d 148 (4th Cir. 1995), Powell v. Offshore Navigation, Inc., 644 F. 2d 1063 (5th Cir. 1981).

而附带管辖权是指美国联邦法院对享有初审管辖权的案件相关联的索赔请求，例如反请求（counter claim）、交叉请求（cross claim）等都具有管辖权，特别是联邦法院对基于州法提出的索赔请求，而该索赔请求又具有公民身份多重性，则联邦法院可以基于该索赔请求行使附带管辖权。交叉请求是指诉讼中的共同当事人之一对其他共同当事人提出的请求，即共同原告之间或共同被告之间提出的诉讼请求。根据《联邦民事诉讼程序规则》，交叉请求应当与本诉请求或本诉反请求基于同一事项而产生，或者与本诉标的有关。交叉请求与反请求的区别在于，反请求主要指原告对被告提出本诉请求后，同一诉讼中的被告又对原告提出主张。交叉请求一词在英国的法律中包括反诉以及交叉诉讼的含义，即同一诉讼中的被告就本案争议事项对原告或其他共同被告可以提起的一项独立的诉讼，与"cross action"的英文表述常常等同使用，因此受英国法律的影响，美国司法实践中也经常出现交叉请求与反请求混用的现象。适用附带管辖权原则的好处在于，可以使联邦法院对整个案件予以裁决，而无须将基于同一案件事实的几项诉讼请求分别交由几个不同法院分别审理，以提高司法效率，节约司法成本。

（二）Fitzgerald v. United States Lines Co. ①

该案中，美国联邦最高法院判定，当船员同时依据一般海商法主张船舶不适航、雇主未履行合理的供养和医疗义务，以及依据《琼斯法案》提出人身损害赔偿时，有权要求陪审团参与全部诉讼请求的审理，而无须区分各项请求是否属于传统海事诉讼范畴。

该案原告 Andres San Martin 是一名船员。1954 年 11 月 6 日，Andres San Martin 受雇主美国班轮公司指派在船上搬运货物时因船舶上的设施遭受人身伤害，同时由于被告的疏忽，没有为原告提供及时、充分、适当的医疗照料和治疗，导致原告伤情加速恶化。原告向纽约州南区联邦地区法院提起人身伤害索赔诉讼，认为被告违反美国《琼斯法案》有关确保船舶适航的义务以及因被告存在过失导致船员遭受人身伤害，故向被告索赔 7.5 万美元；同时原告根据美国一般海商法，提出被告违反了雇主应尽的供养和医疗义务，因此向被告索赔供养和医疗费用以及工资等费用共计 1 万美元。原告就上述全部主张

---

① See Fitzgerald v. United States Lines Co., 374 U.S. 16 (1963).

向联邦法院申请陪审团参与全部诉讼程序。初审法院认为，根据美国《琼斯法案》的明确规定，原告享有申请陪审团参与诉讼的权利；但是根据美国一般海商法提起的涉及雇主违反供养和医疗义务的诉请，虽然该项主张属于海商法领域常见的诉请，但是美国联邦法律并没有明确规定原告可就该诉请享有申请陪审团参与诉讼的权利。因此，初审法院并不认可原告享有对基于一般海商法提出的主张申请陪审团参与诉讼的权利。基于上述考虑，初审法院仅就原告基于《琼斯法案》提出的那一部分诉请作出裁决。初审法院对于原告索赔供养和医疗费用的诉请，在没有陪审团参与的情况下进行审理，并仅支持了原告主张的部分数额，判决被告应向原告支付有关供养和医疗费用224美元。原告对初审法院判决不服，遂向联邦第二巡回上诉法院提起上诉，第二巡回上诉法院作出维持初审法院判决的结论。原告提起上诉后死亡，故由当地一位名为Fitzgerald的先生作为公共管理人，代表原告完成后续的诉讼程序。美国联邦最高法院对该案进行司法审查，最终推翻初审法院的判决。美国联邦最高法院认为，原告有权依据美国法律规定就涉案纠纷提起多个诉请，而且不论这些诉请所依据的法律是否一致，诉请的类型是否相同，原告均有权向联邦法院申请陪审团参与涉及上述诉请的全部诉讼程序。

美国联邦最高法院在判决意见中主要明确了如下理由：第一，根据联邦地区法院多年来的司法实践情况，应当将同一事故或同一交易行为产生的所有争议一并提交同一个陪审团审理。虽然雇主存在过失、雇主违反船舶适航义务以及雇主违反供养和医疗义务等不同诉请的法律依据不同，而且适用的原则和程序也存在差异，但是这些请求都是基于同一事故产生的，存在受害人寻求司法救济的共同要件。如果将船员人身损害赔偿请求进行人为的区分，并根据诉讼请求的类型和性质分别交由陪审团和联邦法院法官平行审判，可能会导致联邦法院在既判力原则和禁止间接再诉原则适用方面存在困难，也容易导致法院判决的赔偿数额畸高或畸低。此外，美国现行法律并未禁止合并审理不同类型的诉讼请求。第二，虽然《美国宪法》第七修正案明确规定海事案件不需要由陪审团参与审理，但是也没有明确禁止陪审团制度适用于海事案件。美国国会立法明确授权联邦法院在审理案件时可以对一些具有原则性的海商法条文进行解释和完善，针对涉案纠纷的实际情况，如果联邦法院僵化地理解美国法律规定并将涉案纠纷的诉讼请求分别交由陪审团及联邦法院法官审理，不仅费时费事，也不利于当事人寻求公平正义目标的实现。对于以雇主过失为由提起的诉讼，《琼斯法案》明确规定原告有权主张由陪审团参与案件审理。因此，联邦法院有权通过法律解释填补立法空白。综上，美国联邦最高法院判决认为，将全部诉请交由陪审团审理才是最为有效的审判方式，由此确立了一项原则，即如果原告针对同一事实提出不同的诉讼请求，不论这些诉讼请求是否都满足原告可以申请陪审团参与诉讼的条件，联邦法院在审理案件时，应原告申请，应当由陪审团审理原告提出的所有诉讼请求并最终作出判决。

（三）尚待明确的问题：陪审团可否参与涉及公民身份多重性的非船员身份诉讼程序

Fitzgerald v. United States Lines Co. 一案涉及公民身份多重性的船员人身伤害索赔法律适用及程序方面的问题，但是对于涉及船员身份以外的其他人身伤害索赔案件是否允许陪审团参与诉讼的问题，美国联邦最高法院并没有在该案判决书中予以明确。假设在某一个案件中，原告提起海事赔偿请求，但是被告依据一般海商法规定提出反请求，那么被告是否有权向法院主张陪审团参与诉讼？假设原告提出海事赔偿请求，但是被告根据一般海商法规定提出第三人应当参加诉讼的抗辩，那么无论第三人是以原告身份还是被告身份介入，该第三人是否有权请求陪审团参与诉讼？除了上述假设情形可能存在争议，如果原告在提出海事赔偿请求的同时又提出其他非海事赔偿请求，那么被告基于一般海商法提出反请求或者提出第三人参加诉讼的主张时是否有权向法院申请陪审团参与诉讼的情况就变得更加复杂。同理，如果原告根据一般法律规定提出赔偿请求，但是被告基于海事赔偿请求提出反请求或者提出抗辩主张应当有第三方加入诉讼，那么双方当事人是否可以向法院主张陪审团参与诉讼同样也会面临上文探讨的类似问题。

鉴于美国联邦最高法院对上述探讨的问题并没有明确表态或给出统一意见，因此有美国学者提出，在上述假设的各种情形下，可能会有如下4种解决路径[①]：第一种是参照Fitzgerald v. United States Lines Co. 案模式，将所有索赔请求统一交由陪审团审理。第二种是由联邦法院单独审理所有请求。第三种

---

① See Robert Force, *Admiralty and Maritime Law* (2nd edition), Federal Judicial Center, 2013, p. 17.

是共同且独立模式，即陪审团审理普通法请求，而法官审理海事请求，但该模式可能导致判决冲突。第四种是共同且补充模式，陪审团审理普通法请求，法官审理海事请求，但法官在审理海事请求的同时，应使陪审团发挥咨询作用。此时的陪审团又被称为咨询陪审团，但其作出的结论对于法官没有约束力。此种模式可以有效避免第三种模式的弊端，但是咨询陪审团对于审理案件的联邦法院法官而言到底能够起到多大的咨询作用，是否能够有效避免陪审团与联邦法院法官平行审理案件可能产生的冲突仍存疑问。

显然，第一种和第二种均属于单独审理模式，二者仅在救济路径上存在差异：前者将所有争议交由陪审团统一审理，后者则完全由联邦法院法官裁决。这两种模式在保障诉讼程序的统一性和连续性方面具有一定优势，但各自存在明显缺陷：第一种模式实质上扩大了陪审团制度的适用范围，而第二种模式则可能剥夺当事人依据制定法享有的陪审团审判权。第三种和第四种模式则属于共同审理模式。其中，第三种模式虽然符合现行法律规定，但容易导致程序冗长复杂，甚至产生陪审团裁决与法官判决相互冲突的风险。第四种模式对第三种模式进行一定程度的改良，将陪审团定位为咨询角色，但咨询陪审团与主审法官的权责划分、协调机制等关键问题仍缺乏明确的法律规范。从司法实践来看，美国联邦法院系统目前更倾向于采用第一种审理模式，即由陪审团统一审理所有关联索赔请求。①

此外，对于原告提起海事赔偿请求的同时，又根据一般法律提起其他索赔请求的，是否可以将法律规定特别适用于海事案件的救济方式或程序规则适用于该原告主张的非海事赔偿请求，美国联邦最高法院依然没有给出明确意见。实践中，部分联邦法院的做法是允许原告主张将所有的赔偿请求都提交给陪审团审理，并且允许原告针对其主张的所有赔偿请求援引专门适用于海事案件的一些救济手段，例如扣押船舶或者提起准对物诉讼等措施。②

这种混合索赔请求的情形在美国司法实践中频繁出现，有着深厚的历史发展背景。一方面，在船员人身伤害索赔案件中，这种混合索赔的情形尤为常见。美国法律为船员提供了多元化的救济途径：船员不仅可以依据《琼斯

---

① Zrncevich v. Blue Haw. Enters., Inc., 738 F. Supp. 350（D. Haw. 1990）；Wilmington Trust v. U. S. Dist. Court, 934 F. 2d 1026（1991）.

② Haskins v. Point Towing Co., 395 F. 2d 737（3rd Cir. 1968）.

法案》主张赔偿，还可以基于一般海商法中的船舶适航义务及雇主供养和医疗义务提出索赔。各联邦法院在审理此类案件时往往采用不同的司法理论，导致裁判结果呈现明显的差异性和多样性。另一方面，如果原告依据一般海商法提出损害赔偿请求，且案件涉及公民身份多重性，那么根据《联邦民事诉讼程序规则》第9条（h）款的规定，原告可以选择由陪审团审理案件。当然，原告也可以选择将案件提交给无陪审团参与诉讼的联邦法院法庭审理并可以主张适用仅针对海事案件的一些特殊救济程序。但是《联邦民事诉讼程序规则》对于原告依据一般法律提出索赔请求的同时，又依据海事赔偿请求主张相关权利应该如何适用程序的问题并未作出明确规定。因此，美国民事程序立法规定方面的不明确，也是美国联邦法院作出的司法判决中有关适用法律及程序规则的结论不统一的原因之一。

有美国学者对上述实践做法提出疑问，认为依据《联邦民事诉讼程序规则》第9条（h）款规定，原告只能选择一种程序路径来解决争议，即无论原告是基于一般法律提出索赔主张，还是提出海事赔偿请求，均应适用相同的实体法律。在此情形下，若原告基于一般法律提起人身损害赔偿请求，不能因适用了不同的程序规则，就试图寻求不同的救济路径，进而获得双倍或三倍的赔偿。也就是说，当事人主张不同类型的索赔请求时，根据每种索赔类型的差异，依据不同实体法律所获得的赔偿范围和结果可能存在差别，但不能在适用相同实体法律的情况下，仅因选择适用不同的程序规则，就使判决赔偿数额出现较大差异。该学者还特别指出，若涉案纠纷不具备公民身份多重性，原告根本无法享有《联邦民事诉讼程序规则》第9条（h）款所赋予的程序规则选择权。①

针对上述问题，美国尚没有统一的制定法作出明确规定，美国联邦最高法院也没有对这些事项作出明确解释，基于不同观点和理由的考虑，也就不难理解为什么美国联邦地区法院作为初审法院会针对赔偿请求具有公民身份多重性的案件，在审判说理方面存在明显的分歧并且出现案件判决结果迥异的事实。②

在涉及公民身份多重性的案件中，一些法官和律师在庭审或抗辩中倾向

---

① See Robert Force, *Admiralty and Maritime Law*, Federal Judicial Center, 2004, pp. 18-19.

② See Robert Force, *Admiralty and Maritime Law*, Federal Judicial Center, 2004, p. 19.

于使用"海事案件"以及"一般法律之下的诉讼"等表述。事实上这些表述容易产生误解。因为当一方当事人提出涉及不同类型的索赔请求的主张时，可能有的赔偿请求适用海事实体法律，而有的赔偿请求则应当适用非海事实体法律，此种现象并不罕见。这种具有混合性质的赔偿请求的案件既不属于单纯的"海事案件"，也不完全属于"非海事案件"。美国联邦法院在制定统一的《联邦民事诉讼程序规则》之前，不论是美国普通法、衡平法还是海事法律或规则，都构成自成一体的独立实体法体系。但是由于美国《联邦民事诉讼程序规则》对于纯粹的海事案件和纯粹的非海事案件的诉讼程序有所区别，就使得美国联邦法院在审理那些具有混合性质的赔偿请求案件时，因为还要考虑不同类型的索赔请求可能适用普通法、衡平法或海事法律等不同的实体法，案件审理也变得相对复杂和多元化。

（四）"穷尽一切手段有利于请求人"条款

"穷尽一切手段有利于请求人"条款（Saving to suitors clause）是美国法律中一个比较独特的内容，我国法律没有与之对应的规定。为了便于读者了解该条款的内容，笔者将"Saving to suitors clause"译为"穷尽一切手段有利于请求人"条款。根据《元照英美法词典》的解释，"suitor"一词有原告、起诉人、请求人等含义。① 考虑到该条款可以适用于本诉、反诉等不同情形，因此这里取"请求人"之广义表述。该条款的大致含义就是，只要是对请求人的主张或赔偿请求有利的或者能够给予救济的，则请求人可以选择对己方最为有利、最能保障其权益的路径或诉讼方式。因此根据该条款内容，请求人可以选择在州法院提起海事诉讼，而不是只能在联邦法院提起诉讼；也可以选择在联邦法院依据一般法律提起诉讼，而非只能依据联邦法律或海事法律。下文对该条款的具体内容进行分析。

1. 请求人在州法院提起海事诉讼的情形

美国法律除了明确规定联邦法院享有海事案件管辖权，同样还规定了"穷尽一切手段有利于请求人"条款。该规定就是为了保护请求人（主要是原告）的利益，即原告除了可以选择针对海事案件的特殊救济程序，还可以通过其他一些非海事救济手段保护己方利益，只要原告认为此种路径能够更好

---

① 薛波主编：《元照英美法词典》，法律出版社2003年版，第1308页。

地保护其权益即可。例如,针对海事案件中涉及违约或侵权行为而产生的损害赔偿请求,原告可以选择在州法院起诉,请求根据普通法或者其他一般法律寻求救济;也可以选择在联邦法院提起海事诉讼。当事人选择在州法院提起诉讼的最大益处是,原告可以申请陪审团参与案件审理。当然,当事人在州法院提起诉讼寻求救济并非没有任何限制。一些对于海事管辖案件而言非常重要的救济手段,例如对物诉讼,当事人就不能在州法院提起,因为根据《联邦民事诉讼程序规则》的相关规定,针对海事案件争议而采取的对物诉讼只能向联邦法院提起。①

2. 请求人在联邦法院依据普通法提起海事诉讼的情形

请求人在联邦法院依据普通法提起海事诉讼,这是"穷尽一切手段有利于请求人"条款所能体现的另一个方面。通常情况下,联邦法院有权审理涉及公民身份多重性的案件,但是并不必然适用联邦法律,也会存在适用州实体法处理相关争议的可能性。然而,"穷尽一切手段有利于请求人"条款本身并没有明确规定请求人是否可以依据州法律所赋予的一切救济手段保护己方权益。因此,对该条款理解上的分歧可能会导致救济法律基础和路径的差异化。"穷尽一切手段有利于请求人"条款的字面含义是"应当将根据普通法所能享受的普通法项下的一切救济权利赋予请求人"②。因此,在涉及公民身份多重性的案件中,如果允许当事人向联邦法院提起诉讼,那么该当事人就可以援引区别于海商法的普通法一般规定寻求司法救济。③ 基于这样的逻辑,一旦当事人向美国联邦法院提起此种诉讼,不论是原告还是被告,都可以根据美国法律申请陪审团参与案件审理。

3. "穷尽一切手段有利于请求人"条款的适用原则

在涉及公民身份多重性的案件中,当原告根据"穷尽一切手段有利于请求人"条款向州法院或者联邦法院提起海事诉讼时,毫无疑问,大多数情况下联邦法院都会适用海商法审理案件。海商法既可以指美国国会颁布的有关海商领域的制定法案,也可以指相关判例法。需要注意的是,联邦法院在确定法律适用时,应当遵循"艾瑞原则"的例外原则:如果诉讼是在州法院提起的,那么

---

① See The Hine v. Trevor, 71 U. S. 555(1866).
② See Robert Force, *Admiralty and Maritime Law*, Federal Judicial Center, 2004, p. 18.
③ Vodusek v. Balyliner Marine Corp., 71 F. 3d 148 (4th Cir.1995).

州法院在审理海事案件时应当适用诸如联邦制定法、一般海商法等海商实体法，而不是适用州实体法。该原则是美国海商法中的特殊原则，区别于"艾瑞原则"。

根据美国 1789 年《司法法案》的规定，联邦法院在审理案件时，可以适用州法律。在美国联邦最高法院对"艾瑞案"作出判决之前，联邦法院对州法律的理解仅限于州制定法，而不包括州普通法。美国联邦最高法院在审理"艾瑞案"时，不仅明确解释了州法律包括适用于各州的普通法，而且明确联邦法院在审理具有公民身份多重性的案件时，应当适用包括普通法、制定法在内的案件所涉州的全部实体法。

但是在审理海事案件时，联邦法院可以不受"艾瑞原则"约束，即联邦法院审理海事案件时只能适用联邦海商实体法，而非其他实体法，例如州实体法等。"艾瑞原则"的例外原则已经在诸多判例中得到确认，例如 Jerome B. Grubart, Inc. v. Great Lakes Dredge & Dock Co. 一案①。该案的争议焦点是被告公司雇员的过失导致的财产损失是否构成海事侵权案件，是否属于联邦法院海事管辖范围。美国联邦最高法院判决认为，联邦法院对海事案件享有海事管辖权，并且认为联邦法院在确认是否有权行使海事管辖权时不能自动适用州法律。

在 Carlisle Packing Co. v. Sandanger 一案②中，美国联邦最高法院进行司法审查后认为：第一，当涉及船员在可航水域遭受人身损害并提出索赔主张的案件时，根据美国一般海商法，船员可以以船舶不适航为由向其工作的船舶及船舶所有人提出诉讼请求，但是不能依据一般法律规定，以船长或其他船员存在过失为由起诉船舶及船舶所有人。美国联邦最高法院在判决中还进一步指出，不论船员是在享有海事管辖权的联邦法院起诉，还是在适用普通法的州法院起诉，均应当适用海商法领域的一般规则，即联邦实体法。

需要注意的是，"艾瑞原则"的例外原则也存在适用例外的情形。在极少数案件中，美国联邦最高法院也曾经判定在特定情形下可以适用州实体法，特别是针对船员身份以外的其他人员的伤亡索赔案件。例如，美国联邦最高法院于 1996 年审理的 Yamaha Motor Corp., U.S.A. v. Calhoun 一案③。Natalie 是 Calhoun 夫妇的未成年女儿。他们在波多黎各度假时，Natalie 租了一台喷气

---

① See Jerome B. Grubart, Inc. v. Great Lakes Dredge & Dock Co., 513 U.S. 527, 545-546 (1995).
② See Carlisle Packing Co. v. Sandanger, 259 U.S. 255, 259 (1922).
③ See Yamaha Motor Corp., U.S.A. v. Calhoun, 516 U.S. 199 (1996).

式划水车游玩。该划水车由日本雅马哈汽车有限责任公司制造,美国雅马哈汽车公司分销。Natalie在驾驶划水车游玩过程中,与停泊在附近水域的另一艘船舶发生了猛烈碰撞,并导致Natalie死亡。Calhoun夫妇因此向宾夕法尼亚州东区联邦地区法院提起诉讼,但是他们没有援引联邦法律,而是依据《宾夕法尼亚州非正常死亡和生存法》(Pennsylvania's Wrongful Death and Survival Statutes),以美国雅马哈汽车公司存在过失、违反默示保证义务、应承担严格的产品责任等为由,索赔死者未来收入损失、社会性损失、抚养费、丧葬费用和惩罚性损失等。美国雅马哈汽车公司抗辩认为,涉案纠纷不应当适用州法律,而应适用《联邦海事非正常死亡法案》,且根据联邦法律的规定,其赔偿责任仅限于丧葬费用,不包括其他费用。初审法院部分支持了美国雅马哈汽车公司关于法律适用的主张,并判决该公司作为被告除了应赔偿丧葬费用,还需赔偿社会性损失和抚养费。Calhoun夫妇向联邦第三巡回上诉法院提起上诉,联邦上诉法院部分支持、部分改判了初审法院的判决。美国联邦最高法院对该案进行司法审查,并指出发生在美国可航水域内的非船员人身意外伤亡事故,依然可以适用侵权行为发生地的州法律。因为根据美国相关判例,船员可以援引一般海商法以船舶不适航为由向船舶所有人提起索赔诉讼,而且船舶所有人应当对此承担严格责任,该责任的承担不以船舶所有人存在过失为前提。而根据各州有关非正常死亡法律的相关规定,只有原告能够证明被告对人身伤亡事故存在过失,才可以向被告主张索赔。显然,对人身伤亡损害赔偿请求而言,美国海商法与州法律有关侵权人的责任归责原则存在不同规定。就船员人身伤亡损害赔偿而言,根据先例Moragne v. States Marine Lines,Inc.一案①的判决意见,美国联邦法院明确规定海商实体法应当优先州实体法适用。但是该先例并未对船员身份以外的其他人员伤亡损害赔偿纠纷中的法律适用予以明确。美国联邦最高法院指出,如果就人身伤亡损害赔偿案件而言,不考虑受害人的身份属性,一味地强调只能适用海商法,那么会剥夺受害人寻求州法律救济的权利。因此,美国联邦最高法院认为,Yamaha Motor Corp.,U. S. A. v. Calhoun案并未排除州法律的适用,而且州法律是对海商实体法的有益补充。因此最终依据"穷尽一切手段有利于请求人"条款,判定支持Calhoun夫妇援引州法律寻求救济的权利。

---

① See Moragne v. States Marine Lines,Inc.,398 U. S. 375,90 S. Ct. 1772,26 L. Ed. 2d 339.

4. "穷尽一切手段有利于请求人"条款下的案件移送

一般来说，根据"穷尽一切手段有利于请求人"条款，原告有权选择向联邦法院或者州法院提起诉讼。但是如果案件最初在州法院提起，那么在满足一定条件的情况下，被告有权申请将案件从州法院移送至联邦法院。一旦案件被移送至联邦法院，则联邦法院将根据《联邦民事诉讼程序规则》进行审理，就如同该案件最初就在联邦法院提起一样。被告能够主张将案件从州法院移送至联邦法院的最常见理由就是，根据宪法或者相关法律的规定，联邦法院可以享有初审管辖权。事实上，案件能否被移送是有限定条件的，例如涉案争议属于典型的海事案件，或者具有公民身份多重性等。因为美国联邦宪法明确规定联邦法院对海事案件及涉及公民身份多重性的案件享有管辖权。

在 Romero v. International Terminal Operating Co. 一案中，美国联邦最高法院对案件移送管辖设定了一项重要限制，即必须存在明确的制定法依据授权联邦法院行使管辖权。美国联邦最高法院认为，如果根据美国有关海事管辖的制定法规定，涉案争议属于海事案件，并且是当事人可以将争议案件提交至联邦法院管辖的唯一理由，那么该案件不必移送至联邦法院，因为移送管辖的法律基础并不充分。理由是，原告根据"穷尽一切手段有利于请求人"条款享有选择法院提起诉讼的权利，既然原告选择在州法院提起诉讼，那其也有权主张将案件留在州法院继续审理，不能仅仅因为该争议属于海事案件就进行移送，除非有可以移送案件的明确法律规定。但是美国联邦最高法院认为，如果涉案争议涉及公民身份多重性问题或者存在联邦制定法明确规定应当提交联邦法院审理的情形，那么一旦被告申请，案件就应当从州法院移送至联邦法院，即只有涉案争议具有公民身份多重性或存在联邦制定法明确规定的情形，才允许将案件从州法院移送至联邦法院，以确保"穷尽一切手段有利于请求人"条款对当事人权利的保障最大化。尽管一些美国学者对联邦最高法院在 Romero v. International Terminal Operating Co. 一案中确立的案件移送原则提出疑问，但是联邦地区法院大多严格遵循该原则。[①] 目前，根据"穷尽一切手段有利于请求人"条款进行的海事案件移送，主要涉及从州法院移送到联邦法院，暂时没有将海事案件从联邦法院移送至州法院的相反情形。

---

① See Nesti v. Rose Barge Lines, Inc., 326 F. Supp. 170, 173（N. D. Ill. 1971）; Commonwealth of P. R. v. Sea-Land Serv., Inc., 349 F. Supp. 964, 977（P. R. 1970）.

第三章

美国海商法的形式及法律适用

第一节 美国海商法形式的基本类型

美国海商法存在多种形态,主要包括国会立法、法院判决、美国批准加入的国际海事条约、联邦机构颁布的海事法规等。根据《美国宪法》的规定,国会及联邦法院有权制定海商实体法。此外,美国政府还批准了一些国际海事条约,尤其是那些涉及海上安全以及保护海洋环境免受船舶污染等方面的条约。美国国会在批准相关国际海事条约之后,还将一些国际条约的内容以国内制定法的形式进行转化。例如,美国颁布的 1936 年《海上货物运输法案》,便是美国政府在批准 1924 年《统一提单的若干法律规则的国际公约》(又称《海牙规则》)之后,依据美国实际情况颁布的、专门针对美国有关国际海上货物运输合同的单行立法。事实上,除国际海上货物运输合同以及海难救助外,在当事方民事责任或诉讼程序方面,美国通常很少依据批准的国际条约来制定本国法律。美国国会会根据美国海运实践发展的需求,适时制定、颁布一些涉及海事海商问题的实体制定法。而一些联邦机构,特别是美国海岸警卫队(Coast Guard),则从海事管理角度颁布了大量有关船舶安全及航运经营方面的规则。

第二节 美国海商法形式的特殊类型:一般海商法

除了美国国会颁布的海商制定法,美国联邦法院通过案件审理及判决也创设了很多海商实体法,联邦法院的这些判决通常被称为"一般海商法"或者"普通海商法",具有国际性和国内性双重属性。一般海商法具有明显的国际性,是因为美国一般海商法所适用的规则,往往参考了其他国家的法院在审理同类型案件时习惯上适用的规则，特别是一些英国法院的判例。因此，这一特性导致美国一般海商法具有跨越不同国家适用的国际性。此外，一般海商法中还存在一些海事国际习惯，这些习惯规则在一些跨国境的区域，甚至是国际区域范围内得以广泛适用，而且也是联邦法院解决海事争议的一种非常重要的法律形式，这也反映出美国一般海商法的国际性。同时，一般海商法还具有典型的国内性。美国国会至今没有颁布一部综合性的海商法典，使得美国联邦法院在审理具体案件时不得不发挥司法能动性，通过行使自由裁量权去创设一些实体规则以解决相关海事案件争议。甚至在特殊情况下，联邦法院还会考虑适用州法律处理海事案件。①

第三节　海商法律适用选择之一：美国法或外国法

航运业本身以及航运业的经营活动都显示出明显的国际性，例如船舶在某个单一航次中，不论是装货港、卸货港，还是为了燃料、淡水等补给需要挂靠的一个或多个港口，都可能是外国港口；在发生海上意外事故或者进行常规船舶维护检查时，可能需要在外国港口进行船舶修理或维护；货物会在国际海上运输途中或者在停靠外国港口时发生损害或灭失；船员可能会在公海上或者外国国家管辖的水域遭受人身伤亡；等等。这些常见的船舶经营活动或与航运活动相关的争议往往涉及多个国家或地区，具有十分明显的国际性。因此，可以毫不夸张地说，航运业是最能体现国际性以及国际协作的一个复杂的行业，因为船舶的建造、货物运输的安排、船舶的租赁使用、船舶经营活动开展、船舶及事务管理、船员的雇佣及配备等活动，常常涉及多个国家或地区当事方的利益。如同前文讨论的 Romero v. International Terminal Operating Co. 一案，外籍的船员可能会选择在美国法院提起人身伤害赔偿请求或者提起工资索赔，而一些有关海上货物运输、海上旅客运输、船舶租赁协议、海难救助合同、海上拖带协议、海上保险合同等商事合同的签订及履行，可能涉及多个不同的国家或地区。上述国际性特征使得海事争议一旦发生，就会首先遇到例如案件应当由哪个法院管辖、如何适用法律、适用哪个国家的法律以及是否存在不方便审理法院（forum non conveniens）等焦点问题。不方

---

① See Robert Force, *Admiralty and Maritime Law* (2nd edition), Federal Judicial Center, 2013, p. 23.

便审理法院或者不便审理法院与方便审理法院或适于审理案件的法院（forum conveniens）相对应。不方便审理法院是指，法院认为案件由另一个法院审理对当事方而言更为方便且更能达到公正的目的，可作出不予审理的决定。因此法院在作出此项决定时，应综合考虑如下因素：取得证据的便利程度，证人出庭的困难及费用是否过高，勘验现场的可能性，以及其他各种有助于审判方便、快捷、节约费用等实际情况。①

判断是否存在不方便审理法院需满足一个条件，即针对某一争议案件，至少有两个或两个以上的法院享有管辖权，也就是发生了法院管辖权冲突。此时，法院才会行使自由裁量权，判定是否存在不方便审理的情形，进而作出接受审理或拒绝审理的决定。因此，美国联邦法院在审理海事案件时，首先会考量法院对该争议是否享有海事管辖权；然后依据当事方的诉请，确定适用的法律。特别是在涉及公民身份多重性的争议案件中，如果外国法院对该争议案件也有管辖权，那么美国联邦法院通常会依据不方便审理法院的基本原则，确定案件最终应由美国联邦法院审理还是应由外国法院审理。

如前文所述，鉴于美国联邦法院对海事侵权案件、海事合同案件的管辖规定较为宽泛，所以只要满足海事侵权案件的地点要件和因果关系要件，符合海事合同案件的类型范围，美国联邦法院均可享有较为广泛的海事案件管辖权。

在法律适用选择方面，美国联邦法院一直遵循如下两个经典案例所确定的原则。尽管这两个案例都仅仅涉及外籍船员遭受人身伤亡的损害赔偿纠纷，但是美国联邦最高法院在这两个案件中确立的有关法律适用的原则，目前被广泛适用于所有类型的海事案件。

一、Lauritzen v. Larsen 案件

美国联邦法院审理的第一个涉及法律适用选择问题的案件是 Lauritzen v. Larsen 一案②。Lauritzen 是一名丹麦籍船员，其在一艘悬挂丹麦国旗的船舶上工作，Larsen 系该船舶的所有人。在船舶停靠古巴哈瓦那港口（Havana）进行装卸作业时，Lauritzen 因意外遭受人身伤害，被送往美国纽约进行治疗。

---

① 薛波主编：《元照英美法词典》，法律出版社2003年版，第574—575页。
② See Lauritzen v. Larsen, 345 U. S. 571（1953）.

Lauritzen 与船舶所有人签订的船员雇佣合同约定，有关船员权益的争议适用丹麦法。该合同是在美国纽约签署的，因此 Lauritzen 依据美国《琼斯法案》向美国纽约州南区联邦地区法院起诉 Larsen。初审法院受理案件后，认为涉案争议应当适用美国法而不是丹麦法，并经由陪审团审判判令船舶所有人应向原告赔偿 42.675 万美元。被告不服初审法院的判决并提起上诉，第二巡回上诉法院作出维持原判的判决。美国联邦最高法院对该案进行司法审查，并推翻了初审法院的判决，认为涉案争议应该适用船旗国法，即丹麦法律。但是美国联邦最高法院的大法官们对于该案的判决理由并未达成共识，有少数法官持保留意见，认为应当支持初审法院的判决。尽管存在争议，但美国联邦最高法院在案件判决意见中对如何确定法律适用展开了较为充分的探讨，并指出联邦法院在审理案件确定法律适用时应当考虑以下因素：（1）侵权行为发生地；（2）船旗国法律；（3）受伤害船员国籍地或居住地；（4）被告船舶所有人注册地；（5）雇佣合同订立地；（6）是否存在外国法院不方便诉讼的情形；（7）法院地法律。很显然，美国联邦最高法院在确定法律适用标准时，明确提及并考虑了不方便法院原则，并要求联邦法院应当综合上述 7 个要素，根据最密切联系原则确定涉案争议应适用的适格法律。结合涉案事实情况，美国联邦最高法院最终确定应该适用丹麦法而非美国法律。该案件所确立的有关审查法律适用应当考虑的因素及标准，对事后各级联邦法院审理案件起到指导作用。

二、Hellenic Lines Ltd. v. Rhoditis 案件

除了上述案件所确立的法律适用应考虑的 7 个因素，在审理 Hellenic Lines Ltd. v. Rhoditis 一案①时，美国联邦最高法院又增加了第 8 个应考虑的因素，即船舶所有人经营所在地。该案中，Rhoditis 是一名希腊籍船员，其与希腊籍船舶所有人 Hellenic 班轮公司签订了船员雇佣合同。该公司在纽约市设有办事机构，另一处办事机构设在新奥尔良港。船员雇佣合同约定，一旦发生争议，应当在希腊法院提起诉讼，适用希腊法。Rhoditis 在悬挂希腊国旗的"The Hellenic Hero"号船舶上工作，该船舶定期运营美国至中东、南亚的航线。公

---

① See Hellenic Lines Ltd. v. Rhoditis，398 U.S. 306（1970）.

司控股股东长期居住在美国并拥有美国永久居留权。当船舶停靠在美国新奥尔良港口时发生意外事故，导致 Rhoditis 遭受人身伤害。于是 Rhoditis 根据美国《琼斯法案》起诉 Hellenic 班轮公司。亚拉巴马州南区联邦地区法院受理了该案，并支持原告的诉请。被告不服，向联邦第五巡回上诉法院提起上诉，上诉法院作出维持原判的判决。美国联邦最高法院在对该案进行司法审查时，根据先例 Lauritzen v. Larsen 一案确定的各个因素，认为尽管涉案纠纷与希腊存在多个连接点，但是综合具体情况，涉案 Hellenic 班轮公司的经营活动均发生在美国，人身伤害事故发生在美国，受理案件的法院地也在美国。因此，美国联邦最高法院认为，本案应当适用美国法而非希腊法，最终维持原判。尽管美国联邦最高法院明确增加了法律适用时应当考虑的第 8 个因素，但是仍然在判决中明确，即使存在船舶所有人经营所在地在美国的事实，也并不能导致美国法律自动适用，即美国各级联邦法院审理公民身份多重性案件确定法律适用时，仍需综合考虑上述 8 个因素，并根据最密切联系原则确定应当适用的法律。

第四节　海商法律适用选择之二：联邦法或州法

如前文所述，鉴于海事案件通常具有涉外性和国际性，故而往往会涉及适用美国法律或外国法律的问题。即便美国联邦法院能够依据相关因素或标准确定适用美国法律，然而由于美国实行联邦法律与州法律并行的法律体系，且联邦法律与州法律的规定并不一致，所以在确定适用美国法律的前提下，适用联邦法或州法律的不同，可能会使案件判决结果产生差异。因此，本节将探讨在美国海商法适用选择时可能面临的另一个层面的潜在冲突问题。

一般而言，如果发生州法律与联邦法律（或者国会立法）适用冲突时，联邦法律应当优先适用。关于如何解决联邦法律与州法律适用冲突，美国联邦最高法院在 Ray v. Atlantic Richfield Co.[1]、United States v. Locke[2] 以及 Southern Pacific v. Jensen[3] 等典型案例中确立的基本原则最为令人瞩目，下文将分

---

[1]　See Ray v. Atlantic Richfield Co., 435 U. S. 151（1978）.
[2]　See United States v. Locke, 529 U. S. 89（2000）.
[3]　See Southern Pacific v. Jensen, 244 U. S. 205（1917）.

别进行阐述。

一、Ray v. Atlantic Richfield Co. 案件

(一) 具体事实及争议情况

在该案中，皮吉特湾（Puget Sound）是位于华盛顿州的内陆水域，其周边有6家石油炼制厂，每天共生产石油高达35万桶。Atlantic Richfield 公司是其中一家石油炼制厂，其石油主要来源于从加拿大输油管线输送的石油以及通过油轮从波斯湾运来的石油。运送石油的油轮载重吨大部分在4万吨以上，部分油轮载重吨在12.5万吨以上，同时 Atlantic Richfield 公司正在建造或计划建造几艘油轮，这些油轮的载重吨大多在22万吨以上。涉案争议发生时，华盛顿州颁布了《油轮法案》（Tanker Act），规定从事美国国内贸易、近海贸易以及国际贸易的油轮在皮吉特湾航行时应当遵守如下规则：（1）登记载重吨在5万吨以上的油轮在皮吉特湾航行时，应配备一名取得华盛顿州执照的引航员；（2）登记载重吨为4万—12.5万吨的油轮应在船舶设计和安全标准方面符合《油轮法案》的特别规定，或在皮吉特湾航行时使用拖船护航；（3）禁止载重吨超过12.5万吨的油轮在皮吉特湾航行作业。鉴于《油轮法案》的颁布对 Atlantic Richfield 公司的石油运输活动产生较大影响，该公司认为华盛顿州的《油轮法案》不仅违反联邦立法，也违反联邦宪法规定的联邦法律优先适用的条款，应当是无效的。因此，Atlantic Richfield 公司以《油轮法案》违宪为由向华盛顿州西区联邦地区法院提起诉讼，并将华盛顿州州长 Ray 先生诉至法院。联邦地区法院认定华盛顿州的《油轮法案》违反联邦法，并支持了原告的诉请。Ray 先生不服，向美国联邦最高法院提起上诉。美国联邦最高法院经过审理，部分支持了初审法院的判决，并认为部分事实未能查明，发回初审法院重审。

(二) 美国联邦最高法院判决要点分析

美国联邦最高法院在判决中总结了如下要点：第一，联邦地区法院认定华盛顿州《油轮法案》有关引航员的规定违反联邦法律的判决是不恰当的。因为根据美国国会于1972年颁布的《港口及水道安全法案》（Ports and Waterways Safety Act of 1972）以及其他联邦规则，各州在遵守联邦立法一般规定的前提下，有权对进出州管辖水域港口的登记船舶作出引航方面的特别规定。

因此，华盛顿州《油轮法案》有关引航员的特别规定并未违反联邦法律。

第二，联邦立法针对油轮设计、安全标准方面作出明确规定，目的就是避免各州通过颁布各自不同的标准或者更加严格的立法，由此产生法律冲突和标准不统一的问题。因此根据联邦法律优先适用的规定，如果华盛顿州《油轮法案》有关油轮设计、安全标准方面的规定与联邦立法存在冲突，那么冲突的部分无效，但是此种无效并不必然导致华盛顿州《油轮法案》全部条文无效。

第三，美国联邦最高法院认为，联邦地区法院有关华盛顿州《油轮法案》涉及拖船护航的内容因违反《港口及水道安全法案》故无效的结论是错误的。因为联邦立法既未对在皮吉特湾航行的油轮是否需要拖船护航作出具体规定，也没有对护航的实施问题作出具体要求。此外，华盛顿州《油轮法案》有关拖船护航的规定也并不违反联邦有关对外贸易条款的规定，与上述第一点涉及的船舶引航问题类似，目前并不存在针对拖船护航的联邦统一立法。既然不存在统一的联邦立法，也就无从得出州法律与联邦法律冲突的结论。因此，华盛顿州《油轮法案》有关拖船护航的具体规定并未与联邦法律冲突，该法案应当有效。

第四，美国联邦最高法院认为，华盛顿州《油轮法案》限制载重吨在12.5万吨以上的油轮在皮吉特湾航行的规定违反了联邦法律优先条款。因为只有联邦立法可以对油轮的吨位及尺寸作出具体规定或予以限制，州立法没有这个权限。因此，华盛顿州《油轮法案》限制载重吨在12.5万吨以上的油轮在皮吉特湾航行的规定是无效的。

显然，美国联邦最高法院在处理联邦法律与州法律若存在冲突时如何适用法律的问题上，首先会考量联邦立法的权限以及是否存在联邦立法的明确规定；其次，会审视州立法的规定是否超出州立法权限以及各州允许立法的范围；再次，若联邦立法明确规定某一事项属于联邦法规定范畴，则州的任何立法都不得超越联邦立法的范畴；最后，若联邦立法有原则性规定，而州立法的规定属于各州立法权限内的细化内容，则不会因州立法与联邦立法规定不一致，就一概认定州立法无效。因此，美国联邦最高法院仍会遵循美国宪法的相关规定，尝试平衡联邦立法权与州立法权，或明确划分联邦立法与州立法之间的清晰界限。

二、United States v. Locke 案件

(一) 具体事实及争议情况

该案的具体情况如下：1967 年，超级油轮 "The Torrey Canyon" 号在英国沿岸发生意外事故造成大量原油泄漏至海洋，引发了严重的海洋环境污染。为了吸取该事故的教训，美国国会于 1972 年颁布了《港口及水道安全法案》。与此同时，华盛顿州也针对船舶溢油事件颁布了更为严格的油轮规则并就油污损害赔偿救济等内容作出较为综合、全面的规定。1989 年，超级油轮 "The Exxon Valdez" 号在美国阿拉斯加海域搁浅，并造成了当时美国历史上最为严重的一次溢油污染海洋事件。因此，美国国会及包括华盛顿州在内的各州对船舶污染海洋问题高度重视。美国国会随后颁布 1990 年《油污法案》，华盛顿州也因此成立了一个新的办事机构，并且通过州立法的方式针对船舶溢油污染损害执行"可实现的最优保护"标准。为符合该标准的要求，华盛顿州对油轮的设计、装备、报告制度以及营运等作出较为严苛的新规定。因此，国际独立油轮船舶所有人协会向华盛顿州西区联邦地区法院起诉华盛顿州州长 Locke 先生，向法院申请禁止执行"可实现的最优保护"标准的禁令。初审法院认为，涉案争议应当适用华盛顿州的法律，因此驳回了国际独立油轮船舶所有人协会的诉请。案件上诉至第九巡回上诉法院。联邦上诉法院认为，华盛顿州有权对包括油轮在内的船舶航行及拖带设施等方面进行针对性立法，并支持了初审法院的判决。在上诉过程中，美国联邦政府介入此案，并代替国际独立油轮船舶所有人协会成为诉讼当事一方。美国联邦最高法院对案件进行司法审查，最终推翻了初审法院判决并发回重审。

(二) 案件涉及的焦点问题

美国联邦最高法院在审理案件时，主要参考了 Ray v. Atlantic Richfield Co. 一案的判决意见，并针对本案焦点问题进行了更为深入的分析。焦点问题主要体现在如下方面：

第一，州法律与联邦法律的关系问题。美国国会于 1936 年颁布了《油轮船舶法案》(Tank Vessel Act of 1936)，并在此后先后制定有关油轮海上运输的相关法案，其中就包括《港口及水道安全法案》。该法案第一部分授权美国海岸警卫队可以制定涉及船舶交通控制、航行安全或者海洋环境保护方面的

法律，第二部分明确海岸警卫队有权制定有关船舶设计、建造、改造、修理、保养、运营、装备和船员配备方面的规则。美国国会 1990 年颁布的《油污法案》明确规定，溢油方有责任承担油污清除费用以及损害赔偿责任，并且允许各州政府可就联邦立法未规定的内容通过州立法予以具体化，例如当事方额外责任承担、防止油污发生的额外措施或者溢油后的行政罚款等。此外，美国国会还批准了国际海事组织通过的《1978 年海员培训、发证和值班标准国际公约》。美国联邦最高法院在本案中确认可以适用 Ray v. Atlantic Richfield Co. 案件确立的原则，即根据《港口及水道安全法案》的规定，该联邦立法以及海岸警卫队制定的相关规则应当优先于华盛顿州法律适用。但是并非所有的联邦立法都具有优先州立法适用的效力，因此美国联邦最高法院认为第九巡回上诉法院将《油污法案》的规定进行扩大化解释不具有正当性，因为《油污法案》本身就明确了在该法案规定范围内，保留各州可以额外规定相关内容的立法权限。当然，各州额外立法的权限范围仅限于在联邦法律规定的基础之上，针对油污损害赔偿责任或油污损害赔偿范围制定更高的标准。然而，各州不能随意将其立法保留权限扩大到其他法律规定的范畴，否则将破坏海事领域联邦规则的统一性。毕竟，只有联邦立法能够对油轮的设计、建造、改造、修理、保养、运营、装备及船员配备等方面作出统一规定。因此，只有在不涉及各州立法权限保留范围的前提下，联邦立法才具有适用优先性。

第二，联邦法律优先性的内涵。美国联邦最高法院指出，联邦法律优先性体现在联邦立法与州立法发生冲突时的优先性以及其在特殊事项方面的优先性。前者是指联邦法律与州法律存在冲突时，原则上联邦法律优先适用，这是联邦法律具有优先性的基本原则。但是这一基本原则存在例外情形，即联邦立法明确授权各州对某些事项予以保留的，在州立法保留范围内，即使州立法的规定与联邦立法的规定存在冲突或不一致，州立法的规定也并不会因为此种冲突而失去效力。而联邦立法在特殊事项方面的优先性是指，在美国管辖水域范围内，凡涉及船舶设计、建造、改造、修理、保养、运营、装备及船员配备等事项，只有联邦政府享有立法权，州政府无权就上述特殊事项进行立法。即使各州就上述特殊事项自行立法，也会因为与联邦法律发生冲突而失去效力。

在本案中，由于华盛顿州执行的"可实现的最优保护"标准与美国海岸警卫队颁布的油轮安全方面的法律规定存在冲突，并且这些规定属于上文提及的特殊事项范畴，因此美国联邦最高法院判定联邦法律具有优先性，州立法因与联邦法律存在冲突不具有法律效力，即州立法无法适用于本案。

三、Southern Pacific v. Jensen 案件

除了前述案件提及的《港口及水道安全法案》，如果存在其他明确的联邦制定法，那么在该制定法规定的范围内，联邦法律优先于州法律适用。例如《琼斯法案》《近岸及港口工人赔偿法案》《公海死亡法案》《联邦船舶优先权法案》《海上货物运输法案》等联邦制定法应当优先于州法律适用。① 在这些案件中，争议焦点不是联邦立法是否优先适用，而是州法律是否可以作为联邦法律的补充法予以适用。这个问题在 Southern Pacific v. Jensen 一案中体现得尤为突出。

（一）具体事实及争议情况

Christen Jensen 是 Southern Pacific 公司的一名员工。该公司在肯塔基州注册，主要从事铁路运输，在纽约城的北河地区设有办事机构，同时还拥有并经营一艘船舶"El Oriente"号，专门用于得克萨斯州的加尔维斯顿港口（Galveston）到纽约港口的运输。1914 年 8 月 14 日，"El Oriente"号停靠在纽约港口进行装卸作业。Christen Jensen 负责驾驶一辆电动货运卡车，将木材从卡车卸下并装在船舶上。当他将卡车开出靠近码头一侧的船舱时，车辆被卡在连接船舱和码头的舷梯上。为解决问题，他尝试将卡车向后倒。然而，在倒车过程中，Christen Jensen 没有来得及低头导致头部撞到舱口上沿，随后在惯性作用下又撞上货物木材，造成颈部受伤并最终死亡。他的遗孀 Marie Jensen 作为原告，并代表其两名未成年子女向雇主提出人身损害赔偿请求。依据 1914 年纽约州新修订的保险法，该死亡事故源于意外事件，且事故并非雇员醉酒导致或雇员有意造成的，因此纽约州工人赔偿委员会根据《纽约州工人赔偿法案》（New York Workmen's Compensation Act）的规定，认定雇主

---

① See Robert Force, *Admiralty and Maritime Law* (2nd edition), Federal Judicial Center, 2013, pp. 26—27.

Southern Pacific 公司应当向 Christen Jensen 的遗孀及子女承担赔偿责任。考虑到 Christen Jensen 的平均工资为每周 19.6 美元，于是判定雇主应赔偿 Marie Jensen 每周 5.87 美元生活费直至其再次结婚，并在其结婚时按照相关标准一次性支付两年的生活费。同时判定雇主应当向死者儿子和女儿每周分别支付 1.96 美元，直至二人成长至 18 周岁，并且判定应支付 100 美元的丧葬费。该判决得到纽约州法院的支持。但是 Southern Pacific 公司对此提出疑问并提起上诉，认为该案属于海事侵权案件，不应当适用州法律，而应当适用联邦法律。纽约州上诉法院支持了一审判决。美国联邦最高法院认为，上诉判决和一审判决存在错误，并推翻了一审判决。

（二）美国联邦最高法院判决要点分析

美国联邦最高法院认为该案属于海事侵权案件，并主要从如下方面给出判决理由：第一，《联邦雇主责任法案》（Federal Employers' Liability Act）仅适用于铁路运输以及与之相关联的经营活动中发生的雇员人身伤亡事件及雇主责任确定问题，不能仅因涉案雇主系铁路经营人，并同时经营一艘从事跨州海上运输活动的船舶，就自然地将《联邦雇主责任法案》适用于本案。而且显而易见的是，涉案死者作为卡车司机从事港口装卸作业，这一行为决定了涉案纠纷具有非常典型的海事特性。因此，涉案争议应当由享有海事管辖权的联邦地区法院审理。第二，如果不存在可以适用的明确的联邦制定法，那么法院可以根据一般海商法审理案件，因为一般海商法也是美国海商法体系中不可或缺的部分。第三，根据美国 1789 年《司法法案》的规定，各个州的立法可以在满足一定条件下对一般海商法作出变更、修改，只要此种变更或修改不违背美国国会的立法目的和一般海商法的基本特征或者不影响美国法律的和谐性和统一性即可。如果纽约州立法与美国联邦宪法的规定发生冲突，那么在冲突范围内纽约州的法律不发生效力。第四，《纽约州工人赔偿法案》规定的人身损害赔偿责任由依据该法案设立的具有行政性质的委员会认定，而且根据纽约州的法律，雇主承担的是严格责任，即无须考虑雇主是否存在过失。尽管允许原告适用纽约州立法寻求救济，但是鉴于纽约州立法没有规定人身伤亡损害赔偿责任限制问题，这与国会为了鼓励航运业发展而规定船舶所有人责任限制条款的立法宗旨相悖，因此纽约州的法律规定不能适用于本案。

从该案判决可以看出，美国联邦最高法院明确了如下几种完全不能适用州法律的情形：（1）州法律与美国国会立法发生冲突；（2）适用州法律会对一般海商法造成实质性妨碍（material prejudice）；（3）适用州法律会妨碍涉及国际贸易或者州际之间商事活动与一般海商法的协调和统一（proper harmony and uniformity）。但是上述情形的用语比较模糊，例如何种情形属于"实质性妨碍"，何种情形属于妨碍"协调和统一"，美国联邦最高法院并没有明确解释。这些未能澄清的内容，仍然会使联邦法院在后续审理类似案件时存在困惑，或可能因为各级法院对上述情形理解不同产生判决不统一问题。事实上，在美国联邦最高法院审理该案时，各位大法官也并未对判决意见达成共识，少数法官对判决意见提出不同的保留观点。上述原因也使美国联邦法院并没有持续地遵循该案所确立的原则和标准。

综上可以看出，美国法院在处理州立法与联邦立法的关系方面明确了如下原则：第一，在存在联邦实体法明确规定的情形下，州立法不能与联邦实体法发生冲突，尤其是联邦实体法明确限定某些特殊事项范围的，则州立法不能针对上述特殊事项作出与联邦法律不一致的规定；第二，如果联邦法明确授权允许各州根据实际情况自行立法，那么各个州在上述授权范围内的立法有效；第三，涉及程序方面的内容，联邦立法不具有必然优先于州立法适用的属性；第四，州立法不能对一般海商法造成实质性妨碍；第五，州立法不能违反一般海商法在美国适用的统一性，也不能妨碍一般海商法在促进州际经贸活动或者美国对外贸易方面的协调性。

第四章

海事案件的诉讼程序

1966年以前，美国联邦法院受理海事案件适用单独的程序规则，但是在1966年美国国会颁布《联邦民事诉讼程序规则》后，单独适用海事案件特别程序的规定被取消。目前，不论是海事案件，还是其他类型的民事案件，只要由联邦法院审理，都统一适用《联邦民事诉讼程序规则》。当然对海事案件而言，仍然存在个别特殊程序规定。

第一节 《联邦民事诉讼程序规则》概述

一、《联邦民事诉讼程序规则》的制定背景

19世纪中叶以前，美国各州仍然适用殖民地时期的普通法法院和衡平法法院并行的诉讼程序制度，英国的普通法传统也被美国各州法院广泛接受。但是，这种制度与美国实际情况不相适应，日益受到法律界的质疑和批评。主要批评意见包括：第一，普通法制度不够灵活，不能满足美国社会日益工业化及民主化的时代需求。第二，应当由立法机关而不是法院来制定包括程序法在内的法律。第三，分设普通法法院和衡平法法院的机制导致法院运行效率低下，当事人不仅面临选择法院的困境，还常因管辖问题导致案件被撤销。第四，当事人的诸多争议无法通过一个诉讼程序完全解决，迫使当事人辗转于两类法院之间的情况屡见不鲜。因此，到了19世纪中叶，以纽约州为代表的几个州开始在英国普通法基本原则的基础上开启美国诉讼程序法典化运动。[①]

[①] 吴如巧编著：《美国联邦民事诉讼规则的新发展》，中国政法大学出版社2013年版，第10—11页。

1848年，纽约州率先制定《民事诉讼法典》，拉开了美国各州民事诉讼程序法典化的序幕。需要注意的是，这里提及的法典其体例区别于大陆法系国家有关法典，即纽约州《民事诉讼法典》没有区分总则和分则，只是将相关民事诉讼程序规则进行体系化、法典化编制而已。该法典是美国杰出律师大卫·达德利·菲尔德（David Dudley Field）多年坚持成文法运动的成果，因此该法典也被称为《菲尔德法典》。纽约州《民事诉讼法典》大大简化了民事诉讼程序，将英国普通法法院和衡平法法院的诉讼程序予以合并，废除了复杂的诉讼方式和诉答制度，等等，既对美国其他州的民事程序立法产生重大影响，也为美国民事诉讼程序的后续改革奠定了基础。

为统一联邦法院适用的程序法，美国国会于1934年通过《规则授权法案》（Rules Enabling Act of 1934），明确授权美国联邦最高法院制定适用于联邦地区法院普通法案件的民事诉讼程序规则。该法案同时规定：第一，这些规则不能减损当事人依据相关实体法享有的权利；第二，这些规则同样适用于衡平法案件。根据国会授权，美国联邦最高法院将起草民事诉讼程序规则法典的任务交由规则起草委员会完成。规则起草委员会成员不仅包括时任耶鲁大学法学院院长的查尔斯·爱德华·克拉克（Charles Edward Clark）教授，还包括其他专家学者、律师和法官。经过多次讨论和修改，最终形成的文本由联邦最高法院提交国会审议。《联邦民事诉讼程序规则》于1937年12月20日由联邦最高法院通过，其文本于1938年1月3日转交给美国国会，国会通过后于同年9月16日正式生效。① 该规则部分条文后经1946年、1948年、1951年、1961年、1963年、1966年、1967年、1970年、1971年、1972年、1980年、1982年、1983年、1985年、1987年、1988年、1991年、1993年、1995—2003年历年、2005—2010年历年、2013—2018年历年、2020年、2024年多次修订。

二、《联邦民事诉讼程序规则》的主要内容

《联邦民事诉讼程序规则》分为正文和附录两个部分，其中第1—11编为规则的正文部分，附录一为供法院使用的相关诉讼文书格式，附录二为关于

---

① 吴如巧编著：《美国联邦民事诉讼规则的新发展》，中国政法大学出版社2013年版，第11页。

海事或海商索赔请求及资产没收的补充规则，附录三为关于《美国法典》第42编第405条（g）款社会保障诉讼的补充规则。《联邦民事诉讼程序规则》正文共88个条款，第一编包括第1—2条，分别涉及规则适用范围、诉讼形式。第二编包括第3—6条，分别规定提起诉讼，传票，诉状、动议、命令等其他文书送达，对制定法的宪法挑战（包括通知、认证与干预），向法院提交的文件的隐私保护，等等。第三编涉及诉状与动议，包括第7—16条，主要规定允许提出的书状，动议及其他文书的格式，披露声明，书状的一般规则，特殊事项的书状，书状的格式，书状、动议及其他文书的签署，向法院作出的陈述，制裁措施，抗辩与异议提出的时间及方式，基于书状的判决动议，动议合并，放弃抗辩，审前听证，反诉与交叉诉讼，涉第三人诉讼程序，书状的修正与补充，审前会议、日程安排及案件管理，等等。第四编涉及诉讼当事方，包括第17—25条，主要规定原告和被告、人员身份、公职人员，合并索赔的情形、必须合并索赔的当事人、允许合并索赔的当事人，错误合并及不当合并的当事人，互诉当事人，集体诉讼，针对股东的衍生诉讼，针对非法人团体的诉讼，争议事项的法院调解，死亡导致的当事人替代，等等。第五编为披露和调查取证程序，包括第26—37条，主要涉及披露义务以及调查取证程序的一般规定，记录证词的宣誓书，可以作出证词的人员，关于调查取证程序的规定，口头审讯的证词，对于提交书面询问的作证，庭审程序中使用证词的规定，当事人之间的书面质证，为检查和其他目的获取有关文件、电子存储信息及有形物品或进入土地界限范围的规定，有关当事人身体和精神方面检查的规定，请求承认的规定，未披露或在调查取证程序中不合作及其制裁。第六编为审理程序，包括第38—53条，主要涉及请求陪审团审理的权利［第38条（e）款明确规定海事海商案件不适用陪审团审理］，要求陪审团审理或法院审理的规定，案件审理事项的安排，撤诉，合并审理或单独审理，有关证词获得的规定，有关官方记录证词获得的规定，外国法查明，有关传唤令的规定，对裁决或法院命令提出异议的规定，陪审员选择规定，陪审员人数、判决与宣誓，有关特别判决与一般判决等规定，陪审团审理程序中有关法律事项的裁决、有关案件重审的动议以及附条件的裁决，对陪审团的指示、异议以及错误索赔保留的规定，法院的判决和结论、部分判决的裁定，等等。第七编为法院判决，包括第54—63条，主要涉及判决与费用，判决的不履行，判决摘要，判决宣告，判决的作出，重审以及判决的变更或修改，对判决或法院命令的救济，无害的错误，执行判决的中止程序，上诉待决期间对因上诉而被禁止的救济动议作出的指示性裁决，对因待审上诉而被驳回的救济动议进行指示性裁决，法官无法继续审理的情形，等等。第八编涉及临时性及最终救济的事项，包括第64—71条，主要规定有关人员的限制或财产扣押，禁令或限制令，有关提供担保的程序，接管人，向法院提交保证金，裁定的作出，裁定执行，针对特别法案判决的执行，针对非涉诉当事人救济的执行。第九编为特别程序规定，包括第71.1—76条，主要涉及不动产或动产的判决，地方法官发布审前命令，地方法官有关同意审判以及上诉的规定，等等。第十编涉及地区法院和书记员的日常事务及法院令的签发，包括第77—80条，主要涉及地区法院日常事务、书记员的职权、法院令或判决的通知，审理动议以及要点的提交，书记员保存的记录，作为证据的庭审笔录，等等。第十一编为一般规定，包括第81—87条，主要涉及联邦民事诉讼程序规则的总体适用以及诉讼案件的移转，管辖与不受影响的管辖地，有关地区法院的规定以及法官的裁量权，紧急情况下的民事规则，等等。[①]

综上，根据《联邦民事诉讼程序规则》，民事诉讼程序主要包括如下几方面的内容：

第一，原告起诉。原告向法院提交起诉状，起诉状应当包含原告的法律请求以及接收起诉状的法院享有对本案的管辖权及相关依据等内容。法院书记员会对起诉状进行形式审查，包括格式是否符合要求，原告或其律师是否签名，代理律师是否为该法院管辖范围内的律师协会成员。如果提交的文件包括传票，那么书记员应在传票上署名。传票由原告律师负责，与起诉状副本一并送达被告，并告知被告如不及时应诉和答辩，将导致法院可能作出不利于被告的判决。传票内容应包括法院名称、当事人名称、被告姓名及地址、被告提交答辩状（Answer）的期限等。

第二，文书送达。美国律师很少自己亲自送达文书，大多数情况下会通过拥有资质许可的第三方传票送达员完成，并由送达员签署送达完成的文件提交给法院。根据被告是个人或公司、所在地等不同情形，文书送达方式也

[①] 参见《联邦民事诉讼程序规则》，载美国法院网站，https://www.uscourts.gov/forms-rules/current-rules-practice-procedure/federal-rules-civil-procedure，最后访问日期：2025年6月11日。

略有不同。例如向美国境内的当事方送达的，在美国任何司法管辖区内或者按照法院所在州的法律，可以采取亲自递交、送达被告住所地或通常居住地或其授权的代理人处，或邮寄至最新知晓的被告邮寄地址，或送达给被告企业的经理、负责人或其委托代理人；向美国境外的当事方送达的，主要根据1965年《关于向国外送达民事或商事司法文书和司法外文书公约》（以下简称《海牙公约》）认同的方式送达，若被送达人所在国未参加1965年《海牙公约》，则以该国法律规定的方式送达。

此外，《联邦民事诉讼程序规则》还赋予被告可以选择放弃传票送达的权利。被告选择行使这一权利，主要基于如下原因：一方面，出于节约成本的考虑，因为若原告向被告送达传票，则法院可以强制被告支付因送达传票而产生的相关费用。另一方面，可以预留出更多的时间准备答辩。因为不放弃送达的被告，通常应在收到传票之日起21日内提交答辩状；若选择放弃送达，则可以在收到放弃送达书之日起60日内提交答辩状；如果被告在美国境外，那么可以在90日内提交答辩状。

第三，提出动议。通常情况下，被告在提交的答辩状中会针对原告起诉状的内容逐一予以回应和抗辩。同时，被告也可以选择通过提出动议进行回应。常见的动议内容为：法院对提起诉讼的案件缺乏管辖权、法院不享有对人诉讼管辖权、法院地不适当、启动诉讼的文书缺乏充分性、文书送达方式缺乏充分性、遗漏应参加诉讼的当事人等。

第四，被告提交答辩状。被告应根据程序规则规定的答辩状格式，在规定期限内对原告的起诉状予以回应或抗辩。被告不仅可以在答辩状中自认或者否认起诉状中的请求事项及内容，还可以在答辩状中提出反请求，或者请求法院延长答辩期限。但是被告主张延长答辩期限后，原告可能会明确提出反对意见，从而导致法院会审慎考虑并给予被告答复是否延长期限，毕竟法院有义务推进诉讼程序。若被告未在规定期限内或者在法院同意延长的期限内作出抗辩，则原告可以向法院提出被告缺席判决的动议。

第五，审前程序。审前程序通常包括调查取证、日程安排、动议、审前最终会议。（1）调查取证是指双方律师对案件的人证、物证等信息进行审查核实。通常分为两个阶段：在第一个阶段，法院可以要求律师对证人进行庭外录证，交换与案件争议有关的文件，尽量促成当事方和解，等等；如果和解提议未能实现，那么双方律师可以在第二个阶段继续收集有关案件信息、证据等，尤其是损害赔偿方面的内容。（2）日程安排是指法院应当在被告应诉的规定时间内，发布与本案诉讼相关的活动日程安排命令，律师或者未委托律师的当事人应当至少参加一次法院审前的日程安排会议。（3）动议是指除前文提及的动议之外，针对调查取证阶段，原被告双方均可以针对诉讼文书或调查取证程序提出动议。一旦此种动议被一方或双方提出，法院书记员会将此种动议及内容记载在备审案件目录表中，并明确对方当事人需要对此作出回应的期限。美国有些州的民事诉讼程序规则还要求对方当事人在动议提交后的规定时间内应当提交书面回应书，否则视为自动放弃。（4）审前最终会议是指法院根据具体情形，在临近庭审日期的合理时间内召开一次会议，要求各方当事人至少委托一名律师，未委托律师的，则应当由当事人本人参加审前最终会议。为参加审前最终会议，当事双方应准备一份庭审计划。法官在一些双方没有争议的分歧要点方面，可以要求双方律师或当事人达成一份具有拘束力的协定。法院还可以要求双方律师在审前最终会议上交换证人和证物的名册内容。为了使庭审更加高效，法官可以限定各方当事人陈述案件和询问当事方证人的时间、次数，以解决对证物可采性是否存在异议的问题。法院在审前最终会议结束时，将本次会议期间所形成的全部决定以发布命令的方式体现，包括在会议期间形成的，以及对争议事项作出的有拘束力裁定的一切庭审前的法院命令。

第六，开庭审理和判决。这个阶段的程序主要包括陪审团的遴选、开场陈述、证据提出、最终辩论、对陪审团的指示和陪审团评议、裁决和判决、判决的执行等。（1）陪审团的遴选（Jury Selection）是指根据《联邦民事诉讼程序规则》的规定，法院可以选择向陪审团成员候选人提出预先审核问题。同时，法官和双方律师根据陪审团成员候选人对预先审核问题的回答来判断这些候选人是否可以做到公正、中立。若任何一方的律师认为某一位陪审团成员候选人不能胜任，则该律师可以向法院主张要求该名陪审员回避。除了以性别或种族理由申请回避需要作出特别说明，任何一方当事人的律师都可以要求法院取消一定数量的陪审团成员候选人资格而无须说明理由。但是法官对强制回避陪审团成员候选人的请求享有最终决定权。陪审团由6—12位陪审员组成。（2）开场陈述（Opening Statements）是指庭审开始时，原告律师先做有关诉请及其支持理由的陈述。被告一方的律师可以选择在原告律师陈述之后或者在原告律师提出证据后再进行陈述。（3）证据提出（Presentation of the Evidence）是指依据"谁主张谁举证"的民事法律原则，原告律师首先应提交支持其诉请的相关证据，力图向陪审团证明被告存在不法行为，而不是由被告自证其不存在不法行为。双方当事人可以通过传召证人出庭并向证人提问的方式提供证据。传召证人出庭的律师对任何证人的首次提问被称为"直接询问"，发问的律师不得诱导证人。当一方律师对于一个问题，或者对方律师表述问题的方式或回答证词的证人提出异议时，法官应判断该异议是否具有法律依据。如果法官认为异议有效，那么将维持异议并要求该律师撤回或重述问题，或指示陪审团不考虑此证言。对证人进行直接询问后，对方当事人律师可以向证人就其在直接询问中所证明的事项进行交叉询问。被告还可以提交证据以支持自己的抗辩理由。（4）最终辩论进行时，原告和被告都不再提交证据，法院认定将诉讼请求交由陪审团考虑，此时，双方律师享有直接向陪审团发表意见的机会。通常双方律师会概括己方已经提交的证据情况，力图说服陪审团从各方提供的证据中得出对其委托人有利的结论。（5）对陪审团的指示和陪审团评议是指，在最终辩论结束后，针对必须适用于案件的一些法律原则，由法官向陪审团作出指示。陪审团在得到指示后进入庭审室之外的陪审团室进行评议。通常情况下，陪审团的裁决必须达成一致意见并且至少由 6 位陪审员确认。若陪审团未能达成一致意见，并经法官确认即使陪审团进行进一步评议也不存在达成一致意见的可能性，则法官会宣布本次审判无效。该案件将另择日期，由另外一个陪审团重新审理。（6）裁决和判决是指陪审团对案件进行裁决，明确胜诉方，若涉及损害赔偿责任，则应当就赔偿数额一并作出裁决，但无须对裁决理由进行任何解释说明。在陪审团作出裁决后，法院对案件进行最终判决，并将陪审团的裁决意见列入判决文书。（7）判决的执行。如果原告胜诉，那么将得到法院支持其诉请的判决书。若被告认为审判结果存在错误，则可以提出重新开庭审理的动议，或者提出修正或修改判决书的动议，或者向上级法院提出上诉。《联邦民事诉讼程序规则》第 60 条规定了 30 日暂停执行判决的期限，以便败诉方有时间安排支付一审判决中确定的赔偿款项，或提出修改一审判决的动议，或进行提起上诉的相关准备。如果败诉方拒不按照法院的判决支付赔偿款项，那么原告可向法院申请执行令，强制执行该生效判决。

第二节 海事诉讼特别程序规则

尽管美国《联邦民事诉讼程序规则》统一了联邦法院审理民事案件的诉讼程序，但是海事案件具有特殊性，其与一般民事案件在审理程序方面仍存在一些差异，最明显的区别就是海事案件不允许陪审团参与，而且有一些特别的程序规则仅适用于海事案件。若原告向联邦法院主张海事管辖权，则原告或其律师应当在起诉状中特别声明案件的海事性质，否则法院将自动按一般民事案件处理。

一、海事诉讼的种类

与其他一般民事诉讼相同，海事诉讼主要包括对人诉讼（in personam action）、对物诉讼（in rem action）和准对物诉讼（quasi in rem action）。《元照英美法词典》将"quasi in rem"翻译为"准对物的"，并认为与"对物"一词不同。所谓"准对物的"是指："非严格意义上的对物，而是涉及或需要裁决对位于法院管辖区内的财产有利益关系的当事人的权利的情形。"①

如果原告的索赔请求是追究对方当事人的个人责任，无论是基于违约还是一般侵权，都可以向联邦地区法院提起对人诉讼。除了对人诉讼，原告还可以针对与海事请求有关联的财产（通常为船舶）提起对物诉讼。在对物诉讼中，船舶或财产成为被告，而非船舶所有人成为被告。根据"人格化理论"（personification），船舶被视为具有拟人性，所以船舶应当为其侵权行为或者违约行为承担责任。提起对物诉讼的海事请求只能向联邦法院主张，并且通过对财产的扣押方式予以实现。因此，原告在向法院提起对物诉讼时，应当确保拟扣押的财产位于该联邦法院的管辖范围之内。此外，对物诉讼并非适用于所有海事案件，因为联邦财产扣押程序通常仅能针对实现船舶优先权等特殊海事请求，或在美国联邦制定法明确规定的范围内适用。

---

① 薛波主编：《元照英美法词典》，北京大学出版社2017年版，第703、1131页。

除了可以提起对人诉讼和对物诉讼，原告还可以选择第三种诉讼方式——准对物诉讼。当能够确认被告的财产位于联邦法院管辖范围内时，原告可以先向法院申请扣押该财产，然后再对财产所有人提起对人诉讼。如果被告不出庭应诉，那么联邦法院可以直接判决被告在被扣押财产的价值范围内承担赔偿责任。设立准对物诉讼的主要目的是通过扣押财产迫使被告出庭应诉。我国民事诉讼法律中并没有对物诉讼或准对物诉讼制度，但我国的财产保全制度与该扣押制度存在相似之处。

二、《联邦民事诉讼程序规则》的补充规则：针对海事案件

《补充规则》规定在《联邦民事诉讼程序规则》附录中，共7条，分别是规则A至规则G。其中，规则A规定了《补充规则》的适用范围；规则B规定了对人诉讼中的财产保全扣押和对第三人占有的债务人财产的扣押；规则C规定了对物诉讼的特别条款；规则D规定了财产占有、确权和分割诉讼；规则E规定了对物诉讼和准对物诉讼的一般条款；规则F规定了责任限制条款；规则G规定了对物罚没诉讼程序。显然，《补充规则》中的这些条款仅适用于海事案件。下文将重点分析规则B、规则C和规则E的相关规定。

（一）对物诉讼：扣押

根据《补充规则》规则C和规则E，对物诉讼程序是从扣押财产开始的，而在海事案件中主要是从扣押船舶开始。在美国，对物诉讼只能针对特定财产采取措施。该程序不涉及财产所有人的个人责任，也不能作为提起对人诉讼的辅助手段，特别是当被告不在法院管辖的地域范围内时，不能仅仅通过扣押财产来实现对物诉讼。因此根据美国法律，财产扣押与财产保全扣押是两个完全不同的概念，财产扣押只能产生"物的责任"，是对物诉讼程序中通常采用的措施。

原告向联邦法院提起对物诉讼时，必须严格遵守特定的程序要求。首先，原告需提交详细列明拟扣押财产具体情况的起诉状，并在起诉状中声明该财产已经或即将处于联邦法院的管辖范围内。若在提起诉讼时拟扣押财产尚未实际处于法院管辖范围内，除非原告能够提供充分证据证明存在紧急情况，否则联邦法院将驳回其扣押申请。

其次，联邦法院应当对原告提交的起诉状及相关证明材料进行审核。如

果满足对物诉讼的条件，联邦法院就会签发财产扣押令。此时，原告不需要对外发布任何特别通告。但是如果在财产被扣押的 10 日内被告未能提供有效担保以释放被扣押财产，那么原告应当在当地广泛流通的报纸上发布通告，说明财产被扣押的具体事项，并应当明确被告提交答辩状的期限。

声称对被扣押财产享有合法占有权或者所有权的人，应当在扣押财产程序启动后的 10 日内（除非联邦法院允许延长时间）向联邦法院提交权利声明书，或者其对被扣押财产享有某种利益的声明书。上述相关权利人在向联邦法院提交声明书之后的 21 日内，还应当向联邦法院提交答辩状。

综上可见，对物诉讼程序启动的前提条件就是，享有管辖权的联邦法院能够实际扣押与原告诉请有关联的财产，因此拟扣押财产位于联邦法院管辖范围内是成功申请并确保财产能够被扣押的关键。如果拟扣押财产仅仅在联邦法院管辖范围内短暂出现，那么并不足以构成联邦法院可以扣押财产的充分理由。扣押财产由联邦法院事务官（U. S. Marshal）执行。"Marshal"一词在英美法国家的含义略有不同。在英国是指巡回法官秘书或巡回法院助理，即"高等法院派出的巡回法官所指任的官员，作为法官个人的秘书或助理，通常为刚被授予出庭律师资格的律师——他们常将出任巡回法官秘书作为其执业的开始"[1]。在美国则特指联邦法院事务官，是负责执行联邦法院指令的政府雇员。[2] 联邦法院事务官要确保其实际、完全扣押了财产，并且尽一切可能将该财产置于联邦法院的控制之下。如果被扣押的是船舶或者船上的有形财产，那么扣押令应当由联邦法院事务官送达。通常情况下，法院扣船令送达给船长即可，并且联邦法院应安排一名"看船人"，以确保法院可以启动船舶扣押程序。如果被扣押的是其他有形或无形财产，那么扣押令可由如下授权人员送达：(1) 联邦法院事务官；(2) 与美国政府签订协议被授权的人；(3) 联邦法院为此目的特别指定的人；(4) 如果是美国政府提起的此种诉讼，那么可以是美国政府的任何官员或雇员。

（二）对人诉讼：财产保全扣押和对第三人占有的债务人财产的扣押

对人诉讼是海事案件中较为常见的诉讼形式之一，原告直接向联邦法院

---

[1] 薛波主编：《元照英美法词典》，北京大学出版社 2017 年版，第 897 页。
[2] 薛波主编：《元照英美法词典》，北京大学出版社 2017 年版，第 897 页。

起诉某个明确的责任人即可。但是由于海商法本身具有国际性、船舶具有流动性，以及船舶所有权与船舶经营权、船舶租赁权等经常分离的现实状况，特别是对海事侵权案件而言，确定谁是责任人并非易事。无论是提起对人诉讼还是对物诉讼，确保将来能够得到赔偿或者判决得以执行，对索赔方而言至关重要。因此，在美国还可以提起准对物诉讼，迫使责任人能够应诉，最终达到与对人诉讼类似的法律效果。

启动财产保全扣押程序或对第三人占有的债务人财产的扣押程序必须满足特定的管辖权要件，即无论是被告直接占有的财产还是由第三人占有的被告财产，必须位于某一联邦法院的管辖范围内。只有满足这一要求，联邦法院才有权签发扣押令，进而为索赔人提供有效的救济。特别值得注意的是，规则 B 不仅明确授权联邦法院可以通过财产保全方式扣押被告自有财产以启动对人诉讼程序，还特别规定了对第三人占有的被告财产实施扣押的权限。

在对人诉讼中，原告有权在起诉状中申请扣押被告的船舶、货物、银行存款等财产，以此确保其诉请能够实现。此类扣押请求的显著特征是：只要能够证明目标财产确属被告所有，即使该财产位于联邦法院管辖范围外亦可提出申请。然而，若原告依据《补充规则》规则 B 申请财产保全扣押或对第三人占有的债务人财产的扣押，则必须满足更严格的管辖要求，即拟扣押财产必须位于受理法院的管辖范围内，且原告或原告律师需通过宣誓陈述书（affidavit）向法院证明被告不在且将来也不会出现在法院管辖范围内。原告或原告律师提交宣誓陈述书是法院签发扣押令的一个前提条件。

《补充规则》规则 B 并未明确"未出现在联邦法院管辖范围"的具体含义，但联邦法院根据先例确立的原则[1]认为，原告须基于诚信原则，以其掌握的相关信息和常识，证明被告不会出现在联邦法院管辖范围内。这一证明责任包含了两方面的内容：首先证明被告客观上不在联邦法院管辖范围内，其次证明其未来也不会参与拟提起的对人诉讼。之后，举证责任即转移至被告。若被告欲对抗扣押或申请释放财产，必须提供确凿证据证明其本人实际处于该联邦法院管辖范围内，并承诺将亲自或委托代理人参与拟提起的对人诉讼。值得注意的是，被告的抗辩效力受严格限制：即便能证明其身处美国境内，只要不在特定联邦法院管辖范围内（例如仅位于涉案法院以外的其他州），就

---

[1] Seawind Compania, S. A. v. Crescent Line, Inc., 320 F. 2d 580（2nd Cir. 1963）.

不能有效阻却规则 B 程序的进行。此外，在同一州存在多个联邦地区法院的情况下（如法院 A 与法院 B），如果原告已向法院 A 提起财产扣押申请，即使被告主张根据州法律程序应在另一法院进行，只要原告在法院 A 的申请符合规则 B 要件，该地域管辖异议也不影响扣押程序的执行。①

在很多情况下，规则 B 中的诉讼程序与规则 C 中的诉讼程序类似。例如，联邦法院均应当审查原告提交的起诉状和宣誓陈述书，如果联邦法院通过审查认为原告提出的扣押申请是合理的，那么其就会下达扣押令。根据规则 B 的规定，扣押令会以通告形式送达给占有拟扣押财产的人。扣押令一旦送达，就意味着财产保全扣押程序正式启动，以确保联邦法院对拟扣押财产享有实际控制的权力。此外，扣押令一经送达即应得到执行，除非原告或者占有该财产的第三人已经向被告发出通告。如果原告或第三人已经尽到合理努力仍然无法向被告发出通告，那么可以不发出此种通告。占有拟扣押财产的第三人自财产保全扣押程序启动后 21 日内应当提交答辩状，被告则应当在 30 日内进行答辩。

（三）财产保全扣押和财产扣押的区别

根据规则 C 的规定，原告可以通过财产扣押启动对物诉讼程序，而根据规则 B 的规定，原告可以通过财产保全扣押等方式实现准对物诉讼的目标。虽然都涉及财产扣押程序，但是依据规则 B 与依据规则 C 进行的财产扣押程序仍存在区别，对二者的主要差异分析如下②：

1. 被告是否处于联邦法院管辖范围内的要求不同

根据规则 C 提出财产扣押申请，无须考虑被告是否会出现在联邦法院管辖范围内，只要拟扣押的财产位于法院管辖范围内即可启动财产扣押程序。而根据规则 B 提出财产保全扣押申请，原告不仅应当举证证明被告不在法院管辖范围内，以及被告也不可能参与诉讼，而且还要举证证明被告的财产或者由第三人占有的被告财产位于法院管辖范围内。

2. 拟扣押财产与原告诉讼请求之间的因果关系不同

为了启动规则 C 的财产扣押程序，原告应当举证证明拟扣押的财产与原

---

① LaBanca v. Ostermunchner, 664 F. 2d 65 (5th Cir. 1981).
② See Robert Force, *Admiralty and Maritime Law* (2nd edition), Federal Judicial Center, 2013, pp. 35-36.

告的索赔请求之间存在关联性。规则 C 对对物诉讼作出了特别规定，仅在为了实现船舶优先权或满足美国联邦制定法明确规定的情形下才可以启动该程序。如果船舶的侵权行为或者违约行为导致船舶优先权产生，并且原告主张权利的法律基础就是行使船舶优先权，那么就可以启动规则 C 之下的对物诉讼程序。相反，规则 B 规定的财产保全扣押程序仅要求拟扣押财产位于联邦法院管辖范围之内，而既无须考虑该财产与原告诉讼请求之间是否存在直接关联，也无须考虑原告的诉讼请求是否属于海事赔偿请求。但是原告仍需举证证明被保全扣押的财产属于被告。

3. 原告索赔请求与被告责任承担之间的关系不同

在规则 C 规定的对物诉讼程序中，原告的索赔请求与被扣押的财产应担的责任之间密切相关，即原告针对的对象是被扣押的财产，并由被扣押的财产作为独立的被告承担法律责任，无须核实或明确谁是被扣押财产的所有人、经营人、管理人或租赁人。而在规则 B 涉及的财产保全扣押程序中，原告的索赔请求针对的仍然是被告个人的责任承担。根据规则 C，被告个人无须对原告的诉请承担责任，相应地也不能对被告财产采取保全扣押措施。

4. 被扣押财产拍卖后的法律后果不同

在规则 C 规定的对物诉讼中，联邦法院的判决针对被告财产本身，法院会通过裁定拍卖该财产以实现判决确定的赔偿责任。司法拍卖完成后，买受人将取得该财产的完整权利，而拍卖前附着于该财产上的所有权利均告消灭，原告的赔偿请求可从拍卖价款中得以满足。若被拍卖财产为船舶，则所有与船舶优先权有关的海事请求人仅能就拍卖所得价款主张权利，即使价款不足以清偿，也不得再向被拍卖船舶或其买受人主张任何船舶优先权。此时，船舶因被拍卖成为"清洁船舶"（clean vessel），附着在该船舶上的一切权利因拍卖而消灭，相关海事请求人仅能就拍卖价款主张权利。当价款不足以清偿全部债权时，各海事请求人须依照美国法律规定的优先顺序受偿或按比例受偿。

在规则 B 规定的财产保全扣押程序中，联邦法院的判决针对的是被扣押财产的所有人。虽然法院也可能裁定拍卖该财产以实现海事赔偿请求权，但此种司法拍卖不会影响其他债权人的利益。以船舶拍卖为例，船舶优先权人仍可向被拍卖船舶主张权利,其权利不因拍卖程序而消灭。这意味着通过财产保全扣押程序拍卖的船舶不构成"清洁船舶",买受人取得的船舶所有权可能仍受原有权利负担的约束,因而属于存在权利瑕疵的所有权。

(四) 财产扣押和财产保全扣押补充程序规定:对规则 E 的概览

《补充规则》中的规则 E 虽然是一般条款,但是其包含的补充程序规定,既可以适用于财产扣押程序,也可以适用于财产保全扣押程序,因此其在海事案件处理中也扮演着重要的角色。下文对规则 E 的程序予以简要分析。

1. 提交起诉状

根据规则 B 和规则 C 的规定,原告应当向联邦法院提交起诉状。起诉状应当载明当事人的基本信息,并简要说明拟开展的事实调查程序及相关文状准备事项,无须提供其他信息。根据《联邦民事诉讼程序规则》的规定,原告在提交起诉状时无须提供涉及事实方面的更多证据,因为在案件受理后,当事人会有比较充分的时间于开庭审理前进行相关的事实调查和证据准备工作。而根据《补充规则》规则 E 的规定,原告提出财产扣押或者财产保全扣押主张的同时,应当明确提供能初步证明其诉请合法性的证据材料。因此相对而言,规则 E 对事实举证以及举证时间的要求更为严格。

根据规则 E 的规定,法院在收到起诉状之后,会对原告提供的相关文件材料进行审核。经审核符合规则要求的,法院随后会签发财产扣押令或者财产保全扣押令。显然,原告向法院提交的文件或证据材料非常重要。

2. 提供担保

根据规则 E 的规定,法院可以要求任何一方当事人向法院提供担保或补充担保,以确保提供担保的一方能够支付中间裁决(interlocutory order)、终局判决(final decision)等司法文书确定的费用。中间裁决又被称为"中间命令",是指:"在诉讼过程中法院为给予临时救济而作出的命令,或者根据当事人在诉讼中提出的请求,为决定陈述案情的方式以便对案件进行审理并根据是非曲直断案而作出的命令,但这种命令本身不是对案件的是非曲直作出的断定。"[1]

---

[1] 薛波主编:《元照英美法词典》,北京大学出版社 2017 年版,第 715 页。

3. 确认拟扣押财产是否在联邦法院管辖范围之内

除非拟扣押财产事实上已经位于联邦法院管辖范围内，否则无论是根据规则 B、规则 C 还是规则 E，都不能扣押财产，因为联邦法院签发的扣押令仅在该法院管辖范围之内有效。因此通常情形下，原告只有确认拟扣押的财产实际位于联邦法院管辖范围内，才可以向法院申请扣押令。如果拟扣押财产尚不在联邦法院管辖范围内，原告仍然可以在满足一定条件的情形下向联邦法院申请扣押令。法院签发扣押令之后，原告可以向联邦法院主张延迟执行该扣押令，直至拟扣押财产出现在联邦法院管辖范围内或者当事人另行达成其他安排。这一规则对船舶扣押尤为重要。船舶具有高度流动性，若待其实际进入管辖港口再申请扣押令，从提交申请到法院签发令状的审查期间，船舶可能已离港，导致扣押目的落空。因此，只要原告能够提供充分证据证明船舶将在未来特定时间停靠管辖港口，即可在船舶到港前向联邦法院提出扣押申请。这种预先申请机制确保了海事请求权的有效实现。

4. 财产扣押的例外情形

即使没有实际扣押财产，在满足法律规定的特定条件时，原告也可以向联邦法院提起对物诉讼或者准对物诉讼。根据规则 E 第 5 条（a）款的规定，在联邦法院签发了财产扣押令或财产保全扣押令之后，如经联邦法院同意，被告提供了适当的担保或保证金，或者被告与原告达成协议约定被告会履行联邦法院判决，则被告可以申请中止财产扣押或财产保全扣押程序，或者申请释放被扣押的财产。如果被扣押的是船舶，并且被告提供了保证金，那么原告基于船舶优先权对船舶所享有的权益将因此转移至被告提供的保证金上，即一旦被告提供了此种担保，原告将不能再针对船舶本身主张行使船舶优先权。

规则 E 还规定，即使没有实际扣押财产，当事方也可以达成协议明确如下事项：（1）财产不再被扣押；（2）可以根据情况提起对物诉讼或准对物诉讼；（3）被告保证尊重联邦法院的判决结果；（4）被告同意接受联邦法院管辖。这就意味着，即使未能实际扣押财产，根据当事方之间达成的协议，原告也可以向联邦法院提起对物诉讼或者准对物诉讼。同样，原告也可以基于协议约定放弃提起对物诉讼或准对物诉讼。[①] 例如，在没有实际扣押财产的情

---

① Cactus Pipe & Supply Co. v. M/V Montmartre, 756 F. 2d 1103-11 (5th Cir. 1985).

况下，如果被告本人出现在联邦法院管辖范围内并且参加了庭审活动，或者虽然联邦法院的管辖权可能存在一定瑕疵，但是被告没有明确提出管辖权异议，那么原告向联邦法院提起对物诉讼或者准对物诉讼的必要性也就不存在了。

此外，财产扣押程序以及财产保全扣押程序所产生的扣押费用和财产保管费用，应根据美国联邦法规的相关规定予以执行。

5. 财产扣押或财产保全扣押后的庭审活动

当财产被扣押或被保全扣押时，任何对该财产享有权益的利害关系人均有权要求立即举行听证。在听证程序中，原告须举证说明为何不应解除该扣押或保全扣押措施，或为何不应根据本规则给予其他救济。

6. 释放被扣押财产——提供担保

在财产被扣押前，为阻止扣押程序启动，或在财产被扣押后，经联邦法院法官或书记官同意，或当事人达成协议承诺将履行联邦法院及其上诉法院判决的，当事人可通过提供担保的方式阻止扣押程序启动或申请释放被扣押财产。当事人可协商确定担保的具体形式和金额。若协商未果，联邦法院将根据原告的赔偿请求金额，并综合考虑可能产生的利息及诉讼费用等相关支出，最终确定担保金额。该金额原则上不得超过以下两项中较低者：原告主张金额的两倍；经评估的被扣押财产价值的两倍。

为释放被扣押财产而提供的保证金具有单一性和针对性，其效力仅限于特定的索赔请求和特定的索赔人，不得用于其他赔偿请求的担保。一旦财产被释放，原告基于该财产享有的权益即转移至被告提供的担保上。在此情形下，原告不得再针对原被扣押财产主张任何权利。该担保须处于联邦法院的监管之下，其金额应当满足以下两项要求：涵盖原告在对物诉讼中主张的赔偿金额；足以支付原告胜诉时法院可能支持的赔偿数额。若其他当事人就同一财产向受理法院另行提起对物诉讼，而被告已提供担保的，该担保既不得用于支持其他当事人的对物诉讼请求，也不得用于满足其他当事人的民事赔偿请求。如果在被扣押财产释放前或者释放后，原告试图中止释放财产，或者其他被告针对财产提出交叉请求，那么应该在原告最初提起的诉讼之外另行提起对物诉讼。[①]

---

① See Robert Force, *Admiralty and Maritime Law* (2nd edition), Federal Judicial Center, 2013, p. 39.

综上所述，任何欲主张扣押船舶的当事人均应单独向法院提起对物诉讼，除非船舶所有人同意参加已经提起的对物诉讼。若船舶所有人预见到可能面临多方索赔，可向法院申请设立总担保金或基金，其金额须足以偿付未来在该联邦法院可能产生的所有扣押船舶或保全扣押船舶诉讼的判决金额。当船舶所有人在联邦法院设立的总担保金达到所有原告索赔总额两倍以上时，即可向法院申请中止船舶扣押程序。在此条件下，联邦法院应当签发中止船舶扣押令或中止船舶保全扣押令。

被扣押财产所有人委托的代理人或律师，一旦向联邦法院提交释放财产的申请并签署该申请书，且双方当事人已达成协议，或者被告已向联邦法院提供保证金或其他适当担保，经联邦法院事务官接收并同意，联邦法院事务官应签发命令释放被保全扣押的船舶、被扣押的船舶，以及被扣押的第三人占有的债务人财产。但是，因财产扣押产生的一切诉讼费用，包括执行费用等，应由当事方先行支付。不过，有些情况下，联邦法院事务官发布释放财产的命令是基于联邦法院作出的裁定，而非自行决定。例如，根据联邦制定法和《补充规则》的规定，若当事人向联邦法院提供了适当担保，联邦法院就应签发"当然释放"的法院令。同样，若原告提出的诉请被联邦法院驳回，或者原告提出中止诉讼的申请，联邦法院也会签发类似的法院令以释放财产。因此，当法院签发"当然释放"的法院令时，联邦法院事务官也应签发释放被扣押财产的命令。根据《联邦民事诉讼程序规则》第62条的规定，若联邦法院驳回原告的诉讼请求，那么其他相应程序将自动中止。但是该规定通常被认为不能优先于规则E适用，即根据规则E的规定，当联邦法院驳回原告的诉讼请求时，主审法官还是应当签发"当然释放"的法院令，只有这样才能产生释放被扣押财产的法律效力，而非根据《联邦民事诉讼程序规则》第62条的规定产生自动释放被扣押财产的结果。[①] 原告对联邦法院驳回其诉讼请求的裁定不服并提出抗辩或上诉的，应当向原审法院或其联邦上诉法院申请颁发中止释放令，以阻止被扣押财产因诉讼请求被驳回而获释。

7. 担保数额的增加、减少及反担保

规则E规定，联邦法院可以根据案件的具体情况判定增加或减少担保金

---

① Alyeska Pipeline Serv. Co. v. The Vessel Bay Ridge, 703 F. 2d 381（9th Cir. 1983），467 U.S. 1247（1984）.

额。此外，在被告提出反诉或已经提供担保的被告向联邦法院主张法院扣押船舶错误等情况下，法院通常会签发命令要求原告就被告反诉中主张的赔偿请求以及被告主张的错误扣船等事项提供担保。

规则 E 除规定前述程序之外，还特别确立了限制出庭程序及被扣押财产的处置与拍卖程序。根据规则 E 第 8 条，限制出庭程序专门适用于依据规则 C 和规则 B 提起的对物诉讼、财产保全扣押申请及对第三人占有的债务人财产的扣押申请。该程序的特殊性在于：被扣押财产的当事人仅能就特定海事请求本身进行实体抗辩，而不得对联邦法院的管辖权提出异议。换言之，被告出庭应诉时，其抗辩范围严格限定于争议是否属于海事案件这一实质问题。若依据规则 C 或规则 B 启动相关程序不具备可行性或法院令无法送达，则被告完全丧失以非海事请求为由进行抗辩的权利。限制出庭程序的根本特征在于，其所涉及的财产扣押争议必须且只能是基于海事请求所产生的纠纷。

规则 E 第 9 条对被扣押财产的处置及拍卖问题作出原则性规定。第一，在出现如下情形时，应当事方、法院事务官或被扣押财产保管人的申请，联邦法院可以命令出售全部或者部分被扣押财产，并将出售所得款项，或其足以满足判决的部分交给法院，等待作出进一步的命令：(1) 被扣押财产易腐烂，或因在诉讼期间被扣押而容易变质、腐烂或损坏；(2) 保管被扣押财产的费用过高或者不成比例；(3) 当事方未能在合理时间内提供担保以释放被扣押财产。第二，在第一种情形下，如果被告、利益相关方等提出申请，那么联邦法院也可以不签发出售命令，而是将上述财产交给申请方，并由其根据相关规定提供相应的担保。第三，所有财产的买卖应由事务官或副事务官，或持有手令的其他个人或组织，或由法院指定的任何其他人员进行，其中事务官或持有手令的其他个人或组织是利害关系人；拍卖所得款项应立即存入法院登记处，以便依法处理。

（五）规则 B 与电子资金转账系统

电子资金转账系统（Electronic Fund Transfer System）是一种资金转账系统，其中资金可以转移到企业或个人账户，而无须纸质钱币的流转。电子资金转账系统可用于工资支付，借方或贷方转账，抵押贷款支付或其他款项支付等。由于其独特的优势，大多数金融机构都在推广使用电子资金转账系统。

根据规则 B 的规定，当事方除了可以向联邦法院申请扣押有形财产，还可以申请扣押无形财产，例如电子资金转账系统中的流转资金。美国联邦法院允许在海事纠纷中扣押电子转账资金的第一个案件就是 Winter Storm Shipping v. Thai Petrochemical①。Winter Storm 航运公司是租船合同的出租人，在马耳他注册；Thai Petrochemical 公司为租船合同的承租人。租船合同约定，由 Winter Storm 航运公司所属船舶从沙特阿拉伯运输石油至泰国。因 Thai Petrochemical 公司未按约定支付运费，根据定期租船合同中的仲裁条款，Winter Storm 航运公司率先在伦敦提起仲裁，索赔包括欠付运费、利息、律师费、仲裁费等在内的损害赔偿 36.1 万美元。双方均按照仲裁程序规定指定了仲裁员。仲裁庭依法判定承租人应当向出租人支付欠付的运费等。但是承租人未能依照裁决按时支付欠款。出租人知晓承租人有一笔款项将通过美国纽约银行流转，于是在 2001 年 6 月，Winter Storm 航运公司以 Thai Petrochemical 公司不在联邦法院管辖范围内为由，依据《补充规则》规则 B 的规定，向美国纽约州南区联邦地区法院提出申请，主张扣押被告在纽约银行账户中准备支付给与本案无关的第三人的款项。该纽约银行系被告向案外第三人支付资金过程中所涉及的中间行之一，既非原告的主要业务银行，也非被告的主要业务银行。一审法院驳回了原告的申请，认为其不能申请扣押电子资金转账系统中的流转资金。原告不服，上诉至联邦第二巡回上诉法院，联邦上诉法院签发了扣押令。联邦上诉法院认为，原告申请扣押电子资金转账系统中的流转资金并没有违反美国宪法规定的最低正当程序要求，除非被告能够特别指出该中间银行的名称和地址，以及电子资金转账系统中的流转资金不能被扣押的具体理由。法院进一步明确，当个人或者法人通过电子资金转账系统转账时，该系统中的资金可以被扣押，而无论该转账人是否知道中间银行的具体信息。而且联邦上诉法院认为，根据规则 B 的规定，可以被扣押的财产既包括有形财产也包括无形财产，不存在一种财产既不是无形的，也不是有形的情形，因此电子资金转账系统中的资金可以作为无形财产而被扣押。

该判决在纽约银行业引发强烈反响。纽约银行业担忧此案可能产生"蝴

---

① Winter Storm Shipping v. Thai Petrochemical，198 F. Supp. 2d 385（S. D. N. Y. 2002）. 参见邓晗、韩立新：《Rule B 下的 EFTs 扣押被宣判"死缓"——美国联邦第二巡回上诉法院最新判例的"Jaldhi"案评述》，载《中国海商法年刊》2010 年第 21 卷，第 109—116 页；杨文贵、彭先伟：《"Rule B 扣押令"及其最新发展》，载《中国海商法年刊》2007 年第 18 卷，第 420—439 页。

蝶效应",导致未来大量申请人依据规则 B 向联邦法院申请扣押令。这不仅会危及纽约银行结算系统的安全性和稳定性,还将使与原被告争议无关的中间银行卷入纠纷,进而破坏美国结算系统长期形成的便捷高效优势。除了银行业,部分联邦上诉法院法官也对判决提出疑问,认为该判决如同打开了"潘多拉魔盒",可能导致规则 B 扣押令申请在美国被滥用。为此,有法官建议应增设"必要性"审查标准以限制此类申请。在 Allied maritime, Inc. v. The Rice Corp.①、Aqua Stoli Shipping Ltd. v. Gardner Smith Pty Ltd.②、SeaPlus Line Co. Ltd. v. Bulkhandling Handymax AS③ 等案件中,联邦地区法院均支持采用必要性原则对申请人依据规则 B 申请签发扣押令的情形予以限制。例如,在 Allied maritime, Inc. v. The Rice Corp. 一案中,纽约州南区联邦地区法院认为,由于原告未能举证证明其申请扣押令出于真实需要,因此判定驳回该申请。在 Aqua Stoli Shipping Ltd. v. Gardner Smith Pty Ltd. 一案中,双方签订了货物运输合同,Gardner Smith Pty Ltd. 以 Aqua Stoli Shipping Ltd. 提供的船舶不适合货物运输为由拒绝履行运输合同,双方为此发生争议并各自提起仲裁。Aqua Stoli Shipping Ltd. 主张 145 万美元的索赔数额,而 Gardner Smith Pty Ltd. 在仲裁程序中提出反请求,主张同样数额的损害赔偿。Gardner Smith Pty Ltd. 担心 Aqua Stoli Shipping Ltd. 会将船舶卖掉以逃避赔偿责任,于是在新加坡申请扣押船舶以便获得足够的担保。Aqua Stoli Shipping Ltd. 为应对该措施,单方面向美国联邦法院申请扣押令,扣押 Gardner Smith Pty Ltd. 在美国一家中间银行电子流转资金中的 145 万美元。联邦地区法院认为原告举证不充分,驳回了原告的请求。原告不服,向联邦第二巡回上诉法院提起上诉,联邦上诉法院进行改判,支持了原告的主张。联邦地区法院认为,原告应当承担举证责任,一方面表明其申请扣押令满足了规则 B 的所有要求,另一方面表明扣押令的送达是为了实现如下目标——要么通过扣押令获得管辖权,要么通过扣押令获得足够的担保,以保证联邦法院判决能够得到执行。但是联邦地区法院认为,该案中的原告并未充分举证证明其申请联邦法院扣押令寻求担保的必要性,而且联邦法院也不鼓励当事方通过骚扰对方达到某种目的,因此应对

---

① See Allied maritime, Inc. v. The Rice Corp., 361 F. Supp. 2d 148 (S. D. N. Y. 2004).
② See Aqua Stoli Shipping Ltd. v. Gardner Smith Pty Ltd., 384 F. Supp. 2d 726 (S. D. N. Y. 2005).
③ See SeaPlus Line Co. Ltd. v. Bulkhandling Handymax AS, 409 F. Supp. 2d 316 (S. D. N. Y. 2005).

电子资金转账系统中流转资金的扣押申请予以必要限制。

联邦第二巡回上诉法院明确否定了必要性原则的适用，认为既然联邦法律对海事案件扣押作出了明确规定，就应该严格遵循条文内容，法官不能行使自由裁量权，联邦地区法院在考虑是否签发扣押令时，应当遵循法律规定，无权自行创设任何限制标准。尽管上诉法院也注意到，在 Winter Storm Shipping v. Thai Petrochemical 一案判决作出前后，美国联邦地区法院有关扣押令签发的认定标准并不统一，但是其仍然坚持如下理由，即根据规则 E 的规定，联邦地区法院仅在满足下列情形时有权裁定签发扣押令：第一，被告举证证明其将在临近原告所在地的一个方便法院提起诉讼；第二，原告可以向其所在地的联邦地区法院提起针对被告的对人诉讼；第三，原告可以通过财产扣押或者其他方式获得将来能够执行联邦法院判决的充分担保。很明显，在该案中初审法院和上诉法院的观点并不一致。

在 Navalmar（UK）Ltd. v. Welspun Gujarat Stahl Rohren Ltd.[①]、General Tankers Pte. Ltd. v. Kundan Rice Mills Ltd.[②]、Consub Delaware LLC. v. Schahin Engenharia Ltd.[③] 等案件中，联邦地区法院或联邦上诉法院最终都支持了原告根据规则 B 提出的扣押令申请。Navalmar（UK）Ltd. v. Welspun Gujarat Stahl Rohren Ltd. 一案的基本案情如下：原告 Navalmar 是一家船公司，与被告 Welspun Gujarat Stahl Rohren Ltd. 于 2004 年签订了为期 1 年的定期租船合同。在租期内的一次货物运输中，收货人因卸货港卸下的货物发生损坏，故请求在当地扣押船舶作为货损赔偿的担保。经过当事方协商，原告提供了担保并请求法院释放被扣押船舶。被告公司以船舶在被扣押期间无法使用为由拒绝支付该期间的租金。双方因租金是否应当支付的问题产生争议并在伦敦提起仲裁。仲裁庭作出中间裁决，支持原告主张租金及利息的请求，但是被告拒绝执行裁决。因此，原告于 2007 年 1 月向纽约州南区联邦地区法院提出扣押令申请，请求扣押被告在美国花旗银行的一笔流转资金。联邦地区法院驳回了原告的请求。原告不服，向联邦第二巡回上诉法院提起上诉，该法院根据规则 B 进行改判，并支持了原告的申请。

---

① See Navalmar (UK) Ltd. v. Welspun Gujarat Stahl Rohren Ltd., 485 F. Supp. 2d 399 (S. D. N. Y. 2007).
② See General Tankers Pte. Ltd. v. Kundan Rice Mills Ltd., 475 F. Supp. 2d 396 (S. D. N. Y. 2007).
③ See Consub Delaware LLC. v. Schahin Engenharia Ltd., 543 F. 3d 104 (2d Cir. 2008).

General Tankers Pte. Ltd. v. Kundan Rice Mills Ltd. 一案的基本案情如下：2004 年 4 月、5 月、8 月，原告 General Tankers Pte. Ltd. 作为出租人，先后将船舶租赁给被告 Kundan Rice Mills Ltd. 使用。按照航次租船合同的约定，被告应向原告支付一笔滞期费，但被告拒绝支付，于是双方根据合同约定在伦敦提起仲裁。为了确保裁决得到执行，2006 年 11 月，原告向美国纽约州南区联邦地区法院根据规则 B 提出扣押令申请，要求对被告在汇丰银行以及花旗银行的流转资金予以扣押。纽约州南区联邦地区法院支持了原告的诉请。

在 Consub Delaware LLC. v. Schahin Engenharia Ltd. 一案中，原告 Consub Delaware LLC. 与被告 Schahin Engenharia Ltd. 达成协议，约定由原告为被告在公海海域的海底通信电缆提供维护、定期报告及相关服务。原告于 2003 年 11 月根据合同约定的排他性诉讼条款在英国伦敦提起诉讼，主张被告违约。而原告在英国提起诉讼之时，被告已经在巴西法院提起诉讼，认为原告并未履行合同义务。原告认为被告在巴西法院起诉仅仅是为了拖延原告在伦敦提起的诉讼，因此明确提出反对意见，之后被告向巴西法院申请中止诉讼程序。2006 年 11 月，原告向纽约州南区联邦地区法院提出扣押令申请，请求扣押被告在渣打银行的流转资金。纽约州南区联邦地区法院根据 Winter Storm Shipping v. Thai Petrochemical 一案的判决意见支持了原告的诉请。被告不服，向第二巡回上诉法院提起上诉，联邦上诉法院支持了初审法院的判决。

2007 年 4 月 4 日，纽约州南区联邦地区法院判决的 Compania Sudamericana de Vapores S. A. v. Sinochem Tianjin 一案①是与中国公司有关的电子资金转账系统中资金被扣押的典型案例。涉案争议托运人 Sinochem Tianjin 公司委托 Compania Sudamericana de Vapores S. A.（以下简称"CSVA 公司"）运输一票货物。在货物运输过程中船舶发生爆炸并导致货物严重损失，实际承运该票货物的船东在伦敦对 CSVA 公司提起仲裁，索赔 600 多万美元，随后二者以 275 万美元达成和解。CSVA 公司又在英国伦敦起诉 Sinochem Tianjin 公司。2006 年 12 月 6 日，CSVA 公司向纽约州南区联邦地区法院申请扣押 Sinochem Tianjin 公司在该联邦法院管辖范围内价值高达 510 万美元的财产，尔后 CSVA

---

① See Compania Sudamericana de Vapores S. A. v. Sinochem Tianjin, 2007 WL 1002265, 2007 A. M. C. 1467. 另参见 Westlaw 数据库，https://www.westlaw.com/Document/I0cf62892e34c11dbaba7d9d29eb57eff/View/FullText.html? transitionType=Default&contextData=(sc.Default) &VR=3.0&RS=cblt1.0，最后访问日期：2023 年 8 月 3 日。

公司根据规则 B 的规定又向联邦法院申请扣押流经美国银行据称属于 Sinochem Tianjin 公司的电子资金转账系统中的两笔资金,金额分别为 10980 美元和 24854 美元。Sinochem Tianjin 公司抗辩称,这两笔资金不是自身财产,而是第三方汇给该公司的款项,不能被扣押。法院最终援引 Aqua Stoli Shipping Ltd. v. Gardner Smith Pty Ltd. 等先例,支持了 CSVA 公司的扣押请求。

自 Winter Storm Shipping v. Thai Petrochemical 一案的判决确立了电子资金可扣押原则以来,相关问题在航运界和法律界持续引发广泛争议。美国联邦法院有关美元结算中心协会内容的报告显示,仅在 2008 年 10 月—2009 年 1 月短短四个月间就有 962 起海事诉讼,申请扣押资金的总额高达 13.5 亿美元。这类诉讼已占纽约州南区联邦地区法院受案总量的 33%,日均送达至当地银行的规则 B 扣押令高达八九百份。为应对这一局面,各大银行不得不大幅增加人力、物力投入,有的甚至增设专门部门处理扣押令执行事务。正如美国海商法协会 2009 年秋季会议上一位纽约律师所述,银行每天一开门营业就会收到"潮水般涌来"的规则 B 扣押令,经常出现律师提着装满扣押文书的文件箱在银行大厅等候处理的场景。面对如此高频次的文书送达,银行最终放弃传统的人工接收方式,转而全面接受联邦法院通过电子邮件或传真进行的电子送达。由此可见,规则 B 项下电子资金扣押在当时已成为海事诉讼当事人的首选救济手段。美国联邦储备银行曾明确指出,保障中间银行权益是提高资金流转效率的关键,而明确法律文书送达要求则有助于增强司法透明度。然而,Winter Storm Shipping v. Thai Petrochemical 一案确立的原则打破了这一平衡,不仅严重影响银行转账系统的运作效率,更对 Fedwire 系统构成潜在威胁。面对银行业持续抗议和舆论压力,联邦第二巡回上诉法院开始审查 Winter Storm Shipping v. Thai Petrochemical 一案判决的合理性和正当性,并于 2009 年 10 月 16 日在 Shipping Corporation of India Ltd. v. Jaldhi Overseas Pte Ltd. 一案[1]中正式推翻 Winter Storm Shipping v. Thai Petrochemical 一案确立的裁判原则,明确限制依据规则 B 对电子转账资金进行扣押。

---

[1] See Shipping Corporation of India Ltd. v. Jaldhi Overseas Pte Ltd., 2008 W.L. 2596229,另参见 Westlaw 数据库, https://www.westlaw.com/Document/If413acbe47ac11ddb6a3a099756c05b7/View/FullText.html?transitionType=Default&contextData=(sc.Default)&VR=3.0&RS=cblt1.0,最后访问日期:2023 年 8 月 3 日。

Shipping Corporation of India Ltd. v. Jaldhi Overseas Pte Ltd. 案的基本情况如下：2008 年 3 月，India 航运公司将 "The Rishikesh" 号船舶租赁给新加坡承租人 Jaldhi 公司运输铁矿石至中国港口。在印度港口装运货物期间，船上的起货机倒塌导致操作工人死亡，装货作业因此中止，租约履行也被暂停，进而产生租船费用是否应当支付的纠纷。租船合同双方在纽约市的银行均设有账户，且第三方和租船合同当事方之间的资金流转也都是通过位于纽约市的中间银行的电子资金转账系统进行。2008 年 5 月 7 日，在未收到租金的情况下，原告 India 航运公司根据规则 B 向纽约州南区联邦地区法院提出扣押申请，联邦地区法院于次日签发了对一笔流转资金的扣押令。被告 Jaldhi 公司则根据规则 E 向联邦地区法院申请撤销资金扣押令，并要求原告提供反担保。6 月 27 日，Rakoff 法官撤销了其于 5 月 8 日签发的扣押案外第三方汇给 Jaldhi 公司 353.3522 万美元的扣押令。原告就该撤销判决提起上诉，最终联邦第二巡回上诉法院作出判决，认为联邦地区法院不应扣押纽约市中间银行电子资金转账系统中的流转资金，从而推翻了 Winter Storm Shipping v. Thai Petrochemical 一案的判决。第二巡回上诉法院不支持原告申请的理由如下：根据规则 B，原告只能就属于被告的财产向法院申请扣押。由第三方通过电子资金转账系统汇给被告的资金在未到达被告账户之前不能被认定为被告的财产。该案中，原告向联邦地区法院提出申请时，涉案资金还在流转中，因此驳回了原告的申请。

　　很显然，在该案中，联邦第二巡回上诉法院并未完全禁止扣押电子资金转账系统中的流转资金，而仅仅对当事方可能滥用规则 B 申请扣押的行为进行了一定程度的限制。自该案判决后，在纽约州申请扣押银行电子资金转账系统中的流转资金的做法基本成为过去式，但是根据规则 B 申请扣押其他财产不会因此受到影响，也不会影响当事人在纽约州以外的其他州根据规则 B 申请扣押银行电子资金转账系统中的流转资金。当然，当事方仍然可以根据规则 C 申请采取扣押船舶、货物以及其他海上财产等措施。值得注意的是，当海事交易约定以美元结算且资金流经美国某个中间银行时，交易各方仍需特别小心。因为在争议发生时，任何一方当事人仍可能依据规则 B 的规定申请对该流转资金采取保全措施。

第五章
与货物运输相关的商事规则

第一节 货物运输法概述

　　随着时代的发展和历史的变迁，航空、公路、铁路等运输方式日益发展，但不论是过去还是现在，水上货物运输和旅客运输一直是海商法的核心领域。随着科技的发展，船舶航行范围不断扩大，速度也越来越快，船舶日益朝着大型化、集装化、智能化的方向发展，特别是集装箱的广泛应用，大幅提升了货物运输的安全性。水上货物运输主要包括海上运输和内河运输两种形式。根据《元照英美法词典》的解释，从地域角度来看，海上货物运输包括沿海货物运输和国际海上货物运输，后者又包括班轮运输和租船运输两种形式。所谓班轮运输是指，承运人按照固定的航线、船期和运费率，从事以干杂货（general cargo）为主的海上运输方式。提单是其最重要的运输单证，因此也被称为干杂货运输或提单运输。干杂货主要包括食品、服装、日用品、电子产品以及大部分工业制成品等。随着科技水平的提高和航运实践的发展，目前大部分干杂货都能装在集装箱中运输，因此使用船舶运送干杂货的班轮运输目前也被称为集装箱货物运输。租船运输是指通过航次租船合同、定期租船合同或光船租赁合同开展货物运输经营活动的方式。[①] 租船运输主要针对大宗散货（bulk cargo），包括大豆、玉米等谷物，以及原油、矿石、钢材、木材、水泥等社会经济发展中的重要物资。"affreightment"一词意为海运合同或者货运合同，是指采取整船包运或部分订舱的方式，即采用租约或提单形式运输货物的合同。[②] 有学者认为，在美国货物运输合同可以用"contract of carriage"

[①] 薛波主编：《元照英美法词典》，北京大学出版社2017年版，第195页。
[②] 薛波主编：《元照英美法词典》，北京大学出版社2017年版，第49页。

或"contract of affreightment"等不同词汇表述，它们可以替代使用，并无区别。①

与水上货物运输活动相关的当事方主要包括船舶出租人、承租人、承运人、托运人、收货人、货运代理人以及无船承运人等。这里提及的船舶出租人，既可以是船舶所有人，也可以是船舶所有人以外的其他人，例如光船承租人或者船舶经营人等。船舶出租人基于船舶所有权、光船租赁权或船舶经营权等，可以将船舶的全部舱位或者部分舱位租赁给其他人使用。承租人是指与船舶出租人订立租船合同的人，其可租用船舶的全部舱位或者部分舱位，并就舱位的使用期限约定仅限于一个或几个航次，或者限定在约定的一段时期内，并按照约定的用途使用。托运人通常是与承运人订立运输合同的一方，即有权主张将货物从一地运往另一地的人。收货人是指货物卸离船舶后，有权请求提取货物的人。货运代理人，又称为海运货运代理人，通常是指协助委托人安排货物运输以及办理与货物运输相关手续的专业人员，例如代办货物进出口通关、检验检疫手续，以及货物保险、仓储、拼装或拆分等业务。无船承运人，又称为无船公共承运人，是指根据运输合同承诺将货物从约定装货地运输至约定的卸货地并交付货物的人。无船承运人事实上并不参与货物运输或船舶经营活动，通常需要与实际承运人订立合同来完成货物运输。②

根据《美国法典》第1702条的规定，海上运输中介包括海运货运代理人和无船承运人。其中，海运货运代理人只能以代理人身份从事有关委托业务，不能以承运人或者无船承运人身份订立运输合同或者签发运输单证。而无船承运人是指不经营船舶但是能够提供海上运输服务的公共承运人，其以承运人名义与托运人订立海上货物运输合同，然后再以托运人身份与实际承运人订立运输合同，将货物交由实际承运人运输。无船承运人以自己的名义签发提单或者其他类似的运输单证，其与实际从事海上运输的承运人相比，既不拥有船舶，也不从事船舶的经营活动。目前，无船承

---

① See Robert Force, *Admiralty and Maritime Law* (2nd edition), Federal Judicial Center, 2013, p. 43.

② See Robert Force, *Admiralty and Maritime Law* (2nd edition), Federal Judicial Center, 2013, p. 43.

运人主要活跃在集装箱货物运输实践中。

在中国的法律规定中，并不存在"无船承运人"这一表述，《国际海运条例》及其实施细则中使用的是"无船承运业务经营者"一词，但是在航运实践中，通常将"无船承运业务经营者"简称为"无船承运人"。中国《海商法》第42条有关承运人的界定，并未要求承运人实际从事货物运输，因此无船承运人符合中国《海商法》有关承运人的界定。在中国，国际货运代理企业往往同时经营无船承运业务，而无船承运人也常兼营货运代理业务。这种业务交叉的实践现状，使得我国无法像美国法律那样在海运货运代理人与无船承运人之间划定清晰的法律边界。①

在当代航运实践中，像石油、煤炭、粮食、矿砂、木材、钢材等大宗散货，由于单次运输量较大，从货物形态、集装技术、装载成本等方面考虑，不太适合用集装箱运输，即便用集装箱运输，成本也相对较高。因此，这类大宗散货主要采用租船运输方式。本章主要分析美国法律对班轮运输、租船运输的相关规定。

第二节 租船合同

一、租船合同的定义及种类

租船合同是指承租人与拥有船舶的另一方当事人（出租人）就租用船舶的全部或部分舱位，约定彼此在合同项下相关权利义务的书面协议。一般来说，租船合同应该符合合同法的一般原则和要求。鉴于租船合同的双方当事人为出租人和承租人，二者经常处于不同的国家或地区，为了便于合同洽谈，节约时间和成本，一些国际组织往往会事先制定租船格式合同供当事方选用。当事方在选择这些租船格式合同时，仍然可以根据具体洽谈内容，针对特定的国际贸易或运输需要，对标准合同中的条款或内容进行删减、补充等。合同关键条款（如运费率、租金率）的最终确定，往往取决于当事人的谈判地位及当时的租船市场供需状况，这实质上反映了缔约双方商业实力和市场议

---

① 郭萍：《国际货运代理法律制度研究》，法律出版社2007年版，第50—61页。

价能力的博弈。

目前，租船合同主要包括三类：航次租船合同、定期租船合同和光船租赁合同。航次租船合同是指，船舶出租人就约定港口之间的航程，向承租人提供船舶或者船舶的部分舱位，装运约定的货物，从一港运至另一港，由承租人支付约定运费的合同。① 定期租船合同是指，船舶出租人向承租人提供约定的并由出租人配备船员的船舶，由承租人在约定期间按照约定用途使用并支付租金的合同。② 光船租赁合同又称"光租合同"，是指船舶出租人向承租人提供不配备船员的船舶，在约定期间由承租人占有、使用和营运，并向出租人支付租金的合同。③

在航次租船合同下，船舶出租人同意将货物从一港运往另一港，以便完成约定的一个或多个特定航次运输。船员由出租人配备，并且出租人通过船员对船舶的实际占有、操作来实现对船舶的经营和控制。在美国，航次租船合同被认为是货物运输合同的一种，能够满足将货物从一港运至另一港的需求。④ 因此，对于美国一般海商法之下雇主未履行船舶适航义务、未履行合理的供养和医疗义务，以及船员操作失误导致的包括船员在内的第三方人身伤亡或财产损失，承租人无须承担赔偿责任，通常也不承担包括燃油费在内的一些费用。

定期租船合同是出租人与承租人就特定期限（数月或数年）内船舶舱位使用达成的协议。与航次租船合同类似，除非合同另有特别约定，出租人仍需对船舶的航行和管理负责。在合同约定的用途和期限内，承租人享有广泛的船舶使用权，可以自主决定船舶挂靠的港口、装运的货物以及航次安排。通常情况下，定期租船合同不会限制航行次数。不过，船长和船员仍为出租人的雇员，在涉及船舶航行和管理等专业事项上，仍须听从出租人的指令。而且对于美国一般海商法之下雇主未履行船舶适航义务、未履行合理的供养和医疗义务，以及船员操作失误导致的包括船员在内的第三方人身伤亡或财产损失，承租人无须承担赔偿责任，但是其通常要承担船舶经营产生的费用，

---

① 郭萍编著：《租船实务与法律》（第3版），大连海事大学出版社2014年版，第12页。
② 郭萍编著：《租船实务与法律》（第3版），大连海事大学出版社2014年版，第15页。
③ 郭萍编著：《租船实务与法律》（第3版），大连海事大学出版社2014年版，第21页。
④ See Robert Force, *Admiralty and Maritime Law* (2nd edition), Federal Judicial Center, 2013, p. 44.

例如船舶挂靠港口时产生的系泊费、引航费、移泊费等港口使费，以及燃油费、货物装卸费、垫舱费等。

光船租赁合同的承租人不仅可以使用船舶舱位，而且与定期租船合同和航次租船合同不同的是，承租人享有对船舶管理和航行事务的排他性控制权。实际上，在光船租赁期间，承租人"如同"（pro hac vice①）船舶所有人享有对船舶占有、使用、收益的权利。② 因此，光船租赁合同的承租人应当对船舶及船舶经营活动对外承担责任。基于这个原因，实践中光船租赁合同的承租人往往被称为"二船东"（disponent shipowner）。确定船舶是否为光船租赁，关键在于看租期内"船舶的占有、指挥和航行权"是否转移给承租人。如果出租人将之前已经配备船长、船员的船舶租赁给承租人使用，那么配备的船长、船员仍可以继续留在船上工作。在此种情况下，船长、船员应当听从承租人或其代理人的命令，并应被视为承租人的雇员。这种光船租赁在美国被称为"demise charter"。当然，根据光船租赁合同的约定，出租人也可以将一艘完全不配备船员的"空船"交给承租人使用，此时光船租赁的英文表达为"bareboat charter"。可见在美国，"demise charter"与"bareboat charter"这两种不同表述本质上是一致的，只是前者仍由出租人配备船长、船员，后者则是不配备人员的空船。③

光船租赁合同出租人与承租人之间的法律关系，与航次租船合同、定期租船合同存在明显的区别。光船租赁合同下船舶的占有、使用和控制权由出租人转移给承租人，因此对于美国一般海商法之下雇主未履行船舶适航义务、未履行合理的供养和医疗义务，以及船员操作失误导致的包括船员在内的第三方人身伤亡或财产损失，承租人需要承担赔偿责任。光船租赁合同出租人一般不会因为船员的过失或疏忽而承担"对人"的责任，而承租人须承担因船舶配员产生的责任，因此船长、船员的工资以及船舶经营产生的相关费用通常由光船承租人负担。

---

① "pro hac vice"系拉丁语，按照《元照英美法词典》的解释，是指仅这一次或限于这一特定目的或场合。参见薛波主编：《元照英美法词典》，北京大学出版社 2017 年版，第 1104 页。

② See Robert Force, *Admiralty and Maritime Law* (2nd edition), Federal Judicial Center, 2013, p. 45.

③ See Robert Force, *Admiralty and Maritime Law* (2nd edition), Federal Judicial Center, 2013, p. 45.

除了传统的租船合同类型，随着集装箱运输和航运业的发展，实践中还出现了舱位租用合同等新型合同形式。例如，在 The "Tychy" 案[①]中，英国法院明确认定集装箱运输中广泛使用的舱位租用合同属于航次租船合同的一种。这类舱位租用合同，又称箱位租用合同，是指出租人将专用集装箱船舶上的标准集装箱所占用的空间或箱位，按照约定的数量和期限出租给承租人，用于集装箱货物运输，并由承租人支付租金的合同。与传统的大宗散货租船合同不同，舱位租用合同仅针对集装箱船舶上的特定空间或箱位的租赁使用，且专门适用于集装箱货物运输。虽然适用范围和计算单位存在差异（舱位租用合同以单个集装箱占据的空间为计算单位，而传统租船合同以整艘船舶的货舱空间为基础），但两者的合同性质具有相似性：都是关于船舶载货空间的租赁使用，并由出租人和承租人约定彼此权利义务的合同。

二、租船合同的主要内容

大多数租船合同都采用事先印刷好的格式合同，其中部分条款内容留空，待双方当事人根据具体约定事项予以补充。一般而言，租船合同中应当明确双方当事人的名称、费用支付方式及数额等基本条款。针对不同类型的租船合同，条款侧重点有所不同：航次租船合同通常会明确约定具体航次数量、载运货物数量及装卸时间等；而定期租船合同和光船租赁合同则会更详细地规定船舶的租用期限、船舶具体情况（如船名、船舶国籍、吨位、长度、货舱数量、装卸设备配置等），以及船舶的使用限制（如航行区域、港口，或货物种类、载运数量限制等），同时还会包含保险条款及除外责任等内容。

由于订约自由是租船合同的基石，因此租船合同争议的解决主要取决于对各类租船合同具体条款和约定内容的理解与解释。租船合同通常不受公共政策干预，也不存在强制适用的法律规定。例如，美国《海上货物运输法案》虽然明确规定其强制适用于进出美国港口的货物提单运输，但该法案明确将租船合同排除在其适用范围之外。不过，租船合同当事人可以约定将该法案的全部或部分条款纳入合同，此时这些条款仅作为合同约定内容存在，并不具有强制适用的法律效力。由于美国没有专门强制适用于租船合同的法律规

---

① The "Tychy"［1999］2 Lloyd's Rep. 11（U.K.）. 参见英国案例数据库网站，https://www.i-law.com/ilaw/doc/view.htm?id=149107，最后访问日期：2024 年 8 月 22 日。

定，且租船合同的订约双方通常会在格式合同基础上协商具体条款，因此租船合同的解释主要依据美国合同法的一般原则以及联邦法院的相关判例。以下针对租船合同的常见条款内容进行探讨。

（一）陈述与误述的法律后果

在租船合同中，出租人通常会对船舶的具体情况作出说明和陈述，包括船名、船舶国籍、船龄（自船舶建造之日起计算）、建造地、船舶长度与宽度、吃水深度、货舱数量、是否配备装卸设备、船速及船舶运营的每日燃油消耗等。这些陈述使被租用的船舶得以具体化和特定化，对承租人决定是否租用该船舶起着关键作用。因此，出租人必须确保其陈述内容的真实性和准确性，若出租人的陈述与实际情况不符，即构成错误陈述（简称"误述"）。

误述一般包括欺诈性误述、疏忽性误述和无过错性误述三种。欺诈性误述是指作出陈述的一方为诱使他人依其陈述内容行事，明知陈述的内容与事实不符，仍故意作出错误的说明，或者对自己根本不相信的事实仍如此说明，或者明知作出的陈述会误导对方却毫不在意。疏忽性误述是指明知己方所作的说明与事实不符，但其仍相信不会给对方造成损害或者相信损害能够被避免。无过错性误述是指无过失或者无辜的误述，即作出陈述的一方没有任何过失，在从陈述作出至合同签订的整个期间，并不知晓己方作出的陈述与事实不符。误述的种类不同，法院判定的结果也有所不同。如果出租人作出欺诈性误述，那么会导致租船合同被解除；如果出租人作出疏忽性误述或者无过错性误述，那么承租人有权向出租人主张误述导致的损害赔偿。①

英国法律通常将误述区分为促成合同达成的误述以及构成合同条款的误述。英国1967年《误述法》（The Misrepresentation Act）将前者进一步分为欺诈性误述、疏忽性误述、无过错性误述。误述的种类不同，作出误述一方所承担的法律后果也有所不同。对于构成合同条款的误述，英国法院根据误述是否属于合同法中的条件条款（condition clause）、保证条款（warranty clause）、中间性条款（intermediate clause）来确定作出误述一方应承担的具体法律责任。② 因此，英国法院只需要审查违约方违反合同条款的性质，即可判定守约方享有解除合同或者主张损害赔偿等救济权利，而无须考量违约的严

---

① 郭萍编著：《租船实务与法律》（第3版），大连海事大学出版社2014年版，第63—65页。
② 郭萍编著：《租船实务与法律》（第3版），大连海事大学出版社2014年版，第63—65页。

重程度。但是，英国法律并未清晰地界定何为条件条款、保证条款、中间性条款。通常情况下，英国法院判定条件条款的标准包括：成文法是否明文规定为条件条款；合同中是否明确为条件条款；判例法是否认定为条件条款。符合上述标准中的任何一项，合同条款大概率会被判定为条件条款。如果合同条款不满足上述任何一项标准，那么法院会根据双方当事人的意图、合同订立的背景、合同履行的情况、合同的内容、违约的后果等方面予以综合考虑。一旦合同一方违反的是条件条款，不论违约程度多么轻微，另一方都有权选择解除合同并提出损害赔偿主张。可见，根据英国法律，条件条款在合同履行中的地位非常高。保证条款通常是合同中具有补充性、辅助性的条款，是否载有"保证"一词对于判定其是否为保证条款至关重要。如果一方违反保证条款，无论违约程度多么严重，另一方当事人都只能寻求损害赔偿救济，不能解除合同。中间性条款则介于条件条款和保证条款之间。当事方违反中间性条款的，法院会视其违约程度判定违约方应当承担的法律后果：如果违约程度比较严重，并影响到合同实质性履行或涉及合同的根本事项，那么守约方不但可以主张损害赔偿，还可以主张解除合同；反之，只能寻求损害赔偿救济。①

美国的做法与英国略有不同。其一，美国不存在专门的误述法；其二，美国法院并不局限于依据误述的性质和种类来判定法律后果，而是综合考量陈述内容的重要程度、当事方对作出的承诺是否存在争议、违约时间以及违约后果等方面。② 例如，根据美国先例，区分定期租船合同交船前出租人作出的误述与交船后作出的误述十分重要。在前一种情形下，即使出租人作出的误述与实际情况仅有轻微偏差，也足以导致承租人拒绝接受船舶。而在后一种情形下，只有当出租人实质违反合同内容时，承租人才有权拒绝履行合同。③ 在 The Maria Lemos 案件中，出租人在交付船舶时存在两项违约情形：一是船上燃料油数量未达到合同约定的最低标准；二是交付时第三货舱仍存有

---

① 郭萍编著：《租船实务与法律》（第3版），大连海事大学出版社2014年版，第65—66页。
② Michael Wilford, Terence Coghlin, John D. Mimball, *Time Charters* (3rd editioin), L. L. P., 1989, p. 76.
③ See Robert Force, *Admiralty and Maritime Law* (2nd edition), Federal Judicial Center, 2013, p. 47.

压载水。基于此，仲裁庭认定承租人有权拒绝接受船舶并解除合同。① 在定期租船合同履行过程中，若承租人已接受船舶交付，则此后仅在出租人出现实质性违约且该违约行为足以阻碍合同目的实现时，承租人才享有合同解除权。②

根据美国法律，租船合同中有关船舶的陈述事项主要包括船名、船舶悬挂的国旗、船舶吨位、船速及燃油消耗量、船舶适航、船级、船舶动态等。以下分别进行讨论。

1. 船　名

根据美国法律，租船合同中应当明确船舶的名称。例如，若合同中约定船名为"Hull # 2283"，则意味着出租人只能向承租人交付"Hull # 2283"号船舶，即使出租人提供的是与"Hull # 2283"号船舶几乎一样的姊妹船"Hull # 2284"号，而且也不会影响承租人使用船舶的目的，但是美国法院依然会认定出租人违反合同约定。但是，如果租船合同明确约定"出租人可以提供'Christina Pezas'号船舶或与其具有相同船舶动态的经出租人选择的替代船"，那么根据美国法律，即使出租人未能提供"Christina Pezas"号船舶，而是提供了满足合同要求的其他替代船，也并不构成违约行为。③ 因此，合同条款的用词表述对于判定出租人是否违反陈述义务非常重要。

2. 船舶悬挂的国旗

通常情况下，船舶只有在某个国家或地区的船舶主管部门进行国籍登记，才有权悬挂该国国旗。根据各国法律对船舶国籍登记的要求，可以将船舶国籍登记分为严格登记和开放登记。所谓开放登记，就是根据该国法律的规定，对于本国公民或法人享有船舶的股份占比、船员国籍等没有太多限制；而严格登记则恰恰相反。同时，世界上的很多国家如美国、中国等，都明确悬挂本国国旗的船舶可以从事本国的沿海运输或者内河运输。因此，船舶悬挂的国旗不同，不但影响船舶是否享有某个国家的沿海运输权，而且根据1982年

---

① Michael Wilford, Terence Coghlin, John D. Mimball, *Time Charters* (3rd editioin), L. L. P., 1989, p. 76.
② See Aaby v. States Marine Corp. (The Tendo), 181 F. 2d 383, 1950 AMC 947 (2nd Cir. 1950); United States v. The Marilena P., 443 F. 2d 164, 1969 AMC 1155 (4th Cir. 1969).
③ Michael Wilford, Terence Coghlin, John D. Mimball, *Time Charters* (3rd editioin), L. L. P., 1989, p. 77.

《联合国海洋法公约》的规定，还会影响该船舶在内水、领海、毗连区、专属经济区甚至公海等不同海域的航行权。目前，航运界将在开放登记国注册并悬挂该国国旗的船舶称为"方便旗船"（Ship of Flag of Convenience）。根据相关国际条约的规定，船旗国应对悬挂该国国旗的船舶就航行安全、防止海洋污染等事项履行监督义务，而悬挂方便旗的船舶与实施开放登记的国家通常缺乏实质性联系，因此《联合国海洋法公约》并不鼓励船舶国籍开放登记的做法。

美国法院或仲裁庭会根据出租人就船旗陈述的内容对合同履行的重要程度判定误述的法律后果。例如，在 The Penta 案件①中，仲裁庭认为出租人未经承租人同意在将船舶交给承租人使用数月后，将船舶国旗由利比里亚改为菲律宾属于违反合同约定。但是，此种违约行为尚不足以使承租人解除合同。在 The Syra 案件②中，船舶最初悬挂的是希腊国旗，当出租人与承租人签订租船合同时，船舶国籍转为利比里亚，但是承租人并未对此提出任何疑问或抗议。数月后，根据利比里亚的法律规定，船舶需要额外加装谷物填充设施。双方对该笔改造费产生争议，承租人主张应当由出租人负责，因为出租人在船旗问题上作出了误述。仲裁庭认为承租人在签订租船合同时已经知晓国籍变更事项，并根据 The Stolt Pam 一案③确立的原则——如果租船合同有明示规定，那么出租人有权变更国旗——最终裁定涉案出租人并未构成误述，无须承担赔偿责任。④

3. 船舶吨位

通常情况下，租船合同中有关船舶吨位、船速、船级、适航等事项均属于保证范围。美国有关保证的规定与英国略有区别，即美国法院会根据保证条款对合同履行的重要程度，确定违反保证条款的合同一方是否应承担解除合同以及损害赔偿责任。

船舶吨位通常包括船舶登记吨和载重吨。登记吨又包括总登记吨（Gross Registered Tonnage，GRT）和净登记吨（Net Registered Tonnage，NRT）。登

---

① See The Penta, 1981 AMC 532（Arb. at N. Y. 1980）.
② See The Syra, S. M. A. No. 297（Arb. at N. Y. 1968）.
③ See The Stolt Pam, S. M. A. No. 1026（Arb. at N. Y. 1976）.
④ Michael Wilford, Terence Coghlin, John D. Mimball, *Time Charters*（3rd editioin）, L. L. P., 1989, p. 77.

记吨通常按照 1969 年《国际船舶吨位丈量公约》的规定进行测量。登记吨涉及港口费、运河通行费收取以及船舶所有人责任限制数额计算、责任保险或财务担保等事项。载重吨则是从重量角度表明船舶实际装载货物能力的指标。①

若出租人违反租船合同中有关载重吨或者载重能力的明示保证，承租人既有权索赔因此造成的损失，也可以选择在接受船舶之前解除合同。但是，一旦承租人选择接受船舶，通常便不能解除合同，除非能证明出租人所作的误述对船舶按照约定用途使用产生了实质性影响。

关于船舶登记吨的误述，通常情况下承租人不能解除合同，但可以寻求损害赔偿救济。除非误述与实际登记吨位存在非常明显的差异，承租人才有权解除合同。美国第三巡回上诉法院、第七巡回上诉法院等联邦上诉法院通过判例进一步明确，租船合同出租人有关船舶登记吨的误述不构成保证。②

4. 船速及燃油消耗量

定期租船合同通常会对船速与燃油消耗问题予以明确规定，因为定期租船的承租人需要负担燃油使用及添加的成本，而且船舶速度会直接影响承租人在约定租期内对船舶的使用。因此，根据美国法律的规定，出租人在约定交船日期将船舶交付承租人时，应当保证船舶达到约定的速度，燃油消耗量处于合同约定的范围内。但是，此种保证仅限于船舶交付之时，并不意味着在整个租期内，出租人都有保证船速及燃油消耗量的义务，除非合同对此予以明确规定。因为船速和燃油消耗量与海域状况、天气条件、航行时长、机械设备状态等多种因素相关。

此外，违反前述明示保证可能会导致合同被解除。当然，解除租船合同的情形仅限于合同一方违反保证的程度非常严重，或者承租人在接受船舶前已经发现出租人的误述与事实不符。③

5. 船舶适航

一般来说，出租人有义务保证船舶的适航性，船舶应适合租船合同项下

---

① 郭萍编著：《租船实务与法律》（第 3 版），大连海事大学出版社 2014 年版，第 70 页。
② Michael Wilford, Terence Coghlin, John D. Mimball, *Time Charters* (3rd editioin), L. L. P., 1989, pp. 81-82.
③ Romano v. W. India Fruit & S. S. Co., 151 F. 2d 727 (5th Cir. 1945).

货物的安全运输。租船合同中常常会有涉及船舶适航的条款，例如约定"船体、船机和设备应当处于充分有效状态""交船时船舶应当紧密、坚固、结实并在各方面适于运输"等。如果合同没有类似的明示条款，或者规定不明确且无相反的法律规定，那么根据美国法律的规定，出租人有提供适航船舶的默示法律义务。① 此外，根据美国判例，出租人应默示在每个航次开始时船舶处于适航状态。②

出租人违反船舶适航保证义务并不必然导致租船合同被解除，只有出租人的违约行为实质上妨碍了合同商业目的的实现或者使商业目的受阻，承租人才可以解除合同。通常而言，若出租人违反了船舶适航保证义务，承租人仅有损害赔偿请求权。③ 美国联邦法院在裁判此类争议时，会审慎审查租船合同中有关适航义务条款的用词表述。如果出租人只是明确表示将谨慎处理使船舶适航，即便其违反该适航保证义务，也不会导致租船合同被解除，除非租船合同明确约定出租人保证船舶适航是合同履行的先决条件。

此外，租船合同当事方通常会将美国《海上货物运输法案》或《关于船舶航行、提单以及与财产运输有关的某些义务、职责和权利的法案》（又称《哈特法案》）的规定纳入合同中，此时《海上货物运输法案》或《哈特法案》等制定法仅仅作为合同约定条款发生效力。部分美国判例认为，通常情况下，当租船合同一般条款与纳入合同中的《海上货物运输法案》等规定不一致时，后者具有优先于合同一般条款的效力。当事方之所以将《海上货物运输法案》纳入租船合同，是因为该法案规定出租人在开航前、开航时只需尽到谨慎处理使船舶适航的义务即可，改变了普通法规定的出租人应当提供绝对适航船舶的义务。但是，美国法院也认为，如果租船合同明确约定出租人保证提供绝对适航的船舶，那么即使租船合同纳入了《海上货物运输法案》的内容，出租人提供绝对适航船舶的义务也不会因此改变。④

---

① See Robert Force, *Admiralty and Maritime Law* (2nd edition), Federal Judicial Center, 2013, p. 48.

② Michael Wilford, Terence Coghlin, John D. Mimball, *Time Charters* (3rd editioin), L. L. P., 1989, p. 78.

③ S. S. Knutsford Co. v. Barber & Co., 261 F. 866 (2nd Cir. 1919), 252 U. S. 586 (1920).

④ Michael Wilford, Terence Coghlin, John D. Mimball, *Time Charters* (3rd editioin), L. L. P., 1989, p. 80.

6. 船　级

船级通常是体现船舶技术状况的一个重要指标，国际航运船舶通常需根据船级社规范取得相应船级证书，该证书载明的船级等级直接影响承租人的缔约决策和船舶使用效率。目前，尚无美国判例表明有关船级的陈述会构成保证。但有学者认为，违反船级的陈述很可能被认定为违反保证义务，而且违反结果是承租人有权主张损害赔偿。当然，如果违反此项保证义务的后果严重到妨碍合同目的实现，那么承租人可以解除合同。①

7. 船舶动态

有关船舶动态的描述是否构成保证，取决于该描述事项对合同履行的重要程度。例如，在 Davision v. Von Lingen 案②和 Lovell v. Davis 案③中，联邦法院的结论截然相反。在 Davision v. Von Lingen 案中，美国联邦法院认为，船舶所处的位置和时间对于合同至关重要，因此有关船舶动态的陈述构成保证。一旦违反该保证义务，承租人有权选择解除合同或主张损害赔偿，因为租船合同中明确约定，"目前船舶载货从 Benizaf 港驶往或计划驶往 Philadelphia 港口……"显然，该条规定构成保证或者构成合同的先决条件，因为该条款涉及合同的核心内容。如果一方违反该规定，那么另一方当事人有权选择解除合同。在 Himoff Indus v. Seven Seas Shipping Corp. 案件④中，联邦法院判定，出租人对于船舶动态的误述属于无过错性误述，但鉴于该内容涉及劳伦斯水域航道冰级，属于合同的核心内容，因此出租人仍需要对该误述承担合同被解除的后果。而在 Lovell v. Davis 案件中，联邦法院认为，有关船舶动态的描述不构成保证，仅因承租人明知其不准确也并未依赖该描述。在涉案纠纷中，出租人将船舶动态描述为"船舶在新奥尔良港口内……"，而事实上该船舶并未处于港口内，事后承租人主张解除合同。联邦法院认为，有关船舶动态的描述并非合同重要事项，而且承租人并未依赖该内容决定是否订立租船合同，因此承租人无权主张解除合同。显然，在该案件中，尽管承租人并不知晓船舶动态的真实情况，但仅能根据合同法一般原则，就出租人误述造成的损失

---

① Michael Wilford, Terence Coghlin, John D. Mimball, *Time Charters* (3rd editioin), L. L. P., 1989, p. 80.
② See Davision v. Von Lingen, 113 U. S. 40, 41 (1885).
③ See Lovell v. Davis, 101 U. S. 541 (1879).
④ See Himoff Indus v. Seven Seas Shipping Corp., 1976 AMC 1030, 1032-1033 (N. Y. Sup. 1976).

主张损害赔偿。

(二) 船舶使用受到临时干预和影响——停租条款

在船舶租赁期间,因机器故障、船员伤病等突发情况导致船舶使用受阻的情形,通常由租船合同中的"停租条款"(off hire clause)予以规范。该条款在定期租船合同、光船租赁合同中较为常见。停租条款通常约定,当船舶或设备缺陷、船员配备不足或者其他任何事由导致承租人不能完全或者部分使用船舶时,承租人有权在无法使用船舶期间暂时停止支付租金。

如果停租条款明确约定的事项发生并因此造成承租人无法使用船舶,那么美国联邦法院通常会支持承租人在船舶不可用期间暂时停止支付租金,而无须考虑出租人对约定事项的发生是否存在过失。① 这是因为承租人支付租金的对价就是获得船舶使用权,如果承租人事实上无法使用船舶,那么其利益就会受到影响,从公平的角度而言,承租人应当有权停租。但是,如果船舶事实上发生了故障,但并没有因此影响承租人对船舶的使用,承租人仍需要支付租金。因此,停租条款的适用不仅要考虑是否出现了合同约定事项,还要看该事项是否实际妨碍了承租人对船舶的使用。而且,承租人只能在合同约定事项导致船舶使用受阻期间暂停支付租金,而非从约定事项发生之时就可以停租。一旦船舶故障排除,恢复有效状态,承租人应当立即恢复履行支付租金的义务。此外,除非合同另有明确规定,即使停租事项导致船舶速度降低,承租人也不能以此为由擅自停租。但是,如果船速降低导致承租人遭受损失,那么承租人仍可以向出租人提出损害赔偿请求。需要明确的是,合同约定停租事项的发生,仅赋予承租人在遭受损失期间暂时停付租金的权利,并不因此中止租船合同项下其他义务的履行。②

有些情形下,船舶不能被使用与船舶实际的物理状态或者船员是否不足无关,而是因为港口工人罢工或者当地政府干预等,影响了船舶航行或装卸作业。对此,租船合同通常通过"相互免责条款"进行风险分配,即合同条款明确如果发生约定事项导致一方当事人无法履行合同义务,那么此种不履行不视为违约行为,合同任何一方都可以援引免责条款而无须承担违约责任。

---

① See Clyde Commercial S. S. Co. v. West India S. S. Co., 169 F. 275 (2nd Cir. 1909).
② Michael Wilford, Terence Coghlin, John D. Mimball, *Time Charters* (3rd edition), L. L. P., 1989, pp. 311–319.

租船合同中常见的相互免责事项包括：当地政府管制（如当地政府强行进行卫生检疫）、天灾、公敌行为等。①

相互免责条款不影响出租人、承租人在停租条款下的权利和义务。即便相互免责条款约定的事项发生导致船舶无法有效使用，只要该约定事项并未包含在停租条款中，即使存在时间损失，承租人依然有支付租金的义务，不能擅自以停租条款为由停付租金。因此，只有停租条款约定的事项明确、清晰，承租人才可以依约停止支付租金。美国联邦法院通常会针对停租条款中约定的兜底条款，综合考虑阻碍承租人使用船舶的时间风险等因素，以确定承租人是否可以停租。

（三）租金支付与撤船

定期租船合同、光船租赁合同中经常包含租金支付与撤船条款，即约定如果未能按书面协议约定的时间、方式等支付租金，那么出租人可以行使撤船的权利。在租船合同中，承租人使用船舶并享受船舶服务，需向出租人支付约定的租金作为对价。因此，通常情况下，租船合同会明确约定支付租金的方式、币种及支付时间。根据美国普通法的规定，如果承租人仅迟延支付租金，那么出租人并不一定可以通过撤船的方式行使解除合同的权利。除非有证据表明承租人不再有能力支付租金，或者承租人迟延支付租金已经构成严重违约，否则出租人只能主张损害赔偿救济。因此，在租船合同中约定撤船条款，事实上是明确赋予出租人行使解除合同的权利。

美国联邦法院认为，根据租金支付及撤船条款，承租人应当严格履行合同中关于租金支付的约定义务。若承租人违反约定，未能足额、按时支付租金，联邦法院一般会倾向于保护出租人的撤船权。由此可见，支付租金是承租人一项比较严苛的义务。若合同未明示允许扣减的事项，即便承租人遭受时间损失，也不可以随意扣减应支付的租金。例如，承租人已经依约预付某一期租金，而租金支付后发生了合同约定的可以停租的事项，如果合同中没有允许承租人对此予以扣减的明示约定，那么承租人在预付下一期租金时，不能随意扣减停租期间的租金。再如，在船舶装卸货过程中，若因出租人的原因导致货损，除非合同另有明示约定，否则承租人不得以向出租人索赔货

---

① See Robert Force, *Admiralty and Maritime Law* (2nd edition), Federal Judicial Center, 2013, p. 49.

损为由扣减其应支付的租金。

根据撤船条款，只要承租人未能按照合同约定足额、按时支付租金，出租人就可以行使撤船权。通常，出租人会通过向承租人或其代理人发出书面撤船通知的方式来主张权利。鉴于撤船权的行使对合同能否继续履行至关重要，因此出租人在实际发出撤船通知前，通常会向其律师或者法律顾问咨询是否有必要先向承租人发出警示通告。英国法律对此没有明确规定，但是美国法律认为，承租人按照合同约定预付租金是一项绝对义务，一旦违反，出租人便可行使撤船权。鉴于行使撤船权对出租人而言是一种非常重要的救济方式，因此谨慎的出租人应在发出正式撤船通知之前，先向承租人发出一份警示通告。①

出租人行使撤船权时，还应当注意把握撤船的时机。如果货物已经装上船舶，此时出租人可能无法有效行使撤船权。根据美国法律的规定，如果船舶正在运输货物，那么撤船通知直至该航次结束且货物卸载后才能发生效力。因此，出租人行使撤船权比较合适的时机是船舶装货之前。

此外，出租人未能在合同约定的付款日收到租金，未必是承租人安排支付导致的，很多情形下是承租人银行、资金流转的中间银行或者出租人银行的过错或疏忽造成的。与英国法的严苛规定不同，美国法律对于银行原因造成租金迟延支付的情况，通常并不会支持出租人行使撤船权。美国法院通常会在满足如下条件时，允许承租人就银行过错导致的租金支付迟延予以纠正，而非支持出租人行使撤船权：一是承租人本身对于租金支付迟延没有过错；二是承租人一旦知晓租金支付迟延，就立即采取有效措施予以纠正。

美国联邦法院持相对宽松态度，主要基于公平原则。联邦法院认为，在承租人已经尽到合理谨慎义务且遵循诚实信用原则的情形下，应当避免对其提出苛刻要求。此外，银行由哪一方指定也是判定可否行使撤船权的因素之一。如果银行由出租人指定，那么该银行将被视为出租人的代理人，该银行在租金支付方面的过错应由出租人承担，出租人不能以己方银行存在过错为由主张撤船；如果租金支付由承租人安排，那么承租人指定的银行或资金流转的中间银行将会被视为承租人的代理人或分代理人，银行的任何支付过错

---

① Michael Wilford, Terence Coghlin, John D. Mimball, *Time Charters (3rd editioin)*, L. L. P., 1989, p. 223.

或迟延均由承租人承担。承租人指定银行并出现租金支付迟延的情况，出租人可否立即行使撤船权，需要受到上述提及的两个条件限制。①

对于出租人行使撤船权所产生的法律后果，美国法也有别于英国法。根据英国法的规定，撤船权被视为可解除合同的"选择权"，仅在租金支付迟延时行使。因此，出租人虽可行使撤船权，但不能同时主张损害赔偿救济，除非承租人的违约行为本身已经构成"毁约"，并且无须考虑合同中是否存在撤船条款。英国的撤船纠纷大多发生在租船市场租金率上升时。因为市场租金率上升时，出租人通过撤船可以将船舶投入市场，赚取更多的租金。而根据美国法的规定，只要存在租金晚付的情形，就足以构成"毁约"，进而赋予出租人撤船权。在美国，支付时间是合同的重要内容之一，任何违反撤船条款的行为都足以让出租人终止合同。因此，在美国行使撤船权时，无须考虑租船市场租金率上升或下降。如果出租人选择在租金率下降时撤船，那么其有权就较低的市场租金率与合同约定租金率之间的差额，向承租人主张损害赔偿。② 若经证明出租人行使撤船权或者终止合同存在错误，则承租人有权就撤船时租船市场租金率与合同约定租金率之间的差额，向出租人主张损害赔偿。对于如何确定租船市场租金率，美国联邦法院通常会参考与涉案船舶类似的其他船舶或者类似的经营活动在租船市场上能够确定的租金率进行计算。③

（四）安全港口或泊位条款

定期租船合同和航次租船合同都明确规定或默认承租人不能要求船舶挂靠不安全港口或泊位，也不能为了装货、卸货、添加燃油等便利，让船舶停靠在不安全的港口或泊位。因此，租船合同通常会包含一个"安全港口/泊位"条款，约定船舶应在指定区域内的安全港口或泊位从事相关活动，否则船舶挂靠不安全港口或泊位的风险由承租人负担。

租船合同中有关安全港口或泊位的表述为"安全的，处于漂浮状态……"根据美国法律的规定，该表述构成承租人确保港口或泊位安全的明示保证。船

---

① Michael Wilford, Terence Coghlin, John D. Mimball, *Time Charters* (3rd editioin), L. L. P., 1989, pp. 225-226.

② Michael Wilford, Terence Coghlin, John D. Mimball, *Time Charters* (3rd editioin), L. L. P., 1989, p. 226.

③ Michael Wilford, Terence Coghlin, John D. Mimball, *Time Charters* (3rd editioin), L. L. P., 1989, p. 226.

长有权相信并信赖承租人指定的港口或泊位能够使船舶处于可以漂浮的状态，且不受其他因素的干扰或影响。

这里所谓的安全港口或泊位是指，承租人指定的港口或泊位既能够使合同约定的船舶处于充分安全的状态，也可以使该特定船舶以常规航行操作方式安全抵达、使用、离开港口或泊位，不会遭遇异常事件（abnormal occurrence）及不可预见的事件。而且，船员应当凭借良好的船艺（good navigation and seamanship）避免船舶可能遭遇损害的任何不当风险。① 良好的船艺并非法律概念，而是航运实践中对船员操纵船舶技能和水平的习惯称谓。②

根据美国法律的规定，"安全港口/泊位"条款在定期租船合同下构成明示保证，承租人应当保证其选择的港口或泊位的安全性。③ 即使合同仅约定港口安全，未提及港口内具体的泊位，承租人也应当保证船舶在挂靠港口内的某个泊位时处于安全状态。根据该条款，如果承租人指定的港口或泊位不安全，那么出租人或船长都有权拒绝将船舶驶往该不安全港口或泊位，而不会构成出租人违约。

若船长、船员通过良好的船艺可以避免船舶遭受港口或泊位带来的风险，那么该港口或泊位不会被必然视为不安全港口或泊位；若船长、船员不具备良好船艺导致船舶受损，或者尽管港口或泊位是不安全的，但船长、船员的疏忽是造成船舶损失的主要原因，即使合同中存在安全港口或泊位条款，承租人也无须对船舶损失承担赔偿责任。如果船舶遭受损失的原因既有承租人的过失，也有船长、船员的过失或者出租人的过失，那么应当根据过失比例确定赔偿责任。④ 例如，在 The Oceanic First 案件⑤中，船舶第九次挂靠合同约定的日本新潟港（Niigata）时遭受损失，仲裁庭认定出租人和承租人应各自承担一半的责任。裁决理由是，船舶此前挂靠同一港口时，出租人和承租人

---

① Michael Wilford, Terence Coghlin, John D. Mimball, *Time Charters* (3rd editioin), L.L.P., 1989, p.156.

② 郭萍编著：《租船实务与法律》（第 3 版），大连海事大学出版社 2014 年版，第 232 页。

③ Venore Transportation. Co. v. Oswego Shipping Corp., 498 F.2d 469, 472-473 (2nd Cir.1974), 419 U.S. 998 (1974).

④ See United States v. Reliable Transfer Co. Inc., 421 U.S. 397 (1975); Cities Service Transp. Co. v. Gulf Refining Co., 79 F.2d 521, 1935 AMC 1513 (2nd Cir.1935); Paragon Oil Co. v. Republic Tankers S.A., 310 F.2d 169, 1963 AMC 158 (2nd Cir.1962).

⑤ See The Oceanic First, S.M.A. No.1054 (Arb. at N.Y.1976).

都知晓或应当知晓船舶在该港口可能会面临风险,但是出租人仍然无视该风险,也未就此事向承租人提出任何异议,而是直接接受承租人的指令继续使用该港口。诚然,出租人有权信赖合同中港口安全或泊位安全的保证,但这并不意味着出租人可以忽视潜在的不安全或危险情况。仲裁庭认为,涉案船舶第九次挂靠同一港口时遭受损失,完全是由于承租人、出租人双方未能充分认识到港口存在危险所致,因此双方对船舶损失负有同等责任。

在航次租船合同之下,安全港口或泊位条款是否构成承租人的保证并不明确。例如,美国联邦第五巡回上诉法院曾经判定,航次租船合同中的安全泊位条款并不等于为承租人设定严格责任。如果承租人在选择泊位问题上已经尽到谨慎处理的义务,那么其对不安全泊位导致的船舶损失无须承担赔偿责任。①

(五) 转租条款

承租人是否可以将其租用的船舶进行转租,取决于租船合同中是否存在有关转租船舶的具体约定。通常情况下,租船合同会明确约定,允许承租人在合同约定的租期内将船舶转租出去,且原租船合同中的义务不会因为转租合同而受到任何影响。一般而言,租船合同不会限定承租人转租的次数,因此在航运实践中,一艘船舶被多次转租的情形并不少见。此外,除非合同另有约定,承租人行使转租权时,无须征得出租人的书面同意。

在船舶转租或多次转租的情形下,会出现有关船舶使用的"链条式合同"现象,即出租人与承租人之间存在原租船合同,承租人与转租承租人甲之间存在转租合同 A,转租承租人甲与转租承租人乙之间存在转租合同 B,以此类推。根据合同相对性原则,不论是原租船合同,还是转租合同 A、转租合同 B,都只能约束该合同的订约双方,不涉及第三方的权利、义务和责任等。为了保护原租船合同出租人主张运费或租金的权利,租船合同通常允许出租人对转租运费或转租租金行使留置权,即原租船合同出租人可以向转租合同下的转租承租人甲、乙或者收货人主张收取转租运费或转租租金。同理,承租人或转租承租人可以依据美国法律的规定,对出租人的违约行为采取对物诉

---

① See Orduna S. A. v. Zen-Noh Grain Corp., 913 F. 2d 1149 (5th Cir. 1990).

讼的方式行使船舶优先权。①

（六）滞期费与延滞损失

在定期租船合同或光船租赁合同下，承租人有权在约定期限内占有和使用船舶及舱位。因此，对出租人而言，承租人能否在有限时间内充分有效地使用船舶并不重要，因为出租人可按约定定期收取租金。然而，航次租船合同有所不同，因为承租人对船舶的使用效率取决于约定航次的实际完成时间。航次完成得越快，出租人就能越早重新使用船舶或将其另行出租。显然，航次租船合同的时间风险由出租人承担，所以这类合同最常见的争议就是实际装卸时间超出合同约定的可用装卸时间，从而导致出租人向承租人索赔滞期费或延滞损失。

航次租船合同一般会规定装卸货时间，如果能在合同约定的装卸时间内完成作业，便不会产生额外的费用或租金。通常情况下，出租人与承租人会在航次租船合同中约定装卸时间的起算方式及计算方法。例如，当船舶抵达约定的装货或卸货地点，船长通常应向承租人或其代理人提交一份书面装卸准备就绪通知书。航次租船合同通常会约定在船长提交该通知书后的一段时间起算装卸时间。因此，只有当船舶实际抵达合同约定的地点（港口或泊位），且已经完成相关准备工作时，船长才可以递交通知书，并按照合同约定起算装卸时间。此外，合同双方还可就装卸时间的计算术语进行约定，例如连续日、工作日、良好天气工作日、连续 24 小时良好天气工作日等。②

当承租人实际装卸作业时间超出合同约定的装卸时间时，超出的时间被称为"滞期时间"。根据合同约定的滞期费率计算，承租人应向出租人支付的赔偿金额被称为"滞期费"。滞期时间如何计算，需要在租船合同中予以明确，且一般包括如下两种方式：滞期时间连续计算与滞期时间非连续计算。滞期时间连续计算又被称为"一旦滞期，永远滞期"，即发生迟延时，迟延的时间是连续计算的，中间不做任何扣减，既无须考虑滞期时间是否为星期日、节假日等非工作日，也无须考虑天气因素是否影响装卸作业。滞期时间非连

---

① Michael Wilford, Terence Coghlin, John D. Mimball, *Time Charters* (3rd editioin), L. L. P., 1989, p. 111, pp. 412-418.

② 上述相关术语表达的具体含义，详见郭萍编著：《租船实务与法律》（第 3 版），大连海事大学出版社 2014 年版，第 88—108 页。

续计算则需参照合同中装卸时间的计算术语来确定：若术语是连续日，则滞期时间不做任何扣减；若术语是工作日或者良好天气工作日，则计算滞期时间时需要将非工作时间或者天气不良影响装卸作业的时间予以扣除。如果航次租船合同未约定滞期时间的具体计算方式，那么根据美国联邦法院的解释，滞期时间应当连续计算。①

若承租人实际完成装卸作业的时间少于合同约定的装卸时间，那么节省的时间被称为"速遣时间"，承租人有权按照航次租船合同约定的费率计算并向出租人主张"速遣费"。与滞期时间计算方式类似，速遣时间的计算也有两种方式：速遣时间连续计算与速遣时间非连续计算。

滞期费有别于延滞损失。滞期费属于航次租船合同约定的赔偿金，英文表述为"contractual charge""liquidated damages"，即只要实际装卸时间超过约定的装卸时间而进入迟延期间，出租人无须举证证明实际损失及其程度，均有权依据合同约定的费率向承租人索赔滞期费，除非承租人能够举证证明迟延系出租人的过错或疏忽所致。② 滞期费不同于我国民法规定的违约金，我国《民法典》第 585 条规定："约定的违约金低于造成的损失的，人民法院或者仲裁机构可以根据当事人的请求予以增加；约定的违约金过分高于造成的损失的，人民法院或者仲裁机构可以根据当事人的请求予以适当减少。"显然，根据我国法律规定，约定的违约金可以根据守约方实际遭受损失的情况进行适当调整。而滞期费的计算严格遵循"约定费率×滞期时间"的公式，无须考虑守约方的实际损失。

不过，在航次租船合同履行中，出租人也会遇到遭受时间损失的特殊情形。例如，航次租船合同（1976 年金康合同版本）明确约定滞期时间为 10 个连续日。如果装卸作业迟延超过 10 个连续日，那么从第 11 个连续日开始，出租人便无法索赔滞期费，但可以就之后的时间损失索赔延滞损失。金康合同的全称为"统一杂货租船合同"，是由波罗的海国际航运公会（BIMCO）制定的航次租船合同范本。③ 目前，航次租船实践中已经很少出现类似的约定，金康合同 1994 年版和 2022 年版已经删除了有关滞期时间存在上限的规定。再

---

① Julian Cooke, et al., *Voyage Charters*（*3rd Edition*）, Informa Law, 2007, pp. 455-460.
② Julian Cooke, et al., *Voyage Charters*（*3rd Edition*）, Informa Law, 2007, pp. 455-460.
③ 郭萍编著：《租船实务与法律》（第 3 版），大连海事大学出版社 2014 年版，第 32 页。

如，因承租人违约未能及时指定装货港口或泊位，船舶不得不在海上额外等待；承租人未能按照合同约定提供必要的装货设备，导致装货迟延；承租人未能及时指定卸货港口导致卸货迟延；等等。这些迟延情形都与合同约定的装卸时间无关，也不属于航次租船合同约定可主张滞期费的情形。因此，出租人只要举证证明承租人存在上述违约行为并导致合同履行迟延，以及举证证明迟延期间出租人遭受的实际损失，就可以基于延滞损失向承租人主张赔偿救济。[1]

（七）出租人对货物灭失、损害的赔偿责任

租船合同被明确排除在美国《海上货物运输法案》的适用范围之外，基于订约自由原则，租船合同的当事方可以自由约定合同条款，甚至可以约定租船合同适用的法律。因此，出租人和承租人之间产生的任何合同争议也都应当根据租船合同条款来解决。但事实上，《海上货物运输法案》的内容常常被纳入租船合同中，此时《海上货物运输法案》的规定仅被视为租船合同条款的一部分，而不是作为法律被适用。所以，租船合同当事方既可以对被纳入租船合同的《海上货物运输法案》中的规定进行适当修改、调整，也可以明确约定排除《海上货物运输法案》部分强制性条款的适用。在此框架下，出租人对于货物灭失、损害的责任认定及承担方式，完全取决于租船合同的具体约定。

若合同未作特别约定，出租人有义务负责货物的装卸、积载作业，并对由此造成的损失承担赔偿责任。但是，航次租船合同、定期租船合同范本通常会约定由承租人负责装卸、积载作业等，如此一来，出租人对货物灭失、损害的赔偿责任就会通过合同条款约定转由承租人承担。金康合同通常约定，出租人及其代理人的过失或疏忽导致船舶不适航，进而造成的货物灭失、损害及迟延交付，应由出租人承担赔偿责任；除此之外，无论何种原因导致的货物灭失、损害及迟延交付，出租人均不承担赔偿责任。因此，基于上述条款约定，大部分情形下，承租人无法向出租人索赔货物损失。

根据美国法院判例，定期租船合同的出租人未能提供适航船舶，或者未能使船舶在航行中维持"充分有效状态"而造成货物损害，无论船长、船员

---

[1] Julian Cooke, et al., *Voyage Charters* (3rd Edition), Informa Law, 2007, pp. 455-460.

是否存在过失,出租人都应当承担赔偿责任。① 如果是在租船合同下签发提单,并且该提单已经转让给承租人以外的其他当事方,那么作为调整提单的美国《海上货物运输法案》将强制适用于该方当事人与出租人或承运人之间的法律关系,并根据该法案确定承担货损赔偿责任的主体。

(八) 争议解决条款——仲裁

大多数租船合同都会包括争议解决条款,部分合同还会约定法律适用的内容。目前,大部分租船合同引发的相关争议几乎无一例外地通过仲裁方式解决。租船实践中,出租人与承租人往往会选用一些标准的租船合同范本,而大部分租船合同范本都订有仲裁条款,通常约定租船合同产生的一切争议提交伦敦仲裁并适用英国法,或者提交纽约仲裁并适用美国法,或者提交其他约定地点仲裁并适用该地点所在国家的法律等。这些仲裁条款具有可执行性和有效性,对租船合同双方具有约束力。此外,如果是在租船合同下签发提单,那么提单背面通常载有并入条款(incorporation clause)。并入条款的目的就是将租船合同约定的条款或事项,包括争议解决的仲裁条款并入提单,从而约束租船合同当事方以外的提单持有人或依据提单主张提货的收货人。

根据美国法律的规定,如果租船合同约定的仲裁地点是纽约,但没有明确选择适用法律时,默认适用美国法律。美国《联邦仲裁法案》适用于所有仲裁协议。根据该法案的规定,当事方既可以向联邦法院主张案件应当提交仲裁解决,也可以通过提起诉讼中止正在进行的仲裁程序,还可以主张联邦法院对仲裁裁决效力予以司法确认。美国纽约州也通过颁布《纽约州民事执行法及规则》(New York Civil Practice Law and Rules) 规定,纽约州的法院可以对仲裁案件行使管辖权。但是,如果州法律与联邦法律发生冲突,那么联邦法律具有优先性。因此,大多数美国海事仲裁案件通常先在联邦法院启动司法程序。②

对于具有共同法律问题和事实问题的链条式租船合同纠纷而言,美国联邦地区法院能否裁定合并仲裁(consolidation arbitration) 尚存在争议。美国《联邦仲裁法案》对此未作出明确规定,而各巡回上诉法院的裁判标准存在明

---

① Michael Wilford, Terence Coghlin, John D. Mimball, *Time Charters* (3rd editioin), L. L. P., 1989, pp. 255-256.
② Michael Wilford, Terence Coghlin, John D. Mimball, *Time Charters* (3rd editioin), L. L. P., 1989, pp. 372-373.

显冲突。例如，第二巡回上诉法院根据《联邦仲裁法案》确定的自由原则，认为联邦地区法院有权裁定合并仲裁。① 第一巡回上诉法院对此也持赞同态度，但其论证同时援引了马萨诸塞州法律。② 而第九巡回上诉法院则反对第二巡回上诉法院所确立的原则，认为根据《联邦仲裁法案》的规定，联邦地区法院只能基于书面仲裁协议的内容进行解释，如果当事方并未达成共识，那么联邦法院不能发挥司法能动性裁定合并仲裁。③ 第五巡回上诉法院支持第九巡回上诉法院的观点，认为如果当事方未能达成共识，那么联邦地区法院不能强迫仲裁庭合并审理案件。④ 纽约州南区联邦地区法院的裁判实践更凸显了这种分歧：其早期判例遵循第九巡回上诉法院的限缩解释，否认法院的合并裁定权，但其后续判例又转向支持第二巡回上诉法院的扩张解释。⑤

第三节 提单下的货物运输

在美国，水上货物运输合同通常通过"可转让提单"（negotiable bill of lading）来体现。当然，除了提单，还有其他形式的运输单证，尤其是在一些特殊贸易运输中使用的海运单、多式联运单据等。提单具有多种功能，主要表现为：提单是水上运输合同内容的证明，是承运人收到货物的证明，也是承运人在目的港交付货物的证明。当然，提单还是一种权利凭证（document of title）。⑥

一、美国海运立法与国际海上货物运输公约的关系

在美国联邦立法颁布之前，根据普通法的规定，承运人被认定为公共承运人，对水上货物运输承担严格责任。一旦货物被交付给承运人运输并处于

---

① Compania Espanola de Petroleos S. A. v. Nereus Shipping S. A., 527 F. 2d 966, 975, 1975 AMC 2421, 2434 (2nd Cir. 1975).
② New England Energy Inc. v. Keystone Shipping Co., 855 F. 2d 1 (1st Cir. 1988).
③ Weyerhaeuser Co. v. Western Seas Shipping Co., 743 F. 2d 635, 1985 AMC 30 (9th Cir. 1985).
④ Del E. Webb Const. v. Richardson Hospital Auth., 823 F. 2d 145 (5th Cir. 1987).
⑤ Michael Wilford, Terence Coghlin, John D. Mimball, *Time Charters* (3rd editioin), L. L. P., 1989, pp. 372-373.
⑥ See Robert Force, *Admiralty and Maritime Law* (2nd edition), Federal Judicial Center, 2013, p. 54.

其掌管之下，承运人就如同货物的"保险人"，除非能够援引特定抗辩事由免除赔偿责任，不论对货损是否存在过失，承运人都要对在其掌管货物期间发生的货物灭失、损害承担赔偿责任。根据普通法的规定，承运人可以有效援引的免责事项很少，主要包括天灾和公敌行为。

19世纪中期以来，承运人开始在提单中增加一些免除责任的条款，以免除其在特定情况下造成货损的赔偿责任。典型的免除责任条款既包括承运人无法控制的情形，如天灾或公敌行为，也包括一些托运人应当负责的情形，如货物包装不牢固，或者货物存在潜在缺陷等。当然，这些免除责任的条款并不是水上货物运输合同独有的内容。此外，承运人还会增加一些与水上运输有关的免除赔偿责任的条款，如船员航海过失或者管船过失导致的货损免责等。通过此类条款，承运人甚至能免除其自身或其雇员过失所致货损的赔偿责任，使得托运人几乎要承担运输途中货物灭失、损害的一切责任，就如同托运人本人是其货物的"保险人"。美国联邦法院拒绝承认提单中这些免责条款的法律效力。但是，与美国联邦法院做法不同的是，基于订约自由原则的广泛应用，英国法院允许承运人通过合同约定免除其过失责任。这种法律分歧导致承运人责任认定存在不确定性——具体案件可能因适用美国法或英国法、涉事船舶国籍等因素而产生不同结果。在这样的背景下，美国不得不通过国内法律来明确提单中免责条款的效力问题。

（一）1893年《哈特法案》、1936年《海上货物运输法案》与1924年《海牙规则》

由于各国对提单中承运人免责条款的效力存在不同解释，一些代表托运人、承运人、银行、保险人利益的团体开始探讨在国际航运领域推行有关承运人责任统一规则的可能性。但是，在国际协议达成之前，美国率先于1893年颁布了《哈特法案》。[①] 该法案明确了承运人在海上货物运输中的基本义务和责任，对国际航运立法影响深远。在借鉴《哈特法案》的基础上，澳大利亚、新西兰、加拿大随后相继制定国内海上货物运输法，以抵制或消除承运人滥用订约自由原则的现象。

国际法协会下属的海洋法委员会于1921年5月在荷兰海牙召开会议，制

---

① 司玉琢主编：《海商法》（第2版），法律出版社2007年版，第155—156页。

定了一个提单规则，定名为《海牙规则》，供当事方自愿采用。几经修订，于 1924 年 8 月 25 日在比利时首都布鲁塞尔召开的有 28 国代表参加的外交会议上，通过了《海牙规则》。《海牙规则》于 1931 年 6 月 2 日生效，共有 16 个条款。虽然它也在一定程度上参考了《哈特法案》，但其条文内容更为丰富。美国国会批准《海牙规则》之后，于 1936 年颁布了《海上货物运输法案》。当时许多航运国家、贸易国家，包括美国主要的贸易伙伴，都批准了《海牙规则》。截至 2025 年 8 月，有 71 个国家成为该规则成员国，包括阿根廷、巴哈马、喀麦隆、克罗地亚、古巴、塞浦路斯、法国、德国、匈牙利、伊朗、爱尔兰、以色列、葡萄牙、新加坡、坦桑尼亚、土耳其、美国等。[①]

《海牙规则》对海上货物运输中承运人的权利义务作出了明确规定：其一，承运人负有在船舶开航前和开航当时谨慎处理使船舶适航的义务，同时必须适当且谨慎地完成货物的装载、积载、运输、保管和卸载等各个环节；其二，规则为承运人设定了 17 项具体的免责事由（如航海过失、火灾等），在这些情形下造成的货物灭失或损害可免除赔偿责任。此外，规则还规定了承运人对货损的单位责任限制，并明确了货物索赔的诉讼时效。

（二）1968 年《维斯比规则》及其 1979 年议定书

二战之后，国际政治、经济形势发生了变化，航海技术和造船技术不断提高，导致《海牙规则》下船方与货方利益平衡的基础发生了改变，因此要求修改《海牙规则》的国际呼声日益高涨。国际海事委员会于 1959 年在南斯拉夫里吉卡港举行的第 24 届大会上，决定对《海牙规则》进行修改。最后于 1968 年 2 月 23 日在布鲁塞尔召开的第 12 届海洋法外交会议上通过了《修改统一提单的若干法律规则的国际公约议定书》（又称《维斯比规则》）。该规则于 1977 年 6 月 23 日生效。截至 2025 年 8 月，有 24 个国家成为该规则成员国。[②]

《维斯比规则》并未对《海牙规则》进行实质性修改，只是适当提高了承运人的单位责任限制数额，明确了承运人的受雇人及代理人的法律地位、集

---

① 参见荷兰国家条约数据库网站，https://verdragenbank.overheid.nl/en/Verdrag/Details/004127，最后访问日期：2023 年 5 月 4 日。

② 参见荷兰国家条约数据库网站，https://verdragenbank.overheid.nl/en/Verdrag/Details/003112，最后访问日期：2023 年 5 月 4 日。

装箱货物在单位责任限制方面的计算方法，以及提单的证据效力等。

鉴于 1968 年《维斯比规则》将承运人单位责任限制金额的货币计算单位与黄金挂钩，而 20 世纪 70 年代中期黄金价格出现波动，导致责任限额的实际价值不稳定。1979 年在布鲁塞尔召开的外交会议上，通过了修订《维斯比规则》的议定书，全称为《修订（经 1968 年议定书修订的）统一提单若干法律规定的国际公约的议定书》。① 该议定书于 1984 年 4 月生效。

尽管美国政府没有批准《维斯比规则》，但其大多数贸易伙伴都批准加入了《维斯比规则》或其 1979 年议定书。② 截至 2025 年 8 月，有 22 个国家成为《维斯比规则》及其 1979 年议定书的成员国，包括澳大利亚、比利时、丹麦、芬兰、法国、希腊、意大利、日本、墨西哥、荷兰、新西兰、挪威、俄罗斯、瑞士、瑞典、英国等。③

（三）1978 年《汉堡规则》

《维斯比规则》虽然对《海牙规则》进行了适当修改，但是并未触及《海牙规则》的核心内容——承运人不完全过失责任原则。因此，一些国家认为《维斯比规则》已经无法满足海上货物运输技术和实践发展的现代化需求。20 世纪 60 年代末，联合国国际贸易法委员会（UNCITRAL）以及联合国贸易和发展会议（UNCTAD）共同推进海上货物运输新规则的制定工作，主要由联合国国际贸易法委员会下设的国际航运立法工作组主导，于 1976 年 5 月完成起草工作。1978 年 3 月 6 日至 31 日，在德国汉堡召开的联合国海上货物运输会议上，通过了《1978 年联合国海上货物运输公约》（又称《汉堡规则》）。《汉堡规则》已经于 1992 年 11 月 1 日生效。④ 该规则未得到多数海运国家的认可，美国也未批准。截至 2025 年 8 月，有 35 个国家成为该规则成员国，主要以非洲国家为主。⑤

---

① 司玉琢主编：《海商法》（第 2 版），法律出版社 2007 年版，第 161—165 页。
② See Robert Force, *Admiralty and Maritime Law* (2nd edition), Federal Judicial Center, 2013, p. 56.
③ 参见荷兰国家条约数据库网站，https://verdragenbank.overheid.nl/en/Verdrag/Details/000840.html，最后访问日期：2023 年 5 月 4 日。
④ 司玉琢主编：《海商法》（第 2 版），法律出版社 2007 年版，第 165—166 页。
⑤ 参见联合国网站，https://treaties.un.org/pages/ViewDetails.aspx?src=TREATY&mtdsg_no=XI-D-3&chapter=11&clang=_en，最后访问日期：2023 年 8 月 16 日。

相较于《海牙规则》，《汉堡规则》作出了较大修改和调整，更注重兼顾船货利益平衡。例如，规定承运人对货损承担过错责任，删除《海牙规则》规定的承运人免责事项，明确提单的界定、范围及效力，界定承运人、实际承运人、托运人等的含义，规定托运人的权利与义务，明确舱面货、活动物、危险货等特殊货物的承运责任及风险，规定诉讼与仲裁时效等。

（四）2008 年《鹿特丹规则》

随着《汉堡规则》的生效，国际社会逐渐认识到现行国际海运条约的实际效果与统一协调的初衷相去甚远。当时已生效的各类国际海运条约均无法完全适应现代国际贸易和航运实践的发展需求，既不能满足门到门商业运输的广泛要求，也难以应对多式联运和电子商务等新兴业态的发展。此外，长期以来业界对现有规则的批评和建议始终未能形成有效的改革合力。在此背景下，联合国国际贸易法委员会充分认识到这一问题，于 20 世纪 90 年代中后期，凭借其在商事法律领域丰富的立法经验，正式将制定运输法领域新国际条约的工作提上日程。2000 年，在国际海事委员会（CMI）下设国际分委员会制定框架文本的基础上，联合国国际贸易法委员会邀请国际商会（ICC）、国际货运代理协会联合会（FIATA）、国际航运公会（ICS）、波罗的海国际航运公会、国际海上保险联盟（IUMI）、国际船东保赔协会集团（P&I Club）等一些国际组织作为观察员出席会议讨论。会议达成的一项卓有成效的共识就是，建议制定一个统一的国际运输机制以改变现状。此后，联合国国际贸易法委员会下设的第三工作组牵头负责公约的起草工作，自 2001 年至 2008 年经过多轮会议讨论，最终形成的公约草案于 2008 年 12 月 11 日提交联合国大会审议通过。公约全称为《联合国全程或者部分海上国际货物运输合同公约》，又称《鹿特丹规则》。[①] 根据《鹿特丹规则》第 94 条的规定："本公约于第二十份批准书、接受书、核准书或者加入书交存之日起一年期满后的下一个月第一日生效。"截至 2025 年 8 月，有 5 个国家批准或加入该公约，分别是贝宁、喀麦隆、刚果、西班牙、多哥。[②] 虽然已经有 25 个国家签署公约，但是尚未达到公

[①] ［瑞士］亚历山大·凡·基格勒等主编：《2008 年鹿特丹规则》，郭萍、李莹莹等译，法律出版社 2016 年版，序言第 1—6 页。

[②] 参见联合国网站，https://treaties.un.org/pages/ViewDetails.aspx? src = TREATY&mtdsg_no =XI-D-8&chapter=11&clang=_en，最后访问日期：2023 年 8 月 16 日。

约生效条件。

如同《哈特法案》在一定程度上影响了《海牙规则》的内容，实际上在《鹿特丹规则》的起草过程中，美国国内的立法活动也影响了《鹿特丹规则》相关制度的构建。美国在 1936 年颁布《海上货物运输法案》后，国际海运条约领域相继出现了 1968 年《维斯比规则》及其 1979 年议定书，以及 1978 年《汉堡规则》，这些国际公约都在不同程度上与 1936 年《海上货物运输法案》存在差异。美国主要的贸易伙伴大多加入了 1968 年《维斯比规则》及其 1979 年议定书，导致美国的国内立法不仅与国际海运条约的发展趋势相背离，也与贸易伙伴国内的海运法律规定存在显著差异。这一立法分歧促使美国酝酿对 1936 年《海上货物运输法案》进行修订，最终于 1999 年形成草案并提交参议院审议。然而，由于美国总统换届、2001 年"9·11"恐怖袭击事件等因素影响，该草案始终未能通过。与 1936 年《海上货物运输法案》相比，1999 年草案在诸多方面作出重要修订，主要包括：适当扩大承运人的定义，涵盖契约承运人、履约承运人和海运承运人；货物运输期间扩展为承运人接收货物至交付货物；允许适用于电子提单；废除船长和船员航海过失免责条款，并将火灾免责范围限定于船上发生的火灾等。[1] 尽管 1999 年草案并未生效，但其相关制度和内容依然或多或少地影响了 2008 年《鹿特丹规则》。

目前，美国调整海上货物运输的国内法主要包括《哈特法案》《海上货物运输法案》《联邦统一提单法案》。这三部法案在各自强制适用的范围内具有约束力，即使在某些不属于强制适用范围的运输情形下，当事方也可以通过在提单、租船合同或其他运输合同中明确约定并入条款，自愿选择适用其中某一部法案的规定。下文将对此进行详细阐述。

二、《联邦统一提单法案》

《联邦统一提单法案》（The Federal Uniform Bills of Lading Act）通常被称为《波默林法案》（Pomerene Act）[2]，其由美国国会于 1916 年 8 月 29 日通过，

---

[1] 司玉琢、郭萍、韩立新：《美国 99 年 COGSA 的主要变化、影响及我国对策分析》，载《中国海商法年刊》1999 年，第 373—392 页。

[2] 参见美国 JSTOR 网站，https://www.jstor.org/stable/pdf/1105999.pdf?refreqid=excelsior%3Ab640f1375c974f290f96f5a9501a27bc&ab_segments=&origin=&initiator=&acceptTC=1，最后访问日期：2023 年 8 月 16 日。

主要规范美国州际货物运输中签发的提单所涉及的承运人、托运人及相关当事人的权利义务。该法案共 16 条，第 1 条定义条款明确规定，收货人是指有权接收货物并在提单中被记载为收货人的人，发货人是指将货物交付运输并在提单中被记载为发货人的人，提单持有人是指实际持有提单并依据该单证享有权利之人。

（一）适用范围

《联邦统一提单法案》第 2 条规定，其适用于下列情形中从事货物运输的公共承运人签发的提单：（1）哥伦比亚特区范围内一个地点至另一个地点的运输；（2）美国领地范围内一个地点至另一个地点的运输；（3）美国一个州到另一个州的运输；（4）美国一个州范围内一个地点至另一个地点的运输，但是途经另一个州或外国；（5）一个州到另外一个国家的货物运输。因此，该法案适用于美国州际货物运输以及美国港口与外国港口之间对外贸易运输所签发的提单。而且，该法案不仅适用于水上运输，也可以适用于其他陆地运输。

（二）可转让提单和不可转让提单

《联邦统一提单法案》第 3 条规定了两种类型提单，即可转让提单和不可转让提单，后者通常被称为记名提单。所谓可转让提单是指，单证上载有凭收货人指示交付货物，且单证表面未记载"本提单不可转让"字样的单证。若在可转让提单中载有通知方，当货物到达卸货地时，承运人有义务向通知方发出货物已到达卸货地的通知。载明通知方既不影响单证的可转让性，也不意味着通知方对货物享有某些权利。可转让提单的一个重要特点就是，提单的受让人有权获得与货物有关的权利，签发提单的承运人需根据提单条款向可转让提单的受让人履行义务，就如同承运人将提单直接签发给该受让人一样。① 可转让提单可以通过背书方式转让，背书可以是空白背书，也可以是记名背书。若根据记名背书人的指示交付货物，则提单应当由该记名人背书。可转让提单还可以通过单证交付方式转让，根据单证规定，公共承运人承诺根据记名背书人的指示交付货物，或者在空白背书的情况下根据单证受让人

---

① See Robert Force, *Admiralty and Maritime Law* (2nd edition), Federal Judicial Center, 2013, p. 57.

的指示交付货物。此外，还可以由实际持有提单的人转让提单，前提是公共承运人承诺向持有提单的人交付货物，或者单证是可转让的，而且仅凭交付即可转让。

根据《联邦统一提单法案》的规定，在以下情况下，提单的可转让性不受影响：即使转让人出现违约、欺诈、意外事故、过错、胁迫等情况，或者提单丢失、被盗或损毁，导致原权利人丧失提单持有权，只要受让人基于诚信原则支付了对价，且对上述权利瑕疵不知情，该提单的转让仍然有效。

根据《联邦统一提单法案》第 4 条规定，若签发可转让提单时货物已处于公共承运人占有之下，且实际持有提单之人是在货物被买卖、抵押、质押之后才取得提单，那么当该持有人将提单转让给秉持诚信原则且支付了相应对价的第三方，而该第三方并不知晓货物此前被买卖、抵押、质押的情况时，此提单依旧具备可转让性，就如同货物的第一手买方已明确授权允许单证转让一样。

如果提单上载明"货物交付给收货人"，那么该提单属于不可转让提单。不可转让提单从发货人到收货人的转让或流转，并不意味着该单证具有可转让性，也不赋予受让人任何额外的权利。承运人签发不可转让提单时，必须在单证上明确标注"不可转让"或者"不得转让"字样。

（三）承运人的义务和责任

根据《联邦统一提单法案》第 9 条的规定，如果应当向公共承运人支付的仓储费、与运输或交付有关的费用（包括滞期费、码头费等）、为保存货物所产生的必要费用以及运输合同明确规定的其他应付费用没有支付，那么承运人有权留置可转让提单项下的货物。

经提单中载明的收货人请求，承运人应当将不可转让提单下的货物交付给该记名收货人。就可转让提单而言，《联邦统一提单法案》明确规定货物应当交付给持有提单的人。如果货物交付给不享有货物占有权的人，那么应由公共承运人承担错误交付货物的责任。当然，若承运人没有收到货物就签发提单，或者签发的提单内容与货物的实际情况不符，则公共承运人要对签发的提单承担责任。但是，在下列情况下，承运人无须承担责任：（1）托运人负责装货且提单已注明货物标志、标签等描述性事项；（2）提单含有"据称"或"托运人称重、装载及计数"等保留性批注；（3）提单明确载明承运人依赖托运人陈述且不知货物实情。此外，该法案还特别规定，当托运人自行装货且提单作相应记载时，承运人对因装货不当造成的损失不承担赔偿责任。

《联邦统一提单法案》第 11 条和第 13 条对散装货物的运输责任作出了明确规定：对于托运人提供的散装货物，承运人有权采取称重等措施进行核实，若提单中包含"托运人称重"条款，则承运人无须对货物的重量负责，即便托运人事后要求承运人确认货物的种类和数量。但是，如果承运人自行负责散装货物的装载作业，则必须对货物的种类和数量承担全部责任。此时，即使提单中载有"托运人称重、装载及计数"的内容，该记载也不具有法律效力，承运人不能以此免除赔偿责任。唯一的例外情况是，当散装货物以完全封闭的包装形式运输，且承运人客观上无法知晓包装内货物的实际状况时，方可免除相应责任。

（四）其他事项

根据《联邦统一提单法案》第 14 条、第 15 条的规定，原则上承运人仍需要凭收货人出具的可转让提单正本交付货物。如果可转让提单丢失、被盗或损毁，主张提取货物的人可向法院提供担保金，联邦法院可以命令承运人向提供担保的请求人交付货物。提供担保金的目的是，一旦将来有人持提单正本向承运人主张提货而承运人应承担赔偿责任，或者承运人根据法院令状进行无单交货后，持有提单正本之人因无法提取货物而向承运人主张损失赔偿时，担保金可以发挥补偿上述损失的功能。同时，联邦法院也可以命令提供担保的请求人向承运人支付相关的合理费用。如果可转让提单持有人既不知晓上述法院程序，也不知晓货物已经被实际交付，那么承运人向提单持有人交付货物的义务并不因法院颁布上述令状而免除。

此外，根据《联邦统一提单法案》第 16 条的规定，如果存在明知或故意欺诈、伪造、篡改、非法复制该法案规定的提单，使用、公布或签发虚假制作、涂改或复制的提单，以及签发载有虚假陈述的可转让提单等情况，都将面临不超过 5 年有期徒刑的刑事处罚。

三、《哈特法案》

美国第一部涉及公共承运人责任限制的法律于 1818 年在马萨诸塞州颁布。1821 年，缅因州也颁布了类似的法律，几乎是马萨诸塞州法律的翻版，并于

1840 年进行修订。1851 年,美国国会颁布了《责任限制法案》(Limitation of Liability Act),旨在使美国航运企业能够与其他国家的航运企业公平竞争。[①] 根据该法案,只要货物灭失、损害并非承运人私谋或明知可能发生而放任所致,承运人可对船上火灾造成的货物灭失、损害主张责任限制,其赔偿责任以船舶价值及应收运费总和为限。承运人若想援引《责任限制法案》的规定,则需要在提单中增加一个限制责任的条款。英国法院普遍认可该责任限制条款的效力,但是美国联邦法院持不同立场。因此,在代表承运人利益相关团体的推动下,美国国会于 1893 年 2 月 13 日通过了《哈特法案》。该法案一方面允许承运人通过合同约定免除部分法定责任,另一方面为保护托运人权益,对承运人在提单中滥用免责条款的行为作出限制。《哈特法案》因平衡了承运人与托运人的利益,有效遏制了当时国际航运中承运人滥用订约自由原则随意增设免责条款的乱象,对后续国际海运统一立法的制定产生了深远影响。《哈特法案》共有 7 条,主要包含三方面的内容:(1) 禁止承运人将一些特定的免责条款并入货物运输合同;(2) 为承运人提供了特定的免责抗辩事由;(3) 明确规定如经请求,承运人应当向托运人签发提单。

(一) 适用范围

1893 年颁布的《哈特法案》明确规定,该法案适用于美国港口之间的水上运输以及美国港口与外国港口之间的水上运输。法案适用期间自承运人收到货物起,至适当交付货物止。所谓适当交付货物是指,承运人或其代理人应当将货物卸载至适当的码头,并向收货人发出交货通知,使货物处于容易被收货人接收的状态,且给予收货人合理机会占有货物。[②] 适当交付货物还包括根据有关法律规定及港口习惯,将货物交付给指定当局的情形。[③]《哈特法案》明确规定其不适用于活动物的水上运输。

此外,《哈特法案》还特别规定了与其他法律的关系条款,明确指出该法案的实施不影响美国其他法律中关于船舶、船舶所有人或其代理人应当承担责任的相关规定。

[①] I. L. Evans, "The Harter Act and Its Limitations", *Michigan Law Review*, Vol. 8, 1910, p. 637.
[②] David Crystal, Inc. v. Cunard S. S. Co., 339 F. 2d 295 (2nd Cir. 1964), 380 U. S. 976 (1965).
[③] Tapco Nigeria, Ltd. v. M/V Westwind, 702 F. 2d 1252 (5th Cir. 1983).

(二)《哈特法案》禁止并入的免责条款

《哈特法案》明确禁止承运人、船舶管理人、代理人、船长及船舶所有人在提单或者其他运输单证中记载下列内容，即"完全免除在适当装载、积载、保管、照料或适当交付货物过程中，因过失、不履行或不当行为导致货物灭失或损害的责任"。在提单或任何海运收货凭据中载有上述内容的条款均不具有法律效力。但是，承运人可以在运输合同中约定如下条款，即"仅对过失导致的损失承担责任，或者对于过失以外的其他原因导致的货物灭失或损害不承担责任"。

根据《哈特法案》的规定，允许承运人在运输合同中订立责任限制条款，将因过失或疏忽导致的货物灭失或损害的赔偿责任限制在合理范围内。[①]

根据《哈特法案》的规定，如果承运人、船长、代理人或经理人在提单或其他运输单证中订立限制、减轻或免除下列义务的条款，那么该条款无效：适当且谨慎地装备船舶、配备船员、提供供应品，并且谨慎处理使船舶适航且适合约定航线运输；船长、船员、承运人的代理人或其他受雇人员谨慎操作、积载、保管及适当交付货物。《哈特法案》明确规定了承运人的两项基本义务：第一，谨慎处理使船舶适航；第二，谨慎照管货物。谨慎处理使船舶适航的义务不仅要求船舶本身适航，满足约定航线运输的条件，还要求承运人应适当地装备船舶、配备船员、提供供应品等。谨慎照管货物的义务则强调，承运人在货物操作、积载、保管、交付等环节应当妥善且谨慎。上述两项义务不仅约束承运人本人，还约束承运人的代理人、船长、船员及其他受雇人员。当然，上述内容并非要加重承运人的责任，仅仅是限制承运人通过订立一些免责条款来免除其在货物运输中应尽的基本义务。

《哈特法案》虽未直接规定承运人的责任限额，但美国联邦法院通过判例确立了以下规则：其一，基于运价降低而对承运人责任作出合理限制的条款具有法律效力，除非该责任限额的约定明显不合理；其二，若提单明确规定应当载明货物价值，并赋予托运人通过支付较高运价来声明更高货物价值的权利，而托运人实际未作此声明时，联邦法院支持按照提单载明的货物价值来确定承运人的赔偿责任限额。[②]

---

① Antilles Insurance Co. v. Transconex, Inc., 862 F. 2d 391 (1st Cir. 1988).
② Antilles Insurance Co. v. Transconex, Inc., 862 F. 2d 391 (1st Cir. 1988).

(三) 承运人免责抗辩事项

如果承运人已经谨慎处理使船舶适航并且适当地装备船舶、配备船员和提供供应品，那么承运人对于下列原因导致的货物灭失、损害不承担赔偿责任：(1) 驾驶船舶过失或者管理船舶过失（航运实践中，将二者统称为航海过失）；(2) 海上或其他可航水域的特殊风险；(3) 天灾；(4) 公敌行为；(5) 货物潜在缺陷或质量瑕疵；(6) 包装不牢固；(7) 依法律程序采取船舶扣押措施；(8) 托运人或货物所有人、货方代理人或法定代表人的作为或不作为导致的损失；(9) 救助或企图救助海上人命或财产，或者因提供救助服务而造成绕航。根据法案的规定，能够援引上述免责事项的主体，不仅包括承运人本人，还包括承运人的代理人、承租人、船长等。但是，船长不能援引航海过失免责。

是否尽到谨慎处理义务由承运人举证，而且承运人能够援引前述列明的免责事项的前提条件就是举证证明已经履行了谨慎处理使船舶适航的义务。如果承运人未能谨慎处理使船舶适航，那么其便不能援引上述事项免除赔偿责任。① 显然，《哈特法案》更强调承运人谨慎处理使船舶适航为基本义务。不论货物灭失、损害与船舶不适航之间是否存在因果关系，只要承运人违反该基本义务，就丧失了援引免责事项抗辩的权利，这一点不同于《海上货物运输法案》。因为《海上货物运输法案》规定，如果承运人违反了提供适航船舶的义务，不影响其援引免责事项抗辩的权利，而且只有经举证证明船舶不适航实际造成了货损，承运人才需要承担赔偿责任。

(四) 单证签发及内容

承运人、船长或船舶代理人有义务向托运人签发提单或其他海运单证，单证应当载明货物的识别标志、数量、重量（由承运人或托运人称重）以及承运人收到货物时的外表状况。单证中有关上述内容的记载，被视为承运人收到如此描述货物的初步证据。显然，《哈特法案》不仅明确规定了承运人或载货船上的船长，以及经承运人授权的船舶代理人有权签发提单或其他海运单证，而且规定签发单证是一项义务，不论托运人是否提出签发要求。此外，该法案还对单证中应载明的有关货物的相关信息予以明确，并且规定这些货物信息仅仅是承运人收到货物的初步证据，不影响承运人可以举证证明事实

---

① United States v. Ultramar Shipping Co., 685 F. Supp. 887, 854 F. 2d 1315 (2nd Cir. 1988).

上装载在船上的货物与单证记载内容不符。

（五）其他事项

除上述主要内容之外，《哈特法案》还分别对罚款、船舶留置、索赔等事项予以规定。如果承运人的代理人、承运人或船长违反上述船舶适航义务、管货义务以及免责事项的相关规定，或者应托运人请求签发提单却拒绝签发，那么将会面临不超过 2000 美元的罚款处罚。因承运人的代理人、承运人或船长违反上述船舶适航义务、管货义务以及免责事项的相关规定所产生的费用及罚款，受害方可以主张留置船舶，并向船舶所在区域有管辖权的美国联邦地区法院提起针对船舶的海事诉讼。上述罚款中的一半应当支付给受害方，另一半应当支付给美国政府。

四、《海上货物运输法案》

在批准《海牙规则》之后，美国国会于 1936 年颁布了《海上货物运输法案》，其借鉴了《海牙规则》第 1—8 条的内容，并进行了细微调整。根据《海上货物运输法案》第 1301 条的定义条款，"承运人"是指与托运人订立运输合同的出租人或者承租人。该法案仅适用于提单或类似的权利凭证所证明的运输合同，如果是租船合同下签发的提单，那么仅在该提单证明承运人与提单持有人之间的运输合同法律关系时适用《海上货物运输法案》。"货物"一词是指除活动物、舱面货之外的任何货物、物品、商品。其中，舱面货是指根据运输合同可以装载在舱面且事实上也装载在舱面的货物。"船舶"是指任何可以用于海上货物运输的船艇。"货物运输期间"涵盖自货物装船时起至卸离船舶时止的整个过程。

（一）适用范围

《海上货物运输法案》第 1300 条明确规定，该法案强制适用于进出美国港口的国际海上货物运输合同下签发的提单或类似权利凭证。因此，在美国涉及国际贸易的海上货物运输合同应当适用《海上货物运输法案》，而非美国《哈特法案》。与《哈特法案》不同的是，对于美国港口之间的航线运输，《海上货物运输法案》并不作为强制法律予以适用，而仍适用《哈特法案》。

《海上货物运输法案》虽然并不强制适用于美国港口之间的货物运输，但是当事人仍可以约定将该法案内容并入运输合同中。事实上，这种情形在美国非常普遍，从而使《海上货物运输法案》在美国广泛适用。将《海上货物运输法案》的内容并入运输合同，仅作为合同中的普通条款，不具有优先于合同其他条款的效力。①

即使在《海上货物运输法案》强制适用的情形下，该法案也并不适用于承运人占有货物的全部期间。因为根据定义条款，该法案仅适用于装货至卸货期间，并不包括装前、卸后期间，所以承运人可以在提单中增加一个条款，明确将《海上货物运输法案》适用于装前、卸后以及装货至卸货等承运人对货物负责的全部期间。承运人之所以愿意在提单中约定这样看似对自己苛刻的条款，是因为《海上货物运输法案》为承运人提供了免责抗辩事项。特别重要的是，承运人有权依据该法案享受单位责任限制。因此，从某种角度而言，《海上货物运输法案》总体上对承运人比较有利，这也正是该法案规定能够大量被当事方援引到合同中的优势所在。

《海上货物运输法案》作为制定法，强制适用于"对外贸易下，驶往或驶离美国港口的货物运输合同下的提单或者证明合同的其他类似权利凭证"。尽管可转让提单是证明运输合同的常见单据，但并非唯一的单证形式。航运实践中，海运单的使用率越来越高。在美国，不可转让的记名提单被认为是海运单的一种。根据《联邦统一提单法案》的规定，不论是可转让提单还是记名提单，都属于提单的一种类型，并且该法案的规定可以适用于一切被提单所包含的运输合同。因此，从该条规定的字面意思理解，不论是可转让的提单还是不可转让的提单，包括海运单等其他能够证明合同的货运单证，根据美国法律的规定，都可以适用《海上货物运输法案》。②

《海上货物运输法案》明确规定其不适用于租船合同。当船舶出租人向承租人签发提单时，该提单在承租人手中仅作为货物收据，既不能证明运输合同关系，也不受《海上货物运输法案》约束。③ 然而，若租船提单由承租人转

---

① Commonwealth Petrochemicals Inc. v. S. S. Puerto Rico, 607 F. 2d 322 (4th Cir. 1979).
② Swift Textiles, Inc. v. Watkins Motor Lines, Inc., 799 F. 2d 697 (11th Cir. 1986), 480 U. S. 935 (1987).
③ Underweser Reederei Aktiengesellschaft v. Potash Importing Corp. of Am., 36 F. 2d 869 (5th Cir. 1930); Ministry of Commerce, State Purchase Directionrate of Athens, Greece v. Marine Tankers Corp., 194 F. Supp. 161 (S. D. N. Y. 1960); Albert E. Reed & Co. v. M/S Thackeray, 232 F. Supp. 748 (N. D. Fla. 1964).

让给第三方（如收货人），则该提单在承运人与第三方之间即构成运输合同关系的证明，此时应适用《海上货物运输法案》。在租船合同下签发的提单涉及双重法律关系：出租人与承租人之间受租船合同约束，遵循订约自由原则，不受《海上货物运输法案》约束；而承运人与非承租人的提单受让人之间则形成运输合同关系，应受《海上货物运输法案》约束。

《海上货物运输法案》的适用具有灵活性，即使在不强制适用的运输合同中，当事人仍可约定将其全部或部分条款并入合同。这一做法同样适用于租船合同，且在实践中相当常见。在此情况下，法案条款仅作为普通合同条款被并入，需与租船合同的其他条款协调一致，避免冲突。类似地，租船合同条款也可被并入提单，特别是在租船合同下签发的提单。但需特别注意的是，只有当这些并入条款不与《海上货物运输法案》的强制性规定相冲突时，才能对承租人以外的收货人或提单持有人产生约束力。由于租船合同本质上是出租人与承租人协商的产物，其并入提单可能使第三方承担额外义务（如支付租金、滞期费）或受仲裁条款约束。然而，并非所有通过并入条款引入的租船合同条款都能获得联邦法院认可并对第三方产生约束力。并入条款的具体表述和解释至关重要，这直接关系到其法律效力的认定。在实践中，法院会严格审查并入条款的明确性和合理性，以平衡各方利益。①

（二）运输合同当事方

1. 承运人与托运人

承运人和托运人系海上货物运输合同的当事方。根据《海上货物运输法案》的规定，承运人是指与托运人订立运输合同的人。从该定义条款可以推导出，托运人是指与承运人订立运输合同的人。通常情况下，承运人可以是船舶所有人或租船合同下的出租人，也可以是租船合同下的承租人。在对物诉讼的情形下，作为责任主体，船舶本身也可以被认定为承运人。② 如果船舶出租人（或者船舶所有人）订立运输合同并签发提单，那么其可以成为《海上货物运输法案》下的承运人；同样，船舶承租人订立运输合同并签发提单

---

① Yone Suzeki v. Cent. Argentine Ry., 27 F. 2d 795 (2nd Cir. 1928), 278 U. S. 652 (1929).

② Mente & Co. v. Isthmian S. S. Co., 36 F. Supp. 278 (S. D. N. Y. 1940), 122 F. 2d 266 (2nd Cir. 1941); Gans S. S. Line v. Wilhelmsen, 275 F. 254 (2nd Cir.), 257 U. S. 655 (1921); Joo Seng Hong Kong Co. v. S. S. Unibulkfir, 483 F. Supp. 43 (S. D. N. Y. 1979).

的，也可以成为《海上货物运输法案》下的承运人。

根据《海上货物运输法案》的规定，就同一项货物运输而言，完全有可能存在船舶出租人和承租人都承担承运人责任的情形。例如，承租人签发提单，该提单由船长签字，或者根据租船合同的约定，承租人有权代表船长在提单上签字。在此种情形下，美国法院判决允许托运人就货物灭失或损害同时起诉船舶承租人和船舶出租人。① 这主要是基于代理理论，如果经出租人授权，船长在提单上签字或者某个经授权的人代表船长在提单上签字，那么在提单上签字的行为足以约束出租人，因为通常情况下船长被视为出租人的代理人，其提单签署权属于代理权限的自然延伸。

2. 运输中介人

美国联邦法院曾经判定将承运人的定义扩展为包括那些以自己的名义签订运输合同的运输中介人，例如无船承运人②或者签发提单并且承诺根据运输合同从事货物运输的货运代理人③。因此，如果无船承运人向托运人签发提单并且承诺进行货物运输，那么尽管事实上货物是由实际拥有船舶或经营船舶的其他人完成，但是无船承运人仍然被认定为《海上货物运输法案》下的承运人，即《海上货物运输法案》规定的承运人仅要求其与托运人订立运输合同，并未强调其一定从事全部或部分货物运输。此外，根据美国判例，货运代理人是协助托运人安排货物从一个地点运至另一个地点的专业人员，因此通常被认为是托运人的代理人。但是，在航运实践中，越来越多的货运代理人参与订立运输合同并签发以自己为抬头格式的提单。尽管货物运输由实际拥有船舶或经营船舶的第三方完成，但该货运代理人扮演的是无船承运人的角色，而非单纯的代理人，因此也可以被认定为《海上货物运输法案》下的承运人。

综上，根据《海上货物运输法案》的规定，凡是与托运人订立海上货物运输合同的人，不论是否实际从事货物运输，也不论是否为船舶所有人、租船合同下的出租人或承租人、无船承运人、货运代理人，都可以被认定为承运人，并承担货物运输合同下的义务与责任。

---

① Pac. Employers Ins. Co. v. M/V Gloria，767 F. 2d. 229（5th Cir. 1985）.
② Fireman's Fund Am. Ins. Co. v. Puerto Rican Forwarding Co.，492 F. 2d 1294（1st Cir. 1974）.
③ J. C. Penney v. Am. Exp. Co.，102 F. Supp. 742（S. D. N. Y. 1951）；201 F. 2d 846（2nd Cir. 1953）.

（三）适用期间

《海上货物运输法案》对适用期间作出明确规定：该法案仅适用于货物从装船开始至卸离船舶为止的运输期间，即航运惯例所称的"钩到钩"（tackle to tackle）责任期间。具体而言，该期间始于装货港船舶装卸设备吊钩抓起货物之时，止于卸货港货物脱离装卸设备吊钩之际。但该法案同时赋予了合同当事人意思自治权，允许通过协商将法案的适用范围扩展至海上运输以外的其他阶段。值得注意的是，根据该法案第1307条的特别规定，本法案并不限制承运人或托运人就装前卸后阶段达成以下约定：关于货物灭失或损害责任的特别协议；货物照管和操作方面的义务规定；各类免责条件或责任保留条款。

此外，《海上货物运输法案》第1311条规定，在本法案未明确适用的范畴内，任何规定都不得被解释为具有凌驾于《哈特法案》或其他适用法律之上的效力。若当事人未通过明确约定将《海上货物运输法案》的适用范围扩展至承运人掌管货物的整个期间（包括装前卸后阶段），则承运人的权利、义务、责任等仍应由《哈特法案》或其他适格法律予以规范。

（四）承运人签发提单的义务

《海上货物运输法案》第1303条第3款规定，在承运人收到货物后，应托运人的要求，承运人、船长或承运人的代理人应当签发提单。提单应载明如下事项：（1）托运人在装货前以书面形式提供的有助于识别货物的必要主标志，此种标志应当以压印（或印戳）的方式清晰标识于装载货物的箱子或包装外部，并确保在整个货物运输期间都能处于清晰可辨的状态；（2）托运人以书面形式提供的货物的数量或重量；（3）货物的外表状况。同时法案规定，如果承运人、船长或承运人的代理人有合理的理由怀疑实际收到的货物与上述记载内容不符，或者没有合理的方式对怀疑的内容进行检查，那么其不对提单上载明的标志、数量或重量负责。提单中载有货物上述三方面事项的，视为承运人收到符合该描述内容货物的初步证据。符合这些要求的提单记载将构成承运人收到所述货物的初步证据。

承运人可以通过在提单中增加"不知条款"来保护自身权益，该条款表明其无法对有关货物的一些信息的真实性予以核实。例如，当托运人向承运人交付密封的集装箱货物时，承运人可以在提单上载明其对集装箱内货物的外表状况不知情。这种情况下，承运人可以在提单中记载"据称装运的是××货"，或者"货物由托运人称重、装载及计数"等内容，以此表明其没有合理的方式确认集装箱内货物的情况，并且对托运人提供信息的准确性和真实性不予保证。同样，即使货物以包装形式交付，承运人也可以对无法确证的货物信息作出保留。① 甚至美国联邦法院判定，对于钢材等特殊货物，承运人可以在提单中增加"锈蚀条款"，表明其对钢材等特殊货物在运输期间因生锈导致的损失不承担责任。②

　　托运人在装货时向承运人提供货物的标志、数量和重量的，应当向承运人保证这些内容的真实性；若托运人提供的货物信息不准确，导致承运人遭受损失或产生费用，托运人应当承担赔偿责任。但托运人承担此种赔偿责任不影响承运人基于运输合同对托运人以外的第三方所承担的赔偿责任。

（五）承运人有关船舶及货物的义务

　　不同于《哈特法案》，《海上货物运输法案》明确规定了承运人、托运人及收货人的权利和义务。就承运人而言，《海上货物运输法案》第1303条第1款明确规定了承运人的适航义务，即在开航前、开航当时，承运人应当谨慎处理使船舶适航，适当地装备船舶、配备船员和提供供应品，使货舱、冷藏舱及其他载货处所具备安全接收、保管和运输货物的条件。船舶不适航导致货物灭失、损害的，承运人或有权援引免责事项的人应当举证证明其已经尽到谨慎处理使船舶适航的义务。

　　此外，根据《海上货物运输法案》第1303条第2款的规定，承运人应当妥善且谨慎地装载、积载、运输、保管、照料和卸载所运送的货物。该条明确了承运人照管货物的义务，而且承运人在履行该义务时并不影响承运人援引免责事项以避免承担赔偿责任。

　　根据《海上货物运输法案》第1303条第8款的规定，承运人试图强加给托运人有利于承运人的保险利益条款无效。所谓有利于承运人的保险利益是指，在货物运输合同下，对于承运人本应承担的赔偿责任，索赔人既可以选择直接起诉承运人，也可以在投保货物运输险的情况下，选择向保险人索赔。保险人赔付后可以获得代位求偿权，并依据海上货物运输合同向应承担赔偿

---

① Caemint Food, Inc. v. Brasileiro, 647 F. 2d 347 (2nd Cir. 1981).
② Tokio Marine & Fire Ins. Co. v. Retla S. S. Co., 426 F. 2d 1372 (9th Cir. 1970).

责任的承运人追偿。如果承运人与托运人在货物运输合同中约定，将托运人的保险利益转让给承运人，那么意味着获得保险代位求偿权的保险公司将因此丧失向承运人索赔的权利，从而影响保险人的利益。因此，根据《海上货物运输法案》的规定，有利于承运人的保险利益条款或类似条款是无效的。

（六）承运人的免责事项

根据《海上货物运输法案》的规定，承运人并不是货物的"保险人"，无须承担严格责任。对货物灭失、损害的索赔方而言，其不仅要证明货物灭失、损害存在的事实，还要证明承运人对货损存在过失或疏忽。判定承运人是否存在过失或疏忽，主要依据以下两个标准：是否尽到合理谨慎使船舶适航以及照管货物的义务。

与《海牙规则》一致，《海上货物运输法案》规定了17项免责事项，总体可以分为如下五大类：第一，过失免责事项，具体包括驾驶船舶过失免责、管理船舶过失免责，以及火灾免责（除非由承运人本人的实际过失或私谋所致）。第二，属于承运人无法控制的抗辩事项，包括战争、公敌行为、政府或君主的扣押或限制行为、检疫限制，无论何种原因导致的罢工或关厂，以及暴乱等。第三，自然因素引起的货物灭失或损害，包括天灾，以及海上或其他可航水域的风险、危险和事故。第四，托运人因过失导致的货物灭失或损害，包括托运方行为过失、货物固有缺陷、包装不牢固以及标识不清楚等。第五，承运人已经尽到合理谨慎义务但依旧无法避免的损失，例如承运人已经尽到合理谨慎义务却仍然无法发现船舶的潜在缺陷，承运人为了救助或企图救助海上人命或财产，其他非承运人过错（应当举证证明货物灭失或损害既不是承运人实际过失或私谋造成的，也不是承运人的代理人或受雇人员的过失或疏忽所导致的）。

1. **适航义务与免责事项的关系**

根据《海上货物运输法案》第1304条第1款的规定，不论是承运人还是船舶，都无须对船舶不适航造成的货物灭失或损害承担赔偿责任，除非经证明货损是因承运人未能尽到谨慎处理使船舶适航义务而产生的，或者能够发现船舶存在缺陷但是承运人未能采取合理的补救措施所导致的。

根据第1303条第1款的规定，船舶适航的含义包括3个方面：承运人在开航前、开航当时，应当谨慎处理使船舶适航；适当地装备船舶、配备船员和提供供应品；使货舱、冷藏舱及其他载货处所具备安全接收、保管和运输货物的条件。因此，如果承运人经谨慎处理仍未发现船舶的不适航状态，或者虽然船舶存在缺陷，但是在开航后才发现，那么承运人对船舶不适航所导致的货物灭失或损害无须承担赔偿责任。①

由此可见，根据《海上货物运输法案》的规定，承运人没有提供绝对适航船舶的义务，即使承运人未在开航前、开航当时谨慎处理使船舶适航，也不必然对货物灭失或损害承担赔偿责任，除非经证明该损失是由船舶不适航直接导致的。也就是说，承运人是否尽到合理谨慎使船舶适航的义务并不是其援引《海上货物运输法案》免责抗辩事项的前提条件。若索赔方能够举证证明货物灭失、损害是因为船舶不适航所致，那么承运人应举证证明其已经尽到合理谨慎的义务；若承运人举证成功，则无须对货损承担赔偿责任。这一点不同于《哈特法案》。因为《哈特法案》规定，只要承运人未尽到谨慎处理使船舶适航的义务，就需要对货物灭失、损害负责，并不强调未尽义务与货损之间是否存在因果关系。

根据《海上货物运输法案》的规定，承运人谨慎处理使船舶适航的义务仅限于开航前和开航当时。但需要注意的是，承运人谨慎照管货物的义务贯穿从装货到卸货的整个过程。因此，如果经证明承运人违反上述照管货物的义务，那么其仍要承担货损赔偿责任，除非承运人能够举证证明货损是由《海上货物运输法案》第1304条第2款规定的17项免责事项导致的。

2. 驾驶船舶过失和管理船舶过失免责

根据《海上货物运输法案》第1304条第2款（a）项的规定，承运人对于船长、船员、引航员或其他受雇人员在驾驶或管理船舶中的过失所导致的货物灭失或损害，无须承担赔偿责任。也就是说，在特殊情形下，即使责任人对货损存在过失，也无须承担赔偿责任，该规定也被称为"不完全的过错责任原则"。例如，船长、船员不具备良好的船艺或者作出错误的判断，从而导致船舶发生碰撞，造成载货船上货物灭失或损害的，承运人不承担赔偿责

---

① Balfour, Guthrie & Co. v. Am. - W. African Line, Inc., 136 F. 2d 320（2nd Cir. 1943）; 320 U. S. 804（1944）; The Quarrington Court, 122 F. 2d 26（2nd Cir. 1941）; Holsatia Shipping Corp. v. Fid. & Cas. Co. of N. Y., 535 F. Supp. 139（S. D. N. Y. 1982）.

任。① 该条款免除的是承运人对船长、船员等雇员过失所导致的损害赔偿责任，但并不免除其本人过失产生的损害赔偿责任。

一般来说，在公司法语境下，承运人本人的过失是指公司管理层的过失。如果船舶所有人知道或者应该知道船长、船员等不适职或者没有足够的人员开展海上航行工作，并且此种不适职或者人员不足是船舶碰撞的原因，那么船舶所有人应当对货损承担赔偿责任，因为其未尽到合理谨慎地配备船员的义务。② 如果碰撞事故的发生是因为开航时某个航行设备存在缺陷，而且该缺陷是可以被发现的，不属于前文提及的潜在缺陷，那么承运人仍然要对因此遭受的货损负责。③

此外，船长、船员在驾驶或管理船舶过程中的过失所导致的货物灭失、损害，应与船长、船员未尽到谨慎照管货物义务所导致的货物灭失、损害严格区分。二者的区分标准主要依据"行为目的说"判定。一般而言，若某项决定及为了执行该决定所采取的行为是针对船舶的，并使船舶处于风险中，则该行为属于驾驶或管理船舶的过失。在此种情况下，承运人可援引航海过失免责条款，因为货物所面临的风险是船舶风险的附带后果，船长、船员行为的直接作用对象是船舶，而非货物。反之，若某项错误决定及行为直接使货物处于风险之中，并足以构成承运人未尽到谨慎照管货物的义务，即使该行为与船舶管理存在一定关联，但由于其主要针对的是货物而非船舶，承运人仍须对由此造成的货损承担赔偿责任。④ 同理，若在执行涉及船舶管理的决定时存在过失，直接导致货物处于风险中，则承运人不得以航海过失为由主张免责，因为其行为的直接影响对象是货物。⑤

综上所述，若承运人的受雇人员存在驾驶或管理船舶过失并造成货损，则承运人可以免责；承运人的受雇人员未尽到谨慎照管货物的义务而导致货

---

① Grace Line, Inc., 397 F. Supp. 1258 (S.D.N.Y. 1973), 517 F. 2d 404 (2nd Cir. 1975); Wilbur-Ellis Co. v. M/V Captayannis "S", 451 F. 2d 973 (9th Cir. 1971), 405 U.S. 923 (1972).
② Ta Chi navigation (Panama) Corp., S.A., 513 F. Supp. 148 (E.D. La. 1981), 728 F. 2d 699 (5th Cir. 1984); Seiriki Kisen Kaisha, 629 F. Supp. 1374 (S.D.N.Y. 1986); Waldron v. Moore-McCormack Lines, Inc., 386 U.S. 724 (1967).
③ Thebes Shipping Inc., 486 F. Supp. 436 (S.D.N.Y. 1980); Texaco, Inc., 570 F. Supp. 1272 (E.D. La. 1983).
④ Knott v. Botany Worsted Mills, 179 U.S. 69 (1900).
⑤ The Germanic, 196 U.S. 589 (1905).

损，承运人应当承担赔偿责任。因此，在《海上货物运输法案》之下，区分航海过失与管货过失具有重要的法律意义，这将决定承运人是否承担赔偿责任。

3. 火灾引起的货物灭失或损害免责

根据《海上货物运输法案》第 1304 条第 2 款（b）项的规定，对于因火灾导致的货物灭失或损害，承运人可免除责任，除非有证据表明火灾是由承运人的实际过失或故意行为所致。若承运人能够证明货物的灭失、损害是由火灾造成的，那么承运人可以提出免责抗辩，除非索赔方能够证明火灾或未能妥善处理火灾事故是由承运人的实际过失或故意行为导致的。即使火灾是由船长、船员、承运人的其他雇员过失引起并导致货物灭失、损害，承运人依然可以提出火灾免责抗辩。因此，承运人对于火灾是否存在实际过失或私谋由索赔方举证证明，只有索赔方举证成功，承运人才需要对火灾造成的货物灭失、损害承担赔偿责任。若承运人为法人，索赔方需举证证明该法人管理层或至少职位较高的雇员存在过失，方可认定为《海上货物运输法案》下承运人本人的过失。① 大多数美国联邦法院认为，承运人不能援引火灾免责事项，除非承运人能够举证证明其已经尽到了谨慎处理使船舶适航的义务，或者举证证明尽管船舶处于不适航状态，但是该船舶不适航状态不会导致火灾发生，与火灾造成货物灭失、损害之间不存在因果关系。② 若承运人完成上述举证，则由索赔方举证证明火灾系承运人实际过失或私谋所致，否则承运人无须承担货损赔偿责任。

4. 海上风险免责

根据《海上货物运输法案》第 1304 条第 2 款（c）项的规定，货物的灭失或损害是由"海上或其他可航水域的风险、危险和事故"导致时，承运人可以免责。美国联邦法院曾经在判决中指出，美国对"海上风险"一词并没有进行统一界定，但是一般可以接受的概念是："海上偶然发生的，即使是一艘装备良好的船舶或者采取了通常应当掌握的良好船艺的船员也无法抵御的

---

① Westinghouse Elec. Corp. v. M/V Leslie Lykes, 734 F. 2d 199 (5th Cir.), 469 U. S. 1077 (1984).
② See Robert Force, *Admiralty and Maritime Law* (2nd edition), Federal Judicial Center, 2013, p. 72.

风险。"① 因此，仅有海上风暴出现并导致货损这一事实，尚不足以使承运人援引"海上风险"进行抗辩。即使经证明船舶航行线路经常会遭遇风暴，这一情况也并不构成"海上风险"的抗辩理由。美国联邦法院会进一步要求承运人举证证明在开航前和开航当时，其已经采取适当的措施确保船舶适航，并且就船上货物积载作业而言，承运人已经采取合理的预防措施。② 如果承运人无法举证证明上述事项，那么其无法援引"海上风险"进行免责抗辩。

事实上，并无明确标准可以区分哪些情况构成海上风险，哪些不构成。通常，美国联邦法院会综合考量如下因素作出判断：风险对船舶造成实质性损害的程度、船舶航速降低情况、海面实际状况、船舶受风力影响偏离航线的程度、同样状况下其他船舶遭受货损的情况等。其中，风力等级被视为最关键的评价指标。③ 在航海实践中，普遍采用蒲福氏风级（Beaufort Scale）作为风力衡量标准。蒲福氏风级（又称蒲福风级、蒲氏风级）是英国人弗朗西斯·蒲福（Francis Beaufort）于1805年根据风对地面物体或海面的影响程度确定的风力等级。按强弱，将风力划分为0级至12级，共13个等级，即目前世界气象组织建议的分级。1950年以后，随着测风技术的发展，实际检测到的风力已远超12级，于是就把风级扩展到17级。不过，世界气象组织《海洋气象服务手册》采用的分级仍然是0级至12级，扩展的13级至17级并非建议分级。④ 根据美国联邦法院的判决情况，一般当风力达到11级或以上，都会判定属于海上风险，当然也有个别法院判定风力达到9级或者低于9级也可以构成海上风险。⑤

在认定是否构成海上风险时，承运人是否存在过失同样是重要的考量因素。若承运人根据合理预期应当预见航程中可能遭遇的恶劣天气状况，则负有采取适当预防措施的义务。如能证明承运人未采取适当预防措施是货损发生的主要原因，即使船舶实际遭遇风暴，承运人仍可能被判定不得援引海上风险免责条款。

---

① Taisho Marine & Fire Ins. Co., Ltd. v. M/V Sea-Land Endurance, 815 F. 2d 1270 (9th Cir. 1987).
② Edmond Weil, Inc. v. Am. W. African Line, Inc., 147 F. 2d 363 (2nd Cir. 1945).
③ J. Gerber & Co. v. S. S. Sabine Howaldt, 437 F. 2d 580 (2nd Cir. 1971).
④ 参见科学大百科网站，https://www.kexuedabaike.com/%E8%92%B2%E7%A6%8F%E6%B0%8F%E9%A2%A8%E7%B4%9A，最后访问日期：2023年9月22日。
⑤ Taisho Marine, 815 F. 2d 1273 (9th Cir. 1987).

5. 货物瑕疵或潜在缺陷免责

根据《海上货物运输法案》第 1304 条第 2 款（m）项的规定，承运人对于"散装货物重量短少或该货物的潜在缺陷、质量或品质导致的其他灭失或损害"，不承担货损赔偿责任。因此，承运人对于不涉及其过失且归因于货物特性而产生的货损无须负责。例如，水果、蔬菜、肉类、鱼类和家禽等货物，除非进行了特别处理或保管，否则经过一段时间的海上运输，其品质会发生变化。又如，一些钢材会在运输途中生锈，一些化工产品经过一段时间后其品质或纯度会降低。故而，为了公平起见，这些货物的潜在风险应当由托运人承担。

除非托运人或承运人采取特定的预防措施，否则，倘若货物在海上运输期间出现数量自然减少或质量下降的情况，托运人需举证证明已采取预防措施。例如，部分待运货物需要进行特殊处理方可运输。对于鱼类或肉类货物，需进行冷冻处理；化学品货物则应添加一些抑制剂，诸如此类。此时，托运人应当落实这些措施。[①] 若托运人未采取恰当措施，导致货物在海上运输期间品质变差或腐烂，那么托运人需承担货物损失责任。同理，若需要承运人采取一些特殊的操作措施，如对于冷藏货物需保持一定的温度控制，那么托运人有责任提醒承运人注意采取该措施，并与承运人约定在货物运输期间使其处于冷藏状态。若托运人未告知承运人或未与承运人约定应采取的适当措施，那么因货物"潜在缺陷"导致的损失应由托运人承担。当然，若承运人承诺在约定温度下运送货物却未履行承诺，对于因温度变化导致的货物损失，承运人仍需承担赔偿责任。

由于承运人在海上货物运输合同中有谨慎照管货物的义务，所以对某个特定货物而言，如果承运人知道或者应当知道需要采取一些措施以避免货物变质，例如进行适当通风，且习惯上承运人会妥善地采取通风措施，一旦承运人事实上未能采取此种通风措施，那么其应当对未适当通风而直接导致的货物损失承担赔偿责任。[②]

托运人应当举证证明其将货物交付给承运人时货物外表状况良好，并且

[①] Aunt Mid, Inc. v. Fjell-Oranje Line, 458 F. 2d 712 (7th Cir. 1972); Jefferson Chem. Co. v. M/T Grena, 413 F. 2d 864 (5th Cir. 1969).

[②] Fla. E. Coast Ry. Co. v. Beaver St. Fisheries, Inc., 537 So. 2d 1065 (Fla. App. 1 Dist. 1989).

是在承运人掌管货物期间发生了货物损害，然后由承运人举证抗辩该损失是由货物潜在缺陷导致的。虽然有一些美国联邦法院认为托运人有初步的举证义务，证明货物的潜在缺陷不是货损发生的原因，① 但不可否认的是，大多数美国联邦法院坚持认为，与其他免责抗辩事由一样，应由承运人举证证明货物损害是由货物潜在缺陷导致的。②

6. Q 条款免责

根据《海上货物运输法案》第 1304 条第 2 款（q）项的规定，承运人可以通过证明货物灭失或损害并非其本人、代理人或受雇人的过失所致而主张免责。这一条款作为兜底性的普遍免责条款，因被列在第 q 项，在美国通常被称为"Q 条款"。

根据 Q 条款的内容，如果货物的灭失、损害既不是由承运人的实际过失或私谋导致的，也不是由承运人的代理人或受雇人的实际过失或私谋导致的，那么承运人无须对货损承担赔偿责任。但是，承运人欲援引该项免责的，应当承担举证责任，即承运人或者其受雇人、代理人不存在过错的举证责任由承运人承担。甚至一些美国联邦法院还进一步要求承运人举证证明货物灭失或损害的实际原因，只有该原因属于《海上货物运输法案》所列明的 17 项免责事项之一，承运人才有权援引该事项进行免责抗辩。③

（七）混合原因导致货损的情形

如果货物灭失、损害的原因，既包括《海上货物运输法案》之下承运人可以免责的原因，也包括承运人无须负责的其他原因，那么承运人应当举证证明货物的全部损失或部分损失系由其可免责的事项所引发，④ 即承运人应当对货损的原因予以区分，明确哪些是可免责事项导致的，哪些是免责事项以外的其他原因导致的。实践中，承运人区分货损原因的难度较大，因此其通常要对因无法区分的混合原因导致的全部货损承担赔偿责任。

例如，如果船舶碰撞事故是由船长、船员的航海过失以及船员不当积载货物等混合原因导致，那么承运人应当举证证明全部或部分货物损失是由船

---

① U. S. Steel Int'l, Inc. v. Granheim, 540 F. Supp. 1326 (S. D. N. Y. 1982).
② Quaker Oats Co. v. M/V Torvanger, 734 F. 2d 238 (5th Cir. 1984), 469 U. S. 1189 (1985).
③ Quaker Oats Co. v. M/V Torvanger, 734 F. 2d 238 (5th Cir. 1984), 469 U. S. 1189 (1985).
④ The Vallescura, 293 U. S. 296 (1934).

舶碰撞事故造成的。同时，承运人还需举证证明其受雇人员已进行了合理的货物积载。也就是说，要证明货物损害是由船舶碰撞事故造成的，而非货物积载所致，如此承运人才可对该货物的灭失、损害免除赔偿责任。① 若承运人仅能举证证明货物损害源于船舶碰撞事故，但无法举证证明其已尽到合理照管货物的义务，则仍需对碰撞事故造成的全部货损承担赔偿责任。

美国联邦法院处理类似案件所遵循的原则被称为"瓦里斯库拉原则"，该原则源于 1934 年美国联邦最高法院审理的 Schnell v. The Vallescura 一案②。该案相关证据显示，"The Vallescura"号轮船载洋葱从西班牙驶往美国纽约，提单上载明装运时货物外表状况良好，但到港后货物出现腐烂。经调查发现，这是由于在整个航程中没有进行适当通风所致。而不适当通风的主要原因有两个方面：一是为了应对海上恶劣天气而不得不关闭所有的通风口和舱口；二是船长、船员未在天气晴朗时保持通风口和舱口的夜间开放。纽约州南区联邦地区法院作出中间裁决，一方面确认原告有权获得承运人未在天气晴朗时保持通风所致损失的赔偿，另一方面委托一位特别专员计算损失数额。该特别专员调查发现，在 23 天的航程中，通风口和舱口保持开放的时间只有 170 个小时，因为恶劣天气船员关闭通风口和舱口的时间为 144 个小时，而在天气晴朗时船员未能及时通风的时间为 238 个小时。该特别专员得出结论：鉴于承运人无法区分不同原因造成损失的比例，因此承运人应当承担全部赔偿责任。一审法院根据上述结论依法作出判决。案件上诉至第二巡回上诉法院，该上诉法院推翻了一审法院的判决，认为按照美国海商法的规定，针对提单中约定的承运人免责条款，应当由索赔方举证证明哪些货物损失是免责事项导致的，并举证证明承运人对该免责事项存在过失。

美国联邦最高法院通过调取令对第二巡回上诉法院的判决进行司法审查，首先确认了一审法院关于货损原因无法明确区分的认定。最高法院指出，根据普通法原则，当承运人援引免责条款时，应首先承担举证责任，证明其已尽合理照管货物的义务且货损系可免责事由所致。只有在承运人完成此项举证后，举证责任才转移至索赔方，由其证明货损实际是由承运人过失造成的。在本案中，鉴于货物在装运时状况良好而到港时发生损坏，且承运人既无法

---

① Blasser Bros., Inc. v. N. Pan-Am. Line, 628 F. 2d 376 (5th Cir. 1980).
② Schnell v. The Vallescura, 293 U. S. 296 (1934).

证明货损具体归因于某项免责事由，也无法排除其管货过失的可能性，法院认为货物状况的变化本身已构成承运人应承担责任的初步证据。虽然货损可能是多种原因（包括货物特性、恶劣天气或船员管货过失等）导致的，但由于承运人未能区分可免责与不可免责事由各自造成的损害程度，也未能证明海上风险是货损发生的主要原因，最高法院最终判决承运人应对全部货损承担赔偿责任，并据此撤销了第二巡回上诉法院的判决。

美国联邦最高法院通过该案确立了混合原因造成货损的责任承担原则，即"瓦里斯库拉原则"：当货损由承运人应负责原因和可免责原因共同造成且无法区分时，承运人应就全部损失承担赔偿责任。这一原则也被《汉堡规则》第5条第7款所采纳。《汉堡规则》第5条第7款规定："如果货物的灭失、损坏或延迟交付是由承运人、其受雇人或代理人的过失或疏忽连同其他原因所引起的，承运人仅在归于他们的过失或疏忽所引起的灭失、损坏或延迟交付的范围内负赔偿责任，但承运人须证明不属于此种过失或疏忽所造成的灭失、损坏或延迟交付的数额。"我国《海商法》第54条也体现了这一原则："货物的灭失、损坏或者迟延交付是由于承运人或者承运人的受雇人、代理人的不能免除赔偿责任的原因和其他原因共同造成的，承运人仅在其不能免除赔偿责任的范围内负赔偿责任；但是，承运人对其他原因造成的灭失、损坏或者迟延交付应当负举证责任。"

此外，根据《海上货物运输法案》第1305条的规定，承运人也可以与托运人约定放弃全部或部分权利和免责事项，同样承运人也可以承诺增加其在海上货物运输合同下的责任和义务。

（八）绕　航

绕航（Deviation）是指承运人故意或无正当理由偏离合同约定航线的行为。《海上货物运输法案》并未明确区分合理绕航与不合理绕航的法律后果，但明确规定为救助人命或财产等合理绕航不构成违反法案或运输合同的行为，承运人对因此造成的货物灭失或损害不承担赔偿责任。

在美国，"绕航"一词还可以包括货物超载、错误交付货物以及未经许可擅自在舱面上装货等行为。美国一些联邦法院判定，上述行为构成运输合同下的根本违约，或者属于承运人的实际过失，都属于法律意义上的"偏离行为"或者"不符合常规的行为"。美国学者通常将这些不属于偏离地理航线的非常规行为称为"准绕航"(Quasi-deviation)。从判例发展轨迹来看,美国联邦法院越来越倾向于对准绕航原则的适用予以限制。目前,通常情况下"准绕航"一词仅指未经授权在船舶舱面上装货的情形。①

根据《海上货物运输法案》,为了装卸货物或上下旅客而偏离航线被推定为不合理绕航,但是该法案并没有明确其法律后果。美国联邦上诉法院的多数观点认为,不合理绕航将导致承运人丧失免责抗辩及援引单位责任限制的权利。② 当然,只有举证证明货物的灭失或损害与不合理绕航行为之间存在因果关系,承运人才会丧失此种权利。例如,经举证证明航线的变更会使货物面临新的风险或者额外的风险,就足以认定因果关系成立。③

提单中通常会包含一个"绕航条款",即承运人有权为任何目的、以任何顺序挂靠任何港口,从而偏离合同约定的航线或者习惯上的航线。但是,美国多数联邦法院认为,该条款不能成为承运人实施不合理绕航行为的合法依据。④

(九)承运人单位责任限制

根据《海上货物运输法案》第 1304 条第 5 款的规定,当货物灭失或损害非因承运人可免责事由所致时,托运人有权索赔。赔偿金额的计算标准为:对于全损货物,按目的港完好货物的市场价格计算;对于部分损害货物,则按货物完好价格与货物受损价格的差额确定。无论全损或部分损害,承运人的赔偿责任均限制在每件货物 500 美元的范围内。对于非包装货物,按"习惯运费单位"(计算运费采用的最小单位)每单位 500 美元计算。具体适用规则为:若货物实际价值低于 500 美元,则按实际价值赔偿;若超过 500 美元,则以 500 美元为限。这一责任限额制度被称为"天花板制度",其核心在于将承运人赔偿责任限定在每单位 500 美元的范围内。

根据《海上货物运输法案》关于单位责任限制的规定,货物"件数"的确定至关重要。对于以包装形式装运的货物,只要提单中记载了包装件数,

---

① Sedco, Inc. v. S. S. Strathewe, 800 F. 2d 27 (2nd Cir. 1986).
② See Robert Force, *Admiralty and Maritime Law* (*2nd edition*), Federal Judicial Center, 2013, p. 76.
③ Nat'l Starch & Chem. Co. v. M/V Monchegorsk, No. 97 Civ. 1448 (KTD), 2000WL 1132043 (S. D. N. Y. 2000).
④ See Robert Force, *Admiralty and Maritime Law* (*2nd edition*), Federal Judicial Center, 2013, p. 77.

即使运费是按重量或其他习惯运费单位计算的，承运人的赔偿责任限额仍以提单记载的包装件数为准。在具体认定上：完全被包裹在包装材料中的货物视为一件；装在麻袋、防水袋、纸箱或板条箱中的货物，每一袋或每一箱都算作一件。但对于车辆、大型设备等不需要包装的特殊货物，则不适用"件数"标准。① 实践中，对于部分包装或固定在垫板上的货物，确定其"件数"比较困难。② 例如，在 Compare Aluminios Pozuelo Ltd. v. S. S. Navigator 一案③中，一个重达 3 吨的套索钉被固定在一个垫板上，提单明确记载为"一个垫板"，因此联邦法院认定该货物的数量为一件。在 Mediterranean Marine Lines, Inc. v. John T. Clark & Son of Md. , Inc. 一案④中，重达 20 多吨的金属剪被固定在一个垫板上，并且完全用苫布遮盖。联邦法院认定将该货物视为一件。在 Hartford Fire Ins. Co. v. Pac. Far E. Line, Inc. 一案⑤中，一些电子转化器被固定在一个垫板上，没有被任何遮盖物覆盖，联邦法院认定不能将该货物视为一件。

在集装箱货物运输中，判断一个集装箱是否可认定为一件货物，需要考量当事方的意图，且该意图应体现在提单的记载事项中。除非当事方有非常明确的意思表示，否则根据《海上货物运输法案》的规定，不能轻易将一个集装箱视为一件货物，而应查看提单中有关货物数量的记载内容。若提单中明确载明了集装箱内装运货物的数量，例如载明集装箱内装有 10 箱电子设备，那么货物数量应计为 10 箱，无须考虑提单背面印刷条款中明确约定的将一个集装箱视为一件的内容。同样，若提单仅描述"货物装载在一个集装箱"，且在货物件数栏中填写数字"1"，但提单中有关货物说明的栏目明确记载为"10 箱电子设备"，则应以具体描述货物情况的记载内容为准。相反，若提单中关于货物的说明仅表述为"一个集装箱，箱内装有电子设备"，未明确载明

---

① Jerome C. Scowcroft, "Recent Developments Concerning the Package Limitation", *J. Mar. L. & Com.*, Vol. 20, 1989, p. 403.

② See Robert Force, *Admiralty and Maritime Law* (2nd edition), Federal Judicial Center, 2013, p. 78.

③ Compare Aluminios Pozuelo Ltd. v. S. S. Navigator, 407 F. 2d 152 (2nd Cir. 1968).

④ Mediterranean Marine Lines, Inc. v. John T. Clark & Son of Md. , Inc. , 485 F. Supp. 1330 (D. Md. 1980).

⑤ Hartford Fire Ins. Co. v. Pac. Far E. Line, Inc. , 491 F. 2d 960 (9th Cir.), 419 U. S. 873 (1974).

集装箱内装载货物的具体数量及单位信息，则应将一个集装箱视为一件货物。①

依据《海上货物运输法案》的规定，承运人对于货物灭失、损坏的最高责任限额为每件 500 美元。因此，提单中约定的承运人赔偿限额低于每件 500 美元的条款无效。当单件货物实际损失超过 500 美元时，承运人可援引该限额条款，除非出现承运人丧失责任限制或承运人与托运人另有其他约定的情况。承运人的上述单位责任限额并不意味着托运人可就超出其货物实际损失的部分向承运人索赔。例如，尽管货物实际价值高于 500 美元，但实际损失仅为 300 美元，那么托运人只能向承运人索赔 300 美元。如果提单显示装运了两票货物，即每票货物分别处于提单所证明的独立货物运输合同之下，其中第一票货物损失为 700 美元，第二票货物损失为 100 美元，托运人不能将上述损失累加为 800 美元一并向承运人提出索赔。因为针对第一票货物，托运人最多只能索赔 500 美元，而第二票货物因未达到责任限额，托运人只能索赔实际损失 100 美元。所以，托运人能够向承运人主张索赔的总额是 600 美元，而非简单累加后的 800 美元。若上述两票货物处于同一份提单所证明的货物运输合同项下，那么托运人有权将基于该货物运输合同的所有货物损失进行累加，共计 800 美元。在此情形下，承运人有权援引单位责任限制，即最终仅承担 500 美元的赔偿责任。

根据《海上货物运输法案》的规定，承运人可以与托运人约定增加其责任。例如，双方可约定承运人按照货物的实际价值承担赔偿责任，即使该价值超过 500 美元的责任限额。已有美国联邦法院作出判决，将《维斯比规则》中高于《海上货物运输法案》责任限额的标准并入提单的条款具有法律效力。②

根据《海上货物运输法案》，托运人可以通过声明货物价值并支付相应从价运费的方式，使承运人按照申报价值而非 500 美元限额承担赔偿责任。但司法实践表明，托运人并非总能获得适当的声明机会。在 Compare Komatsu,

---

① Monica Textile Corp. v. S. S. Tana，952 F. 2d 636（2nd Cir. 1991）；Hayes – Leger Assocs., Inc. v. M/V Oriental Knight，765 F. 2d 1076（11th Cir. 1985）.

② Francosteel Corp. v. M/V. Pal Marinos，885 F. Supp. 86（S. D. N. Y. 1995）.

Ltd. v. States S. S. Co. 一案①中,法院强调托运人有权声明货物实际价值的内容必须明示于提单正面而非背面,以便托运人知晓。在 Couthino, Caro & Co. v. M/V Sava 一案②中,法院进一步明确,若承运人未向托运人说明除固定费率外还存在其他运价选择,或未揭示特定运价与责任限制的关联性,均属于未提供适当声明机会的情形。如果经证明,承运人未能向托运人提供申报更高货物价值的机会,则将丧失援引每件货物 500 美元责任限额的权利,而需按货物实际价值承担赔偿责任。具体而言,承运人必须履行两项核心义务:一是明确告知托运人存在每件货物 500 美元的法定责任限额;二是为托运人提供申报更高货物价值的合理机会。若承运人未能履行上述义务,法院将认定其无权主张责任限制,而须按托运人的实际损失进行全额赔偿。

(十)迟延交付造成的货物损害

不论是《海上货物运输法案》还是《哈特法案》,都没有规定迟延交付货物造成损失的救济方式。因此,一旦托运人提出迟延交付造成损害的赔偿请求,联邦法院将根据一般海商法有关公共承运人迟延交付的一般原则审理案件。

承运人与托运人明确约定货物将在某个特定日期或一段时期内交付的,此种约定具有"保证"的特点,即一旦承运人未能按照合同约定时间履行交付货物的义务,则其对托运人因此遭受的经济损失应承担赔偿责任,即使托运人的货物并没有因为迟延交付而遭受灭失或损害,只是因为迟延交付产生了相关费用。③ 当然,如果承运人能够举证证明迟延交付货物系由承运人无法控制的其他原因所导致,那么可以免除其因迟延交付造成经济损失的赔偿责任。大多数情况下,提单很少会明确约定货物应当在某个特定日期或一段时期内交付,承运人只要根据船期表及行业惯例在尽可能短的合理时间内交付货物即可。如果迟延交付是由承运人的原因导致,并且该迟延交付被认为是不合理的,那么承运人仍然要向托运人承担赔偿责任。④ 例如,合同未约定交付货物的时间,但是承运人明知货物具有特殊时效性,如圣诞节装饰品,一

---

① Compare Komatsu, Ltd. v. States S. S. Co., 674 F. 2d 806 (9th Cir. 1982).
② Couthino, Caro & Co. v. M/V Sava, 849 F. 2d 166 (5th Cir. 1988).
③ Int'l Drilling Co., N. V. v. M/V Doriefs, 291 F. Supp. 479 (S. D. Tex. 1968).
④ Wayne v. Inland Waterways Corp., 92 F. Supp. 276 (S. D. Ill. 1950).

旦承运人未能及时运送货物，就足以构成不合理的迟延。对于因此产生的额外费用，如托运人安排货物转运的费用等，承运人应当予以赔偿。①

（十一）举证责任

根据《海上货物运输法案》第 3 条第 6 款的规定，提单是承运人收到货物的初步证据。如果托运人能够出示一份清洁提单，并证明交付的货物处于损害状态或者没有收到货物，那么托运人已经完成初步举证，举证责任转移至承运人。承运人应当举证证明货物的灭失或损害是免责事项导致的，否则其应当承担货损赔偿责任。

提单中有关货物情况的记载是认定承运人所运输货物实际情况的初步证明。例如，如果货物有外包装并以该包装形式托运给承运人，那么清洁提单只能表明该货物外包装的表面状况良好，无法证明包装内货物本身的实际状况。② 如果货物是由托运人以集装箱或者类似的包装形式托运的，事后发现货物遭受损害，那么托运人不仅需要提交清洁提单作为货物交付承运人时的初步证据，还应当进一步证明货物在交付时实际处于良好状态。具体而言，如果托运人能够证明在目的港接收的货物存在集装箱外表状况不良或外包装明显损坏等情况，而承运人此前签发的却是清洁提单，那么足以推定货损发生在运输过程中。此外，当托运人能够证明货损系由特定原因（如海水浸湿）造成时，便完成了对货损原因的初步举证。此时，举证责任将转移至承运人，其必须证明该损失系由法定免责事由所致，或者该损失并非在其责任期间发生，否则就应承担相应的赔偿责任。

根据《海上货物运输法案》的规定，在货损赔偿案件中，托运人与承运人之间的举证责任呈现交替转移的特点。具体而言，首先，托运人必须完成初步举证，即提供清洁提单并证明货物在交付收货人时已灭失或受损；其次，举证责任随即转移至承运人，承运人可以选择证明其已尽合理谨慎义务确保船舶适航（但货损系由潜在缺陷所致），或者证明货损属于该法案第 4 条第 2 款规定的免责情形；最后，举证责任再次转回托运人，由其证明承运人未尽适航义务、免责事由不成立或存在其他过失。需要强调的是，虽然存在这种举证责任的交替转移机制，但根据"谁主张、谁举证"的基本原则，作为索

---

① Hellenic Lines, Ltd. v. United States, 512 F. 2d 1196（2nd Cir. 1975）.
② Caemint Food, Inc. v. Brasileiro, 647 F. 2d 347（2nd Cir. 1981）.

赔方的托运人始终负有证明承运人应当承担赔偿责任的举证义务。

(十二) 货物灭失、损害的通知

根据《海上货物运输法案》第 3 条第 6 款的规定，有权提取货物的人在提走货物之前发现货物灭失、损害的，应当向承运人发出有关货损情况的书面通知。未能及时发出此种通知的，视为承运人已经按照提单中记载的货物情况交付货物。如果货物灭失、损害不明显，那么提货人应当在交付货物后 3 日之内提交货损书面通知，未提交通知的，并不影响货方索赔的权利。

(十三) 诉讼时效

《海上货物运输法案》规定，有关货物灭失、损害的诉讼请求应当在货物交付后的 12 个月内提起。值得注意的是，《海上货物运输法案》本身并没有界定"货物交付"的含义。根据美国一般海商法的基本原则，所谓货物交付是指承运人将货物卸载至码头后，按照提单条款进行分隔和计数，并将货物送至码头某个存储场所。该存储场所应当满足两个条件：一是便于收货人提取货物；二是为收货人提供合理的提货机会。① 若港口所在地法律或者习惯要求承运人将货物交付给相关主管部门，此种情形下也视为承运人已经适当履行了交付货物的义务。② 货物灭失导致无法交付货物的，则 12 个月的时效期间自承运人应当交付货物之日起算。《哈特法案》本身并未规定时效限制问题，因此根据"懈怠原则"(doctrine of laches) 予以确定。懈怠原则中的懈怠又称为迟延，是指当事人在主张或实现其权利方面存在疏忽、懈怠或不合理的拖延。懈怠原则是衡平法的一项制度，即如果原告在主张权利时存在不合理的拖延，而且已经损害了对方当事人的利益，那么衡平法院可以拒绝原告提出的救济请求。该制度体现了衡平法中"衡平法佐助惊醒者，而不佐助懈怠者"的理念，与普通法的时效制度类似。③

(十四) 《海上货物运输法案》扩展适用的情形

就货物从承运人接收至装船前，以及卸货后至交付收货人这两个阶段而言，《海上货物运输法案》本身并不具有优先于《哈特法案》适用的效力。但

---

① Servicios-Expoarma, C. A. v. Indus. Mar. Carriers, Inc., 135 F. 3d 984 (5th Cir. 1998).
② Lithotip, C. A. v. S. S. Guarico, 569 F. Supp. 837 (S. D. N. Y. 1983).
③ 薛波主编：《元照英美法词典》，北京大学出版社 2017 年版，第 775 页。

值得注意的是,《海上货物运输法案》第 7 条明确规定,该法案并不妨碍承运人或托运人通过协议约定,将法案的适用范围扩展至装船前和卸货后的阶段。尽管理论上存在这种扩展适用的可能性,但美国联邦法院在实践中采取严格解释原则,即对于在陆上阶段(装船前或卸货后)发生的货损,承运人不得援引《海上货物运输法案》中的航海过失免责和火灾免责等特殊免责条款。①

此外,海上货物运输合同的当事人还可以通过提单条款,明确清晰地将《海上货物运输法案》扩展适用于与货物运输活动相关的其他当事方,例如装卸工人、港口经营人等。② 装卸工人、港口经营人并不是海上货物运输合同的一方当事人,除非他们属于承运人的受雇人,否则对托运人或收货人不存在货物运输合同义务。尽管装卸工人、港口经营人可能根据其与承运人之间订立的合同提供与货物相关的服务,但这并不意味着托运人可以向装卸工人、港口经营人提出违约索赔。③ 作为货物的受托人(bailee of the goods),装卸工人或港口经营人应当谨慎进行货物操作,否则对于其过失导致的货物损害,应当向托运人或收货人承担赔偿责任。④

在海上货物运输实践中,由于装卸工人、港口经营人等第三方与托运人、收货人之间不存在直接的运输合同关系,也无法当然地享有承运人基于运输合同所获得的权利和免责抗辩,提单中通常会设置"喜马拉雅条款"(Himalaya Clause)来保护这些参与方的权益。该条款明确规定,承运人根据《海上货物运输法案》享有的各项豁免权、责任限制等权利,同样适用于其受雇人、代理人及独立合同人(装卸工人和港口经营人通常被认定为独立合同人)。通过这一条款,这些第三方可以援引法案中关于承运人的各项权利,包括但不限于诉讼时效、举证责任规则,以及每件 500 美元的单位责任限制等重要条款。⑤ 美国联邦最高法院在判例中确认,只要多式联运提单中的喜马拉雅条款约定明确,即使货损发生在陆运区段,责任方仍可援引《海上货物运输

---

① Vistar, S. A. v. M/V Sea Land Express, 792 F. 2d 469(5th Cir. 1986); R. L. Pritchard & Co. v. S. S. Hellenic Laurel, 342, F. Supp. 388(S. D. N. Y. 1972).

② Leather's Best, Inc. v. S. S. Mormaclynx, 451 F. 2d 800(2nd Cir. 1971).

③ Thomas R. Denniston, et al., "Liabilities of Multimodal Operators and Parties Other Than Carriers and Shippers", *Tul. L. Rev.*, Vol. 64, 1989, p. 517.

④ Robert C. Herd & Co. v. Krawill Mach. Corp. 359 U. S. 297(1959).

⑤ B. Elliott(Canada)Ltd. v. John T. Clark & Son of Md., Inc., 704 F. 2d 1305(4th Cir. 1983); Koppers Co. v. S. S. Defiance, 704 F. 2d 1309(4th Cir. 1983).

法案》规定的海运承运人责任限制进行抗辩。① 美国联邦法院在认定喜马拉雅条款效力时,严格遵循合同法解释的一般原则。需要特别指出的是,《海上货物运输法案》中的某些特定免责事项(如船舶不适航、航海过失和管船过失等)仅适用于承运人本身,不能通过喜马拉雅条款扩展适用于其他责任主体。② 因此,法院在司法实践中对喜马拉雅条款的适用采取审慎态度,尤其是针对独立合同人的情形。只有当条款内容明确无误地将承运人的特定权益赋予相关第三方时,这些主体才能获得相应保护。

(十五) 管辖条款和法律适用条款

在 Vimar Seguros y Reaseguros, S. A. v. M/V Sky Reefer 一案③中,美国联邦最高法院判决提单中约定将争议提交美国以外国家以仲裁方式解决的外国仲裁条款有效,因此涉案纠纷应当依据该仲裁条款解决,而非在美国法院提起诉讼。这一判决推翻了以往联邦法院的一贯立场。在此案判决以前,美国联邦各级法院审理有关《海上货物运输法案》适用的合同争议时,都无一例外地判定将外国法院管辖的条款扩展适用于该法案下的货方是无效的。但是,在该案判决作出之后,各级联邦法院遵循美国联邦最高法院确立的新原则,承认海上货物运输合同中约定通过外国仲裁或外国法院诉讼解决争议的条款具有法律效力。④

综上,不论是《海上货物运输法案》还是《哈特法案》,在其各自调整范围内均具有强制适用性,因此不允许当事方仅通过协议约定排除上述法律的适用。当然,如果当事人在提单中约定适用外国法律,而且条款非常明确清晰地表明是增加承运人的责任,那么联邦法院一般也会认可该法律适用条款的效力。⑤

---

① Norfork S. Ry. Co. v. Kirby, 543 U. S. 14 (2004); Kawasaki Kisen Kaisha Ltd. v. Regal–Beloit Corp., 130 S. Ct. 2433 (2010).
② Vista, S. A. v. M/V Sea Land Express, 792 F. 2d 469 (5th Cir. 1986).
③ Vimar Seguros y Reaseguros, S. A. v. M/V Sky Reefer, 515 U. S. 528 (1995).
④ Mitsui & Co. (USA) Inc. v. Mira M/V, 111 F. 3d 33 (5th Cir. 1997).
⑤ Francosteel Corp. v. M/V Pal Marinos, 885 F. Supp. 86 (S. D. N. Y. 1995).

第六章
海上人身损害赔偿

第一节 海上人身损害赔偿概述

美国海商法中关于人身损害赔偿的法律体系具有其独特性,既包含美国国会制定的成文法,也包含一般海商法确立的原则,这一体系与普通侵权法存在显著区别。

在处理海上人身损害赔偿案件时,准确界定原告和被告的法律地位以及判断是否存在海事雇佣合同或一般雇佣关系至关重要,因为美国相关法律规定中,部分条款适用于任何身份的索赔方,而部分条款仅适用于特定身份的当事人。[①] 从受雇人角度来看,美国海上人身损害赔偿案件可分为以下三类:(1)船员索赔案件;(2)非船员身份的其他海上服务人员索赔案件;(3)离岸油气钻井平台工作人员索赔案件。值得注意的是,近年来涉及旅客的人身损害赔偿诉讼越来越多,特别是娱乐船舶事故引发的索赔案件。在因娱乐活动引发的人身损害赔偿诉讼中,常见的被告方通常包括雇主、船舶所有人和经营人,以及产品制造商等第三方侵权责任人。

一、海上人身损害赔偿范围

通常情况下,海上人身损害赔偿范围包括如下方面:(1)因身体遭受伤害无法正常工作产生的工资损失以及因此将会产生的工资损失;(2)因身体伤害导致未来赚钱能力丧失而带来的损失;(3)肉体上的痛苦以及精神上的折磨;(4)已经发生的医疗费用以及后续将要产生的医疗费用,包括与身体

---

① Robert Force, "Post-Calhoun Remedies for Death and Injury in Maritime Case: Uniformity Whither Goest Thou", *Tul. Mar. L. J.*, Vol. 21, 1996, p. 7.

康复相关的其他辅助性费用。但是，对于第 4 项费用的认定，美国各级联邦法院存在不同的看法。例如在 Downie v. United States Lines, Co. 一案①中，美国联邦法院启用了调卷令（certiorari），但被拒绝。根据《元照英美法词典》的解释，调卷令是上诉法院签发给下级法院要求其将某一案件的诉讼记录移交给上诉法院审查的一种特别令状。美国联邦最高法院将调卷令作为其选择复审案件的工具。但是，美国各州的司法实践倾向于废除这一令状。② 此外，在海事人身损害赔偿诉讼中，受害人还可以向法院主张自损害发生至法院作出终审判决期间的利息损失。例如在 Magee v. United States Lines 一案③中，法院根据一般海商法作出判决，认定责任人违反保证适航义务时，受害人有权请求法院将利息赔偿计算至终审判决作出前。

美国一些联邦上诉法院在早期审理人身损害赔偿案件时，甚至还允许受害人在特定条件下索赔配偶权丧失的损失（loss of consortium）、同居人权利丧失的损失（loss of society）以及惩罚性赔偿（punitive damages）。但是，美国联邦最高法院在 Miles v. Apex Marine Corp. 一案④中明确判定，死亡船员的母亲只能索赔金钱上的损失（pecuniary loss）而非其他类型的损失，尽管涉案纠纷中死者的母亲是根据一般海商法而非《琼斯法案》提起诉讼。但是，美国联邦最高法院认为，死者家属根据一般海商法请求赔偿的数额不得超过根据《琼斯法案》所能获得的赔偿数额。⑤ 在美国联邦最高法院对该案作出判决后，一些联邦上诉法院纷纷认定，受害人或其家属根据一般海商法所能获得的人身损害赔偿只限于金钱上的损失，而不能包括其他非金钱类型的损失。美国联邦最高法院对该案的判决也受到下级联邦法院的质疑，它们认为不能机械地将该案确立的赔偿限制标准适用于所有人身损害赔偿争议。在 Atlantic Sounding Co. v. Townsend 一案⑥中，美国联邦最高法院认为在一些特定情形下，

---

① Downie v. United States Lines, Co., 359 F. 2d 344, 347 (3rd Cir.), *cert. denied*, 385 U. S. 897 (1966).
② 薛波主编：《元照英美法词典》，北京大学出版社 2017 年版，第 208—209 页。
③ Magee v. United States Lines, 976 F. 2d 821 (2nd Cir. 1992).
④ Miles v. Apex Marine Corp., 498 U. S. 19 (1990).
⑤ Horsley v. Mobil Oil Corp., 15 F. 3d 200 (1st Cir. 1994); Wahlstrom v. Kawasaki Heavy Indus. Ltd., 4F. 3d 1084 (2nd Cir. 1993); Miller v. Am. President Lines, Ltd., 989 F. 2d 1450 (6th Cir.), *cert. denied*, 510 U. S. 915 (1993).
⑥ Atlantic Sounding Co. v. Townsend, 557 U. S. 404 (2009).

例如责任人故意拒绝向遭受人身伤害的船员支付医疗费用，那么联邦法院可以判决责任人应当向受害人支付惩罚性赔偿。Atlantic Sounding Co. v. Townsend 一案的判决已经产生了一些效果，一些联邦上诉法院或者联邦地区法院已经开始拒绝将 Miles v. Apex Marine Corp. 案确立的赔偿限制标准适用于人身损害赔偿案件。①

二、人身损害赔偿案件的诉讼时效

人身损害赔偿案件的诉讼时效期间为 3 年，自损害发生之日起计算。《美国法典》第 46 编"航运"部分第 301 章"一般责任规定"共有 6 条，分别规定了将管辖权扩展至陆地损害或伤害案件，对旅客的责任，船长、大副、轮机员及引航员的责任，船员人身伤害或死亡，对非公民及非居民外国人在外国水域事故索赔的限制，提起海事人身伤亡诉讼的时限。

其中，第 30101 条规定将管辖权扩展至陆地损害或伤害案件。该条包括 3 款内容，第 1 款为一般规定，明确将美国海事管辖权扩展适用于在可航水域由船舶造成的人身伤害或财产损害案件，即使该人身伤害或财产损害发生在陆地上。第 2 款为程序内容规定，明确了基于第 1 款提起的民事诉讼，不论是对物诉讼，还是对人诉讼，都可以适用在可航水域发生的人身伤害或财产损害案件所适用的法律原则及诉讼规则。第 3 款是针对向美国提起的诉讼，包括两个方面的内容：第一，排他性救济。如果船舶在可航水域导致的人身伤害或财产损害发生在陆地，并因此向美国政府提起民事诉讼索赔，那么可以适用本编第 309 章或第 311 章所涉及的排他性救济的内容。第二，行政索赔。在以书面形式向造成人身伤害或财产损害的船舶拥有者或经营者提出索赔的 6 个月期限届满前，不得提起该条款所述的民事诉讼索赔。

《美国法典》第 46 编第 309 章是针对向美国政府提起的海事诉讼。第 309 章包括 18 条，主要涉及以下内容：简称，定义条款，豁免权的放弃，排他性救济，提起诉讼的期限，管辖地，审理与裁决程序，免于扣押或查封，提供担保，免责和责任限制，诉讼费用及利息，仲裁、和解或调解，判决或调解费用的支付，私有船舶被扣押后的释放，外国司法管辖区内的扣押及其他程

---

① CEH, Inc. v. F/V Seafarer, 70 F. 3d 694（1st Cir. 1995）; Gerdes v. G & H Towing Co., 967 F. Supp. 943（S. D. Tex. 1997）; Rebstock v. Sonat Offshore Drilling, 764 F. Supp. 75（E. D. La. 1991）.

序，美国对海难救助服务的求偿权，报告。其中，第 30904 条涉及排他性救济，并明确规定：若本章已规定救济方式，则该救济应排除针对美国官员、雇员或代理人以及联邦全资公司（其作为或不作为导致索赔产生）就同一事由提起的任何其他诉讼。

《美国法典》第 46 编第 311 章规定了涉及公务船舶的诉讼。该章包括 13 条，主要涉及以下内容：简称，豁免权的放弃，适用的程序，管辖地，提起反请求时的担保，免责和责任限制，利息，仲裁、和解或调解，判决或调解费用的支付，向船长或船员发出传票，外国国民的索赔，不能被承认或设立的留置权，报告。

《美国法典》第 30102 条是关于旅客的责任规定，包括两款内容。第 1 款"责任"明确规定，船舶所有人、船长以及船舶应对下列情形导致的旅客人身伤亡或其行李损害承担赔偿责任：（1）未能遵守第 46 编第 2 分编有关船舶和船员的 B 部分或 F 部分的规定；①（2）明知船舶属具或船体存在缺陷。第 2 款涉及不能享受责任限制的情形。该款明确规定，责任人因第 30102 条规定而承担的赔偿责任不适用法典第 305 章规定的责任限制。

《美国法典》第 30103 条规定了船长、大副、轮机员及引航员的责任：如果人身伤害或财产损害是由船长、大副、轮机员或引航员的疏忽或恶意行为所致，或是因其拒绝遵守船舶航行方面的相关法律规定，又或者存在其他过失导致的，那么受害人可以向船长、大副、轮机员或引航员提起民事诉讼。

《美国法典》第 30104 条涉及船员人身伤害或死亡相关事宜，包括两款规定。第 1 款是一般规定，明确指出在雇佣期间受伤的船员，或因伤死亡船员的个人代表，可选择对雇主提起普通法上的民事诉讼，并享有接受陪审团审判的权利。美国法律中关于铁路雇员人身伤害或死亡赔偿的规定，同样适用于本条规定的诉讼。第 2 款涉及对水产养殖工人的赔偿限制，包括两方面内容：（1）一般规定。该项明确规定，前述第 1 款中的船员不包括那些作为水产养殖工人，可享受所在州工伤补偿待遇，且受伤时正在其合法进入的水产养殖场所从事养殖作业的个人。水产养殖工人需要满足如下条件：第一，受从事

---

① 第 46 编第 2 分编有关船舶和船员的 B 部分规定了船舶检验和监管的相关规则，包含第 3101—4901 条，F 部分是有关船舶配员的规定，包含第 8101—9308 条。

商业活动的企业雇佣并开展水产植物及动物的栽培、培养和采收工作，以及开展其他水产物种的生长和采收工作，包括对鱼类或鱼类产品进行清洗、加工或灌装，开展贝类养殖和采收工作。第二，未持有根据第 7101 条（c）款规定签发的许可证。第三，未被要求持有第 46 编第 2 分编 F 部分所规定的商船船员资格证书。

《美国法典》第 30105 条规定了对非公民及非居民外国人在外国水域事故索赔的限制，共 3 款。第 1 款明确规定，该条提及的大陆架与 1958 年《大陆架公约》第 1 条的界定一致。第 2 款规定了限制条件，即除非第 3 款另有规定，一个自然人在同时满足以下 3 个要件时，就有关供养及医疗费用或者人身损害赔偿，不能依据美国海事法的规定提起民事诉讼：（1）在发生人身伤亡事故时，并非美国公民或非享有美国永久居留权的外国人。（2）事故发生在美国以外国家的领海或大陆架上覆水域。（3）在事故发生时，受伤或死亡的个人系受雇于从事近海矿产或能源资源勘探、开发或生产相关工作的人员，涵盖钻探、测绘、勘测、潜水、管道铺设、维护、修理、建造及物资、设备或人员的运输等活动，但不包括通过主要为在货舱内运输散装石油而建造或改装的船舶进行上述资源运输的情形。第 3 款是除外规定，主要明确了第 2 款不适用的例外情形。当索赔人能够证明存在下列任一情形时，第 2 款的限制不予适用：事故所在管辖国法律未提供救济途径；受害方国籍国或居留国法律未提供救济途径。

《美国法典》第 30106 条规定了因人身伤亡提起海事诉讼的时间限制：除法律另有规定之外，因海事侵权行为引发的人身伤亡损害赔偿之诉，应自该侵权行为（诉因）发生之日起 3 年内提起。

此外，《美国法典》第 45 编第 2 章第 56 条第 1 款明确规定，除非在诉因产生之日起 3 年内提起诉讼，否则不得根据该章规定提起诉讼。第 2 款规定，根据本章规定，诉讼可以向下列任一法院提起：美国联邦地区法院、被告居住地的法院、诉因产生地的法院，以及提起此种诉讼时被告开展经营活动所在地的法院。显然，美国联邦法院与满足上述条件的多个州法院同时享有管辖权。

综上，根据美国法律的规定，人身伤亡损害赔偿请求的诉讼时效一般为 3 年。

三、人身损害赔偿案件的诉讼管辖及类型

如前文所述，根据美国法律的规定，美国联邦法院和州法院都享有对人身伤亡损害赔偿案件的管辖权。而海上人身损害赔偿案件可能涉及适用一些特别的海事法律规定，因此受害人应审慎考虑如何选择适格的法院来主张权利。

（一）管辖权选择：联邦法院管辖与州法院管辖

对于海上人身伤亡事故，索赔人可以根据《美国法典》第28编第1333条的规定①向美国联邦法院提起诉讼。如果索赔人选择向联邦法院起诉，那么通常情况下不会涉及陪审团参与诉讼，但是根据"穷尽一切手段有利于请求人"条款以及在涉及公民身份多重性时②，联邦法院还是会允许陪审团参与诉讼。

此外，《琼斯法案》明确规定，船员人身损害索赔案件的索赔人有权申请陪审团参与诉讼。即使索赔人在根据《琼斯法案》提出损害赔偿请求的同时，又根据美国一般海商法的规定提出索赔主张，其请求陪审团参与诉讼的权利也不会因此丧失。③ 同样地，根据"穷尽一切手段有利于请求人"条款，索赔人还可以选择向州法院提起诉讼，并且依据州法主张陪审团参与诉讼。根据美国法律及相关判例，允许索赔人根据《琼斯法案》向州法院提起诉讼。④

若原告选择在某一州的法院提起人身损害赔偿诉讼，且援引联邦法院管辖权的唯一依据仅为《美国法典》第28编第1333条的规定，那么被告不能仅以海上人身伤亡案件属于海事管辖范围为由，请求将案件移送至联邦法院。因为被告的这一抗辩与"穷尽一切手段有利于请求人"条款相悖。⑤ 然而，若

---

① 根据《美国法典》第28编第1333条关于海事、海商及捕获案件管辖权的规定，联邦地区法院对以下两类案件享有排他性管辖权：其一，所有属于海事或海商管辖范围的民事索赔案件，包括适用"穷尽一切手段有利于请求人"条款的案件；其二，在美国境内实施的所有捕获行为及相关财产没收程序。基于此项排他性管辖权的设定，各州法院对上述案件均无权行使司法管辖权。

② 根据《美国法典》第28编第1332条的规定，对于争议标的额超过75000美元（不含利息与诉讼费），且发生在美国不同州公民之间或者美国公民与外国公民之间的民事诉讼，联邦地区法院享有初审管辖权。

③ Fitzgerald v. United States Lines, Co., 374 U.S. 16 (1963).

④ O'Donnell v. Great Lakes Dredge & Dock Co., 318 U.S. 36 (1943).

⑤ Romero v. Int'l Terminal Operating Co., 358 U.S. 354 (1959).

存在联邦法院行使管辖权的其他事由，比如存在公民身份多重性或案件涉及联邦问题，那么依据有关案件移送的法律规定，涉案争议仍可被移送至联邦法院审理。① 但是，若依据《琼斯法案》，原告在某州的法院提起船员人身损害赔偿诉讼，即便存在公民身份多重性等联邦管辖事由，该案件也不可被移送至联邦法院管辖。因为《琼斯法案》作为美国制定法，已对不可移送管辖的案件作出明确规定。②

根据《美国法典》第 28 编第 1445 条不可移送管辖的规定，在下列情形下，案件不可移送至联邦地区法院：（1）依据《美国法典》第 45 编第 51—60 条的规定，向任何州法院提起的针对铁路公司、铁路运输收货人、信托人相关的任何民事诉讼；（2）依据《美国法典》第 49 编第 11706 条、第 14706 条的规定，向任何州法院提起的针对承运人、收货人、信托人就迟延交付造成的损失以及航运相关的人身伤害或损失的任何民事诉讼；（3）在任何州法院，依据该州的工人赔偿法案提起的任何民事诉讼；（4）在任何州法院，依据 1994 年《针对妇女暴力行为法案》（Violence Against Women Act of 1994）提起的任何民事诉讼。

（二）诉讼类型：对人诉讼和对物诉讼

如果原告的人身损害系由船舶导致，那么受害方既可以提起针对船舶所有人或经营人的对人诉讼，也可以提起针对船舶本身的对物诉讼，或者同时提起对人诉讼和对物诉讼。③ 但是如果受害方根据《琼斯法案》申请赔偿，那么只能提起对人诉讼。④ 对物诉讼是普通法系特有的诉讼制度，是指确定某项财产的所有权以及当事人针对该财产主张某种权利的诉讼。联邦法院就对物诉讼作出的判决不仅对诉讼当事人有效，还对在任何时间就该财产主张权利的任何人都具有效力。⑤

---

① Hufnagel v. Omega Serv. Indus. Inc., 182 F. 3d 340（5th Cir. 1999）; Tenn. Gas Pipeline v. Houston Cas Ins. Co., 87 F. 3d 150（5th. Cir. 1996）; Scurlock v. Am. President Lines, 162 F. Supp. 78（N. D. Cal. 1958）.

② Lackey v. Atl. Richfield CO., 983 F. 2d 620（5th Cir. 1993）; Pate v. Standard Dredging Corp., 193 F. 2d 498（5th Cir. 1952）.

③ Guzman v. Pichirilo, 369 U. S. 698（1962）.

④ Plamals v. The Pinar del Rio, 277 U. S. 151（1928）; Mahnich v. S. S. S. Co., 321 U. S. 96（1944）.

⑤ 薛波主编：《元照英美法词典》，北京大学出版社 2017 年版，第 21 页。

第二节 船员人身损害赔偿救济的理由

在美国，船员是指满足如下条件的人员：从持续时间和工作性质的角度来看，与航行中的船舶具有实质联系，以及所从事的工作与实现船舶应有功能或者完成船舶使命相关联的人员。[①] 根据美国一般海商法和相关法律的规定，船员可以基于如下3种理由获得人身损害赔偿救济，分别为雇主未尽到供养和医疗义务、雇主存在《琼斯法案》之下的过失、船舶处于不适航状态。即使人身伤亡事故是由上述多个原因导致的，船员依然可以选择其中一个理由提起人身损害赔偿诉讼。

一、雇主未尽到供养和医疗义务的救济

（一）一般规定

如果船员在船舶工作并提供服务期间遭受人身伤害或患病，有权依据雇主违反供养和医疗义务，请求损害赔偿救济。通常情况下，船员雇佣合同会约定供养和医疗费用相关事项。因此，船员主张雇主支付供养和医疗费用，主要依据雇佣合同提出。值得注意的是，该项费用请求具有侵权索赔的特征，因为船员提出该请求，通常是由于履行船员雇佣合同时发生人身伤害或染病所致，且该项费用的索赔请求，通常会伴随着雇主存在过失或船舶不适航等情况一并提出。因此，无论船员是否依据《琼斯法案》，或者基于船舶不适航向雇主提出损害赔偿救济，都可就供养和医疗费用独立请求损害赔偿救济。[②] 一般来讲，这一主张既不属于严格意义上的违约索赔请求，也不属于严格意义上的侵权索赔请求。这种具有双重属性的索赔特性，也导致联邦法院在处理有关该索赔请求的诉讼时效方面缺乏统一性。

雇主为满足船舶经营活动需求招募船员上船工作，并对船员在船上的活动进行管控。尽管大部分情况下，船员在船舶上工作并提供服务，但也会出现船员离船登岸进行临时娱乐消遣活动的情况。根据美国判例，通常船员短

---

① Chandris, Inc. v. Latsis, 515 U.S. 347 (1995).
② Cooper v. Diamond M. Co., 799 F. 2d 176, 178 (5th Cir. 1986).

暂登岸期间也视为在为船舶提供服务的期间范围内。[①]

　　雇主的供养和医疗义务来源于美国一般海商法。如果雇主未尽到该义务，那么船员可以获得如下救济：（1）供养费用；（2）因遭受人身伤害而产生的医疗费用；（3）因遭受人身伤害而产生的工资损失。

　　通常而言，船舶所有人作为雇主，应当向其雇员——船员履行支付供养和医疗费用的义务。然而，若船舶处于光船租赁状态，由承租人实际占有并控制船舶，那么相应地，需由光租承租人承担向船员支付供养和医疗费用的义务。如果某一方机构与船舶所有人签订提供船员劳务的合同，并按照约定向船舶所有人提供规定数量和要求的船员，即船员是通过第三方机构雇佣或聘用，而后被派遣到船舶所有人指定的船舶上从事船员工作。依据美国传统的代理理论，船舶所有人作为实际用工单位，同样会被认定应履行供养和医疗义务，并可能因违反该义务而被认定为赔偿责任主体，船员可对其提起对人诉讼。鉴于船员通常是在船上工作期间发生人身伤亡事件，因此涉事船舶本身也会产生"物"的责任，即船员及其家属可以对该特定船舶提起对物诉讼。

　　船员主张雇主违反供养和医疗义务并就因此产生的费用向雇主提出索赔救济的，无须考虑雇主对船员人身伤亡事故是否存在过错，船员只要证明其与雇主之间存在雇佣关系，就可以向法院起诉并追究雇主的责任。[②] 此外，船员对其所遭受的人身伤害是否存在过失并不重要，因为根据美国"相对过失原则"，船员从雇主处获得的损害赔偿不会因其存在过失而减少。[③] "相对过失原则"也被称为"比较过失原则"，最早源于美国海事案件。该原则是指在损害赔偿诉讼中，将原告的过失与被告的过失进行比较，从而减少被告应当承担的赔偿份额。目前，美国很多州都采用相对过失原则，取代了共同过失原则或混合过失原则。一般来说，根据"相对过失原则"，被告的过错程度越高，原告为获得赔偿所需达到的注意程度就越低，但无论原告的过错如何，都不能完全免除被告的责任。[④]

---

① Warren v. United States, 340 U. S. 523（1951）.
② Calmar S. S. Corp. v. Taylor, 303 U. S. 525（1938）.
③ Stanislawski v. Upper River Serv. Inc., 6 F. 3d 537（8th. Cir. 1993）.
④ 薛波主编：《元照英美法词典》，北京大学出版社2017年版，第268页。

"混合过失原则"是指，原告在索赔时虽然主张被告的过错导致损害发生，但原告自身也存在疏忽，且该疏忽构成致损原因的一部分或全部。根据英国普通法，若有证据证明原告本身存在某种过失并因此造成自身损害，被告可进行抗辩并免除赔偿责任。也就是说，如果原告的过失是事故发生的真实、有效原因，且原告有避免事故发生的最后机会却未能采取有效措施，那么无论被告过错大小，原告都不能免除自身过失造成损害的责任。然而，英国在1945年颁布《法律改革（混合过失）法案》［Law Reform (Contributory Negligence) Act］后，混合过失原则不再是被告完全抗辩的事由。也就是说，若原告仅存在部分过失，法院不会驳回其全部诉讼请求，而是由法院或陪审团依据各当事方造成损害的过错程度，相应确定损害赔偿责任的承担，从而减轻被告的赔偿责任。此外，依据混合过失原则，未成年人的过失不构成混合过失，而雇员的过失、紧急避险行为等不一定构成混合过失。根据美国判例，若原告违反法律设定的保护自身免受伤害的义务，以及未履行一般注意义务，则原告存在过失，需对其违反法律义务的过失承担责任。原告的过失与被告的过失共同存在，且成为导致原告遭受损害的主要原因时，根据美国《联邦民事诉讼程序规则》的规定，被告可通过举证证明原告存在过失，并以原告存在过失为由进行明确抗辩，以减轻其责任承担。①

船员以雇主未尽到供养和医疗义务为由寻求损害赔偿救济时，无须举证雇主存在过错。根据美国"相对过失原则"，雇主实际上承担的是严格责任，因此船员本身对其遭受的人身损害是否存在过错就变得无关紧要。若雇主能够举证证明船员对其遭受的人身损害存在故意或者重大过失，则船员将因此丧失主张供养和医疗费用的权利。②

船员只要举证证明其遭受伤害或者患病，不论发生在船舶上还是陆地上，都可以向雇主主张供养和医疗费用。③ 但是，发生在陆地的人身伤亡或船员染病情况，应当是在船员"在船服务期间"。也就是说，船员主要在船舶上工作并提供劳务，若其临时到陆地期间并发生人身伤亡或染病，这种情况应视为属于"在船服务期间"，但不包括船员根据相关法律规定，在船工作一段时间

---

① 薛波主编：《元照英美法词典》，北京大学出版社2017年版，第316—317页。
② Aguilar v. Standard Oil Co. of N. J., 318 U.S. 724 (1943).
③ Warren v. United States, 340 U.S. 523 (1951).

后到陆地休养、度假的情形。例如，船舶在港口靠泊进行装卸货作业时，船员临时到港口所在地陆上购物、旅游观光或处理其他事务，在此期间若发生人身伤亡或患病，则应认定属于"在船服务期间"。但如果船员在船上工作一段时间后，需要离船到陆地休养，像当地居民一样生活，那么船员在陆地休假期间发生的人身伤亡和染病情况，就不能向雇主主张供养和医疗费用的救济。①

（二）供养费用

供养费用是指，船员在养伤期间所产生的、与其在船职务标准相适应的每日生活开支，主要包括饮食和住宿等基本生活费用。这些费用仅限于船员实际离开船舶期间产生的必要支出，且标准应参照其在船期间享有的待遇水平。② 需要特别说明的是，供养费用仅涵盖船员个人的基本生活开支，不包括与其共同生活的家庭成员的相关费用。③

船员主张供养费用的权利可以追溯到中世纪。根据普通法的规定，自遭受人身损害或患病至航次完成，船员有权就这一期间的住宿饮食等费用支出，为身体康复而支付的医疗费用，以及在医疗或恢复期间未能赚取的工资损失等，向雇主提出索赔。④ 向船员支付供养费用是法律赋予雇主的一项义务，而且该义务主要与船员的法律地位存在关联，通常会在船员雇佣合同中予以规定。美国一些联邦法院认为，即使船员雇佣合同未作出明确约定，雇主向船员支付供养费用的义务也属于默示义务，并且雇主不可以通过合同条款约定免除该义务。

为了获得供养费用，船员应当初步举证证明其为了满足饮食和住宿需求而产生的合理费用，即该供养费用的支出应当在合理范围内。雇主可以举证证明船员主张的费用过高，并对不合理高出的部分不承担赔偿责任。通常情况下，美国多数联邦法院会参考船员工会与船东签订的集体服务协议中约定的标准，来确定合理数额的供养费用。此外，也有一些联邦法院认为，应当

---

① Haskell v. Socomy Mobil Oil Co., 237 F. 2d 707（1st Cir. 1956）; Liner v. J. B. Talley & Co., 618 F. 2d 327（5th Cir. 1980）; Baker v. Ocean Sys. Inc., 454 F. 2d 379（5th Cir. 1972）.

② Morales v. Garjak, Inc., 829 F. 2d 1355（5th Cir. 1986）.

③ Macedo v. F/V Paul & Michelle, 868 F. 2d 519（1st Cir. 1989）; Ritchie v. Grimm, 724 F. Supp. 59（E. D. N. Y. 1989）.

④ Gardiner v. Sea-Land Service, Inc., 786 F. 2d 943（9th Cir. 1986）.

根据实际情况予以考虑,因为在特定情况下,集体服务协议中规定的数额过低且不合理。①

(三) 医疗费用

医疗费用是指,船员为了治疗人身损害或疾病而支出的合理费用。雇主有义务支付合理且合法的医疗费用,但是船员也有义务减少不必要的医疗费用支出。尽管船员有权利选择任何一家医院或者任何一名医生,但是如果经证明,船员主张的医疗费用属于不必要发生的或者存在明显不合理的情形,那么雇主无须对此承担赔偿责任。此种情形下,雇主应承担举证责任,否则不能仅凭雇主主张的医疗费用不合理就免除其赔偿责任。②

为了能够负担医疗费用,雇主通常情况下会通过投保商业健康保险分散风险。此外,雇主还可以通过政府资助的健康保险计划,使船员能够享受免费的医疗救治,以履行其对船员的义务。③

雇主负担医疗费用并不意味着其应当向船员提供终身或者长期的医疗费用。如果该费用达到最高医疗费用的上限,那么雇主向船员支付医疗费用的义务终止。所谓最高医疗费用的上限,指的是在现有医疗技术发展条件下,诊治船员人身伤害或疾病理应产生的费用。也就是说,受医疗技术所限,即便采取进一步医疗措施,也无法改善船员身体状况。例如,船员身体已痊愈,或被证明无法痊愈,又或者经治疗达到某种最终程度,今后不会再进一步恶化或发生变化等。④ 雇主支付医疗费用的义务,仅限于支付该费用能够缓解或改善船员病情、提升其身体条件的情况。若经确诊,船员身体已处于残疾状态,对于为减轻身体伤痛或缓解身体残疾状况而产生的医疗费用,雇主并无义务承担。若医疗费用已达到最高医疗费用的上限,且雇主支付医疗费用的义务已经终止,经船员证实,发现新的治疗方法有助于治疗其身体伤害或疾病,则船员仍可就新治疗方法产生的费用,向雇主提出医疗费用的救济

---

① Gardiner v. Sea-Land Service, Inc., 786 F. 2d 943 (9th Cir. 1986), 479 U. S. 924 (1986); Barnes v. Andover Co. L. P., 900 F. 2d 630 (3rd Cir. 1990).
② Rodriguez-Alvarez v. Bahama Cruise Line, Inc., 898 F. 2d 312 (2nd Cir. 1990).
③ Moran Towing & Transp. Co. v. Lombas, 58 F. 3d 24 (2nd Cir. 1995).
④ Vella v. Ford Motor Co., 421 U. S. 1 (1975); Farrell v. United States, 336 U. S. 511 (1949); Morales v. Garijak, Inc., 829 F. 2d 1355 (5th Cir. 1987).

主张。①

（四）工资损失救济

除了供养费用和医疗费用的救济，船员还可以向雇主索赔因人身伤害而无法工作期间的工资损失。如果雇佣合同明确规定工资事项，那么雇主应当根据该特定条款向船员支付工资损失。根据美国法律的规定，如果雇主没有充分的理由并且未能及时向船员支付工资损失，那么将适用"双倍支付工资"的惩罚规则。该规则不仅适用于与供养和医疗费用一并提出的工资损失索赔，还适用于船员单独提出的工资损失索赔。

（五）有关供养和医疗费用索赔的诉讼时效

在船员主张供养和医疗费用救济的案件中，由于此类索赔兼具合同与侵权的双重法律属性，美国联邦法院在确定诉讼时效方面存在分歧。Jewel M. Cooper v. Diamond M Company 一案②的争议就非常典型。Jewel M. Cooper 是 M 公司的雇员，在该公司经营的"Century"号船舶上担任服务员。1979 年 4 月 4 日，Cooper 因冷藏室设备漏水滑倒受伤。事故发生时并没有其他人员在场，当船上其他雇员走进冷藏室时，发现 Cooper 已经摔倒在地板上。事后，Cooper 将该事故报告给了船长。Cooper 忍着疼痛在船上工作，直至 1983 年 4 月 27 日被解雇。1983 年 5—9 月，Cooper 收到 M 公司支付的每周 200 美元赔偿费。事故发生 4 年后，Cooper 于 1983 年 11 月 14 日依据美国《琼斯法案》和一般海商法的规定，向 M 公司提出人身伤害索赔。M 公司声称，该索赔已经超过美国法律规定的海事侵权案件 3 年的诉讼时效。联邦地区法院判定涉案纠纷属于《琼斯法案》范畴，但否认了 Cooper 可以依据美国一般海商法基于船舶不适航向雇主提起诉讼，并给予 Cooper 10 天时间申请变更诉讼请求。Cooper 在变更后的诉讼请求中，不仅陈述了其未能及时向法院起诉的合理缘由，而且增加了一项主张供养和医疗费用的请求。联邦地区法院认为，Cooper 提出的赔偿请求已经超过 3 年诉讼时效，且因供养和医疗费用索赔基于合同事项提起，故而不予支持。根据路易斯安那州的法律，基于合同提出索赔的诉讼时效为 10 年。联邦地区法院根据懈怠原则判定，作为雇主的 M 公司无须承

---

① Farrell v. United States，336 U. S. 511（1949）.
② Jewel M. Cooper v. Diamond MCompany，799 F. 2d 176（5th Cir. 1986）.

担赔偿责任。Cooper 不服一审法院判决，又以雇主未尽到船舶适航义务及供养和医疗费用支付义务为由，向第五巡回上诉法院提起上诉。

第五巡回上诉法院认为，联邦地区法院关于船舶不适航问题的判决意见是合理的，应当受美国法律规定的 3 年诉讼时效限制，但是对于一审法院适用懈怠原则是否合理未作评价，仅认为一审法院有关供养和医疗费用的起算时间的认定是不恰当的，应予改判。第五巡回上诉法院根据美国联邦最高法院在审理有关船员人身损害案件时长期形成的理念判定，索赔供养和医疗费用对于船员而言是非常重要的救济方式，如果此种救济方式不明确，那么联邦法院应当作出有利于保护船员利益的解释。供养费用不仅涵盖船员在船服务期间因患病或受伤所产生的餐饮、住宿等费用，而且应当包括从发生伤害事故之日起至索赔人不能从事船员工作之日期间，为治疗伤痛而支出的餐饮、住宿费用。而医疗费用主要是指索赔人为使身体康复所产生的费用，例如医疗费、住院费、康复费等。就涉案纠纷而言，诉讼时效不应从 1979 年 Cooper 在船上摔倒之日起算，而应当从 1983 年 4 月 Cooper 不能从事船员工作之日起算，即 Cooper 提起人身损害赔偿请求的诉因产生于 1983 年 4 月，而 Cooper 是在 1983 年 11 月向一审法院提起诉讼，并在 1984 年 12 月变更诉讼请求，其中包括主张供养和医疗费用。因此，第五巡回上诉法院认为，Cooper 有关供养和医疗费用的索赔主张并未超出美国法律规定的 3 年诉讼时效，最终推翻了一审法院的判决。

因此，在船员供养和医疗费用索赔方面，美国一些联邦法院会严格适用 3 年诉讼时效，例如 Jonathon Chacon-Gordon v. M/V Eugenio "C" and Costa Armatori, S. P. A. 一案[1]；有的法院则根据"懈怠原则"予以判定，例如 Reed v. Am. S. S. Co.[2]、Hughes v. Roosevelt[3] 等案件。其中，在 Reed v. Am. S. S. Co. 一案中，Charles Reed 等 13 名船员于 1988 年在密歇根州东区联邦地区法院起诉以美国轮船公司为代表的多名被告。原告在诉讼请求中声称，被告在向 Charles Reed 等船员支付供养和医疗费用时，未同时支付工资损失。被告以海事侵权案件诉讼时效为 3 年，并且原告提起诉讼时已经超过时效为由予以抗

---

[1] Jonathon Chacon-Gordon v. M/V Eugenio "C" and Costa Armatori, S. P. A., 1987 AMC 1886 (S. D. Fla. 1987).

[2] Reed v. Am. S. S. Co., 682 F. Supp. 333 (E. D. Mich. 1988).

[3] Hughes v. Roosevelt, 107 F. 2d 901 (2nd Cir. 1939).

辩。联邦法院认为，船员基于供养和医疗费用救济所提出的工资损失索赔请求，不属于海事侵权案件的范畴。因为船员是依据集体服务协议以及与雇佣合同相关事项提出主张的，所以该索赔请求仍基于合同产生，不应适用有关海事侵权案件索赔的诉讼时效规定。同时，联邦法院认为，美国法律中有关3年诉讼时效的规定适用于人身伤亡损害赔偿索赔，而供养和医疗费用索赔明显不同于人身伤亡损害赔偿。因此，对于供养和医疗费用索赔请求的诉讼时效，应当适用普通法中的懈怠原则。

通过上述分析可知，在供养和医疗费用索赔方面，该主张究竟应归属于侵权索赔还是违约索赔，以及如何确定其诉讼时效等问题上，美国联邦法院尚未达成共识。

二、根据《琼斯法案》确定雇主存在过失

（一）《琼斯法案》产生的背景及有关船员人身伤亡的规定

《琼斯法案》规定船员可以雇主存在过失为由起诉雇主，并请求陪审团参与诉讼。《琼斯法案》事实上参照了《联邦雇主责任法案》的内容。而《联邦雇主责任法案》主要适用于铁路工人或其家属因铁路工人遭受人身伤亡而提起的赔偿诉讼。

在《琼斯法案》颁布前，美国海商法对船员人身伤害赔偿设有严格限制：当伤害系船舶所有人、船长或其他船员过失导致时，除非船员能证明伤害直接源于船舶不适航，否则仅能主张供养和医疗费用救济，不得请求其他赔偿。① 当时的法律还允许船舶所有人通过以下抗辩免除责任：（1）证明伤害系多方共同过失所致；（2）援引风险分配原则；（3）证实伤害由其他船员过失造成。② 为改变这一现状，美国国会颁布了《琼斯法案》，并作出有利于船员主张人身伤害赔偿的法律规定。③

《美国法典》第46编第3分编"海事责任"第301章包括6个条款，分别涉及以下内容：将管辖权扩展至陆地损害或伤害案件（第30101条），对旅客的责任（第30102条），船长、大副、轮机员及引航员的责任（第30103

---

① California Home Brands, Inc. v. Ferriera, 871 F. 3d 830 (9th Cir. 1989).
② Chelentis v. Luckenbach S. S. Co., 247 U. S. 372 (1918); The Osceola, 189 U. S. 158 (1903).
③ Fisher v. Nichols, 81 F. 3d 319 (2nd Cir. 1996).

条），船员人身伤害或死亡（第 30104 条），对非公民及非居民外国人在外国水域事故索赔的限制（第 30105 条），提起海事人身伤亡诉讼的时限规定（第 30106 条）。

（二）有关船员的界定

《琼斯法案》明确规定，该法案适用于"任何船员"发生人身伤亡索赔的情形，但是没有界定船员的含义。美国联邦最高法院审理的 Chandris, Inc. v. Latsis 一案①，其争议焦点之一就是如何界定船员。该案中，Latsis 受 Chandris 公司雇佣，担任工程师，负责该公司船队下 6 艘船舶的电子通信设备维护和升级工作。1989 年 5 月 14 日，Latsis 随"Galileo"号前往百慕大，为即将开展的船舶翻新工作做准备。在船舶出发当天，Latsis 的右眼出现问题，船上医生诊断疑似视网膜脱落，但没有按照常规治疗标准采取措施，而仅仅让他多注意休息。船舶抵达百慕大后，Latsis 被确诊为视网膜脱落并进行了手术。尽管手术十分成功，但是 Latsis 的右眼只恢复了 25% 的视力。1989 年 9 月 30 日，Latsis 随船抵达德国的不来梅港（Bremen）进行为期 6 个月的翻修工作。在此期间，Latsis 一直在船上工作。此后，Latsis 一直为 Chandris 公司提供服务直到 1990 年 11 月。1991 年 10 月，Latsis 向美国联邦地区法院提起诉讼，根据《琼斯法案》，要求 Chandris 公司对船上医生救治过失导致其视力损伤承担赔偿责任。陪审团虽然确认了 Latsis 的船员身份，但是认为其在德国期间的工作与船舶航行无关，不属于《琼斯法案》规定的"提供船员服务期间遭受人身伤害"的情形，因此认为被告无须承担赔偿责任。Latsis 不服一审判决，遂向美国第二巡回上诉法院提起上诉。联邦上诉法院判决发回重审。Chandris 公司不服，要求美国联邦最高法院对该案进行司法审查。美国联邦最高法院在审理该案时，明确了船员应当满足下列要求：从持续时间和工作性质的角度来看，与航行中的船舶具有实质联系，以及所从事的工作与实现船舶应有功能或者完成船舶使命存在关联。下文将对这两个条件进行分析。

1. 与航行中的船舶具有实质联系

根据《琼斯法案》的规定，船员的认定并不以其是否实际参与船舶操纵为必要条件，也不要求其工作必须直接服务于船舶航行或运输功能，只要能

---

① Chandris, Inc. v. Latsis, 515 U. S. 347（1995）.

够证明其"从事船舶工作"即可。美国联邦最高法院在 Chandris, Inc. v. Latsis 案中确立的这一标准,使得一些传统上不被视为船员的工作人员也被纳入《琼斯法案》的保护范围,例如游船上的理发师①、钻井船上的搬运工②、离岸钻井平台上的油漆工③等。

对雇员来说,比较困难的是证明其符合 Chandris, Inc. v. Latsis 案确立的船员标准。美国联邦法院不会将那些在船舶上短暂停留"打卡"并提供服务的人员认定为船员。通常情况下,联邦法院不仅不会考虑遭受人身伤害时船员在船上是否处于工作状态,也不会考虑伤害是否发生在特定航次期间,船员仅需要举证证明其与雇主之间存在雇佣关系并已经存续了一段时间的事实即可。

如何判定船员在船上持续工作了一段时间,以及如何界定在船舶上提供服务的持续时间长短标准,美国联邦法院的做法并不一致。美国联邦最高法院支持第五巡回上诉法院确立的"拇指原则"(Rule of thumb),即若雇员在船舶上提供服务的时间少于其为雇主工作总时长的 30%,则不能被认定为"船员"。④ 例如,某雇员为船舶公司提供劳务服务,并偶尔被船舶公司派往船上履行职责。若该雇员在船上工作的累计时间少于其为船舶公司工作总时长的 30%,则不能认定其具有船员身份。因此,一些临时或短暂在船舶上工作的人员,如引航员、装卸工人等,不能被认定为船员。当然,美国一些联邦法院也认为,30% 的标准仅作参考,并非衡量船员身份的绝对标准,如有必要,可适当背离这一标准。例如,船舶公司对某个雇员的基本工作安排进行了调整,要求该雇员从在陆地工作改为在船舶上工作。结果该雇员上船工作不久便发生了人身伤亡事件,尽管该雇员在船时长未达到 30% 的标准,其依然有权以船员身份向雇主主张《琼斯法案》下的人身伤害赔偿。

2. 航行中的船舶的含义

根据 Chandris, Inc. v. Latsis 案确立的"实质联系"标准,认定船员身份时需明确关联船舶的范围。此处提及的船舶,并非要求船员从事服务的船舶

---

① Mahramas v. Am. Export Isbrandtsen Lines, Inc., 475 F. 2d 165(2nd Cir. 1973).
② Offshore Co. v. Robison, 266 F. 2d 769(5th. Cir. 1959).
③ McDermott Int'l, Inc. v. Wilander, 498 U. S. 337(1991).
④ Barrett v. Chevron, U.S.A., Inc., 781 F. 2d 1067(5th Cir. 1986); Foulk v. Konjon Marine Co., Inc., 144 F. 3d 252(3rd Cir. 1998).

只能限定为某一特定船舶。若船员能证明其在雇主掌控的船队上从事船员服务，同样满足要求。这便是船员身份识别中的"船队原则"。例如，某个雇主同时拥有多艘船舶，船员被指定在不同时期于雇主拥有的不同船舶上开展工作。只要能够确定或识别这些船舶归同一船舶所有人拥有或控制，即属于雇主的船队范围。即便船员在该雇主所有或控制下的每一艘特定船舶上服务的时间未必达到30%的标准，但只要船员在雇主掌控的船队范围内从事船舶上服务的工作时间累计达到30%，那么该雇员依然符合《琼斯法案》中船员的身份。①

《琼斯法案》并未明确规定航行中的船舶的含义。根据《美国法典》第3条，船舶是指用于或者可以用于水上运输的任何艇筏或其他人工构造物。美国联邦最高法院在审理 Stewart v. Dutra Constr. Co. 案②时，明确该定义同样适用于《琼斯法案》和《近岸及港口工人赔偿法案》。美国有关船舶的法律仅从运输工具的功能或用途角度进行界定，因此即使不具有最基本航行功能的构造物也可以被认定为船舶。正如美国联邦法院在案件审理中所分析的，目前用于水上活动的构造物结构日益复杂，但是如果某个构造物与陆地相连并且不具有运输功能，那么其不应当被视为船舶。③ 因此，根据美国联邦法院的观点，某个构造物是否可以被判定为船舶，主要在于该构造物是否具有运输工具的功能。

在美国联邦最高法院对 Stewart v. Dutra Constr. Co. 案作出判决之前，部分联邦法院在解释船舶定义时并未严格限定其必须具备"运输功能"，因此将一些非传统船舶形状的构造物或者被用于特定用途的构造物纳入船舶范畴，包括正在修理的钻井平台、自升式钻井平台以及具有潜航性能的钻井平台等。④ 而 Stewart v. Dutra Constr. Co. 案则明确将挖泥船认定为符合法律规定的船舶，但干船坞、永久固定于海底的工作平台以及长期锚泊的构造物等不被视为船舶。⑤

---

① Harbor Tug & Barge v. Papai, 520 U.S. 548, 555 (1997).
② Stewart v. Dutra Constr. Co., 543 U.S. 481 (2005).
③ See Robert Force, *Admiralty and Maritime Law* (2nd edition), Federal Judicial Center, 2013, p. 98.
④ Manuel v. P. A. W. Drilling & Well Serv., Inc., 135 F. 3d 344 (5th Cir. 1998); Marathon Pipe Line Co. v. Drilling Rig Rowan/Odessa, 761 F. 2d 229 (5th Cir. 1985); Producers Drilling Co. v. Gray, 361 F. 2d 432 (5th Cir. 1966).
⑤ Pavone v. Miss. Riverboat Amusement Corp., 52 F. 3d 560 (5th Cir. 1995).

根据《琼斯法案》的规定，判断某工作平台或构造物是否属于船舶，通常需要考虑如下 3 个条件：（1）该构造物是否最初被建造为工作平台并用于该目的；（2）在发生人身损害事故时，该构造物处于系泊状态还是固定状态；（3）该构造物的移动能力是用于常规业务中在可航水域的移动，还是仅限于完成其最初建造目的的特殊移动。因此，根据上述条件，如果建造某构造物是作为工作平台使用，并且处于固定状态，那么该构造物不应被认定为船舶。但是美国有判例认为，如果某个构造物最初被建造是为了用于可航水域的运输或商业活动，但是该构造物实际处于航行状态，并且在该构造物上发生了人身伤亡事件，那么《琼斯法案》依然适用。[1]

航行中的船舶，是指在可航水域从事商业运输活动的船舶。在以下情形下，船上发生的人身伤害均不属于《琼斯法案》的适用范围：（1）若船员是在尚未获得美国海岸警卫队经营许可、无法从事营运活动的船舶[2]上遭受人身伤害；（2）根据季节情况，在枯水期不满足通航条件且处于停航状态的船舶上发生的人身伤害；（3）船舶行驶在非可航水域；（4）船舶不再用于航行或未处于航行状态时发生的人身伤害。另外，若船舶还需进行后续的建造或者装备工作，如为试航做准备[3]，或者已经退出经营活动并正在被大规模修理或改造的[4]，都不属于"航行中的船舶"。当然，如果船舶只是临时进入干船坞进行常规性修理或检查，那么这并不会影响其作为"航行中的船舶"的属性。[5] 如果船舶进入干船坞是为了进行大规模改造和更新，那么在进入干船坞期间，该船舶不属于"航行中的船舶"。

就确定某个构造物是否属于船舶而言，到底是处于航行中的标准更为重要，还是具有漂浮性更为重要，美国联邦最高法院在 2013 年审理 Lozman v. City of Riviera Beach 案[6]时给出了明确结论。原告 Lozman 拥有一个浮动房屋

---

[1] DiGiovanni v. Traylor Bros., Inc., 959 F. 2d 1119 (1st Cir.), 506 U. S. 827 (1992).
[2] 在美国，这种船舶又被称为"死船"（dead vessel）。美国对"死船"的界定与其他国家存在差异，在美国法律中特指未获运营许可的船舶，而其他国家通常指报废船舶或丧失自航能力的船舶。参见香港特别行政区海事处网站，https：//www.mardep.gov.hk/filemanager/en/share/forms/pdf/md523.pdf，最后访问日期：2024 年 1 月 20 日。
[3] Caruso v. Sterling Yacht & Shipbuilders, Inc., 828 F. 2d 14 (11th Cir. 1987).
[4] West v. United States, 361 U. S. 118 (1959).
[5] Chandris, Inc. v. Latsis, 515 U. S. 347, 374 (1995).
[6] Lozman v. City of Riviera Beach, 568 U. S. 115 (2013).

(floating house)，该浮动房屋采用胶合板结构，房屋下面有足够的舱底空间以保持其漂浮性。该构造物没有安装舵机装置，整体也未发生倾斜。构造物的底部为矩形形状并位于水下 10 英寸处，没有发电或储电能力。Lozman 将浮动房屋停靠在里维埃拉海滩市（City of Riviera Beach）的一座码头，因拖欠码头费多次被主管部门拖带驱赶。后市政府对该浮动房屋提起对物诉讼，主张码头费以及非法侵入造成的损害赔偿。案件争议焦点之一就是该浮动房屋是否属于美国法律规定的船舶。联邦地区法院认为，涉案房屋属于美国法律规定的船舶，并判决 Lozman 支付欠付的码头费并承担非法侵入的损害赔偿责任。案件上诉至第十一巡回上诉法院，联邦上诉法院注意到该构造物可以漂浮在水上，并且具有水上可移动性，因此支持了一审法院的判决。美国联邦最高法院作出改判，判定 Lozman 的浮动房屋不具有船舶属性。美国联邦最高法院认为，水上运输的定义应当以实际开展水上运输活动为标准，即作为一个合理的观察者，如果在考虑到房屋的物理特征和使用房屋的具体情形后，认为该房屋的结构设计达到了可以在水上运送人员或物品的实用程度，那么该构造物属于船舶。但就漂浮性这一事实而言，没有任何迹象表明涉案房屋的设计是为了在水上从事人员或物品的运输活动，而且该浮动房屋与普通船屋不同，缺乏自行推进的能力。因此，具有漂浮性以及漂浮带来的移动性不是判定船舶的标准。

显然，从美国联邦法院的上述审判实践可以看出，某个构造物是否具有水上漂浮性不是判定其是否构成船舶的标准，而应当依据该构造物是否处于航行中予以判定。

就处于航行中的标准而言，联邦法院在 Stewart v. Dutra Constr. Co. 一案中明确指出，这一标准并非独立存在，而是应当作为船舶定义不可或缺的要素予以考虑。判定是否处于航行中，就是审视船舶是否符合"用于或者可以用于水上运输"的要求，但是该标准并非唯一决定性标准。例如在干船坞或者修船厂停留较长时间的船舶依然可以在海上航行，而永久性锚泊在岸边或海底的构造物也可以因为锚泊设施松动而处于航行状态。因此，构造物是否处于航行中不是判定该构造物是否属于船舶的关键要素，最重要的判定标准仍然是鉴别该构造物是否可以作为水上运输工具。

雇员举证证明其与航行中的船舶具有实质联系是其能够以船员身份索赔

的重要因素，当然举证某个构造物是否为美国法律规定的船舶，以及该船舶是否处于航行中，从前述相关判例来看，不仅属于司法实践问题，也属于理论问题。

（三）船员遭受人身伤害的地点

根据美国海商法的相关规定，船员在主张人身伤害赔偿时，仅需要证明损害发生时其与雇主存在雇佣关系，而无须考虑伤害发生的具体地理位置（无论是在领海、公海还是陆地）。例如，修理船员在搭乘小艇前往待修驳船途中发生事故；船员按规定离船休假时，在驾车前往领事馆办理手续过程中遭遇陆地交通事故；船员在被转运至将要提供服务的另一艘船舶期间发生意外伤害。①

（四）《琼斯法案》下的雇主责任

根据《琼斯法案》的规定，船员只能向其雇主主张人身损害索赔②，因此船员应当举证证明在发生人身伤害事件时，其与雇主之间存在雇佣关系。③ 在确定船员与雇主之间是否存在雇佣关系方面，需要考虑如下因素：雇主对经营活动的控制程度、日常监督情况、投资规模、薪酬支付方式以及双方对雇佣关系的理解等。其中，最关键的标准是判定谁对相关经营活动享有实际控制权，这直接关系到责任主体的认定。具体而言，法院着重审查雇员在事故发生时受哪一方的实际控制和指挥，以此确定应承担赔偿责任的雇主身份。

根据海商法实践，船舶所有人通常会将船舶经营权授予独立合同人，但该合同人通常不享有对船舶经营活动的绝对控制权（光船租赁情形除外）。在光船租赁安排下，船舶所有人（出租人）将船舶的占有、使用和控制权排他性地转移给承租人。承租人虽然不拥有船舶所有权，但通过配备船员和实际占有船舶等方式，仍可以取得对船舶的排他控制权。因此，《琼斯法案》下雇主责任的承担并不以责任方是否拥有船舶所有权为前提。④

根据"雇员派遣原则"，如果某个自然人受船舶所有人以外的独立合同人

---

① Braen v. Pfeifer Oil Transp. Co., 361 U.S. 129（1959）；Hopson v. Texaco, Inc. 383 U.S. 262（1966）；Mounteer v. Marine Transp. Lines, Inc., 463 F. Supp. 715（S.D.N.Y. 1979）.
② Pope & Talbot, Inc. v. Hawn, 346 U.S. 406（1953）.
③ Wheatley v. Gladden, 660 F. 2d 1024（4th Cir. 1981）.
④ Glynn v. Roy Al Boat Mgmt. Corp., 57 F. 3d 1495（9th Cir. 1995），516 U.S. 1046（1996）.

雇佣并在船上工作，那么该雇员可被认定为船员，从而可以依据《琼斯法案》主张船员相关权益。① "雇员派遣"是指雇员与名义用人单位订立雇佣合同后，该用人单位通过与其他实际用工单位（实际雇主）签订协议，将雇员派遣至实际用工单位从事劳务。这与中国劳动法中的劳务派遣类似。根据该原则，在《琼斯法案》下，船员人身损害赔偿责任应由实际雇主承担，而非与船员签订雇佣合同的名义雇主承担。② 在判定实际雇主或名义雇主是否应承担船员人身损害赔偿责任时，需综合考虑以下因素：谁对雇员享有控制权，谁提供必要的劳动工具，雇员工作的地点，雇佣关系的存续时间，工作是否应实际雇主的要求，谁拥有解雇雇员的权利，以及谁负责支付雇员的工资，等等。其中，对雇员享有控制权是最关键的要素。根据《琼斯法案》，如果船员由承租人或特许经营人雇佣并签订船员雇佣合同，那么不能必然认定船舶所有人是该船员的雇主并承担相应责任。

1. 雇主的适当照管义务

根据《琼斯法案》的规定，雇主对雇员有适当照管义务。③ 如果船员能够证明雇主未尽到上述义务，那么船员可以向雇主提出人身损害赔偿请求。美国多数联邦法院采取"合理性标准"来判定雇主是否尽到适当照管义务，并以此确定雇主是否存在过失。即使存在雇主和船员共同过失的情况，联邦法院通常也会依据"合理性标准"来判定谁应当承担责任。④ 但是，也有少数联邦法院采用"轻微过失"标准或"最低注意义务"标准来确定雇主是否承担赔偿责任，即船员只要证明雇主存在轻微过失或者雇主未尽到最低注意义务，就足以认定雇主存在过失并应承担赔偿责任。⑤

不论采用哪种标准，联邦法院通常从如下3个方面予以考虑：（1）是否有权要求陪审团参与诉讼。这在法律方面是没有争议的，因为根据《琼斯法案》的规定，原告主张陪审团参与诉讼是最基本的救济方式。雇员要求陪审

---

① Minnkota Power Coop., Inc. v. Imanitowoc Co., 669 F. 2d 525 (8th Cir. 1982).
② Ruiz v. Shell Oil Co., 413 F. 2d 310, 312-13 (5th. Cir. 1969); Langfitt v. Fed. Marine Terminals, Inc., 647 F. 3d 1116 (11th Cir. 2011).
③ Lauritzen v. Larsen, 345 U.S. 571 (1953); Gautreaux v. Scurlock Marine, Inc., 107 F. 3d 331 (5th Cir. 1997).
④ Robert Force, "Allocation of Risk and Standard of Care under the Jones Act: Slight Negligence, Slight Care", *Journal of Maritime Law and Commerce*, Vol. 25, 1994, p. 1.
⑤ Williams v. Long Island R. R. Co., 196 F. 3d 402 (2nd Cir. 1999).

团参与诉讼的优势在于，只要能够让陪审团相信雇主存在过失，就足以认定雇主的赔偿责任。因此，如果船员能够向陪审团举证证明雇主存在最低程度的过失或者最轻微的过失，那么根据举证责任分配原则，船员的举证责任已经完成。在此情况下，陪审团通常会作出有利于船员的裁决。

（2）关于船员雇佣合同的内容。根据《琼斯法案》的规定，雇主有义务为雇员提供安全的工作场所及便于工作的适当工具或设备。当然，船员也有义务在职责范围内遵守雇主向其发出的各项指令。因此，如果船员能够举证证明雇主违反了《琼斯法案》中有关雇佣关系的规定，且船员自身并不存在过失，那么就足以向雇主主张人身损害赔偿。但是，如果雇主未尽到法律明确规定的义务，而非雇佣合同中约定的义务，并且未尽到法律规定的义务是造成船员人身伤害的原因，那么根据《琼斯法案》的规定，不论雇主是否存在过失，都将承担赔偿责任，这相当于雇主承担了严格责任。① 因为雇主未尽到法律明确规定的义务属于法律上的当然过失。所谓法律上的当然过失是指，由于法律（特别是制定法）明确规定了被告对原告应承担的义务，而被告未尽到该义务并造成了原告的损害，这属于无可争议的过失。因此，一切未尽到法定义务的情形，均属于法律上的当然过失。② 一旦船员举证证明雇主未尽到法定义务，就可以根据《琼斯法案》追究雇主的损害赔偿责任。

（3）关于因果关系的举证问题。在传统的人身损害赔偿案件中，通常强调责任人的过失与索赔人的损害之间应存在直接的因果关系。但对于船员人身损害索赔而言，无须遵循这个标准③，联邦法院几乎不要求船员对人身损害的因果关系予以举证。④ 简而言之，船员无须举证证明雇主的过失实质上导致了人身损害，只需举证证明雇主过失是其遭受人身伤害的原因即可。⑤ 根据这一最低程度举证责任标准，船员只要能够举证证明雇主存在过失，该雇主过失是造成人身伤害的原因之一，就足以认定雇主应承担损害赔偿责任。

---

① Kernan v. Am. Dredging Co. , 355 U. S. 426（1958）.
② 薛波主编：《元照英美法词典》，北京大学出版社2017年版，第955页。
③ Chisholm v. Sabine Towing & Transp. Co. , 679 F. 2d 60（5th Cir. 1982）.
④ Evans v. United Arab Shipping Co. S. A. G. , 4 F. 3d 207（3rd Cir. 1993），510 U. S. 1116（1994）.
⑤ Sentilles v. Inter-Caribbean Shipping Corp. , 361 U. S. 107（1959）.

2. 《琼斯法案》是否可以适用于外籍船员

法院在选择准据法时,可依据不同的原则,例如区分实体法和程序法原则、重力中心说原则、反致、适用法院地法原则、连结点聚集原则、最密切联系原则等。① 因此,美国联邦法院认为,如果外籍船员能够举证证明其与雇主存在充分的雇佣关系,那么可以依据《琼斯法案》提出人身损害赔偿主张。美国联邦法院在确定《琼斯法案》是否适用于外籍船员时,主要从如下 8 个方面予以考虑:(1) 不当行为发生地;(2) 船旗国法律;(3) 遭受人身伤害的船员居住地或住所地;(4) 船舶所有人所在地;(5) 合同订立地;(6) 外国法院管辖的不方便性;(7) 选择提起诉讼的法院;(8) 船舶所有人主营业场所所在地。② 但是,如果一名外籍船员在美国以外的其他国家从事离岸能源和矿产资源开发活动并遭受人身伤害,那么美国国会明确禁止该船员根据《琼斯法案》寻求法律救济,除非该船员能够举证证明,除在美国提起诉讼外,无其他救济途径。③

根据美国相关法律规定,对非美籍船员而言,其从事传统水上运输活动与从事离岸能源和矿产资源开发活动是有区别的。若从事前者,美国联邦法院会依据"法律选择"理论来确定是否适用《琼斯法案》;若从事后者,适用《琼斯法案》的条件会更加严格。只有当非美籍船员能够举证证明,依据对人身伤亡事件享有管辖权的国家法律,或者依据其国籍国或居住地法律,均无法获得任何司法救济时,方可依据美国《琼斯法案》向雇主索赔。

三、违反船舶适航义务

根据美国一般海商法的规定,船舶所有人及光船承租人等责任主体均负有确保船舶适航的法定义务。当船舶不适航导致船员遭受人身损害,或因未能向船舶提供必要的设备、供应品等且未使其处于正常工作状态而造成损害时,相关责任主体均应承担赔偿责任。

只要满足船员身份要求,就可以船舶不适航为由对因此造成的人身损害

---

① 薛波主编:《元照英美法词典》,北京大学出版社 2017 年版,第 224 页。
② Hellenic Lines, Ltd. v. Rhoditis, 398 U.S. 306 (1970); Lauritzen v. Larsen, 345 U.S. 571 (1953).
③ Neely v. Club Med Mgmt. Servs., Inc., 63 F.3d 166 (3d Cir. 1995).

提出赔偿请求。① 因为根据美国一般海商法的规定，船舶所有人或类似船舶所有人的主体有提供适航船舶的绝对义务，而且该项义务不会因其将确保船舶适航的工作委托给第三方而减少或免除。这一原则在英国法院审理的 Riverstone Meat Co. Pty Ltd. v. Lancashire Shipping Co. Ltd. 一案②中得到确认。该案的基本情况如下："Muncaster Castle"号在从澳大利亚驶往英国的途中遭遇恶劣天气，导致船舶第五货舱涌入海水，造成部分货物损失。经检查，海水进入货舱系船底防浪阀未能拧紧所致。在该航次开始之前，船舶所有人委托业界声望很高的验船师对船底情况进行检查，验船师因疏忽未能拧紧船底防浪阀。面对货主提出的索赔请求，船舶所有人以其已经合理谨慎地选择了具有较高声望的验船师为由，否认其对船舶不适航存在过失，进而否认对船舶不适航造成的货损承担赔偿责任。英国上院最终作出判决，认为根据法律规定，船舶所有人负有谨慎处理以使船舶适航的义务。该义务并不会因船舶所有人将履行该义务的工作委托给第三方独立合同人而免除，即使船舶所有人已经合理谨慎地选择了该第三方，但是仍然需要对第三方独立合同人在履行船舶适航义务时的过失负责，因为船舶所有人的适航义务不可转让。英国法院有关船舶所有人提供适航船舶严格义务的理念，对美国法院产生了深刻影响。下文将具体分析美国法院如何理解船舶适航义务以及其判定标准等内容。

（一）船舶适航的含义

船舶适航是指船舶的各个部分，包括船壳、船机、设备以及其他船舶属具都满足适航要求。这里提及的设备是指附属于船舶或与船舶相连接，或者为了确保船舶处于适航状态的任何构造。如果岸上设备存在潜在缺陷致使人员遭受人身伤害，因为该设备与船舶适航本身没有必然的联系，不能将其认定为船舶设备，所以船员不能因岸上设备缺陷提出"船舶不适航"的诉请。③

除了船壳、船机、设备等自身需处于适航状态，如果船舶整体状况无法满足适当地装载货物或积载货物的要求，也属于不适航情况。例如，美国第

---

① Griffith v. Martech Int'l, Inc., 754 F. Supp. 166 (C. D. Cal. 1989).
② Riverstone Meat Co. Pty Ltd. v. Lancashire Shipping Co. Ltd., (1961) 1 Lloyd's Rep. 57.
③ Feehan v. United States Lines. Inc., 522 F. Supp. 811 (S. D. N. Y. 1980).

一巡回上诉法院在审理 Gutierrez v. Waterman S. S. Corp. 案①时，认为大豆的包装袋存在瑕疵，而被告并未采取任何措施，导致卸货过程中大豆散落在船舶甲板和码头上。原告是一名装卸工人，其在卸货时踩在散落在码头上的大豆而滑倒受伤。联邦法院认为，不论是船壳、船机、设备，还是货物包装，都应当确保能够满足其使用目的，才符合使船舶适航的本质要求。因此，联邦法院判决被告未尽到提供适航船舶的义务。尽管原告不具有船员身份，但是联邦法院根据美国《海事扩展法案》的规定，判定被告提供不适航船舶导致原告在卸货中遭受人身损害，被告应当承担损害赔偿责任。

如果船舶所有人未尽到法律明确规定的义务，那么会被美国法院认定为未尽到适航义务。美国第五巡回上诉法院在审理 Smith v. Tans-World Drilling Co. 案②时，认为被告违反了海岸警卫队有关船舶排气管检修需要安置围栏的法律规定，因此判定被告未尽到船舶适航义务，应承担赔偿责任。

除确保船壳、船机、设备等坚固耐用，处于良好状态，以满足船舶适航的要求外，船舶所有人还应当适当地配备船员。如果配备的船长、船员不适职或不适任，那么也会被联邦法院认定为构成船舶不适航。③ 例如，美国联邦法院在 1963 年审理 Gutierrez v. Waterman S. S. Corp. 案④时，认定船舶所有人雇佣的一名船员比较粗鲁、野蛮，在航行中暴力袭击了同船的另一名船员。综合涉案事实情况，联邦法院判定船舶所有人未尽到船舶适航义务。

（二）确保船舶适航的程度或标准

判定一艘船舶是否适航，首先要看船壳、船机、设备以及其他船舶属具能否用于约定用途。⑤ 船舶所有人只需要合理地谨慎地确保船舶适航即可，无须承担严格责任。之所以不能要求船舶所有人提供的船舶必须没有任何缺陷，是因为美国联邦法院判定船舶所有人是否合理谨慎使船舶适航的标准，源于美国传统侵权法中的"合理注意义务人"理论。⑥ 因此，船舶处于永久性还是临时性的不适航状态并没有区别，关键在于该不适航状态能否被一个具有合

---

① Gutierrez v. Waterman S. S. Corp., 373 U. S. 206 (1963).
② Smith v. Tans-World Drilling Co., 772 F. 2d 157 (5th Cir. 1985).
③ Waldron v. Moore-McCormack Lines, Inc., 386 U. S. 724 (1967).
④ Gutierrez v. Waterman S. S. Corp., 373 U. S. 206 (1963).
⑤ Mitchell v. Trawler Racer, Inc., 362 U. S. 539, 550 (1960).
⑥ Allen v. Seacoast Prods., 623 F. 2d 355 (5th Cir. 1980).

理注意义务的人发现。

在原告提起的船舶不适航索赔诉讼中,被告是否存在过失无关紧要。尽管被告过失可能是船舶处于不适航状态的原因,但是根据一般海商法规定的船舶所有人应使船舶适航的义务要求,一旦船舶处于不适航状态,大概率可以推定责任人对此存在过失。确保船舶处于适航状态是船舶所有人的义务,如果经证明船舶事实上处于不适航状态,并且导致船员遭受人身伤害,那么船舶所有人不能以其未注意到船舶处于不适航状态,也没有机会去纠正该不适航状态等作为抗辩理由。根据美国联邦法院的判决,如果同船其他船员的操作过失使原告遭受人身伤害,尽管作为同伴的其他船员持有有效适任证书,但是该同伴的过失不会被认定为船舶所有人未尽到适航义务,除非该同伴的操作过失具有普遍性。[1]

如果因船舶不适航造成人身损害并提出相应索赔诉讼的,船员不但应当举证证明船舶不适航,而且应当举证证明船舶不适航与船员遭受人身伤害之间存在因果关系。[2] 当船员提起船舶不适航索赔诉讼时,既可以向实际享有船舶经营控制权的人(不论是船舶所有人还是光租承租人)提起对人诉讼,也可以对船舶本身直接提起对物诉讼。

四、多种原因造成船员人身伤害的索赔诉讼及风险承担

在船员提起人身伤害索赔的诉讼中,既涉及船舶不适航,也涉及雇主和船员存在共同过失时,如何确定法律适用及损害赔偿范围的问题。通常情况下,船员对于其遭受的人身损害存在过失或者存在应当自行承担风险的情形的,并不妨碍其根据《琼斯法案》提起诉讼或者以船舶不适航为由提起诉讼。船员负有证明因果关系的举证责任。但如果雇主和船员共同过失造成船员人身伤害,而雇主主张免除或减轻赔偿责任,那么雇主应当举证证明船员对其人身伤害亦存在过失。

在依据《琼斯法案》提起的索赔诉讼中,雇主有责任举证证明船员自身的过失是其遭受人身伤害的原因,即负有因果关系举证义务。[3] 而在以船舶不

---

[1] Daughdrill v. Ocean Drilling & Exploration Co., 709 F. Supp. 710 (E. D. La. 1989).
[2] Bommarito v. Penrod Drilling Corp., 929 F. 2d 186 (5th Cir. 1991).
[3] Norfolk S. Ry. Co. v. Sorrell, 549 U. S. 158 (2007).

适航为由提起的诉讼中，雇主有义务举证证明船员的过失是其遭受人身伤害的主要原因。如果经证明船员的人身伤害由雇主和船员共同过失所致，那么船员向雇主索赔的数额将根据船员过失程度予以适当比例的扣减。① 如果经举证证明，船舶不适航状态完全是由船员自身的过失导致的，并且该不适航状态使船员遭受人身伤害，则有可能认定船员不能以"船舶不适航"为由获得任何损害赔偿。②

在船员和雇主共同过失导致船员遭受人身伤害的索赔诉讼中，如果经证明，雇主违反了美国有关航行安全方面的法律法规，那么即使船员个人对其遭受的人身伤害也存在过失，仍然可以依据《琼斯法案》向雇主索赔全部损失。③ 也就是说，一旦证实雇主违反了美国有关航行安全方面的法律规定，那么不论船员是否存在过失，依据《琼斯法案》，雇主都要承担完全的赔偿责任。但是，如果能够证明雇主没有违反法律规定，且船员自身的过失是其遭受人身伤害的唯一原因，那么根据《琼斯法案》，船员将无法向雇主索赔。④

综上，在《琼斯法案》框架下，举证证明雇主存在过失对于船员索赔人身损害至关重要。船员只需举证证明雇主存在过失即可，而无须举证证明雇主的过失比例或程度。

第三节 非船员身份的海事雇佣服务人员人身损害赔偿救济

如前文所述，船员可以依据《琼斯法案》向雇主主张人身损害赔偿救济。与海上运输活动相关联的，还有其他一些涉海提供雇佣服务的工作人员，例如港口工人或者在近岸装置或设备上工作的人员。他们既不具备船员的法律地位，也无法依据《琼斯法案》主张人身损害索赔救济。为了保障这些人员的人身权益，美国国会通过制定法为其提供法律救济。

---

① Villers Seafood Co. v. Vest, 813 F. 2d 339 (11th Cir. 1987).
② Keel v. Greenville Mid-Stream Serv., Inc., 321 F. 2d 903 (5th Cir. 1963).
③ Smith v. Trans-World Drilling Co., 772 F. 2d 157 (5th Cir. 1985).
④ Cooper/T. Smith, 929 F. 2d 1073 (5th Cir. 1991), 502 U. S. 865 (1991); Valentine v. St. Louis Ship Bldg. Co., 620 F. Supp. 1480 (E. D. Mo. 1985).

一、《近岸及港口工人赔偿法案》及其内容

从事海事雇佣服务的其他人员（如近岸及港口工人等），如遭遇与工作相关的人身损害，可依据特别法寻求相应的救济。例如，美国国会于1927年颁布的《近岸及港口工人赔偿法案》，即为这类人员提供了专门的法律保障。

（一）《近岸及港口工人赔偿法案》产生背景

美国各州普遍颁布工人赔偿法案并确定了相关的机制。[①] 无论是在私营企业还是在政府公共部门工作的人员，都可以依据相关法案获得赔偿。但是，美国联邦政府在员工人身伤亡赔偿方面的作用十分有限，因为其仅针对联邦政府的雇员以及在特殊行业工作的私营企业人员（包括近岸及港口工人等）制定了专门的法律。尽管美国联邦政府并没有强制要求各州建立向工人提供赔偿救济的机制，但是美国各州以及哥伦比亚特区都有各自的工人赔偿法律制度。美国的工人赔偿制度基本上包括为因工作受伤或患病的工人提供有限的工资补偿和全额医疗福利，以及为因公死亡的工人家属提供相关救济。总体而言，美国的工人赔偿制度建立在无过失原则基础上，即不论事故责任归属，雇主都需对因工作受伤或患病的工人承担赔偿责任。由于雇主承担无过失责任，并且雇员遭受人身伤害、疾病或死亡的事件通常与工作相关，所以若雇员想获得此种法律救济保障，除非法律另有规定，否则需放弃对雇主提起民事诉讼的权利以及寻求人身伤害和疾病损害赔偿的民事权利。例如，《近岸及港口工人赔偿法案》第5条就明确规定，遭受人身伤害的雇员可向船舶所有人提起索赔诉讼，这便属于法律另有规定的情形。此外，美国各州工人赔偿法普遍将赔偿范围扩展至雇员遭受的相关精神损害。

美国在颁布《近岸及港口工人赔偿法案》之前，近岸及港口工人无法获得各州工人赔偿制度的保护。虽然在陆地工作的人员可以根据各州颁布的工人赔偿法案保护自身权益，但是根据美国联邦最高法院于1917年对 Southern

---

① 参见美国国会网站，https://crsreports.congress.gov/product/pdf/R/R41506#：~：text=The%20Longshore%20and%20Harbor%20Workers%E2%80%99%20Compensation%20Act%20%28《近岸及港口工人赔偿法案》%29，paid%20either%20through%20private%20insurers%20or%20self-insured%20firms，最后访问日期：2024年1月26日。

Pacific Co. v. Jensen 一案①的判决，美国各州颁布的工人赔偿法案对在美国可航水域工作的人员不适用，因为《美国宪法》明确规定海事立法及海事管辖权专属于联邦政府。基于这样的背景，美国国会制定了《近岸及港口工人赔偿法案》，以保护那些在美国可航水域提供海事雇佣服务的工人。该法案适用于在美国可航水域从事船舶装载、卸载、修理、建造等有关工作的雇员，而不论其是全职雇员还是兼职雇员。②

根据《近岸及港口工人赔偿法案》的规定，在该法案规定范围内的海运工人，因提供海事雇佣服务而遭受人身伤亡的，有权向其雇主提出索赔。由于《近岸及港口工人赔偿法案》是美国联邦制定法，因此只有在该法案规定范围内的人员可以向其雇主索赔。虽然依据该法案获得的赔偿可能无法完全弥补受害人的全部实际损失，但索赔人无须举证证明雇主存在过失即可获得法定赔偿。

尽管《近岸及港口工人赔偿法案》之下雇员赔偿制度的管理工作由美国劳工部（Department of Labor）负责，但实际上依据该法案进行赔付的，主要是一些商业保险公司或保险互助机构。因此，作为工人赔偿机制的一部分，《近岸及港口工人赔偿法案》并不属于联邦福利项目。与美国各州的工人赔偿机制类似，《近岸及港口工人赔偿法案》旨在确保其规定范围内的雇员在受雇期间遭受人身伤害或患病时，能够从其雇主处获得一定的医疗救济和相关福利。美国相关统计数据显示，仅在2017年，依据《近岸及港口工人赔偿法案》向受伤害的工人及死亡工人的家属赔付现金和医疗福利共计约20.6亿美元。③

（二）《近岸及港口工人赔偿法案》适用范围

为了获得《近岸及港口工人赔偿法案》的保障，提供海事雇佣服务的人员必须同时满足"属人原则+属地原则"的条件。

1. 属人原则——雇员的身份

根据《近岸及港口工人赔偿法案》的规定，提供海事雇佣服务的人员

---

① Southern Pacific Co. v. Jensen, 244 U.S. 205 (1917).
② S. Pac. Co. v. Jensen, 244 U.S. 205 (1917); State Indus. Comm. of State of N.Y. v. Nordenolt Corp., 259 U.S. 263 (1922); T. Smith & Son v. Taylor, 276 U.S. 179 (1928).
③ Elaine Weiss, Griffin Murphy, Leslie I. Boden, "Workers' Compensation: Benefits, Costs, and Coverage", *National Academy of Social Insurance*, 2019, p.73.

主要包括从事船舶装载、卸载等近岸作业的任何工人，或者从事船舶修理、建造、拆解等港口作业的任何工人。显然，该法案采用列举而非穷尽的方式对雇员范围作出明确规定。① 需要注意的是，有判例认定，在油、气固定平台上工作的焊接工人不属于《近岸及港口工人赔偿法案》的调整范围。②

除了明确雇员范围，《近岸及港口工人赔偿法案》还规定了除外情形，将下列两种类型的人员排除在适用范围之外。第一类是根据美国各州的工人赔偿法案可以获得赔偿的人员，主要包括：（1）排他性从事神职工作、秘书工作、安保工作或数据处理工作的人员；（2）受俱乐部、营地、娱乐经营场所、博物馆或零售店雇佣的人员；（3）从事除游艇码头建造、维护、扩建等工作以外的游艇码头工作人员；（4）在《近岸及港口工人赔偿法案》界定的雇主所在经营场地临时性从事商品供应、运输和零售的人员；（5）水产养殖工人；（6）从事长度在 65 英尺以下娱乐船舶建造的人员，或者从事任何类型的娱乐船舶修理工作的人员，或者为了修理娱乐船舶而进行船舶部分拆解工作的人员。其中，"或者从事任何类型的娱乐船舶修理工作的人员，或者为了修理娱乐船舶而进行船舶部分拆解工作的人员"是根据 2009 年《美国复苏与再投资法案》（American Recovery and Reinvestment Act of 2009）第 803 条的规定新增的内容。③

2011 年，美国劳工部专门颁布了一部规章，对娱乐船舶的含义予以界定。④ 劳工部主要根据美国海岸警卫队有关船舶分类的相关制定法，为明确《近岸及港口工人赔偿法案》中娱乐船舶的范围而颁布了该规章。该规章第 501 条（a）款将娱乐船舶界定为主要为实现休闲消遣目的而建造或经营的船舶，或者为实现休闲娱乐目的而租赁、出租或出借给他人的船舶。此外，第 501 条（b）款第 1 项明确规定，如果从船舶的设计、结构情况来看，船舶会用于休闲娱乐目的，且船舶建造人或修理人保证不改变其用途，即使该船舶

---

① Schwalb, 493 U. S. 40; P. C. Pfeiffer Co. v. Ford, 444 U. S. 69 (1979).
② Herb's Welding, Inc. v. Gray, 470 U. S. 414 (1985).
③ Congressional Research Service, The Longshore and Harbor Workers' Compensation Act: Overview of Workers' Compensation for Certain Private-Sector maritime Workers (R41506), https://crsreports.congress.gov/product/pdf/R/R41506#:~:text = The% 20Longshore% 20and% 20Harbor% 20Workers% E2%80%99 20Compensation% 20Act% 20% 28《近岸及港口工人赔偿法案》% 29, paid% 20either% 20through% 20private% 20insurers% 20or% 20self-insured% 20firms, December 30, 2011.
④ Department of Labor, Regulations Implementing the Longshore and Harbor Workers' Compensation Act: Recreational Vessels, 76 Federal Register 82128, December 30, 2011.

尚处于建造中或修理中，也将被认定为属于该规章规定的娱乐船舶。根据第501条（b）款第3项的规定，如果一艘船舶为联邦政府、州政府所有或者光船租赁，但是其设计和建造符合传统娱乐船舶的要求，且并非用于军事目的，即使该船舶处于修理中，因船舶修理而被拆除部分设备，或者因报废而被拆解，仍会被认定为该规章规定的娱乐船舶。

第二类被排除在外的人员包括以下几类，不论这些人员是否可以根据美国各州的工人赔偿法案获得赔偿，具体如下：（1）船长及船员；（2）受船长雇佣并在净吨位18吨以下的船舶从事卸载工作的人员；（3）联邦政府雇员、各州政府雇员，或者外国政府及其任何分支机构的雇员。这里提及的船长、船员是指，在美国可航水域非国有船舶上工作的船长及船员，因为这些船长及船员可以根据美国《琼斯法案》获得赔偿，而无须再根据《近岸及港口工人赔偿法案》的规定享受权益保护。在政府公务船上工作的船员被视为联邦雇员，其可以依据《联邦雇员赔偿法案》（The Federal Employees' Compensation Act）获得相应的赔偿救济。

根据《近岸及港口工人赔偿法案》最初制定的条文，其适用的雇员范围涵盖在美国可航水域上发生人身伤亡的所有人员。因此，属地原则是确定该法律规定适用的唯一标准，不存在关于雇员身份或职业方面的任何限制。而"海事雇佣服务"的雇员身份限制是在1972年修订该法案时增设的。此后，适用《近岸及港口工人赔偿法案》调整的雇员，不仅要证明自己在美国可航水域上从事海事雇佣服务工作，还需证明其职业身份为近岸及港口工人。所以，如果某人仅是偶然、临时性地在美国可航水域遭受人身伤亡，例如船舶的临时访客或探望船员的家属等，均不属于《近岸及港口工人赔偿法案》所调整的人员范围。

如前文所述，《近岸及港口工人赔偿法案》对从事某些职业的雇员明确规定排除适用，例如船员等。根据美国制定法的规定，雇员基于《近岸及港口工人赔偿法案》获得赔偿救济与船员根据《琼斯法案》获得赔偿救济是完全独立且互不影响的两种救济方式。因此，若某个雇员从事了《近岸及港口工人赔偿法案》规定的某种职业，并不妨碍其再以船员身份根据《琼斯法案》获得救济。某雇员依据《琼斯法案》向其雇主提起损害赔偿诉讼，并且被联邦法院认定为具有船员身份，但事后因未能举证证明雇主存在过失而无法依据《琼斯法案》获得赔偿救济，那么联邦法院关于其船员身份的认定并不影响该雇员再依据《近岸及港口工人赔偿法案》向雇主提起索赔诉讼。① 反之，若索赔人依据《近岸及港口工人赔偿法案》寻求赔偿救济未获成功，且被美国相关行政部门或联邦法院认定具有船员身份的，这也不影响该索赔人事后依据《琼斯法案》再向联邦法院提起人身损害赔偿诉讼。② 但是，对于索赔人已经根据《近岸及港口工人赔偿法案》获得人身损害赔偿后，是否还可以再根据《琼斯法案》寻求救济这一问题，美国联邦法院一直存在争论。③ 例如，美国联邦最高法院曾经判决，若雇员自愿接受《近岸及港口工人赔偿法案》赋予的权利，虽不妨碍其事后依据《琼斯法案》主张救济，但一旦该雇员最终依据《琼斯法案》获得了赔偿救济，就应将其依据《近岸及港口工人赔偿法案》获得的赔偿返还给雇主。④

2. 属地原则——人身伤亡发生的地点

1972 年修订的《近岸及港口工人赔偿法案》第 903 条（a）款明确规定了该法案的适用范围："发生在美国可航水域的人身伤害或死亡事件，以及雇主为了进行船舶装载、卸载、修理、拆解或建造作业，在任何临近的码头、干船坞、场站、造船水道、海运铁路线，或者习惯上使用的任何其他邻近地点发生的人身伤害或死亡事件。"显然这里强调的人身伤亡事件，不仅可能发生在可航水域，还可能发生在码头、泊位或邻近区域。如果一名雇员虽符合提供海事雇佣服务的职业要求，但其人身伤亡发生地点不在《近岸及港口工人赔偿法案》所调整的地域范围内，那么该雇员仍然不能依据该法案获得任何救济。《近岸及港口工人赔偿法案》关于可航水域的确定标准，与前文所讨论的确定海事侵权案件中可航水域的标准一致。⑤ 此外，根据《近岸及港口工人赔偿法案》第 939 条（b）款的规定及相关判例，该法案还可以扩展适用于在公海上发生的人身伤害情形。⑥

---

① Southwest Marine, Inc. v. Gizoni, 502 U.S. 81（1991）；Strachan Shipping Co. v. Shea, 406 F. 2d 521（5th Cir.），395 U.S. 921（1969）.

② McDermott, Inc. v. Boudreaux, 679 F. 2d 452（5th Cir. 1982）.

③ Papai v. Harbor Tug & Barge Co., 67 F. 3d 203（9th Cir. 1995），520 U.S. 548（1997）；Sharp v. Johnson Bros. Corp., 973 F. 2d 423（5th Cir. 1992），508 U.S. 907（1993）.

④ Gizoni, 502 U.S. 81（1991）.

⑤ Rizzi v. Underwater Constr. Corp., 84 F. 3d 199, 202（6th Cir.），519 U.S. 931（1996）.

⑥ Kollias v. D & G Marine Maint., 29 F. 3d 67（2nd Cir. 1994），519 U.S. 1146（1995）.

尽管美国多数联邦法院认为，某个区域与可航水域是否具有密切联系，并不是确定该区域是否属于《近岸及港口工人赔偿法案》中"邻近区域"的决定性因素①，但是仍然有个别联邦法院认为二者之间存在地理空间上的密切联系是非常重要的，并指出"邻近区域"应当是指那些与可航水域相毗连或者相通的区域。②

《近岸及港口工人赔偿法案》的适用范围已经从可航水域向陆地岸边扩展。该法案的适用范围先后进行了 4 次调整。1928 年第一次修正将法案适用范围扩展至包括在哥伦比亚特区工作的雇员。不过，该条规定在 1982 年被废止，即在 1982 年 7 月 26 日之前发生的哥伦比亚特区雇员的人身伤害，依然可以适用《近岸及港口工人赔偿法案》，但之后发生的雇员人身伤害，则适用哥伦比亚特区政府于 1982 年颁布的《经 1982 年修订的 1979 年〈哥伦比亚特区工人赔偿法案〉》（District of Columbia Workers' Compensation Act of 1979 Amendments Act of 1982）。根据美国《国防基础法案》（The Defense Base Act）的规定，1941 年修正的《近岸及港口工人赔偿法案》明确扩展适用于美国海外军事及公务工程承建商。1952 年修正的《近岸及港口工人赔偿法案》扩展适用于武装部队非拨款基金项目的文职人员，包括在军事服务俱乐部及军用邮政机构工作的文职人员。1953 年修正的《近岸及港口工人赔偿法案》扩展适用于在外大陆架从事自然资源勘探、开发工作的雇员，例如离岸石油钻井平台上的工作人员。③

《近岸及港口工人赔偿法案》的适用范围不断扩大，使索赔人基于该法案获得的救济与根据州法律有关工人赔偿的规定获得的救济可能发生重合。换言之，如果一名雇员同时满足《近岸及港口工人赔偿法案》和州法律的有关赔偿规定，那么其既可以同时以两种不同的索赔请求提起诉讼，也可以

---

① Brady-Hamilton Stevedore Co. v. Herron, 568 F. 2d 137, 141 (9th Cir. 1978); Texports Stevedore Co., 632 F. 2d 504, 518 (5th Cir. 1980), 452 U. S. 905 (1981).
② Parker v. Director, O. W. C. P., 75 F. 3d 929 (4th Cir.), 519 U. S. 812 (1996).
③ Congressional Research Service, The Longshore and Harbor Workers' Compensation Act: Overview of Workers' Compensation for Certain Private-Sector maritime Workers (R41506), https://crsreports.congress.gov/product/pdf/R/R41506#:~:text=The%20Longshore%20and%20Harbor%20Workers%E2%80%99%20Compensation%20Act%20%28《近岸及港口工人赔偿法案》%29,paid%20either%20through%20private%20insurers%20or%20self-insured%20firms, December 30, 2011.

单独提起或者相继提起诉讼。① 如果雇员依据州法律获得的赔偿多于其依据《近岸及港口工人赔偿法案》获得的赔偿，那么雇主在该法案下的赔偿义务相应免除，因为雇员不可以因为同一伤害获得两次赔偿救济。② 如果索赔人先依据州法律提出索赔请求，之后又依据《近岸及港口工人赔偿法案》获得了更高数额的赔偿，则其最终获得的赔偿数额，应为依据州法律获得的赔偿额，加上依据《近岸及港口工人赔偿法案》获得的赔偿额与依据州法律获得的赔偿额之间的差额。也就是说，最终的赔偿数额不得超过依据《近岸及港口工人赔偿法案》规定所能获得的最高赔偿数额的限制。这意味着索赔人不能通过两种不同的救济制度获得双重赔付，而只能获得不超过最高赔付数额的法律救济。

（三）《近岸及港口工人赔偿法案》下的雇主责任及赔偿范围

根据《近岸及港口工人赔偿法案》的规定，符合适用范围的雇员享有对其雇主的排他性索赔权，这一权利的确立不以雇主是否存在过失为前提条件，也不会因雇员自身对伤害发生存在过失而受到影响。需要特别指出的是，该法案虽然对适用主体规定了一些例外情形，但确立了无过错责任原则，即只要雇员的人身伤害是在工作过程中发生且非完全由自身故意行为导致，就有权获得赔偿。

雇员根据《近岸及港口工人赔偿法案》获得的赔偿包括医疗费用、因身体部分功能丧失导致的利益损失、康复费用，以及一定比例的雇员平均周薪损失。在雇员因工死亡的情况下，赔偿将根据法案中关于死亡赔偿的具体分类及等级标准进行核定。《近岸及港口工人赔偿法案》第 908 条（c）款对雇员身体部分功能丧失的情形作出了详细规定，例如对于失去单侧胳膊、大腿、手、脚或眼睛失明的，雇员可以分别索赔最多 312 周、288 周、244 周、205 周、160 周的周薪损失，但一次性获赔最多不超过 7500 美元。

（四）《近岸及港口工人赔偿法案》救济与第三方责任承担

根据《近岸及港口工人赔偿法案》第 933 条的规定，遭受人身伤害的工人有权向第三方提出侵权损害赔偿请求。也就是说，即使受伤害的工人依

---

① Sun Ship, Inc. v. Penn., 447 U.S. 715（1980）.
② Strachan Shipping Co. v. Nash, 782 F.2d 513（5th Cir. 1986）.

据该法案获得相关赔偿，其依然有权向第三方侵权人提出侵权损害赔偿请求。例如，近岸工人或船舶修理工人在船上工作期间，因为船舶某个设备存在缺陷而遭受人身伤害，该名工人可以向该设备的生产厂商提起产品责任诉讼。①

因此，遭受人身伤害的雇员无须考虑是依据《近岸及港口工人赔偿法案》主张赔偿救济，还是向第三方责任人提出索赔救济。但是，如果遭受伤害的雇员从其雇主处获得了《近岸及港口工人赔偿法案》规定下的利益赔偿救济，那么作为受害人的雇员向第三方责任人索赔的相关权利应依法转让给雇主，除非该雇员在获得赔偿后6个月内自行向第三方责任人提起了诉讼。如果雇主在受让索赔权后90日内未向第三方责任人提起诉讼，则其受让的索赔权将因此丧失，并自动转回由遭受人身伤害的雇员继续享有。如果雇主向第三方责任人提起诉讼，则其可向对方追偿已支付的全部赔偿金额（包括其按照《近岸及港口工人赔偿法案》将要向雇员支付的费用），以及因提起诉讼而产生的合理律师费。如果雇主从第三方侵权人获得的赔偿数额高于其向雇员实际赔付的数额，雇主应将超出部分支付给雇员。但如果雇员选择向第三方侵权人提起诉讼，其雇主或承保雇员人身伤害的保险公司可向联邦法院主张参加雇员已提起的诉讼程序，并向第三方责任人主张追偿其已实际支付给雇员的赔偿金额。②

（五）船舶所有人对提供海事雇佣服务工人的义务

根据《近岸及港口工人赔偿法案》第905条（b）款的规定，适用该法案的工人有权以船舶过失导致其人身伤害为由，将船舶作为第三方提起诉讼。该法案对"船舶"一词的定义比较宽泛，不仅指船舶本身，还包括船舶所有人，且其界定标准与《琼斯法案》一致。根据 Richendollar v. Diamond M Drilling Co. 一案③的判决，船舶是指能够满足海事管辖要求，并且具备水上航行能力或特定用途的一切水上构造物。美国联邦最高法院认为，在船上提供海事雇佣服务的人员可以"船舶过失"和"船舶不适航"等不同诉因向责任人提出人身伤

---

① Lewis v. Timco, Inc., 697 F. 2d 1252（5th Cir. 1983），736 F. 2d 163（1984）.
② The Etna, 138 F. d37（3rd Cir. 1943）.
③ Richendollar v. Diamond M Drilling Co., 819 F. 2d 124, 125（5th Cir.），484 U. S. 944（1987）.

害赔偿请求。① 但是,《近岸及港口工人赔偿法案》明确规定,提供海事雇佣服务的工人不可以"船舶不适航"为由向雇主主张人身伤害赔偿。显然根据《近岸及港口工人赔偿法案》第 905 条(b)款及第 933 条规定②的内在逻辑,当雇员的人身伤害系由船舶过失导致的,该法案仍然保留了雇员依据传统海事侵权法寻求救济的权利。③ 然而,该法案既没有明确在船舶过失这一诉因中应当考虑哪些因素,也没有明确雇员可以主张损害赔偿的范围,因此美国联邦法院通常根据一般海商法的救济理论作出判决。

在 Scindia Steam Navigation Co., Ltd. v. De Los Santos 一案④中,美国联邦最高法院明确指出,当船舶所有人将船舶装卸工作交给装卸工人完成时,有理由相信装卸工人是该领域的专家,因此装卸作业中发生的过失多归因于装卸工人或其雇主的疏忽,而很少涉及船舶所有人的过失。尽管如此,美国联邦最高法院认为,船舶所有人仍须在特定情形下履行合理谨慎义务。在该案中,虽然案件事实本身仅涉及近岸工人和装卸工人,但是船舶所有人在特定情形下负有合理谨慎义务这一标准可以适用于提供海事雇佣服务的所有雇员。⑤

综上,在该案中,美国联邦最高法院认定船舶所有人对提供海事雇佣服务的工人具有如下三方面的义务:

第一,在特定情形下对装卸工人及近岸工人负有合理谨慎义务。该义务具体包括风险预防义务和风险提醒义务。风险预防义务是指,船舶所有人应当采取通常的合理谨慎措施,确保船舶及其设备处于良好状态。此种良好状态应能够使具有专业知识和经验的装卸工人在开展装卸作业过程中是安全的。风险提醒义务是指,如果装卸工人在合理谨慎地开展装卸作业时不知道或者无法知道危险会发生,那么船舶所有人应当提醒装卸工人注意船舶或其相关设备可能存在的危险。

---

① Sea Shipping Co. v. Sieracki, 328 U. S. 85 (1946).
② 参见美国法典数据库网站, https://codes.findlaw.com/us/title-33-navigation-and-navigable-waters/33-usc-sect-933/#:~:text=33%20U.S.C.%20C2%A7%20933%20-%20U.S.%20Code%20-, Compensation%20for%20injuries%20where%20third%20persons%20are%20liable, 最后访问日期: 2024 年 1 月 27 日。
③ Hall v. Hvide Hull, No. 3, 746 F. 2d 294, 303 (5th Cir. 1984), 474 U. S. 820 (1985).
④ Scindia Steam Navigation Co., Ltd. v. De Los Santos, 451 U. S. 156 (1981).
⑤ Cook v. Exxon Shipping Co., 762 F. 2d 750 (9th Cir. 1985), 475 U. S. 1047 (1986).

第二，船舶所有人在有效参与或有效控制货物装卸作业时负有注意义务。如果船舶所有人能够有效参与货物装卸作业，且因疏忽造成近岸工人遭受人身伤亡，那么船舶（包括船舶所有人）应当承担赔偿责任；或者在进行装卸作业时，若船舶所有人能够有效地控制船舶，那么其应当采取合理谨慎的措施，避免装卸工人因工作场所或船舶设备而暴露于危险之中，否则应当对装卸工人遭受的人身伤害承担赔偿责任。

第三，船舶所有人负有合理谨慎地监督或检查的一般义务。如果装卸作业合同没有明确约定，且制定法或者行业习惯没有作出相反规定，那么船舶所有人应当合理谨慎地监督或检查货物装卸作业过程中是否存在可能危及装卸工人人身安全的状况。若船舶所有人违反此义务，应当对装卸工人遭受的人身伤害承担赔偿责任。如果经合理谨慎地监督或检查，船舶所有人对于装卸工人正在进行的作业可能存在潜在危险的情况并不知情，那么其没有义务将此可能存在的危险通知装卸工人，而且对该危险导致的装卸工人人身伤害无须承担赔偿责任。也就是说，如果船舶所有人意识到船舶设备可能存在不安全因素，那么其应当及时干预并停止装卸作业，直至确保该船舶设备处于良好工作状态。如果船舶所有人对装卸工人正在进行的作业存在危险完全知情，但是未阻止装卸工人作业，那么其应当对未能及时阻止装卸作业的过失承担赔偿责任。

（六）兼具船舶所有人和雇主身份的主体双重性

当船舶所有人同时作为提供海事雇佣服务工人的雇主时，该责任主体在《近岸及港口工人赔偿法案》下具有船舶所有人与雇主的双重法律属性，这种特殊身份导致索赔人在主张权利时面临一些特定限制。根据该法案第905条（b）款的规定，适用范围内的工人若因船舶过失遭受人身伤害，则有权提起针对船舶的诉讼，但在对物诉讼情形下，可免除雇主的赔偿责任，且针对免除该雇主赔偿责任的任何相反约定均属无效。需要特别注意的是，当受伤工人本身受雇于船舶并从事装卸作业时，不得因提供装卸服务的其他人员的过失向船舶提起诉讼；若工人受雇提供造船、修理或拆解服务，且其雇主为船舶所有人、船舶代理人、船舶经营人或承租人时，如果是因为船舶的过失造成其全部或部分人身损害，那么受害人既不得向雇主及其雇员主张全部或部分赔偿，也不得以任何直接或间接方式对上述主体提起诉讼。

根据《近岸及港口工人赔偿法案》第905条（b）款的规定，遭受人身伤害的港口工人在其雇主同时是船舶所有人的情形下，不能向侵权责任人提起侵权诉讼。他们能够获得的排他性法律救济，就是根据《近岸及港口工人赔偿法案》的规定，基于雇佣关系主张赔偿。① 如果遭受人身伤害的是近岸工人，且其向具有双重身份属性的责任主体提起侵权之诉，那么其提起诉讼的唯一合法理由是该责任人具备船舶所有人身份，而非基于一般的雇主身份。② 这是因为根据《近岸及港口工人赔偿法案》第905条（b）款的规定，如果近岸工人的人身伤亡系为船舶提供装卸服务所致，那么其无权向船舶提出索赔主张。③

（七）管辖及诉讼时效

关于海事雇佣服务工人依据《近岸及港口工人赔偿法案》提出赔偿请求的管辖事项，主要由美国劳工部制定的行政规章具体规定。根据该法案第919条（a）款有关索赔程序的规定，索赔人应在人身伤害发生后7日内或死亡事故发生后的任何时间，向相关主管部门负责人提交索赔申请。根据该法案第919条（b）款规定，主管部门负责人须在收到索赔请求并决定受理案件后10日内，通过当面送达或电子邮箱送达的方式，正式通知雇主及其他相关利益方索赔事项。根据《近岸及港口工人赔偿法案》第919条（c）款的规定，主管部门负责人在受理索赔请求后有权开展适当的调查，并可根据利益相关方的申请召开听证会。听证会结束后20日内，主管部门必须以行政命令形式作出驳回索赔或支持索赔的裁定；若未能在规定期限内举行听证会，则同样须在此期间作出行政裁定。值得注意的是，依据《近岸及港口工人赔偿法案》第919条（d）款的规定，此类听证会亦可由美国行政法法官（administra tive law judge）主持，且该法官享有与主管部门负责人同等的权力。此外，第919条（h）款赋予索赔人申请指定适格医疗专家进行伤情检查的权利，该权利同时延伸至索赔人的雇主及承保该人身伤害赔偿的保险公司，但相关检查费用由提出指定要求的一方承担。

---

① See Robert Force, *Admiralty and Maritime Law* (2nd edition), Federal Judicial Center, 2013, p. 116.
② Reed v. The Yaka, 373 U. S. 410 (1963); Gravatt v. City of New York, 226 F. 3d 108 (2nd Cir. 2000), 532 U. S. 957 (2001).
③ Singleton v. Guangzhou Ocean Shipping Co., 79 F. 3d 26 (5th Cir.), 519 U. S. 865 (1996).

相关主管部门负责人作出的赔偿命令自作出之日起发生效力，除非存在被中止、被撤销的事由，否则在命令作出之日起 30 日内具有终局性。若索赔人不服相关主管部门的命令，可根据《近岸及港口工人赔偿法案》第 921 条的规定，将争议上诉至利益审查委员会。若该委员会有实质性证据支持，那么可以判定维持原命令。如果索赔人不服利益审查委员会的决定，那么其可以将争议提交至美国联邦巡回上诉法院解决。对于终局裁定，若雇主未能执行，索赔人可以向有管辖权的联邦地区法院申请强制执行。若雇主仍拒绝执行联邦地区法院的执行令，联邦地区法院有权颁布禁令或通过其他适当程序强制执行裁定。

《近岸及港口工人赔偿法案》在诉讼时效方面，根据遭受人身伤害之索赔人提出的是损害赔偿请求还是利益丧失赔偿请求而在时长上有所差异。该法案规定，索赔人主张利益丧失赔偿请求的诉讼时效一般为 1 年，自人身伤害或死亡发生之日起计算。根据《近岸及港口工人赔偿法案》第 913 条（b）款的规定，对于职业病导致的死亡或伤残的利益丧失索赔请求，若该死亡或伤残后果并非即时显现，则索赔人应在知晓或经合理努力应当知晓疾病、死亡与其所从事职业之间的关系之日起 2 年内，或在最后一次获得赔偿支付之日起 1 年内（以较晚者为准）提起诉讼。然而，根据《近岸及港口工人赔偿法案》第 905 条（b）款的规定，若索赔人就人身伤亡损害赔偿可向船舶或船舶所有人依据一般海商法提起侵权诉讼，那么依据《美国法典》第 30106 条的规定，该侵权诉讼的时效为 3 年。

二、离岸工人人身伤亡损害赔偿救济

离岸工人主要是指在美国内水及领海以外的远海海域（特别是外大陆架区域）从事油气勘探、开发等海事服务作业的工作人员。针对此类人员的伤亡赔偿问题，美国国会已通过专门立法予以规范。

（一）《外大陆架土地法案》概述

随着离岸能源勘探与开发活动的扩展，一些从事新型职业的工人因在海上提供雇佣服务，不得不面对随之而来的海上风险。1953 年 8 月 7 日，美国国会颁布《外大陆架土地法案》，将外大陆架定义为美国各州沿海水域（离岸 3 英里范围内）的水下底土区域。依据《外大陆架土地法案》，美国内政部长负责管理外大陆架的矿产勘探与开发工作。该法案授权内政部长通过严格的竞争性投标程序，向最具资质的投标人授予外大陆架土地租赁权，并负责制定配套实施细则以执行该法案的各项规定。这一立法框架为美国外大陆架上油气资源的系统性勘探与开发提供了制度保障和指引方针。①

《外大陆架土地法案》通过援引《近岸及港口工人赔偿法案》的相关规定，为在外大陆架从事自然资源开发的离岸工人确立了专门的人身损害赔偿制度。根据该制度，此类工人享有向其雇主主张排他性赔偿救济的权利，但同样不得基于侵权事由对雇主提起诉讼。② 值得注意的是，部分离岸工作人员可能通过身份转化获得额外救济：当其所工作的离岸设施符合美国法律对船舶的界定标准时，该工作人员可被认定为船员，因此亦可依法享有美国法律为船员设立的各项救济权利。③

在美国特定州管辖水域的外大陆架区域作业的离岸工人，其权利救济存在多元法律适用可能。根据《外大陆架土地法案》与州法律并行适用原则，此类工人既可选择依据所在州工人赔偿法案向雇主主张救济，亦可基于具体案情选择州侵权法或一般海商法提起诉讼。虽然《外大陆架土地法案》未就州管辖水域的外大陆架伤亡赔偿作出明文规定，但该法适用与州法律并不必然冲突。鉴于州法律的效力可及于其管辖水域及毗连区域，理论上州法可适用于该水域发生的损害赔偿案件。此外，作为补充救济渠道，一般海商法始终保障受害人向第三方责任主体追偿的权利，受害人据此可向联邦法院提起海事赔偿之诉。

（二）《外大陆架土地法案》的适用范围

1. 适用主体范围：属人原则

《外大陆架土地法案》第 1333 条（b）款第 1 项明确排除了对政府雇员和船员的适用。但需注意的是，并非所有在外大陆架开展相关活动所导致的人身伤亡损害赔偿都能适用该法案。《外大陆架土地法案》对适用主体范围作出

---

① 参见美国海洋能源管理局网站，https://www.boem.gov/oil-gas-energy/leasing/ocs-lands-act-history#:~:text=The%20Outer%20Continental%20Shelf%20Lands%20Act%2C%20created%20on, of%20mineral%20exploration%20and%20development%20of%20the%20OCS.，最后访问日期：2024 年 1 月 28 日。

② Wentz v. Kerr-McGee Corp.，784 F. 2d 699（5th Cir. 1986）.

③ Demette v. Falcon Drilling Co.，280 F. 3d 492（5th Cir. 2002）.

了明确限定：离岸工人必须证明其从事的活动属于法案规定的范畴，例如参与外大陆架自然资源的勘探、开发、开采或运输等工作，方能符合法案的适用主体要求。只有满足《外大陆架土地法案》主体资格要求的离岸工人，在外大陆架工作期间遭受人身损害时，才有权依据该法案获得相应的赔偿救济。

2. 适用地域范围：属地原则

《外大陆架土地法案》对适用地域范围也作出了限定。就地点连接因素而言，如果一名雇员被指派前往外大陆架区域工作，但实际遭受人身损害时并没有位于外大陆架范围内，此时能否适用《外大陆架土地法案》，该法案本身并未作出明确规定。针对这一问题，美国各联邦上诉法院的裁判观点存在分歧。为避免司法冲突，美国联邦最高法院作出判决明确认定：只要雇员的人身损害是因在外大陆架开展相关工作所直接引起的，无论损害实际发生在何处，均可适用《外大陆架土地法案》。① 根据美国联邦最高法院的判例，在判断雇员能否依据《外大陆架土地法案》主张损害赔偿时，关键在于确认其是否符合该法案规定的适格主体资格，并证明人身损害与其在外大陆架从事的工作存在因果关系。至于损害实际发生的地点是否位于外大陆架范围内，并非决定性要素。这表明在适用《外大陆架土地法案》时，法院更注重考察属人原则，而非单纯以属地原则作为判断依据。

（三）《外大陆架土地法案》下的救济方式

与海运工人依据《近岸及港口工人赔偿法案》获得救济的情形相似，离岸工人在外大陆架作业期间遭受人身伤亡损害时，其救济途径具有多样性：一方面，可根据《外大陆架土地法案》向雇主主张赔偿；另一方面，对于船舶过失或第三方过错导致的人身损害，还可基于州法律或一般海商法的规定另行提起诉讼。具体诉讼依据的选择，需结合个案情况予以确定。

《外大陆架土地法案》作为联邦立法，不仅明确规定其适用于外大陆架上发生的雇员人身损害赔偿，还可适用于与海上能源相关的其他活动所导致的人身伤亡索赔。此外，当一个州的地域界限延伸至外大陆架边界时，在外大

---

① Pacific Operators Offshore, L. L. P. v. Calladolid, 132 S. Ct. 680 (2012); Mills v. Director, O. W. C. P., 877 F. 2d 356 (5th Cir. 1989); Kaiser Steel Coopr. v. Director, O. W. C. P., 812 F. 2d 518 (9th Cir. 1987); Curis v. Schlumberger Offshore Service, Inc., 849 F. 2d 805 (3rd Cir. 1988).

陆架底土、海床以及人工岛屿、固定设施上发生的人身伤亡损害赔偿，可适用该州法律。当然，作为联邦法律的《外大陆架土地法案》在与州法律发生冲突时具有优先适用的效力。但州法律无法取代美国一般海商法，因此在可航水域因侵权行为造成的人身伤亡损害赔偿，索赔人仍可依据一般海商法主张赔偿救济，无须考虑可航水域水线以下的底土是否构成外大陆架的一部分。①

第四节 非海事雇佣服务人员的人身损害赔偿救济

除了前文所提及的船员、在可航水域提供海事雇佣服务的装卸工人，以及在外大陆架上开展工作的人员，事实上还有一些其他人员可以合法地上船或开展海上相关活动。例如游船上的旅客，为了检查船舶而登轮的政府官员，以及探望船员的访客等。一旦这些人员在可航水域发生人身伤亡，同样会涉及赔偿救济问题。下文将分别予以讨论。

一、旅客以及合法登船人员的人身损害赔偿救济

对于邮轮上的旅客以及其他有合法登船资格的旅客，船舶所有人负有一般照管义务，即应当采取合理谨慎的措施，确保所有合法登船人员的安全。②船舶所有人履行该照管义务时，无须考虑受伤害人员是否持有相关证书、是否具有许可资质或者是否被邀请登上船舶。③例如，检查船舶的官员并未携带证明其身份的证书，或者船员亲属登船探望船员时并未收到船员邀请等情况。只要遭受人身伤害的人员是合法登船的，船舶所有人就应尽到合理谨慎的照管义务。但是，针对偷渡者、没有合法权利登轮或滞留在船舶上的其他人员，船舶所有人仅需尽到"人道主义待遇"义务即可。④显然，这一义务的标准要低于合理谨慎的一般照管义务。在此情况下，只要船舶所有人能够证明已尽

---

① Tenn. Gas Pipeline v. Houston Cas. Ins. Co., 87 F. 3d 150 (5th Cir. 1996).
② Leathers v. Blessing, 105 U. S. 626, 629-630 (1881); The Max Morris v. Curry, 137 U. S. 1-2 (1890).
③ Kermarec v. Compagnie Generale Transatlantique, 358 U. S. 625, 630 (1959).
④ The Laura Madsen, 112 F. 72 (W. D. Wash. 1901).

到基本的人道主义待遇义务，则无须对偷渡者等非法登船人员因故意或重大过失行为导致的人身损害承担赔偿责任。[①]

船舶所有人应对其本人及其雇员的过失致使合法在船人员遭受的人身损害承担赔偿责任。[②] 根据《美国法典》第 30102 条、第 30103 条的规定，在旅客运输中，如果旅客人身伤亡和财产损失是由船舶爆炸、火灾、碰撞或其他事件引起的，那么推定承运人存在违反有关安全规定或者知晓船舶存在缺陷等过失，船舶所有人应当承担赔偿责任。上述过失不仅包括船舶所有人本人的过失，也包括船长或船上主要船员的过失。而对于上述事项以外的其他情形导致旅客人身伤亡或财产损失的，船舶所有人尽到客观上合理谨慎的一般注意义务即可。以医疗照顾义务为例，通常情况下邮轮经营人无须对船医的过失负责，但是如果该经营人未能合理谨慎地选择适任的医生，那么其应该对旅客的人身损害承担赔偿责任。[③] 船舶所有人对旅客人身伤亡的责任范围并不局限于船上发生的事件。例如，当邮轮停靠在犯罪高发地区的港口泊位时，若船舶所有人未将该区域的安全风险告知旅客，或未及时向旅客发出警示，导致旅客在船舶以外的区域遭受人身伤害，美国联邦法院仍可能判决船舶所有人承担赔偿责任。[④] 例如，在 Morton v. De Oliveira 一案[⑤]中，一名旅客遭船员强奸后向船舶所有人索赔。联邦法院判决支持旅客的诉讼请求，认定船舶所有人应对其雇员的故意侵权行为承担严格责任，而无须考察船舶所有人本身是否存在过失。[⑥]

对旅客人身损害赔偿而言，在船舶所有人和旅客均存在过失的情况下，船舶所有人可以依据一般海商法中的共同过失原则，主张适当减少其赔偿责任。[⑦]

在旅客人身伤亡及其行李灭失或损坏方面，美国没有加入任何国际公约，包括国际海事组织已经颁布的《1974 年海上旅客及其行李运输雅典公约》。根

---

① Taylor v. Alaska Rivers Navigation Co., 391 P. 2d 15, 17 (Alaska 1964).
② Monteleone v. Bahama Cruise Line, Inc., 838 F. 2d 63-64 (2nd Cir. 1988).
③ Barbetta v. S. S. Bermuda Star, 848 F. 2d 1364, 1371 (5th Cir. 1988).
④ Gillmor v. Caribbean Cruise Line, Ltd., 789 F. Supp. 488, 490 (D. P. R. 1992).
⑤ Morton v. De Oliveira, 984 F. 2d 289 (9th Cir. 1993).
⑥ Doe v. Celebrity Cruises, Inc., 394 F. 3d 891 (11th Cir. 2004); Contra York v. Commodore Cruise Line, 863 F. Supp. 159 (S. D. N. Y. 1994).
⑦ Carey v. Bahama Cruise Lines, 864 F. 2d 201, 205 (1st Cir. 1988).

据美国法律规定，在美国港口之间或在美国港口与外国港口之间运输旅客的船舶所有人、船长、船舶管理人或船舶代理人，既不得通过合同免除其本人、雇员或代理人的疏忽或过错造成旅客人身伤害的赔偿责任，也不得限制遭受人身伤害的索赔人向有管辖权的法院提起诉讼的权利。根据《美国法典》第30509条（a）款的规定，如果合同中存在上述免除承运人过失责任或限制旅客索赔权利的条款，那么该条款无效。

在法律规定的有限范围内，承运人可以在旅客运输合同或者证明旅客运输合同的票据中约定免除对旅客因情绪困扰、精神痛苦和心理伤害等提出的损害赔偿责任。《美国法典》第30509条（b）款明确规定，承运人不可以通过合同免除因其过失造成旅客人身伤害的赔偿责任，但不禁止通过旅客运输合同或客票，对下列原因导致的旅客情绪困扰、精神痛苦和心理伤害的索赔，免除船员或船舶所有人、船长、船舶经理人、船舶代理人或经营人的赔偿责任：（1）船员或船舶所有人、船长、船舶管理人、船舶代理人或经营人的疏忽或过失造成索赔人的人身伤害；（2）索赔人实际面临人身伤害风险，且该风险是船员或船舶所有人、船长、船舶管理人、船舶代理人或经营人的疏忽或过失造成的；（3）船员或船舶所有人、船长、船舶经理人、船舶代理人或经营人故意造成的。此外，该条款还明确规定船员或船舶所有人、船长、船舶经理人、船舶代理人或经营人不可以在合同中限定其在涉及性骚扰、性侵犯或强奸案件中，对受害人情绪困扰、精神痛苦和心理伤害的赔偿责任。

根据《美国法典》第305章的专门规定，船舶所有人有权对海船造成的人身伤亡赔偿责任主张责任限制。需注意的是，此处的海船不包括娱乐船舶、拖船、被拖船、拖曳船、油罐船、捕鱼船、鱼类养殖船、运河船、平底船、汽车载运船、驳船、过驳载运船及其他小型船艇。该章明确规定，船舶所有人对人身伤亡赔偿的责任限额按船舶吨位每吨420美元计算。同时，美国法律特别禁止承运人在合同中设置以下限制性条款：要求旅客必须在遭受人身伤害后6个月内向承运人发出索赔通知；限定旅客必须在伤害发生后1年内提起诉讼。① 此外，在旅客行李灭失或损坏的索赔案件中，承运人同样不得在合同中

---

① See Robert Force, *Admiralty and Maritime Law*（2nd edition）, Federal Judicial Center, 2013, p. 122.

设置不合理的索赔通知期限或诉讼时效限制。①

从事美国邮轮旅游的船舶大多悬挂外国国旗，而且在邮轮船票中通常订有协议管辖条款。关于此类条款的效力，美国联邦最高法院在审理 Carnival Cruise Line, Inc. v. Shute 一案②时明确判定，旅客运输合同中的协议管辖条款具有可执行性，只要不存在根本性不公平的情形就具有法律效力。联邦法院认为，在涉案客票中约定的因合同产生争议应当提交约定法院解决的协议管辖条款是合理的，因为原告已经注意到该条款的存在，且协议中约定的法院不属于地理位置过于遥远的外国法院。因此，美国联邦法院普遍认可旅客运输合同中协议管辖条款的效力。

二、娱乐船舶和私人游艇上发生人身损害赔偿救济

在可航水域的娱乐船舶和私人游艇上发生的人身伤亡事故也属于海事侵权管辖范围。例如，在 Foremost Ins. Co. v. Richardson 一案③中，两艘娱乐船舶在路易斯安那州的阿米特河发生碰撞，导致其中一艘船的使用者 Richardson 死亡，其家属向美国联邦地区法院提起索赔诉讼。地区法院认为该事件不属于联邦海事管辖范围，因此驳回原告起诉。原告不服一审裁定，向联邦第五巡回上诉法院提起上诉，联邦上诉法院予以改判。美国联邦最高法院支持了联邦上诉法院的意见，理由是考虑到统一有关航运规则的需要，两艘船舶在可航水域发生碰撞对海商事活动可能产生的影响，以及为了避免联邦海事管辖范围认定的不确定性，美国联邦最高法院明确判定，两艘船舶在可航水域发生碰撞，包括娱乐船舶之间发生碰撞，由此产生的争议仍属联邦海事管辖范围。

美国联邦法院在审理这类侵权案件时，主要根据美国一般海商法的过错责任原则。美国一般海商法与各州侵权法确定的过失标准基本一致，唯一的区别就在于对共同过失的处理原则不同。例如，在 Carey v. Bahama Cruise Lines 一案④中，由于受港口吃水限制，承运人需要通过小驳船将旅客从码头运送至邮轮。承运人在驳船与客船之间安置了一个舷梯便于旅客上下船。一

---

① The Kensington, 182 U.S. 261 (1902).
② Carnival Cruise Line, Inc. v. Shute, 499 U.S. 585 (1991).
③ Foremost Ins. Co. v. Richardson, 457 U.S. 668 (1982).
④ Carey v. Bahama Cruise Lines, 864 F.2d 201 (1st Cir. 1988).

名旅客在从舷梯下来时不慎摔倒并遭受人身伤害。联邦法院经过审理，认定旅客自身存在 75% 的过失，承运人存在 25% 的过失。该名旅客来自马萨诸塞州，根据该州的法律，一方过失超过 50% 的，则丧失向责任人索赔的权利。但是，美国一般海商法没有类似的规定，即使存在共同过失的情形，责任人仍需在其过失比例范围内承担责任。最终联邦地区法院判决该案件应当适用美国一般海商法而非马萨诸塞州法律，并按照过失比例原则判定承运人应当承担的赔偿责任。因此，责任人和受害人存在共同过失的情形以及风险推定原则不能成为责任人免除责任的有效抗辩理由。

此外，其他源于海事案件的特殊制度或原则，例如有关船舶碰撞、海事赔偿责任限制、船舶优先权、海难救助等方面的法律规定，也可以适用于娱乐船舶及私人游艇上发生的人身伤害索赔案件。对于私人游艇导致的人身伤害索赔案件，如果船舶本身存在瑕疵，那么受害人还可以提起海事产品责任侵权索赔诉讼。①

三、因海事产品责任提起的人身损害赔偿救济

所谓海事产品责任是指，公司或者个人对其制造或销售的海事产品造成的损害应承担的法律责任。海事产品一词涵盖的范围比较广，大到一艘船舶，小到船舶的零部件、钓鱼渔具等。一旦发现这些产品存在缺陷或不安全因素，制造商或经销商就应对产品缺陷或不安全性造成的任何损失承担赔偿责任。鉴于海事产品具有复杂性和多样性，任何公司或个人均应当仔细评估海事产品可能存在的潜在缺陷并采取措施以降低风险。例如，进行海事产品的安全测试，及时了解最新的监管要求等。与陆上产品责任一样，如果海事产品责任人未能履行上述义务，那么应承担严格责任。因此，海事行业的产品制造商及经销商应当始终注意确保产品的安全性和合规性。

在 East River Steamship Corp. v. Transamerica Delaval, Inc. 一案②中，美国联邦最高法院就索赔方是否有权向制造商提出海事产品责任索赔作出了明确判决。该案中，造船厂与被告公司签订了设计、制造和监督安装涡轮机的合同，涡轮机是该造船厂为船东建造的 4 艘超级油轮的主要推进装置。船舶建造

---

① Yamaha Motor Corp., U. S. A. v. Calhoun, 516 U. S. 199 (1996).
② East River Steamship Corp. v. Transamerica Delaval, Inc., 476 U. S. 858 (1986).

完工后，船舶所有人出租给不同的承租人使用。原告 East River 汽船公司是其中一艘船舶的承租人。当这些船舶被投入使用时，船舶上的涡轮机均因设计和制造缺陷而先后出现故障。原告也面临同样的问题，于是向美国联邦地区法院起诉涡轮机制造商 Delaval 公司，主张因涡轮机故障所产生的修理费以及船舶修理期间因无法投入运营所带来的收入损失。经过调查，联邦地区法院认为原告主张的索赔事项不符合海事产品责任侵权理论的基本要件，应当属于被告违反产品保证义务而提起的索赔诉讼，因此作出有利于被告的判决。原告不服判决，向第三巡回上诉法院提起上诉，联邦上诉法院维持原判。美国联邦最高法院在进行司法审查时确认了联邦上诉法院的判决，认为不论是基于过失理论，还是基于严格责任，涉案原告主张的索赔事项不符合海事产品责任侵权理论，因此支持联邦地区法院、联邦上诉法院的判决。

根据海事产品责任侵权理论，受害人既可以责任人存在过失为由，也可以产品责任之下的严格责任为由，向责任人提起诉讼。其中，最为常见与最主要的一个索赔理由就是产品存在瑕疵。产品制造过程不符合规范、使用劣质材料或者存在设计缺陷等，都是危险或伤害发生的常见原因。但是，美国联邦最高法院尚未就海事产品责任案件应该适用的实体法律规则作出明确指引。因此，索赔人虽然理论上可以海事产品责任为由提起索赔诉讼，但是在确定法律适用及责任等方面仍然存在一些不确定性。

第五节 非正常死亡的损害赔偿救济

一、非正常死亡损害赔偿救济概述

美国联邦最高法院在审理"The Harrisburg"号一案[①]时明确认定，因可航水域发生的人身伤害而引起的非正常死亡侵权诉讼可以适用美国一般海商法。该案是一起涉及非正常死亡损害赔偿的对物诉讼案件。1882 年 2 月 25 日，死者 Rickards 的遗孀和子女向宾夕法尼亚州东区联邦地区法院起诉蒸汽船"The Harrisburg"号。死者是另一艘纵帆船"Marietta Tilton"号的大副。1877 年 5

---

① The Harrisburg, 119 U.S. 199（1886）.

月 16 日，因为蒸汽船"The Harrisburg"号的疏忽，其与死者所在的纵帆船"Marietta Tilton"号发生碰撞，并最终导致 Rickards 死亡。在船舶发生碰撞时，"The Harrisburg"号主要从事美国沿海贸易运输活动，并且根据美国法律在费城进行船舶合法登记。而死者及其遗孀和子女均为特拉华州的居民。根据联邦法院所在地宾夕法尼亚州生效的制定法，不法行为或疏忽导致人员死亡的，死者的配偶、父母或子女可以在死亡事件发生后 1 年内就损害赔偿提起诉讼。根据碰撞发生地马萨诸塞州的制定法，如果是某公司或其雇员、代理人未尽到合理谨慎义务导致人员死亡的，该公司应承担 500—5000 美元的罚款并支付给死者遗孀和子女，且索赔诉讼应在死亡事件发生后 1 年内提起。涉案纠纷主要涉及的争议焦点如下：（1）在缺乏国会颁布法令和联邦制定法赋予的提起诉讼权利的情况下，索赔人能否因船舶过失导致公海和可航水域上发生的自然人死亡事件提起赔偿诉讼；（2）若不能依据第一项理由提起诉讼，索赔人能否针对有过失的船舶提起对物诉讼；（3）若能依据第一项理由提起诉讼，在州法律明确规定人身伤害赔偿诉讼应在死亡后 1 年内提起的情况下，索赔人能否在死亡发生后近 5 年的时间内提起对物诉讼。

尽管本案涉及相关州法律的规定，但美国联邦法院根据实际情况，作出如下认定：首先，因船员疏忽导致公海及美国可航水域上发生的人身死亡事件，可适用美国一般海商法；其次，原告的索赔请求不受马萨诸塞州制定法和宾夕法尼亚州制定法的影响，因此这两个州有关 1 年诉讼时效的法律规定对本案争议不应构成任何妨碍；最后，涉案纠纷是在可航水域上因被告船舶不当的航海过失行为引发船舶碰撞导致的，因此属于海事管辖案件，不受各州法律的限制，且索赔人并未违反美国一般海商法的"懈怠原则"。综合上述观点，美国联邦最高法院最终判定被告应向索赔人支付 5100 美元。

美国联邦最高法院在 1907 年审理"The Harrisburg"号案时，对该案确立的原则作出了适当的修正，明确审理海事案件的联邦法院可依据"当地法律适用原则"，对在各州管辖范围内发生的非正常死亡案件适用相关州法律。

1920 年，美国国会通过《公海死亡法案》，对"The Harrisburg"号案确立的法律适用原则进行部分调整。该法案明确规定：公海上发生的非正常死亡索赔案件应适用《公海死亡法案》，而非一般海商法；船员在公海死亡案件，其家属应依据《琼斯法案》寻求救济。

美国联邦最高法院于 1970 年审理 Moragne v. States Marine Lines, Inc. 案①时,对"The Harrisburg"号案判决所确立的原则作出了根本性改变。在涉案纠纷中,Moragne 是一名近岸工人,其在"The Palmetto State"号船舶停靠在佛罗里达州港口的可航水域开展作业时意外死亡。其遗孀和子女向该州法院起诉了船舶所有人 States Marine 班轮公司,索赔 Moragne 非正常死亡的损害赔偿以及在死亡之前所遭受的疼痛损害。起诉的理由包括船舶所有人对死亡事件存在过失以及船舶处于不适航状态。船舶所有人鉴于案件具有公民身份多重性,主张将案件移送至佛罗里达州中区联邦地区法院,并向第三方责任人 Moragne 的雇主码头公司提起索赔诉讼,声称码头公司与死者存在雇佣关系,且码头公司经营操作过失导致船舶不适航是 Moragne 死亡的原因。不论是船舶所有人还是码头公司,都认为非正常死亡事件发生在佛罗里达州领水范围内,应当适用该州关于非正常死亡的法律规定,而非一般海商法。联邦地区法院支持了被告的抗辩理由。案件上诉至第五巡回上诉法院,联邦上诉法院支持了一审法院的判决,认为涉案纠纷应当适用佛罗里达州的法案,不应适用一般海商法。美国联邦最高法院在对该案进行司法审查时,推翻了联邦上诉法院的判决,认为在某个州的领水水域发生非正常死亡事件,仍然可以适用一般海商法并且由联邦法院管辖,但这并不妨碍索赔人可以依据适当的州法律寻求索赔救济的权利。如果责任人未尽到联邦法律规定的强制性义务,那么联邦法院除了适用联邦法律,还可以州法律作为补充救济方式的适用法,而无须考虑州法律是否规定了一些实质性的限制内容。

综上,目前在美国,针对海上人员非正常死亡的民事救济可以依据不同情形适用以下法律:《公海死亡法案》,各州有关非正常死亡的法律规定,美国一般海商法,以及专门适用于船员的《琼斯法案》。

二、《公海死亡法案》的主要内容

《公海死亡法案》第 30302 条明确规定,如果自然人的死亡是距离美国海岸 3 海里以外的公海上发生的不当行为、疏忽行为或过错行为造成的,那么死者家属可以向美国法院针对对死亡事件负有责任的船舶、责任人提起海事诉讼。死

---

① Moragne v. States Marine Lines, Inc., 398 U. S. 375 (1970).

者的配偶、父母、子女或者相关亲属享有排他性权益损失索赔权。第30303条规定，基于该法案提起的诉讼赔偿应是对提起诉讼的自然人所遭受金钱损失的公平补偿。如果存在两名以上索赔人，那么法院应根据各自遭受损失的比例分配赔偿数额。第30304条规定，在依据法案提起的索赔诉讼中，即使责任人和死者存在共同过失，也不妨碍索赔人行使赔偿请求权。法院应考虑死者的过失程度并相应减少赔偿金额。第30305条规定，如果因为该法案中规定的在公海上发生的不当行为、疏忽行为或过错行为造成人员受伤后死亡的，不影响其家属根据法案享有的各项权益。第30306条进一步规定，当外国法律对公海死亡损害赔偿另有规定时，索赔人仍可依据该外国法律向美国联邦法院提起诉讼，且该外国法律的适用不会减损其依据本法本应获得的赔偿金额。由此可见，《公海死亡法案》对公海死亡索赔案件作出了系统规定：其一，明确适格索赔主体范围；其二，确立多人索赔时的赔偿金分配原则；其三，允许在特定情形下适用外国法律。

《公海死亡法案》规定，该法案适用于在各州领水范围之外发生的死亡案件。一般而言，此范围是指超出各州海岸线3海里以外的水域。《公海死亡法案》第30307条明确排除了在任何一州邻近岸边12海里或12海里以内，因商业航空事故导致的死亡案件的适用。因为此类航空事件造成的人员死亡案件，应适用其他联邦法、州法律或其他相关法律规定。然而，根据《公海死亡法案》第30308条，如果死亡事件是在距美国海岸12海里以外的公海上，由商业航空事故造成的，索赔人可依据《公海死亡法案》就非金钱损失获得额外赔偿，但无法获得惩罚性赔偿。所谓非金钱损失，是指因失去照顾、舒适生活和陪伴所造成的损害，主要针对精神层面的损害。例如，一架民用航空飞机失事坠毁在邻近陆地的海域，导致海上人身死亡案件的，不适用《公海死亡法案》；但如果坠机事件发生在美国海岸12海里以外的公海上，则可适用该法案。此外，第30308条亦明确规定，该法案不影响索赔人依据州法律寻求救济，并且明确排除对美国大湖区及各州管辖水域范围内发生的非正常死亡案件的适用。

根据《公海死亡法案》提起的诉讼可适用传统侵权理论，包括故意侵权[1]、过失侵权[2]以及产品责任侵权[3]等，但相关侵权行为必须是人员死亡的

---

[1] Renner v. Rockwell Int'l Corp., 403 F. Supp. 849（C. D. Cal 1975）.
[2] Bodden v. Am. Offshore, Inc., 681 F. 2d. 319（5th Cir. 1984）.
[3] Pavlides v. Galveston Yacht Basin, Inc., 727 F. 2d 330（5th Cir. 1984）.

直接原因。适用该法案的关键在于侵权行为发生地位于公海，而不论死亡实际发生地是否位于公海。例如，若侵权行为发生在公海，即便受害人在陆地救治期间死亡，仍可适用本法案。

《公海死亡法案》对死者的受益人或者索赔人进行了明确界定，包括死者的配偶、父母、子女或者与死者具有依存关系的其他亲属。需要特别说明的是，死者的配偶、父母或者子女并不能绝对排除其他受益人主张权利，即便死者生前与配偶、父母或子女共同生活，其他能够证明与死者存在依存关系的亲属，仍然可以依法主张索赔。例如，在 Evich v. Connelly 一案①中，联邦法院就判定与死者有相互依存关系的兄弟享有索赔权。

作为受益人的原告根据《公海死亡法案》只能索赔金钱损失②，对于其他非金钱损失，例如同居人权利丧失③、配偶权丧失、惩罚性损失④等，无法根据《公海死亡法案》提出索赔主张。

在 Offshore Logistics, Inc. v. Tallentire 一案⑤中，死者 Taylor 和 Tallentire 是墨西哥湾某钻井平台的工作人员，二人在乘坐直升机从钻井平台返回陆地过程中坠机身亡。事故地点在距离路易斯安那州海岸大约 35 海里的公海上。两名工人家属作为原告依据《公海死亡法案》、《外大陆架土地法案》和路易斯安那州的制定法向责任人提出人身伤亡损害赔偿，联邦地区法院判决适用《公海死亡法案》，被告只需赔偿原告金钱损失。原告不服，上诉至第五巡回上诉法院。联邦上诉法院认为，本案可以适用路易斯安那州的制定法，准许上诉人根据州法律索赔非金钱损失。被上诉人不服，本案被移送至美国联邦最高法院审理。美国联邦最高法院认为，涉案纠纷只能适用《公海死亡法案》，而不能适用路易斯安那州的法律，故驳回了一审原告索赔非金钱损失的请求。此外，美国联邦最高法院还判定《公海死亡法案》应优先于州法律适用，如果索赔人根据《公海死亡法案》获得金钱赔偿，那么其不能再依据州法律索赔非金钱损失。同时，美国联邦最高法院判定，对于人身死亡损害赔

---

① Evich v. Connelly, 759 F. 2d, 1432 (9th Cir. 1985), 484 U. S. 914 (1987).
② Mobil Oil Co. v. Higginbotham, 436 U. S. 618 (1978).
③ Zicherman v. Korean Airlines CO., Ltd., 516 U. S. 217 (1996); Mobil Oil Co. v. Higginbotham, 436 U. S. 618 (1978).
④ Bergen v. F/V St. Patrick, 816 F. 2d 1345 (9th Cir. 1987), 493 U. S. 871 (1989).
⑤ Offshore Logistics, Inc. v. Tallentire, 447 U. S. 207 (1986).

偿案件，可以依据《公海死亡法案》在州法院提起诉讼。

三、基于一般海商法主张非正常死亡损害赔偿救济

《公海死亡法案》《琼斯法案》等联邦制定法出台后，美国联邦最高法院在 Moragne v. States Marine Lines, Inc. 一案①中明确判定，若非正常死亡发生在州领水范围内，索赔人可以根据美国一般海商法寻求救济。该案中，死亡船员的妻子根据美国一般海商法以船舶不适航为由向联邦法院提起诉讼，获得联邦法院的准许。美国联邦最高法院在审理 Norfolk Shipbuilding and Drydock Corp. v. Garris 一案②时，在 Moragne 案判决确定的原则基础之上，进一步拓展了美国一般海商法的适用范围，允许死者家属以责任人存在过失为由提出损害赔偿请求。联邦法院对 Garris 案的裁决具有普遍适用性，其判决要旨并未将法律救济限定于海运工人群体。据此确立的原则表明：凡在州管辖水域内发生的死亡索赔案件，均可基于美国一般海商法提起诉讼，适格诉因包括但不限于船舶不适航、责任方存在过失。

美国联邦最高法院在 Moragne 案中确立的原则表明：对于发生在州管辖水域的非正常死亡索赔案件，虽然可以适用美国一般海商法，但在涉及非船员身份的其他人员非正常死亡案件索赔中，一般海商法并不当然具有优先于州法律的绝对效力。例如在 Yamaha Motor Corp., U. S. A. v. Calhoun 一案③中，美国联邦最高法院判定 Moragne 案所确立的适用美国一般海商法的原则并不具有绝对排他性，在 Calhoun 案中，法官对"船员"一词进行扩张解释，认为船员既包括《琼斯法案》中规定的船员，也包括《近岸及港口工人赔偿法案》中规定的海运工人。也就是说，船员以及海运工人均可以根据美国联邦制定法获得法律救济，而针对美国制定法明确适用的船员和海运工人以外的其他人员的非正常死亡案件，死者的受益人除了可以根据美国一般海商法提起诉讼，还可以根据非正常死亡发生地州法律提起索赔诉讼。例如，一般海商法虽未规定惩罚性赔偿或者其他特定损害赔偿类型，但如果州法律明

---

① Moragne v. States Marine Lines, Inc., 398 U. S. 375 (1970).
② Norfolk Shipbuilding and Drydock Corp. v. Garris, 532 U. S. 811 (2001).
③ Yamaha Motor Corp., U. S. A. v. Calhoun, 216 F. 3d 338 (3rd Cir.), *cert. denied*, 531 U. S. 1037 (2000).

确规定允许索赔这些损失，那么死者的受益人可以同时获得美国一般海商法和州法律所赋予的赔偿救济权益。

例如，在 Sea-Land Service, Inc. v. Gaudet 一案①中，美国联邦最高法院扩大了州管辖水域内发生的非正常死亡案件的索赔范围。索赔人依据美国一般海商法以船舶不适航为由主张损害赔偿，一般情况下联邦法院允许索赔人索赔非金钱损失。但是，美国联邦最高法院在随后审理 Miles v. Apex Marine Corp. 一案②时，作出了与 Gaudet 案不同的判决。在 Miles 案中，死亡船员的母亲并没有与死者共同居住，其根据《琼斯法案》索赔无法结社的损失，该诉求被联邦法院驳回。尽管 Miles 案与上文提及的 Gaudet 案类似，都是依据美国一般海商法以船舶不适航为由提出索赔主张，但是审理 Miles 案的联邦法院认为，索赔人依据《琼斯法案》向责任人提出索赔时，只能主张金钱损失，不包括其他类型的损害赔偿。此外，联邦法院认为索赔人根据美国一般海商法获得的赔偿，不能超出依据《琼斯法案》获得的赔偿。

尽管上述案件的判决结论略有不同，但是有美国学者认为 Miles 案的判决并没有明确推翻 Gaudet 案的结论。③ 在 Miles 案之后，对于同时涉及人身伤害和非正常死亡的索赔案件，美国各级联邦法院（包括地区法院和上诉法院）逐渐形成了一致的裁判标准：无论索赔人是船员、海运工人还是其他身份，依据一般海商法获得的赔偿都应限定为金钱损失，法院通常不支持无法结社损失的赔偿请求。④ 此外，绝大多数联邦法院也都拒绝支持惩罚性损害赔偿的主张。⑤ 从这一角度来看，索赔人根据一般海商法和《公海死亡法案》所能获得的死亡赔偿范围基本趋于一致。

在 Moragne 案中，美国联邦最高法院明确，只有法律规定的死者受益人，才有权基于一般海商法，就州管辖水域范围内发生的非正常死亡事件寻求救

---

① Sea-Land Service, Inc. v. Gaudet, 414 U.S. 573 (1974).
② Miles v. Apex Marine Corp., 625 U.S. 19 (1990).
③ See Robert Force, *Admiralty and Maritime Law* (*2nd edition*), Federal Judicial Center, 2013, p. 128.
④ See Robert Force, *Admiralty and Maritime Law* (*2nd edition*), Federal Judicial Center, 2013, p. 128.
⑤ Horsley v. Mobil Oil Corp., 15 F.3d 200 (1st. Cir. 1994); Wahlstrom v. Kawasaki Heavy Indus., Ltd, 4 F.3d 1084 (2nd Cir. 1993), *cert. denied*, 510 U.S. 1114 (1994); Miller v. Am. President Lines, Ltd., 989 F.2d 1450 (6th Cir.), *cert. denied*, 510 U.S. 915 (1993).

济。因此，死者的配偶、子女、父母，以及与死者具有依存关系的其他亲属，均有权向责任人提出非正常死亡的损害赔偿主张。根据《琼斯法案》，死亡船员的受益人可依据过失原则，排他性地向其雇主索赔，而无须考虑死亡事件发生在公海、州管辖水域还是陆地。若死亡船员的受益人基于其他诉因提起非正常死亡索赔诉讼，例如船舶不适航，或是向雇主以外的其他责任人提出索赔主张，当船员死亡事件发生在公海上时，可依据《公海死亡法案》行使权利；若死亡发生在州管辖水域，则可根据 Moragne 案确立的原则，即依据美国一般海商法行使权利。需要注意的是，《公海死亡法案》仅规定了受益人的范围：（1）死者的配偶和子女；（2）死者的父母；（3）与死者具有依存关系的其他近亲属。而《琼斯法案》在受益人方面进行了严格的等级和顺位划分，即较高顺位等级的受益人享有绝对优先于较低等级受益人受偿的权利。此外，根据《琼斯法案》，当船员在遭受人身伤害后直至死亡前，其受益人可提起船员遭受精神痛苦和折磨的索赔主张，但无权索赔因人身损害而丧失收入的损失。①

根据《近岸及港口工人赔偿法案》，提供海事雇佣服务的工人死亡的，其受益人可以向雇主主张死亡导致的利益损失赔偿。如果工人死亡是由船舶所有人（包括船舶本身）的过失导致，那么受益人还可以根据《近岸及港口工人赔偿法案》第 905 条（b）款的规定提起索赔诉讼。尽管美国联邦最高法院在审理 Moragne 一案时明确死者的受益人可以根据美国一般海商法提起非正常死亡的索赔诉讼，该索赔救济方式显然有利于死者的受益人，但是因为《近岸及港口工人赔偿法案》明确规定不允许提供海事雇佣服务的工人以船舶不适航为由提起索赔诉讼，所以该法案实际上排除了死者的受益人依据一般海商法索赔的可能性。

此外，《近岸及港口工人赔偿法案》允许提供海事雇佣服务的工人向第三方责任人提起索赔诉讼，因此死亡海运工人的受益人也同样享有向第三方提起非正常死亡索赔诉讼的救济权利。如果工人死亡是因第三方过失所致，并且事故发生在陆地上，那么该死者受益人还可以根据事故发生地所在州的法律或相关规定主张索赔救济；如果事故发生在州管辖的领水范围内，那么受益人可以根据美国联邦最高法院在 Moragne 案及 Garris 案中确立的适用美国一

---

① Miles v. Apex Marine Corp., 498 U.S. 19（1990）.

般海商法的原则主张索赔救济；如果死亡事件发生在公海，那么受益人可以依据《公海死亡法案》主张索赔救济。

如果在离岸油气平台或装置上工作的工人在履行职责期间或者在被运往工作平台或装置的过程中死亡，那么该死者的受益人可以根据《近岸及港口工人赔偿法案》第904条以及第905条（a）款、（c）款的规定向雇主提出索赔请求。[①] 如果工人是在某个州管辖水域的离岸油气固定平台上死亡，那么受益人可以根据该州的工人赔偿法的相关规定，向死者的雇主提出索赔请求。如果死亡发生在公海，那么死者的受益人也可以根据《公海死亡法案》提出索赔请求。

---

① Wentz v. Kerr-McGee Corp., 784 F. 2d 699 (5th Cir. 1986).

第七章
船舶碰撞

第一节　船舶碰撞概述

国际海事组织于 1972 年 10 月 20 日颁布《1972 年国际海上避碰规则》（Convention on the International Regulations for Preventing Collisions at Sea, 1972），该规则于 1983 年 6 月 1 日生效。[①]《1972 年国际海上避碰规则》能够保障船舶航行安全、预防和减少碰撞事故，适用于公海及所有连接公海的可航水域，是全球船舶必须遵守的海上交通规范。该规则共包括 5 章 38 条以及 4 个附录。5 章内容分别为：总则、驾驶和航行规则、号灯和号型、声响和灯光信号、豁免。4 个附录主要包括：附录一"号灯和号型的位置和技术细节"、附录二"在相互邻近处捕鱼的渔船额外信号"、附录三"声号器具的技术细节"以及附录四"遇险信号"。《1972 年国际海上避碰规则》最为重要的创新之一就是确立了分道通航制，其第 10 条对在实施分道通航制水域航行的船舶的安全速度、避碰操作及风险防控等作出具体规定。需要强调的是，全球首个实施分道通航制的水域是 1967 年的多佛海峡（Strait of Dover），最初采用的是自愿遵守模式。1971 年，国际海事组织通过决议，要求所有设立分道通航制的水域必须强制执行这一制度。最终，《1972 年国际海上避碰规则》以国际公约的形式将这一强制性要求正式确立下来。此后，国际海事组织分别于 1981 年、1987 年、1989 年、1993 年、2001 年、2007 年、2013 年对该规则进行修正。上述修正案均已生效，其中 2013 年修正案

[①] 参见国际海事组织网站，https://www.imo.org/en/About/Conventions/Pages/COLREG.aspx，最后访问日期：2024 年 2 月 15 日。

于 2016 年 1 月 1 日生效。①

《1972 年国际海上避碰规则》对船舶号灯、号型、声响和灯光信号等作出了全面规范，要求各类船舶根据其航行状态（在航、锚泊、失控等）显示特定的灯光信号。该规则详细规定了不同长度船舶的号灯配置，特殊作业船舶的额外信号，以及能见度不良时的雾航规则。同时，该规则对号灯颜色、位置及声号器具的技术细节也进行了统一要求，以确保海上航行安全。

综上，《1972 年国际海上避碰规则》兼具技术规范与法律规范的双重属性，这一特征已获得航运界和海事界的普遍认可。从技术层面来看，该规则为船舶驾驶人员提供了具体的避碰操作指引；从法律层面来看，它既规范了船舶航行行为，又成为判定碰撞责任的重要法律依据。

《美国法典》第 33 编第 30 章"国际海上避碰规则"（第 1601—1608 条）将《1972 年国际海上避碰规则》的内容予以吸纳和转化，使其成为美国法律的组成部分，主要内容包括：一般定义，国际规则，适用国际规则的船舶，不适用国际规则的船舶，特殊构造或用途的海军舰艇及海岸警卫队船舶，军舰、护航船舶以及渔船船队的特别规则，规则实施与颁布权限，民事责任。根据《美国法典》第 1604 条规定，《1972 年国际海上避碰规则》不适用于在美国内水航行的船舶。对于受美国管辖的船舶在外国领海航行时，须同时遵守《1972 年国际海上避碰规则》及与该规则无冲突的所在国法律。第 1603 条规定，在公海及与之相连的可航水域，所有受美国管辖的船舶（包括政府公务船舶和私人船舶）均须遵守该规则；同时，在美国管辖水域航行的外籍船舶亦受此约束。根据第 1607 条授权，美国海岸警卫队负责人有权制定具体实施细则，违反相关规定者，依据第 1608 条将面临最高 5000 美元的民事处罚，但海岸警卫队负责人可依法定程序酌情减免罚款。

《美国法典》"国际海上避碰规则"部分的条文规定主要涉及船舶航行安全问题，与陆地交通安全规则类似。但是，美国内水水域则采用另外一套不同的航行规则，即"内陆航行规则"，规定在《美国法典》第 34 章中，包括第 2001—2073 条。根据"内陆航行规则"的规定，海岸警卫队负责人有权就

---

① 参见国际海事组织网站，https：//wwwcdn.imo.org/localresources/en/About/Conventions/StatusOfConventions/List% 20of% 20the% 20Conventions% 20and% 20their% 20amendments.pdf，最后访问日期：2024 年 2 月 15 日。

在美国内陆水域航行的任何类型的船舶颁布相关规则以及技术要求，其中技术要求的内容要尽可能与《1972年国际海上避碰规则》附录一的技术细节保持一致。同样地，船舶违反"内陆航行规则"相关规定的，将面临最高5000美元的罚款。因此，尽管"国际海上避碰规则"与"内陆航行规则"存在诸多相似的规定，但是总体上这两个规则仍在各自的适用范围内发挥作用。

除了上述避碰规则，在船舶碰撞民事责任方面，国际海事委员会（CMI）于1910年9月23日在比利时布鲁塞尔通过了《1910年统一船舶碰撞某些法律规定的国际公约》（International Convention for the Unification of Certain Rules of Law with respect to Collision between Vessels, 1910）（以下简称1910年《碰撞公约》）。该公约已经于1931年3月1日生效，但美国并未批准。根据1910年《碰撞公约》第2—4条的规定，船舶碰撞导致的财产损失和人身伤亡采用过错责任原则。其中，第2条规定："如果碰撞的发生是出于意外，或者出于不可抗力，或者碰撞原因不明，其损害应由遭受者自行承担。即使在发生碰撞时，有关的船舶或其中之一是处于锚泊（或以其他方式系泊）状态，本条规定亦得适用。"第3条规定："如果碰撞是由于一艘船舶的过失所引起，损害赔偿的责任便应由该艘过失船承担。"第4条规定："如果两艘或两艘以上的船舶犯有过失，各船应按其所犯过失程度，按比例分担责任。但如考虑到客观环境，不可能确定各船所犯过失的程度，或者看来过失程度相等，其应负的责任便应平均分担。船舶或其所载货物，或者船员、旅客、船上其他人员的行李或财物所受的损害，应由过失船舶按上述比例承担，即使对于第三者的损害，一艘船舶也不承担较此种损害比例为多的责任。对于人身伤亡所造成的损害，各过失船舶对第三者负连带责任。但这并不影响已经支付比本条第1款规定其最终所应赔偿数额为多的船舶向其他过失船舶取得摊款的权利。关于取得摊款的权利问题，各国法律可以自行决定有关限定船舶所有人对船上人员责任的契约或法律规定所应具有的意义和效力。"1910年《碰撞公约》第1条规定的船舶碰撞，既包括海船与海船之间的碰撞，也包括海船与内河航行船舶之间的碰撞，而无须考虑碰撞发生在何种水域。但是，根据第11条的规定，碰撞船舶不包括军用船舶和政府公务船舶。因此，1910年《碰撞公约》不适用于船舶触碰造成的财产损失或人身伤亡损害赔偿。所谓船舶触碰是指，一艘或多艘船舶与非船舶的其他物体或装置发生接触并导致财产损失或人身伤亡的情形。

美国碰撞法虽然也采用过错责任原则并承认过失比例原则,① 但其与1910年《碰撞公约》的规定仍存在明显区别。具体而言,美国碰撞法律的适用范围包括以下两种情形:一是传统意义上的船舶碰撞,即两艘船舶之间发生的有接触的碰撞;二是船舶触碰,即移动的船舶与静止的物体或装置(如港口水域内的桥梁、设施、泊位或码头等)发生接触而导致的碰撞。②

第二节　美国碰撞法律的主要内容

一、船舶碰撞责任

船舶碰撞责任的构成包括如下方面:船舶碰撞的事实,碰撞导致人身伤亡或财产损失,碰撞船舶存在过失,过失与损害之间存在因果关系。其中,过失是船舶承担碰撞责任的主要因素。船舶碰撞案件中的过失主要表现在:(1)驾驶员存在过失或者缺乏适当的谨慎或技能;(2)违反有关航海或航道通行安全的法律、法规、规章;(3)未能遵守当地的航海习惯或惯例;(4)船舶处于不适航状态或者船舶设备存在故障。如果一艘船舶违反了地方性航行习惯,也被认为存在过错。③ 索赔方应当举证证明事实上存在该地方性航行习惯,并且只有当该地方性航行习惯不违反有关安全航行的法律规定时,才可以被援引。④

如果船舶驾驶员存在过失并且因此导致碰撞事故发生,那么船舶应当对该损害承担赔偿责任。判断是否承担责任的标准就是,作为一个通常谨慎行事并具有海运专业技能的人,能否通过采取措施避免事故发生,未能达到这个标准的,即认为船舶存在过失。⑤

---

① United States v. Reliable Transfer Co., 421 U.S. 397 (1975).
② See Robert Force, *Admiralty and Maritime Law* (2nd edition), Federal Judicial Center, 2013, p.133.
③ Valley Towing Serv., Inc. v. S.S. Am. Wheat, Freighters, Inc., 618 F.2d 341 (5th Cir. 1980).
④ Zim Israel Navigation Co. v. Special Carriers Inc., 611 F. Supp. 581 (E.D. La. 1985).
⑤ The Jumna, 149 F. 171, 173 (2nd Cir. 1906).

二、因果关系

仅有碰撞事故发生，并不足以产生碰撞责任。只有举证证明船舶的航行过失导致了碰撞事故，且该事故造成了人身或财产损害，船舶才需承担碰撞责任，即强调航行过失与碰撞事故之间存在因果关系。所谓因果关系，也称为近因关系，是指船舶的过失对碰撞事故的发生具有实质性影响。因为一起碰撞事故的发生可能存在多个原因。此外，因果关系原则还涵盖替代原因原则。所谓替代原因原则，是指在特定情形下，后续出现的过失行为会替代或超越先前存在的过失行为，进而免除先前过失行为人的责任。也就是说，第三方的行为或其他外力等不可预见的因素介入，打破了原有的因果关系链条，并成为导致结果发生的一个最直接原因，从而使原来的行为人可能因介入因素而免于承担责任。须注意的是，这种切断因果关系的介入因素在判例中通常被称为继起过失。继起过失应当包含如下 4 个要件：第一，受害人已经处于危险状态；第二，加害人当时或其后能够意识到，或者在一般审慎状态下应该意识到受害人处于危险状态的事实，即受害人既不能避免危险，也明显无可供其选择的机会来避免危险；第三，加害人在其后有机会采取合理的措施对受害人施以援助；第四，加害人并未实施救助行为。[①]

在审理 United States v. Reliable Transfer Co. 一案[②]时，美国联邦最高法院以过失比例原则取代了美国联邦法院长期以来遵循的损失平均分配原则。美国联邦法院采用损失平均分配原则审理船舶碰撞案件有长达百年的历史，即只要证明碰撞各方均有过失，那么各船舶应平均承担损害赔偿责任，哪怕一艘船舶的过失占 99%，另一艘船舶的过失占 1%。过失比例原则是根据碰撞当事方过失程度确定各自承担的损害赔偿责任，以改变或避免损失平均分配原则带来的不公平现象。

在美国联邦最高法院确立过失比例原则之前，为了修正损失平均分配原则的固有缺陷，部分联邦法院创设了一些特殊的因果关系判定标准，包括主要—次要过失原则、积极—消极过失原则等。例如，第二巡回上诉法院在审

---

① 薛波主编：《元照英美法词典》，北京大学出版社 2017 年版，第 1313 页。
② United States v. Reliable Transfer Co., 421 U. S. 397（1975）.

理 Getty Oil Co., Inc. v. S. S. Poince de Leon 一案①时认为，美国联邦最高法院所确立的过失比例原则足以废止主要—次要过失原则。所谓主要—次要过失原则是指，一旦法院根据事实情况认定碰撞船舶一方仅存在次要过失，就可以判定存在主要过失的一方对碰撞负责，并应当承担全部损害赔偿责任。②

第十一巡回上诉法院在审理 Self v. Great Lakes Dredge & Dock Co. 一案③时认为，联邦地区法院的法官在处理船舶碰撞案件、评估各方相对过失程度时，积极—消极过失原则已无存在的必要。判决指出，如果侵权行为人仅存在消极过失，且对碰撞造成的损害承担较小比例的责任，而根据其他规则和义务规定，存在消极过失的侵权行为人本应支付的赔偿金额超过其应承担的份额，那么其可以向有积极过失的侵权行为人主张分担赔偿责任。也就是说，积极—消极过失原则在一定程度上能够避免因遵循损失平均分配原则而给消极过失一方带来的不公平后果。需要说明的是，积极过失，又称作为的过失，是指行为人因未尽合理注意义务而实施不当行为所导致的过失，包括故意实施不法行为的过失。④ 消极过失，又称不作为的过失，是指依法有义务实施某个行为却因过失而未为之的情形。⑤

由上可知，由于美国联邦最高法院确立了过失比例原则，因此美国联邦各级法院之前采用的主要—次要过失原则、积极—消极过失原则等确定因果关系的原则事实上都被废止了。

三、过失推定

美国碰撞法律中存在有关过失推定的原则，但与 1910 年《碰撞公约》的规定相冲突。例如，1910 年《碰撞公约》第 6 条第 2 款明确规定："关于在碰撞责任方面的过失问题的一切法律推定，均应废除。"法律推定过失原则就是指，一旦侵权行为人违反相关法律规定，就推定该侵权行为人存在过失。美国联邦法院目前普遍采用的最为重要的过失推定原则为"宾夕法尼亚规则"（Pennsylvania Rule）⑥，即只要证明船舶违反了有关航行安全的法律规定，就推定该船舶存

---

① Getty Oil Co., Inc. v. S. S. Poince de Leon, 555 F. 2d 328 (2nd Cir. 1977).
② 薛波主编：《元照英美法词典》，北京大学出版社 2017 年版，第 885 页。
③ Self v. Great Lakes Dredge & Dock Co., 832 F. 2d 1540 (11th Cir. 1987), 486 U.S. 1033 (1988).
④ 薛波主编：《元照英美法词典》，北京大学出版社 2017 年版，第 23 页。
⑤ 薛波主编：《元照英美法词典》，北京大学出版社 2017 年版，第 1033 页。
⑥ The Pennsylvania, 86 U.S. (19 Wall.) 125 (1873).

在过失。1869 年，悬挂英国国旗的蒸汽机船"The Pennsylvania"号在距离美国桑迪胡克（Sandy Hook）200 海里的公海海域与另一艘悬挂英国国旗的"The Mary Troop"号发生碰撞事故。"The Pennsylvania"号载重 2388 吨，最高航速 13.5 节，事发时正以 7 节航速航行；而装载铁矿石的"The Mary Troop"号则以约 1 节的低速自苏格兰驶往纽约。事发当日清晨浓雾弥漫，能见度不足 15 米。经调查发现，"The Mary Troop"号未按英国《商船航运法》规定鸣放雾号，仅敲击雾钟；而"The Pennsylvania"号在浓雾及大风中仍保持 7 节航速，被认为航速过快。纽约州联邦地区法院一审认定"The Pennsylvania"号负全责，但案件上诉至美国联邦最高法院后，法院认为两船均存在违规行为："The Mary Troop"号未鸣放规定雾号，"The Pennsylvania"号雾中航速过高。最终，法院根据损失平均分配原则，判定两船各承担 50% 的责任。此案确立了法律推定过失原则，因为该原则基于此案产生，因此又被称为"宾夕法尼亚规则"。

根据宾夕法尼亚规则，只要船舶违反有关船舶航行安全的法律规定，就会被推定为存在过失。若当事船舶想要免除碰撞责任，不仅应当举证证明其过失可能并非造成碰撞的原因之一，或者不太可能是造成碰撞的原因之一，还应当举证证明其过失事实上也并非造成碰撞的原因。因此，当事船舶的举证负担较重。一旦船舶被认定存在违反航行安全法律规定的行为，便会被推定为存在过失并承担碰撞赔偿责任。

尽管宾夕法尼亚规则最初是在美国联邦法院审理船舶碰撞案件时创设的规则，但目前该规则已作为一般原则普遍适用于所有海事侵权案件，例如驳船沉没以及人身伤亡案件等。① 通常情况下，美国联邦法院会将宾夕法尼亚规则与侵权法中的"法律上的当然过失"原则结合使用。"法律上的当然过失"字面意思为"行为本身的过失"，是指当法律明确规定被告对原告负有特定义务时，若被告违反该义务并对原告造成损害，即构成无可争议的过失，任何法定义务的违反均自动被认定为当然过失。② 因此，宾夕法尼亚规则和法律上的当然过失原则就像两套枷锁，使侵权人负有双重举证义务来抗辩不存在过失以及不存在因果关系。

---

① Candies Towing Co. v. M/V B & C Eserman, 673 F. 2d 91（5th Cir. 1982）; Self v. Great Lakes Dredge & Dock Co., 832 F. 2d 1540（11th Cir. 1987），486 U. S. 1033（1988）.

② 薛波主编：《元照英美法词典》，北京大学出版社 2017 年版，第 955 页。

除法律推定过失之外，美国碰撞法律中还有另外一个重要的原则，即事实推定过失。如果一艘在航船舶与处于静止状态的船舶或物体发生碰撞，那么可根据事实情况合理推定在航船舶存在过失。① 当然这种事实推定可以通过举证证明处于静止状态的船舶或物体所处位置不合理、不合法，属于航行障碍物而被推翻②，即如果处于静止状态的船舶或物体违反有关航行安全的法律规定，停留在不适当水域或者进行不适当停留，已经构成船舶航行障碍物的，那么即使一艘在航船舶与之发生碰撞，也并不必然认定在航船舶存在绝对的完全过失，而要综合案件事实情况对此种情况下的船舶过失进行区分。

四、损害赔偿及其确定原则

在船舶碰撞或触碰案件中，财产损害赔偿的计算标准需根据船舶受损程度区别对待。若碰撞导致船舶全损，赔偿范围包括：船舶全损时的市场价值、未收取的运费、污染清除费用、残骸打捞费用，以及其他与碰撞事故存在直接因果关系的合理费用。但需注意的是，此类赔偿不包括碰撞事故导致的预期利润损失或船舶滞留损失等间接经济损失。③

在船舶发生部分损失时，损害赔偿范围包括船舶修理费（若未进行修理，则为船舶价值贬损部分）、船舶因修理无法投入营运而减少的盈利损失，以及因碰撞事故产生的其他费用，如码头费、引航费和救助报酬等。④ 但需说明的是，如果船舶修理费用并非由碰撞事故导致，那么该修理费用不能向责任人索赔。⑤ 关于盈利损失的索赔，遭受损失的船舶所有人应当举证证明存在盈利损失。⑥ 具体而言，船舶所有人可以举证证明因碰撞船舶遭受损害，致使其无法履行运输合同或租船合同义务，并因此丧失运费或租金等收入。若没有待履行的租船合同或运输合同，船舶所有人可以举证证明因船舶受损致使其在无法经营使用期间所遭受的收入损失，例如举证证明碰撞事故发生前船舶获

---

① The Oregon, 158 U.S. 186 (1895).
② Bunge Corp. v. M/V Furness Bridge, 558 F. 2d 790 (5th Cir. 1977), 435 U.S. 924 (1978).
③ The Umbria, 166 U.S. 404 (1897).
④ Skou v. United States, 478 F. 2d 343 (5th Cir. 1973).
⑤ Bouchard Transp. Co. v. Avondale Shipyards, Inc., 747 F. 2d 995 (5th Cir. 1984).
⑥ Delta S.S. Line, Inc. v. Avondale Shipyards, Inc., 747 F. 2d 995 (5th Cir. 1984).

得的收入与船舶修理后获得收入的差额。①

除可以索赔因船舶碰撞造成的财产物理性损害以及因物理性损害造成的收入损失外，遥远损失、纯经济损失等其他类型的损害是否可以赔偿的问题仍存在争议。美国联邦最高法院在 1927 年审理的 Robins Dry Dock & Repair Co. v. Flint 案②中，明确限制了船舶碰撞或触碰案件中过失侵权人承担损害赔偿责任的范围。法院在此采用了明确界限原则，即索赔人只有在举证证明遭受了财产上的物理损害的前提下，才能够向责任人索赔经济损失，否则不能单独针对经济损失提出损害赔偿请求。之所以确立这一原则，主要是因为美国联邦最高法院认为其可以避免出现多米诺骨牌效应，通过尽快切断因果关系链条，避免大量的遥远损失索赔诉讼，并且也能避免基于保险或者其他商业计划而引发的无休止的经济损失索赔。在该案中，定期租船的承租人与出租人约定，租用的船舶每隔半年需入干坞进行维修，维修期间承租人停止支付租金。然而，在船舶进入干坞维修期间，由于修船厂的疏忽造成船舶螺旋桨损害。于是，承租人向联邦法院起诉，要求修船厂赔偿因船舶螺旋桨损害的修理期间所蒙受的营运损失。法院认为，承租人作为船舶修理合同的第三方，与合同履行无直接利益关系。根据美国侵权法的一般原则，侵权人不必仅仅因为受害人与第三人签订了合同，就必然要对该第三人承担赔偿责任。

根据该案确立的明确界限原则，由于船舶遭受物理损害，船舶出租人不仅可以主张船舶本身的损害赔偿，还有权索赔承租人未支付的租金损失。这是因为租金损失属于出租人因船舶物理损害而直接遭受的经济损失，且该损失与船舶损害之间存在因果关系。

然而，美国联邦最高法院确立明确界限原则后，也给美国司法实践带来了一些困惑。例如，这一原则与美国侵权法中索赔人可就具有可预见性或存在近因关系的损害主张赔偿的原则之间存在何种关系，是否绝对排除了传统侵权法一般原则的适用等。现实中，在 Robinson 案件判决作出后，部分联邦法院严格遵循美国联邦最高法院确立的明确界限原则，将经济损失的索赔限定在索赔人遭受财产损害的范围内；部分联邦法院则依旧严格遵循传统侵权

---

① Moore-McCormack Lines v. The Esso Camden, 244 F. 2d 198 (2nd Cir.), *cert. denied*, 355 U. S. 822 (1957).
② Robins Dry Dock & Repair Co. v. Flint, 275 U. S. 303 (1927).

法的一般原则，只要索赔人能够举证证明经济损失具有可预见性或与侵权人存在因果关系即可；而更多的联邦法院则根据案件情况，综合考量明确界限原则和传统侵权法一般原则的关系。

目前，明确界限原则不仅适用于船舶碰撞或触碰案件，还被广泛应用于有关经济损失索赔的其他海事侵权案件中。在 Robins 案中，定期租船合同存在停租条款。所谓停租，是指当合同约定的特定情形发生并导致承租人无法使用船舶进行经营活动时，承租人有权在该期间暂停支付租金。若发生了未在停租条款中约定的原因或情形，而实际上又导致承租人无法使用船舶的，由于美国法院对停租条款的解释极为严苛，承租人仍需在无法使用船舶期间按照合同约定支付租金。对于承租人遭受的此种经济损失，美国一些联邦法院认为，承租人可向有过失的侵权人主张其已向出租人支付的租金损失（本应停止支付租金，但实际上未停付的损失）。联邦法院认为，若承租人根据停租条款的约定在船舶无法使用期间停止支付租金，那么出租人可就停止支付的租金损失向侵权人主张索赔。若承租人无法根据停租条款就不能使用船舶的期间停付租金，在此种情况下，承租人如同取代了出租人的地位，可向侵权人主张租金损失赔偿。[1]

在 1985 年发生的 State of Louisiana ex rel. Guste v. M/V Testbank 案[2]中，船舶碰撞事故致使一艘船舶所载运的有毒有害物质泄漏，造成水域环境污染损失。部分原告虽未遭受因船舶碰撞导致的直接财产损失，但仍向联邦法院提出了因水域污染造成的经济损失索赔。这些原告包括：码头及船艇租赁经营者、海运供应商、渔具及饵料商店经营者、海产品批发商和零售商、海鲜餐馆经营者、货物场站经营者、娱乐垂钓者，以及因美国海岸警卫队封闭污染水域而无法航行的部分船舶所有人。然而，上述涉案原告提出的污染损害经济损失赔偿主张，并未获得联邦法院的支持。理由是，依据明确界限原则，这些原告未遭受实际财产损失，而仅主张纯粹经济损失赔偿。不过，在案件审理过程中，联邦法院认为明确界限原则不适用于从事商业性捕鱼的渔民。也就是说，对于这些渔民而言，即便他们未遭受财产上的实际损失，也可索

---

[1] Venore Transp. Co. v. M/V Struma, 583 F. 2d 708 (4th Cir. 1978).
[2] State of Louisiana ex rel. Guste v. M/V Testbank, 752 F. 2d 1019 (5th Cir. 1985), 477 U.S. 903 (1986).

赔因水域污染导致捕鱼收入减少的经济损失。

　　此外，若因船舶碰撞或类似事故，致使其中一艘船舶沉没在美国可航水域，那么依据美国《被放弃船舶残骸法案》（Abandoned Shipwreck Act of 1987）第 409 条、第 411 条的规定，该沉船的所有人、承租人或经营人有法定义务对沉船进行标识并尽快采取清除措施。若一艘船舶与未加标识的沉船发生碰撞，沉船的所有人、承租人或经营人需对因其过失造成的碰撞损害承担全部赔偿责任。[①] 非船舶所有人的其他责任方，若因过失致使船舶沉没，且后续因该沉船残骸未正确标识并尽快清除，导致其他船舶与该沉船发生碰撞，尽管该责任方并非沉船的所有人，但根据美国联邦最高法院的意见，该责任方也会被判定承担相应责任，如承担残骸清除费或按主管当局要求清除船舶残骸等。[②]

　　当两艘船舶均存在过失并引发船舶碰撞事故，进而造成载运货物损失时，依据美国《海上货物运输法案》或《哈特法案》的规定，承运人可以援引航海过失免责条款进行抗辩，或者在不可免责时享受每件 500 美元的单位责任限制，货主通常无法从载运船舶所有人处获得全额赔偿。然而，根据美国碰撞法律规定，若两船互有过失并造成财产损失，两船应当承担连带赔偿责任。因此，货主可以向非载货船的船舶所有人主张全部货损赔偿。因为对于非载货船的船舶所有人而言，其无法援引美国《海上货物运输法案》规定的航海过失免责和单位责任限制进行抗辩。在计算财产损失赔偿数额时，非载货船舶所有人可以就其已经足额支付给碰撞他船货主的全部货物损失数额，根据碰撞责任过失比例向载货船舶所有人主张追偿。载货船的船舶所有人不能通过在运输合同或提单中约定"双方互有过失碰撞条款"，迫使本船载运货物的相关利害方丧失从非载货船的船舶所有人处获得货损赔偿的权利。但是，根据双方互有过失碰撞条款，如果载货船的货主从非载货船的船舶所有人处获得的损失赔偿超过其有权从载货船船舶所有人处获得的赔偿，例如载货船的船舶所有人根据连带赔偿责任已经向非载货船舶所有人按比例支付的，并且可以援引航海过失免责的部分，那么应当将其差额部分返还给载货船的船舶所有人。此外，如果载货船的船舶所有人根据《海上货物运输法案》援引

---

① Ison v. Roof, 698 F. 2d 294 (6th Cir.), 461 U. S. 957 (1983).
② Wyandotte Transp. Co. v. United States, 389 U. S. 191 (1967).

每件货物 500 美元的责任限制，那么载货船的货主应当将其从非载货船的船舶所有人处获得的赔偿中超出该限额的部分返还给载货船的船舶所有人，即载货船舶所有人在对货损需要承担赔偿责任时，仍有权援引货物运输法赋予其享有的单位责任限制。值得注意的是，允许货主从非载货船舶所有人处获得全部货物损失赔偿的原则在 United States v. Reliable Transfer Co., Inc. 案中得以确立，后经 Allied Chem. Corp. v. Hess Tankship Co. of Del. 案进一步明确。①

五、引航员过失导致的船舶碰撞

关于引航员过失导致的船舶所有人赔偿责任问题，将在第八章详细讨论。需要特别说明的是，在自愿引航情况下，引航员过失造成船舶碰撞的，船舶所有人可向引航员提起对人诉讼；而在强制引航情形下，引航员个人不承担赔偿责任，此时被引领船舶需承担"物"的责任。若碰撞事故同时涉及强制引航员过失和船员过失，则被引领船舶所有人还需承担"人"的责任。必须强调的是，只要船舶自身存在过错，无论何种情况都应承担"物"的责任。这种"人"与"物"的责任区分直接影响引航员过失所致碰撞损害赔偿的诉因认定，根据美国法律，相应的诉讼程序也会有所不同。

六、船舶碰撞损害赔偿案件法律适用

确定碰撞案件法律适用的一般原则为碰撞发生地法律。因此，依据船舶碰撞发生地所在的水域不同，法律适用也有所差异。② 对于在美国管辖水域发生的碰撞事故，美国联邦法院通常适用美国法律。③ 若船舶碰撞事故发生在外国领水，即便碰撞责任损害赔偿诉讼是在美国联邦法院提起，美国联邦法院通常也会根据碰撞发生地的外国法律审理案件。④ 若船舶碰撞发生在公海海域，而诉讼在美国联邦法院提起，那么美国联邦法院通常会适用美国的碰撞

---

① United States v. Reliable Transfer Co., Inc., 421 U.S. 397 (1975); Allied Chem. Corp. v. Hess Tankship Co. of Del., 661 F.2d 1044 (5th Cir. 1981).
② The Mandu, 102 F.2d 459 (2nd. Cir. 1939).
③ The Scotland, 105 U.S. (15 Otto) 24 (1881).
④ The Mandu, 102 F.2d 459 (2nd. Cir. 1939).

法律。唯一的例外情形是，在公海上发生碰撞的两艘船舶悬挂同一国家的国旗，此时美国联邦法院会依据该船旗国法律审理案件。如果在公海上发生碰撞的船舶属于不同国家，但根据它们各自船旗国的法律，采用相同的碰撞责任法律制度，例如这些国家均为1910年《碰撞公约》的成员国，那么美国联邦法院也会依据这些国家共同的碰撞法律制度及相关规定审理案件。

第八章
海事赔偿责任限制

第一节 海事赔偿责任限制概述

船舶所有人有权依据美国1851年《责任限制法案》(现编入《美国法典》第46编"航运"第305章"责任免除与责任限制"第30501—30512条)的相关规定,对其赔偿责任予以限制。根据该法案,船舶所有人有权将海难事故产生的损害赔偿责任限制在一定数额范围内。该数额以船舶的价值以及船舶所有人应收的运费数额的总和为限。如果船舶所有人对事故的发生存在私谋或明知可能发生而毫不在意,则丧失援引赔偿责任限制的权利。如果一起海难事故导致人身伤亡,而且船舶价值和运费总额不足以支付人身伤亡索赔方主张的全部赔偿请求,那么船舶所有人应当就人身伤亡的损害赔偿责任限制额外设立一个赔偿基金。

在国际海事责任限制制度的发展进程中,国际社会先后制定了3个重要公约:1924年《关于统一海上船舶所有人责任限制若干规则的国际公约》(International Convention for the Unification of Certain Rules relating to the Limitation of the Liability of Owners of Seagoing Vessels)、1957年《船舶所有人责任限制公约》(International Convention relating to the Limitation of the Liability of Owners of Seagoing Ships)和1976年《海事索赔责任限制公约》(Convention on Limitation of Liability for Maritime Claims)。其中,1924年公约由国际海事委员会起草,并于当年8月25日在布鲁塞尔通过,于1931年6月2日正式生效;1957年公约由国际海事委员会通过后,于1968年5月31日生效,并于1979年通过议定书进行修订;1976年公约由国际海事组织制定,于1986年12月1日生效,该公约先后通过1996年议定书和2012年修正案进行更新,其中2012年关于责任限额的修正已于2015年6月8日生效。值得注意的是,尽管这些公约已为众多航运大国所批准,但美国至今仍未加入其中任何一个公约,仍维持其1851年《责任限制法案》的国内法体系。

从国际海事赔偿责任限制的立法发展来看,有权援引责任限制的主体范围在不断扩大,从最初仅限于船舶所有人,逐步扩展到包括船舶承租人、经营人、管理人和责任保险人等;同时,可适用责任限制的海事请求范围、海事赔偿责任限额及其计算方式也在不断调整和完善。①

第二节　海事赔偿责任限制主要内容及其程序

一、有权主张海事赔偿责任限制的主体

根据美国《责任限制法案》,船舶所有人有权援引海事赔偿责任限制。根据美国《责任限制法案》第30502条的规定,该法案适用于海船以及在湖泊、河流或其他内陆水域航行的船舶,包括运河船、驳船和过驳载运船,但明确排除了两类小型客船:一类是《美国法典》第2102条所界定的船舶,包括地效翼船,从事美国国内航线运营且需在船住宿的不超过49人的客船,以及从事美国国内航线运营且无须在船住宿的不超过150人的客船;另一类是1996年3月11日前建造且载有1名以上旅客的任何出租木质船舶。美国多数联邦法院认为,该法案不仅适用于所有商用船舶,还适用于包括私人游艇在内的一切娱乐船舶。②

美国《责任限制法案》第30505条并未限定船舶所有人的国籍,因此该法案可以适用于美籍船舶所有人,也可以适用于外籍船舶所有人。同样根据该法案第30501条的规定,船舶所有人包括承租人,并且该承租人自行负担费用,或负责安排船舶的配员、向船舶提供供应品、船舶的航行事项。显然根据该法案的条文内容,该承租人仅指光船承租人,不包括定期租船承租人和航次租船承租人。此外,如果一艘船舶属于美国政府所有,那么美国政府可

---

① 司玉琢主编:《海商法》(第5版),法律出版社2023年版,第351—359页。
② Young, 872 F. 2d 176 (6th Cir. 1989), 497 U. S. 1024 (1990); Gibboney v. wright, 517 F. 2d 1054 (5th Cir. 1975); Guglielmo, 897 F. 2d 58 (2nd Cir. 1990); Hechinger, 890 F. 2d 202 (9th Cir. 1989), 498 U. S. 848 (1990).

以根据该责任限制法案就海难事故引发的赔偿责任予以限制。①

与1976年《海事索赔责任限制公约》不同，《责任限制法案》不赋予船舶所有人的责任保险人援引责任限制的权利。② 根据美国大多数州的法律，受害方不得直接起诉责任保险人。因此，当船舶所有人成功援引责任限制时，债权人将无法获得全额赔偿，且不得就未获赔偿部分直接向责任保险人索赔。但存在例外情况：根据路易斯安那州和波多黎各的法律，允许债权人直接起诉责任保险人，这一规定对美国联邦最高法院的判例构成挑战。虽然责任保险人不能直接援引责任限制③，但可以通过保险合同约定，将保险赔偿金额限制在被保险人依据《责任限制法案》确定的限额内④，从而间接限制其赔偿责任。

综上所述，《责任限制法案》明确规定，仅船舶所有人和光船承租人有权援引该法案规定的责任限制权利，且对适用船舶范围作出了明确限定。这一规定与1976年《海事索赔责任限制公约》及中国《海商法》所确定的责任主体范围存在差异。值得注意的是，虽然船舶所有人和光船承租人的责任保险人不能直接援引该法案，但可以通过在保险合同中约定最高赔偿限额的方式，间接享有责任限制的权利。

二、丧失责任限制的情形：私谋或明知可能发生

根据《责任限制法案》，船舶所有人对导致海难事故的行为或事件存在私谋或明知可能发生却毫不在意的，将丧失责任限制的权利。若船舶所有人为自然人，则需要其本人存在私谋或明知的情形⑤；若船舶所有人为法人，则需其经理或高级管理人员（不包括船长⑥）存在此类行为。⑦ 此外，根据该法案第30506条的规定，在涉及人身伤亡损害赔偿时，若船舶开航前或开航时，船

---

① Dick v. United States, 671 F. 2d 724 (2nd Cir. 1982).
② Md. Cas. Co. v. Cushing, 347 U. S. 409 (1954).
③ Olympic Towing Corp. v. Nebel Towing Co., 419 F. 2d 230 (5th Cir. 1969), cert. denied, 397 U. S. 989 (1979).
④ Crown Zellerbach Corp. v. Ingram Indus., Inc., 783 F. 2d 1296 (5th Cir.), cert. denied, 479 U. S. 821 (1986).
⑤ Coryell v. Phipps, 317 U. S. 406 (1943).
⑥ Waterman S. S. Corp. v. Gay Cottons, 414 F. 2d 724 (9th Cir. 1969).
⑦ Great Lakes Dredge & Dock Co. v. City of Chicago, 3 F. 3d 225 (7th Cir. 1993), 510 U. S. 1108 (1994), 513 U. S. 527 (1995).

长、公司主管人员或管理层雇员存在私谋或明知可能造成损害却毫不在意，并最终导致人身伤亡的，则该船长、主管人员或管理人员的个人行为将被视为船舶所有人（法人）存在私谋或明知的情形。

此外，如果经举证证明船舶所有人（不论是自然人还是法人）存在过失未能采取适当措施有效维护船舶设备①，未能配备适任的船长或船员②，未能合理谨慎地发现导致海难事故的行为或情形③，那么联邦法院会判定该船舶所有人丧失责任限制的权利。美国判例法进一步明确，若娱乐船舶的所有人未尽审慎义务将船舶委托给第三方，而该第三方的行为导致海难事故，则船舶所有人同样无权援引责任限制。例如，在 William Joyce v. Mary Ann Joyce 一案④中，伊利诺伊州居民 William 于 1988 年 9 月 15 日购买了一艘 22 英尺长的娱乐船舶。1989 年 4 月 7 日，包括 Mary 在内的 6 名游客乘坐该船在佛罗里达州松树岛附近水域游玩，但 William 本人并未在船上，而是委托 Ivkovich 操控船舶。Ivkovich 在驾驶过程中不慎卷入另一艘船舶尾部排出的水流，并导致船上游客受伤，其中 Mary 背部重伤并接受了手术治疗。随后，Mary 向伊利诺伊州法院起诉 William 和 Ivkovich，主张 Ivkovich 存在驾驶过失，而 William 存在选任过失。William 则于 1991 年 1 月 3 日向伊利诺伊州北区联邦地区法院申请海事赔偿责任限制。虽然联邦地区法院和上诉法院最终以缺乏实质性管辖权为由驳回了他的主张，但联邦法院在审理过程中明确指出：William 作为船主，在委托 Ivkovich 操作其新购买的娱乐船舶前，有义务核实 Ivkovich 是否具备操作此类船舶所需的知识和经验等，特别是应当确认其是否具有在佛罗里达州水域操作娱乐船舶的实际经验。然而，事实表明，William 既未进行任何询问，也未采取任何措施了解 Ivkovich 的操作资质，因此联邦法院认定其存在明显的选任过失。

三、能够限制赔偿责任的海事请求范围

船舶所有人可以针对下列海事请求限制赔偿责任：因任何财产、货物或装载于船上的商品被侵占、损失或毁损，以及因船舶碰撞造成的任何财产灭

---

① Waterman S.S. Corp. v. Gay Cottons, 414 F. 2d 724 (9th Cir. 1969).
② Coryell v. Phipps, 317 U.S. 406 (1943).
③ China Union Lines, Ltd. v. A. O. Anderson & Co., 364 F. 2d 769, 787 (5th Cir. 1966), 386 U.S. 933 (1967).
④ William Joyce v. Mary Ann Joyce, 975 F. 2d 379 (7th Cir. 1992).

失、损害或人身伤害而引起的索赔请求、任何债务及责任；或者船舶所有人无私谋，且不存在明知却疏忽的不作为、作为，或由此引发的任何行为、事项所导致的索赔请求、任何债务及责任。

根据美国法律规定，船舶所有人在特定情况下不得限制其赔偿责任：首先，对于向雇员支付的工资以及供养和医疗费用，船舶所有人不能主张责任限制①；其次，根据《被放弃船舶残骸法案》的规定，船舶所有人对残骸清除的赔偿请求必须承担全部责任②；最后，依据1990年《油污法案》第2718条的规定，船舶所有人对油污损害的赔偿责任不能适用《责任限制法案》的限制，而必须按照《油污法案》单独确立的更高责任限额承担赔偿责任。

根据"个人合同原则"（personal contract doctrine），船舶所有人若未能履行合同义务，则不得就违约引起的损害赔偿主张责任限制。③ 所谓个人合同，又称人身专属合同，是指基于特殊信任关系、需要缔约方亲自履行且涉及特定知识或技能的合同。④ 例如，船舶所有人若因违反租船合同约定而产生赔偿责任，不得援引责任限制。⑤ 同样，对于船舶所有人签订的船舶供应合同和船舶修理合同，其也不能因违约损害赔偿而享受责任限制。⑥ 但是，如果船舶所有人亲自签署了一份合同，因船上船长或船员的过失行为致使船舶所有人违反合同约定，那么该船舶所有人仍有权就违约责任援引责任限制，即船舶所有人不会因其雇员的过失行为而丧失援引责任限制的权利。⑦

四、赔偿责任限制数额确定

根据《责任限制法案》第30505条的规定，船舶所有人的赔偿责任限额应相当于船舶价值与运费的总和。若船舶存在两个以上共有人，每位共有人的责任限额按其共有份额比例确定，即不得超过其对船舶及应收运费所享有

---

① Brister v. A. W. I., Inc., 946 F. 2d 350 (5th Cir. 1991).
② Univ. of Tex. Med. Branch at Galveston v. United States, 557 F. 2d 438 (5th Cir. 1977), 439 U. S. 820 (1978).
③ Richardson v. Harmon, 222 U. S. 96 (1911).
④ 薛波主编：《元照英美法词典》，北京大学出版社2017年版，第1049页。
⑤ Cullen Fuel Co. v. W. E. Hedger, Inc., 290 U. S. 82 (1933).
⑥ Richardson v. Harmon, 222 U. S. 96 (1911).
⑦ Signal Oil & Gas Co. v. The Barge W-701, 654 F. 2d 1164 (5th Cir. 1981), 455 U. S. 944 (1982).

的权益比例。船舶价值以航次终了时或海难事故发生时的价值为准,[①] 若船舶全损,则价值视为零,且根据船舶保险合同获得的保险赔偿金不得计入责任限制基金。这意味着船舶全损时,在不考虑运费的情况下,船舶所有人的责任限额为零,实质上免除了其对海难事故的赔偿责任。运费包括船舶所有人在该航次应获得的全部收入,含已预付运费和待收的到付运费。通常在货物运输合同中,会约定"不论灭失与否"条款。这意味着对于预付运费,无论运输航次最终是否完成,也不论货物是否灭失,一旦托运人支付了预付运费,承运人都不会将其退还。此处容易引发争议的是如何理解"航次"的含义。对"航次"一词的理解,需依据具体事实情况。例如,对于往返航次,即可视为整体计算运费。或者该往返航次被划分为不同区段,当海难事故发生时,船舶已经完成的那个区段,可认定为应收取运费的航次。

当海难事故造成人身伤亡且船舶所有人原定的责任限制数额不足以赔付全部人身伤亡索赔时,其责任限额应当予以提高。具体而言,根据《责任限制法案》第30506条(b)款的规定,船舶所有人对人身伤亡损害的最高赔偿限额为船舶吨位乘以420美元所得金额。这一特殊计算方式与财产损失的责任限制形成鲜明对比:财产损失赔偿限额取决于航次终了时的船舶价值及待收运费,而人身伤亡赔偿限额无须考虑船舶实际价值。这种制度设计确保了即使发生船舶全损事故,人身伤亡受害者的合法权益仍能得到有效保障。

根据《责任限制法案》第30506条(a)款的规定,人身伤亡损害赔偿的责任限额仅适用于海船,并明确排除以下船舶类型:娱乐船舶、拖船、被拖船、拖曳船、油罐船、捕鱼船、鱼类养殖船、运河船、平底船、汽车载运船、驳船、过驳载运船及其他小型船艇。因此,这些被排除适用的船舶无法依据该法案规定的船舶吨位计算方法来确定所有人的赔偿责任限额。关于船舶吨位的具体计算标准,该法案第30506条作出了专门规定:对于具有自航能力的船舶,其吨位按不扣除机舱空间的总吨位计算;帆船则按备案吨位计算。需要特别注意的是,无论采用何种计算方式,船员居住空间均不计入船舶吨位范围。

在两艘或多艘船舶拖带作业导致海难事故时,如何计算船舶所有人的赔

---

① Norwich & N. Y. Transp. Co. v. Wright 80 U. S.(13wall.)104(1871).

偿责任限额是一个较为复杂的问题。美国联邦最高法院在审理 Liverpool, Brazil & River Plate Steam Navigation Co. v. Brooklyn E. Dist. Terminal 案[1]中明确了一个原则,即在审理纯粹的侵权案件时,只有起到主导作用的过失船舶(通常为拖船),有权以其船舶价值确定责任限额并设立责任限制基金。[2] 然而,该原则并未得到联邦各级法院的普遍遵循,因为一些联邦法院认定,涉及拖带作业的船舶所有人责任限制基金数额应当根据同一事故中几艘船舶的吨位总和来确定。例如,联邦地区法院在审理 United States Dredging Corp.、Offshore Specialty Fabircators, Inc. 等案件时,均以涉事船舶总吨位为基础计算责任限额。[3] 与之形成对比的是,针对具有合同关系的索赔诉讼,美国各级联邦法院普遍采用"船队原则",即若船舶所有人和向其提出赔偿请求的索赔人之间存在合同关系,那么起主导作用的拖船以及被拖船的船舶价值总和均应计算在责任限制基金数额中。[4] "船队原则"主要应用于具有合同关系的损害赔偿案件,所以如何区分案件属于纯粹的侵权案件还是具有一定合同关系的案件,在美国司法实践中一直存在争议,这也导致拖带情形下责任限制数额计算的结果存在差异。[5] 因此,美国一些联邦法院出于审慎考虑,对"船队原则"的适用予以严格限制,即限定在多艘船舶属于同一船舶所有人,处于同一业务管控,并在同一企业法人之下安排经营活动的特定情形。[6]

关于赔偿责任限制基金的设立,船舶所有人在收到索赔人发出的索赔通知之日起 6 个月内,有权向联邦地区法院提起民事诉讼以主张海事赔偿责任限制。船舶所有人在提起海事赔偿责任限制诉讼时,应向联邦法院存入相当于船舶价值以及待收运费总和的基金,或提供经联邦法院批准的适当担保,也可按照联邦法院确定的金额设立基金或提供适当担保。一旦船舶所有人根据美国《责任限制法案》的规定设立了基金或提供了适当担保,那么针对船舶所有人赔偿责任限制事项相关的所有索赔及诉讼程序均应停止。

---

[1] Liverpool, Brazil & River Plate Steam Navigation Co. v. Brooklyn E. Dist. Terminal, 251 U.S. 48 (1919).
[2] Sacramento Navigation Co. v. Salz, 273 U.S. 326 (1927).
[3] United States Dredging Corp., 264 F 2d 339 (2nd Cir.), 360 U.S. 932 (1959); Offshore Specialty Fabricators, Inc., 2002 AMC 2055 (E.D. La. 2002).
[4] Standard Dredging Co. v. Kristiansen, 67 F. 2d 548, 550 (2nd Cir. 1933), 290 U.S. 704 (1934).
[5] Wirth Ltd. v. S.S. Acadia Forest, 537 F. 2d 1272 (5th Cir. 1976); Valley Line Co. v. Ryan, 771 F. 2d 366 (8th Cir. 1985).
[6] Cenac Towing Co. v. Terra Res., Inc., 734 F. 2d 251, 254 (5th Cir. 1984).

五、索赔时限及法律适用

根据《责任限制法案》第 30508 条的规定，对于在美国港口之间或美国港口与外国港口之间从事客货运输的海船，其船舶所有人、管理人或代理人、船长不得通过任何形式对以下事项作出限制性规定：人身伤害或死亡的索赔通知期限不得短于事发后 6 个月，相关诉讼时效不得短于事发后 1 年。根据《责任限制法案》第 30509 条的规定，不得限制船舶所有人或其雇员、代理人过失导致人身伤亡时的赔偿责任，也不得剥夺索赔人向管辖法院提起诉讼的权利。

美国联邦最高法院在审理 The Titanic 一案[①]时，明确认定赔偿责任限制属于程序法范畴。因此，外国船舶所有人在美国法院提起责任限制诉讼程序时，应当依据美国法律确定责任限制基金数额。随后，美国联邦最高法院在审理 The Norwalk Victory 案[②]（该案事故发生于外国领水，但在美国提起诉讼）时，曾强调各联邦法院在审理此类案件过程中切勿主观臆断地认为所有国家的法律都将赔偿责任限制制度作为程序问题予以规定。也就是说，若一起海难事故发生在外国水域，并在美国联邦地区法院提起赔偿责任限制诉讼时，各联邦法院应当根据事故发生地国家的法律，确定赔偿责任限制属于程序法范畴还是实体法范畴。若联邦法院认定其属于程序法范畴，则可以根据美国法律确定赔偿责任限制基金数额；若认定其属于实体法范畴，则应当适用外国法的规定确定赔偿责任限制基金数额。

目前，美国一些联邦法院针对在外国水域发生的海难事故，在确定责任限制时采用 The Norwalk Victory 案确立的适用外国法原则，即首先依据事故发生地国法律判定责任限制性质，再据此确定适用法律；而对于在公海上发生的海难事故，其责任限额主要采用 The Titanic 案确立的适用美国法律原则，即直接适用美国法律确定责任限额。尽管如此，美国学者认为，关于赔偿责任限制的法律适用，美国司法实践仍未达成统一、稳定的共识。[③] 例如，美国联

---

① Ocean Steam Navigation Co. v. Mellor（The Titanic），233 U.S. 718（1914）.
② Black Diamond S.S. Corp. v. Robert Steward & Sons（The Norwalk Victory），336 U.S. 386（1949）.
③ See Robert Force, *Admiralty and Maritime Law*（2nd edition），Federal Judicial Center，2013, p. 152.

邦地区法院在审理 Bethlehem Steel 案①时，认定加拿大有关赔偿责任限制的法律属于程序法，而在 Geophysical Serv., Inc. 案②中却认定其属于实体法。同样地，在审理 Ta Chi Navigation（Panama）Corp. S. A. 案③时，美国联邦地区法院认为，虽然海难事故发生在公海，且其中一艘船舶悬挂巴拿马船旗，但应当适用美国法律。而在 Chadade S. S. Co.（The Yarmouth Castle）案④中，美国联邦地区法院认为巴拿马有关赔偿责任限制的法律属于实体法，应当适用于在公海上发生的海难事故。

六、赔偿责任限制程序规定

美国《责任限制法案》及《补充规则》规则 F 均对赔偿责任限制程序作出了规定。根据《责任限制法案》第 30511 条（a）款的规定，船舶所有人如果想启动赔偿责任限制程序，应在收到索赔通知后 6 个月内以书面形式向联邦地区法院提交诉状。需特别注意的是，这 6 个月的期限自船舶所有人收到索赔通知之日起算，而非从海难事故发生之日起算。在诉状中，船舶所有人既可提出免责抗辩，亦可主张责任限制抗辩，即一方面可主张对海难事故完全不承担责任，另一方面也可主张即使需要承担责任，亦有权根据《责任限制法案》享受赔偿责任限制。此类诉状必须向联邦地区法院提交，不得向州法院提交。

一旦向联邦法院提交责任限制诉状，船舶所有人应当为所有索赔人的利益向联邦法院缴纳钱款以设立基金，基金数额相当于船舶价值和运费的总额。此外，船舶所有人还可以选择将船舶价值和运费总和的利益转让给受托人。根据《补充规则》规则 F 第 2 条的规定，如果船舶所有人选择将相关利益转让给受托人，那么应该在责任限制诉状中列明任何具有优先性的担保物权以及任何在海难事故后的航次中发生的担保物权。

根据《补充规则》规则 F 第 1 条的规定，船舶所有人可通过提供担保的方式设立责任限制基金，该担保数额应当包含责任限制本金及自担保设立之

---

① Bethlehem Steel, 631 F. 2d 441. (6th Cir. 1980), 450 U. S. 921 (1981).
② Geophysical Serv., Inc., 590 F. Supp. 1346 (S. D. Tex. 1984).
③ Ta Chi Navigation (Panama) Corp. S. A., 416 F. Supp. 371 (S. D. N. Y. 1976).
④ Chadade S. S. Co. (The Yarmouth Castle), 266 F. Supp. 517 (S. D. Fla. 1967).

日起按年利率 6% 计算的利息总额。需特别强调的是，无论是《责任限制法案》还是《补充规则》规则 F，均未将设立基金或提供担保规定为船舶所有人享受赔偿责任限制的前提条件。在此程序下，海事索赔人有权向联邦法院申请加入该责任限制程序并提出损害赔偿请求。

与责任限制基金有关的所有索赔人都可以向联邦法院提出要求增加基金数额的主张，理由是船舶所有人设立的责任限制基金数额低于船舶价值和应收运费的总和，或者主张该基金数额无法满足有关索赔人人身伤亡的赔偿请求。一旦索赔人提出此种主张，举证责任就相应转移至已经设立责任限制基金的船舶所有人，并由其证明已经根据相关法律规定设立足额的责任限制基金。

根据《补充规则》规则 F 第 3 条的规定，如果船舶所有人满足规则 F 第 1 条有关责任限制的要求，那么联邦法院应当将针对该船舶所有人及相关争议财产的赔偿请求及程序进行合并。联邦法院应当向与责任限制有关的所有索赔方发出书面通知，告知他们可以参加已经启动的赔偿责任限制程序并提出索赔请求。同样地，根据规则 F 第 4 条的规定，作为援引赔偿责任限制的船舶所有人，有义务向所有与该责任限制有关的并且其已经知晓的索赔人邮寄一份书面通知。

《补充规则》规则 F 形成了一套独立的程序，虽然该程序将海难事故引发的所有索赔集中审理，但美国法律允许索赔人在特定情形下于责任限制程序外另行提出索赔：其一，在涉及多个索赔人的案件中，若船舶所有人设立的基金数额已超出事故总索赔额，因赔偿责任不可能超过基金总额，索赔人可依据选择法院条款向其他法院提起诉讼。① 其二，在单一索赔人案件中，当索赔人承认联邦法院对责任限制争议具有专属管辖权，且索赔额不超过责任限制基金总额时，亦可另案起诉。② 值得注意的是，联邦最高法院通过判例已将第二种例外扩展适用于多个索赔人情形，并确认无论索赔人是否有权向州法院提起诉讼，都不会因船舶所有人在联邦地区法院启动责任限制程序而受到任何影响。③ 此外，船舶所有人援引责任限制不排除当事人通过仲裁等非诉讼方式解决争议。④

---

① Lake Tankers Corp. v. Henn, 354 U.S. 147 (1957).
② Port Arthur Towing Co., 42 F. 3d 312 (5th Cir.), 516 U.S. 823 (1995).
③ Texaco, Inc., 847 F. Supp. 457 (E.D. La. 1994).
④ Lewis v. Lewis & Clark Marine, Inc., 531 U.S. 438 (2001).

当船舶所有人于联邦地区法院提起赔偿责任限制诉讼程序时,提起诉讼这一行为本身就表明,其寻求设立的赔偿责任限制基金数额无法满足索赔人的全部赔偿请求。依据美国《责任限制法案》,若船舶所有人被认定需承担赔偿责任,但有权限制其赔偿责任,那么船舶所有人应按照船舶价款与运费的总额,向联邦法院设立赔偿责任限制基金。联邦法院会根据所有索赔人请求数额占全部索赔额的比例,在赔偿责任限制基金范围内进行分配。联邦法院在具体分配责任限制基金数额时,应兼顾其他相关法律规定,比如是否存在优先受偿的债权等。尽管船舶所有人主张赔偿责任限制的程序不能在州法院提起,但仍有部分联邦法院认为,船舶所有人有权选择在联邦地区法院或州法院起诉,并针对向其提出的所有索赔请求,将赔偿责任限制作为一种抗辩权利予以主张。需注意的是,此种抗辩权利不因诉讼地点的选择而丧失。①

---

① Mapco Petroleum, Inc. v. Memphis Barge Line, Inc., 849 S. W. 2d 312, 510 U. S. 815 (1993).

第九章
拖航合同

第一节 拖航合同概述

在美国海商法中,拖航合同和运输合同存在本质区别,最主要的差异在于适用的法律不同。[①] 运输合同是指承运人将旅客或者货物从起运地点运输到约定地点,旅客、托运人或者收货人支付票款或者运输费用的合同,而拖航合同则是指承拖方和被拖方之间达成的关于承拖方用拖船将被拖船经海路从一地拖至另一地而由被拖方支付拖航费的合同。[②] 虽然表面上二者都涉及通过水域实现物体或财产位移,但属于不同类型的有名合同。特别需要注意的是,如果合同一方使用拖船为对方提供货物运输服务,即使采用了拖带作业形式,只要符合运输合同的本质特征,仍应被定性为运输合同而非拖航合同。

美国一般海商法可以适用于拖航合同。与运输合同不同,根据美国法律的规定,承拖方并不是被拖带的船舶或货物的受托人,而运输合同下的承运人则是货物的受托人。根据美国《统一商法典》的规定,受托人是指根据仓单、提单或其他所有权凭证,承认占有货物并按照约定交付货物的人。[③] 承拖方通常是拖船的经营人,其不可以通过拖航合同免除过失责任,但是可以通过法律手段规避过失责任。[④] 根据美国有关合同法的一般规定,拖航合同既可以采用书面形式订立,也可以采用口头方式订立。[⑤] 如果承拖方按照约定完成拖航服务,那么被拖方应当按照合同约定支付拖航费。被拖方未支付拖航费

[①] Agrico Chem. Co. v. M/V Ben W. Martin, 664 F. 2d 85 (5th Cir. 1981).
[②] Sacramento Navigation Co. v. Salz, 273 U. S. 326 (1927).
[③] 薛波主编:《元照英美法词典》,北京大学出版社2017年版,第128页。
[④] Bisso v. Inland Waterways Corp., 349 U. S. 85 (1955).
[⑤] Kossick v. United Fruit Co., 365 U. S. 731 (1961).

的,根据《美国法典》第 31342 条的规定,承拖方可以就被拖带的船舶行使船舶优先权。

第二节 拖航合同双方当事人的权利与义务

一、承拖方的义务

通常情况下,拖航合同会对各方的权利义务予以约定。如果是拖船(tug)的原因导致被拖船(tow)损害,那么承拖方应根据美国侵权法的一般规定承担责任。但是,根据美国有关拖航的法律规定,除了拖航合同约定的义务,承拖方还负有一些法定的义务,其中最为典型的一项义务就是"合理谨慎地使用航运技能完成拖航作业"。该义务采用客观判断标准,即以从事同类服务的专业人员通常应具备的谨慎程度和技能水平作为衡量依据。[①] 如果被拖物交付给承拖方时处于良好状态,承拖方完成拖航服务后发现被拖物处于受损状态,那么该事实足以推定承拖方有过失。同样地,作为被拖船的船舶所有人有义务举证证明,被拖物的损害是承拖方未尽到法律规定的合理谨慎义务所导致。

显然,根据联邦法院有关拖航合同纠纷的判例,可以看出承拖方承担的是过错责任,即如果承拖方违反拖航合同下的相关义务,就被认定为有过失,应当就其过失导致被拖船或其上装载的货物损害承担赔偿责任。通常情况下,联邦法院认定承拖方有如下义务:(1)拖船所有人应当提供适当配备船长、船员的适航船舶;(2)拖船应当配备适当的照明装置并且遵守所有航行规则;(3)在整个拖带过程中,拖船应当始终履行瞭望的义务;(4)对于存在沉没风险的被拖船有救助的义务。[②]

尽管通常情况下被拖方应当举证证明拖船存在过失,但是仍有一些美国联邦法院确认在特定情形下可以依据事实推定过失,无须被拖方举证。[③] 根据"事实胜于雄辩原则",推定拖船存在过失而无须被拖方举证的例外情形仅限

[①] Stevens v. The White City, 285 U. S. 202 (1932).

[②] See Robert Force, *Admiralty and Maritime Law (2nd edition)*, Federal Judicial Center, 2013, p. 154.

[③] Mid-America Transp. Co. v. Nat'l Marine Serv., Inc., 497 F. 2d 776 (8th Cir. 1974), 425 U. S. 937 (1976); The Anaconda, 164 F. 2d 224 (4th Cir. 1947).

于发生在特定场合。例如，被拖船没有配备任何人员①；在被拖船已经进行适当标识且航道足够宽的情况下，被拖船仍搁浅在航道等。② "事实胜于雄辩原则"是指，在过失造成损害的案件中，根据事实情况推定被告存在过失。适用该原则需要满足如下条件：第一，造成伤害的工具或器械由被告控制或管理；第二，按照当时的情形，根据一般的经验和常识，如果不是被告疏忽大意，事故不会发生；第三，原告所受伤害是由该事故造成的。被告如果要推翻此项推定，需要提出相反的证据。③ 因此，在拖航合同中，尽管存在推定承拖方有过失的上述极个别例外情形，承拖方也有义务对上述例外情形进行解释说明，但通常情况下，仍需由被拖方举证证明承拖方有过失。④

二、被拖方的义务

被拖船的船舶所有人有义务保证被拖船处于适航状态。⑤ 被拖船本身也应当结构坚固、水密完好，并且根据拖航需要合理配备相关设施。此外，若被拖船上有船员，被拖方应当保证合理配员⑥；若被拖船上载有货物，还应当确保货物装载方式、场所的适当性。⑦ 在拖带航次开始前，承拖方有义务对被拖物的情况予以检查，但是承拖方没有义务保证被拖物处于适航状态。⑧ 不过，如果承拖方知晓被拖物处于不适航状态，却未能根据当时的情况采取合理谨慎的相关措施，那么承拖方仍然要对被拖物的损失承担赔偿责任。⑨ 通常情况下，在无其他明显原因时，若在平静水域发生被拖船沉没事故，则可以推定被拖船没有处于适航状态。为了推翻这一推定，被拖方应当举证证明损失是由承拖方的过失导致的。⑩

---

① W. Horace Williams Co. v. The Wakulla, 109 F. Supp. 698（E. D. La. 1953），213 F. 2d 27（5th Cir. 1954）.
② The Anaconda, 164 F. 2d 224（4th Cir. 1947）.
③ 薛波主编：《元照英美法词典》，北京大学出版社 2017 年版，第 1189 页。
④ Mid-America Transp. Co. v. National Marine Service，497 F. 2d 776（8th Cir. 1974）.
⑤ Derby Co. v. A. L. Mechling Barge Lines, Inc. , 258 F. Supp. 206（E. D. La. 1966），399 F. 2d 304（5th Cir. 1968）.
⑥ Great Lakes Towing Co. v. Am. S. S. Co. , 165 F. 2d 368（6th Cir. ），333 U. S. 881（1948）.
⑦ Salter Marine, Inc. v. Conti Carriers & Terminals, Inc. , 667 F. 2d 388（4th Cir. 1982）.
⑧ Nat G. Harrison Oerseas Corp. v. Am. Tug Titan, 516 F. 2d 89, 520 F. 2d 1104（5th Cir. 1975）.
⑨ King Fisher Marine Serv. , Inc. v. NP Sunbonet, 724 F. 2d 1181, 1184（5th Cir. 1984）.
⑩ Consolidated Grain & Barge Co. v Marcona Conveyor Corp. , 716 F. 2d 1077（5th Cir. 1983）；A. L. Mechling Barge Lines, Inc. , 258 F. Supp. 206（E. D. La. 1966），399 F. 2d 304（5th Cir. 1968）.

三、承拖方和被拖方对第三方的责任

对于拖航作业导致的货物损失、人身伤亡或对其他船舶造成的损害,任何第三方都可以单独起诉承拖方或者被拖方,也可以将承拖方和被拖方作为共同被告起诉。针对第三方的索赔请求,承拖方或被拖方将依据各自的过失程度承担损害赔偿责任。① 如果第三方遭受的损害是由被拖船导致的,但是被拖船实际上处于拖船的控制之下,那么根据"大脑控制理论",美国联邦法院会判定由承拖方单独对第三方承担赔偿责任,而不是由被拖方承担赔偿责任。② 但是,如果承拖方能够举证证明第三方所受损害事实上是由被拖方单方过失导致,与承拖方无关,那么承拖方可以不受上述"大脑控制理论"的限制,无须承担对第三方的赔偿责任。③ 如果拖船与被拖船属于不同的船舶所有人,那么承拖方不可以通过拖航合同条款,将其在拖航作业中因过失导致第三方损害的赔偿责任转嫁给被拖方。因此,如果被拖方能够举证证明其没有过失,那么无须对拖船造成的第三方损害承担赔偿责任。④

四、免责条款以及有利于保险条款

拖航实践中,承拖方和被拖方在订立拖航合同时,常常会参考一些格式合同,而这些格式合同通常会约定免责条款和有利于保险条款。根据美国有关拖航合同的判例,美国法院不允许承拖方在拖航合同中订立试图免除其过失赔偿责任的条款,即免责条款。⑤ 免责条款是指当事人对特定不法行为免于承担责任的合同条款,其主要目的是使当事人免于因过错而承担责任,常见于租赁、合同和信托之中。⑥ 同样地,即使拖航合同约定拖船船员视为被拖船的雇佣人员,第三方也不能根据该条款约定向被拖方索赔,即第三方不受该条款约束,仍然

---

① United States v. Reliable Transfer Co., 421 U.S. 397 (1975).
② Dow Chem. Co. v. Tug Thomas Allen, 349 F. Supp. 1354 (E.D. La. 1972).
③ Chevron U.S.A., Inc. v. Progress marine, Inc., 1980 AMC 1637 (E.D. La. 1979), 632 F.2d 893 (5th Cir. 1980).
④ The Hector, 65 U.S. (24 How.) 110 (1860).
⑤ Bisso v. Inland Waterways Corp., 349 U.S. 85 (1955).
⑥ 薛波主编:《元照英美法词典》,北京大学出版社2017年版,第507页。

只能就拖船过失造成的损失向承拖方主张赔偿。① 此外，如果拖航合同约定，承拖方因过失向第三方赔付之后有权向被拖方追偿，此类条款也为美国法律所禁止。② 但是，如果拖航合同约定了外国法院管辖条款，并且当事人选择的外国法院确认了拖航合同中免责条款的效力，那么美国联邦最高法院仍然会根据择地行诉的一般原则判定该外国法院管辖条款有效，即不会因为外国法院确认了拖航合同中免责条款的效力，就直接否认该外国法院管辖条款的效力。③

考虑到拖航过程中可能致使被拖方遭受财产损失，若要求承拖方和被拖方各自单独购买保险以分散风险，将会造成经济上的低效率。因此，美国部分联邦上诉法院认可在拖航合同中订立有利于保险条款。④ 该条款的典型含义是，被拖方应购买保险，以承保拖航作业中被拖船或被拖船上货物的一切损失。此外，该条款通常还约定，需将承拖方列为被拖方所投保保险单中的额外被保险人，并且被拖方应放弃行使保险代位求偿权。其目的在于，通过被拖方和承拖方共同使用一份保险单，而非各自独立与保险公司订立保险合同的方式，来降低风险并节省保费。在拖航实践中，被拖方通常为被拖船舶及其设备投保，保险公司需承担保险合同约定的赔偿责任，承拖方也可依据该条款向保险公司索赔；若合同包含此条款而任一方违反约定，违约方将丧失向对方索赔财产损失的权利，需自行承担风险，特别是若被拖方未将承拖方列为额外被保险人，则需自行承担损失且无权向有过失的承拖方索赔。⑤ 尽管该条款在一定程度上免除了承拖方对被拖方的赔偿责任，但美国第五巡回上诉法院仍认定有利于保险的条款或类似条款不属于前文提及的免责条款。因此，正确区分拖航合同中各类条款的性质及其法律效力至关重要。

---

① Boston Metals Co. v. The Winding Gulf, 349 U. S. 122 (1955).
② Dixilyn Drilling Corp. v. Crescent Towing & Salvage Co., 372 U. S. 697 (1963).
③ The M/S Bremen v. Zapata Off-Shore Co., 407 U. S. 1 (1972).
④ Dillingham Tug & Barge Corp. v. Collier Carbon & Chemical Corp., 707 F. 2d 1086 (9th Cir. 1983), 465 U. S. 1025 (1984); Fluor W., Inc. v. G & H Offshore Towing Co., 447 F. 2d 35 (5th Cir. 1971), 405 U. S. 922 (1972); Twenty Grand Offshore, Inc. v. W. India Carriers, Inc., 492 F. 2d 679 (5th Cir.), 419 U. S. 836 (1974).
⑤ Thomas J. Schoenbaum, *Admiralty and Maritime Law* (4th edition), Thomson West, 2004, pp. 736-737.

第十章
船舶引航

第一节 船舶引航概述

虽然"引航员"这一术语可以泛指引导船舶航行的各类人员，但根据美国海商法的规定，"引航员"特指那些在船上指导船舶通过特定河流、航道、水道或进出港口的专业人员。在法律规定的特定情形下，若船舶必须实施"强制引航"而未使用引航服务的，船舶所有人及相关人员将面临刑事处罚①；反之，若船舶所有人可自主选择是否使用引航服务且不选择也不会受刑事处罚的，则属于"自愿引航"。尽管船舶所有人选择不使用引航服务，但是如果根据相关法律规定，船舶所有人仍有义务支付全部或部分引航费，仍属于自愿引航的一种形式，而非强制引航。②

在强制引航的情况下，引航员不被认定为被引领船舶所有人的代理人或受雇人。因此，船舶所有人对于强制引航下因引航员过失导致的损害不承担"对人的责任"。然而，如果在强制引航过程中，引航员的过失引发船舶碰撞，那么发生碰撞的船舶本身可能会被认定需承担"对物的责任"。而在自愿引航的情形中，引航员被视为被引领船舶所有人的雇员。依据"雇主责任原则"，船舶所有人需对引航员的过失行为负责。③ 而所谓雇主责任原则，是指雇主对雇员在职务范围内和执行职务过程中的行为承担赔偿责任。由于自愿引航下引航员的过失造成的财产损害，船舶所有人需承担"对人的责任"，同时船舶也可能被认定需承担"对物的责任"。④

---

① The China, 74 U. S. (7 Wall.) 53 (1858).
② See Robert Force, *Admiralty and Maritime Law* (2nd edition), Federal Judicial Center, 2013, p.159.
③ 薛波主编：《元照英美法词典》，北京大学出版社2017年版，第1190页。
④ Homer Ramsdelll Transp. Co. v. La Compagnie Generale Transatlantique, 182 U. S. 406 (1901).

第二节　引航规则、引航员及引航员协会责任

一、引航规则

在美国，引航制度分为州法律授权和联邦法律授权两个层面，根据《美国法典》第 7101 条及第 8502 条的规定，美国海岸警卫队作为主管机关负责制定并执行联邦引航员规则，其中明确规定所有从事沿海运输的美籍船舶必须由海岸警卫队认证的联邦引航员引领航行，且只有获得联邦许可证书的美国船舶才能从事国内或沿海运输活动。但对于从事美国与外国港口间运输的外籍船舶、美籍的对外贸易运输船舶以及沿海运输船舶则存在例外规定，即不强制要求配备联邦认证的引航员或各州认证的引航员。

除联邦法律强制要求沿海运输船舶必须配备联邦认证的引航员之外，联邦法律同时授权各州对以下船舶的引航事务行使管辖权：（1）在本州登记的对外贸易运输船舶；（2）在美国海湾、河流、港湾及港口水域航行的船舶；（3）外籍船舶及美籍船舶。[①] 但根据《美国法典》第 9302 条的特别规定，在大湖区航行的所有船舶（无论外籍还是美籍）必须使用持有联邦证书的引航员，此项要求构成州管辖权的法定例外。

根据美国法律规定，各州在较广阔水域范围内享有较大自主权，可自行决定是否要求使用持有本州许可证书的引航员。这一原则在 Wilson v. McNamee 案中得到联邦法院确认，该判决认定依据纽约州法律，在距港口 50 海里范围内航行的船舶必须使用持有纽约州许可证书的引航员。美国其他各州也普遍存在类似的规定。[②]

二、引航员及引航员协会的责任

在美国，引航员相较于其他职业被要求遵循更为严格的谨慎从业标准。引航员在引领船舶航行时，必须具备丰富的可航水域地理学、航海学等专业

---

① Ray v. Atl. Richfiel Co., 435 U.S. 151 (1978).
② Warner v. Dunlap, 532 F.2d 767 (1st Cir. 1976); Wilson v. McNamee, 102 U.S. 572 (1880).

知识①,全面了解和掌握其引航水域范围内所有可能存在的航行危险,并及时将潜在威胁船舶安全的任何信息告知被引领船舶。特别是在强制引航情况下,对引航员谨慎从业的标准更为严格,如果引航员对当地水域情况不够了解,将需要对因此造成的损失承担赔偿责任。② 例如,联邦法院认为,若因引航员的过失导致被引领船舶遭受财产损害,或对第三方造成损害,引航员应承担赔偿责任。③

在美国,每一名引航员都应隶属于某一个引航员协会。通常情况下,引航员协会并不实际雇佣引航员提供引航服务,而是作为引航员的代表,与委托人联络引航业务,并为引航员提供雇佣服务的机会。这些引航员协会通常会处理一些针对引航员的行政管理事务,例如向委托人收取引航费,在扣除协会基本成本后,根据每位引航员实际完成的引航工作量按比例分配引航费。由于引航员协会仅仅是其下属会员的代表,既没有实际雇佣引航员,也不对引航员的具体引航工作进行控制,因此对于引航员的过失造成的被引领船舶财产损害无须承担赔偿责任。④ 但是,若引航员协会、引航公司或者港口当局实际雇佣引航员提供服务,则需要对引航员的行为导致的被引领船舶财产损害承担赔偿责任。⑤ 此外,如果港口委员会或者港口当局仅颁布引航规则或颁发引航员许可证书,而并未实际雇佣引航员提供服务的,也无须对引航员的行为导致的被引领船舶财产损害承担赔偿责任。⑥

三、免除引航责任条款及其效力

在引航服务实践中,当引航员的雇主或代表与被引领船舶的所有人签订引航合同时,通常会在合同中加入免除引航责任条款。该条款的核心目的在于,免除引航员及其雇主或代表对因引航行为造成被引领船舶财产损害的赔偿责任。此类条款最关键的内容是,约定引航员在引领船舶航行过程中,被视为被引领船舶所有人的雇员,其法律效果是将引航员过失造成的被引领船

---

① Atlee v. Union Packet Co., 88 U. S. (21 Wall.) 389, 396 (1874).
② Bunge Corp. v. M/V Furness Bridge, 558 F. 2d 790 (5th Cir. 1977, 435 U. S. 924 (1978).
③ Gulf Towing Co. v. Steam Tanker, Amoco, N. Y., 648 F. 2d 242 (5th Cir. 1981).
④ Guy v. Donald, 203 U. S. 399 (1906).
⑤ City of Long Beach v. Am. President Lines, Ltd., 223 F. 2d 853 (9th Cir. 1955).
⑥ Kitanihon Oi S. S. Co. v. Gen. Constr. Co., 678 F. 2d 109 (9th Cir. 1982).

舶财产损害赔偿责任转移给船舶所有人。美国联邦最高法院认定此类条款具有法律效力。① 其主要观点为，若引航合同系平等主体间自愿订立，不存在强迫一方接受条款的情形，则根据美国公共政策原则，应当尊重合同当事人的真实意思表示，以确保合同条款得到切实履行。

显然，美国联邦最高法院有关引航合同中免责条款的效力认定，与它在拖航合同中认定免责条款无效的态度截然不同。因为在引航员引领船舶的情况下，引航员是通过使用被引领船舶自身的动力及航行设备实际控制被引领船舶发生水上位移的，这与拖航合同下承拖方通过控制其自己所有或经营的拖船实现被拖物在水上位移的情形有所不同。

但是，在强制引航的情况下，免除引航责任的条款会被联邦法院认定为无效条款。具体而言，如果根据相关法律规定，在某个水域需要进行强制引航，不论被引领船舶是否知晓该强制引航的法律规定，都不影响对引航行为的定性，被引领船舶所有人无须对强制引航下引航员的过失承担"对人的责任"。② 如果承拖方要求其拖船上的一名雇员在拖带过程中充当引航员，那么因该引航员过失导致被拖船本身或其船载其他财产损失的，承拖方不能依据免除引航责任条款进行免除赔偿责任的抗辩，因为该引航员是承拖方的雇员，雇主仍然需要对雇员的行为负责。例如，在 United States v. Nielson 案③中，承拖方选派其拖船上的船长到被拖船上担任引航员协助完成拖带作业，该船长在引领过程中因驾驶过失导致被拖船遭受损害。该案中，拖航合同中订有免除引航责任的条款，该条款约定拖船船长或引航员如登上被拖船，则在向提供或参与协助服务的任何被拖船下达命令以及操纵被拖船方面视为被拖船一方的雇员，提供拖船和/或引航员的人或拖船本身、拖船所有人、拖船代理人或承租人对于被拖船一方的雇员造成的任何损害不承担赔偿责任。也就是说，拖航合同约定引航员视为被拖方雇员并免除承拖方责任。根据该条款约定，被拖方向承拖方索赔因引航员过失造成拖船的损害，但美国联邦最高法院最终判定，承拖方无权援引该免除引航责任条款免除责任。

---

① Sun Oil Co. v. Dalzell Towing Co., 287 U.S. 291 (1982).
② Kane v. Hawaiian Indep. Refinery, Inc., 690 F. 2d 722 (9th Cir. 1982); Texco Trinidad, Inc. v. Afran Transp. Co., 538 F. Supp. 1038 (E. D. Pa. 1982), 707 F. 2d 1395 (3rd Cir. 1983).
③ United States v. Nielson, 349 U.S. 129 (1955).

第十一章
海难救助

第一节　海难救助概述

美国是《1910 年统一海难援助和救助若干法律规定公约》（以下简称《1910 年救助公约》）和《1989 年国际救助公约》（以下简称《1989 年救助公约》）的缔约国。《1910 年救助公约》于 1910 年 9 月 23 日在比利时首都布鲁塞尔召开的第三届海洋法外交会议上通过，并于 1931 年 3 月 1 日生效。[①]《1989 年救助公约》于 1989 年 4 月 28 日在国际海事组织召开的外交大会上通过，并于 1996 年 7 月 14 日生效。[②] 相较于《1910 年救助公约》，《1989 年救助公约》的内容有较为显著的变化。具体如下：第一，扩大了救助标的范围。《1910 年救助公约》规定的船舶限定为海船或内河船，并且如果内河船作为救助标的，那么救助船舶应当是海船；而《1989 年救助公约》未对船舶作出任何限定，既可以是海船，也可以是内河船，不论船舶大小，也不论船舶是否为可航船舶，且不再要求救助方必须在船上实施救助。此外，《1910 年救助公约》要求救助标的仅限于船上的财产，而《1989 年救助公约》扩大适用于任何水域的财产，包括浮船坞、浮筒、渔具、坠海的飞机或卫星以及内河水域的任何漂浮物。特别值得注意的是，《1989 年救助公约》还规定，若救助对象是可能造成环境污染的船舶或货物，环境救助因素将成为确定特别补偿的基础，并作为计算救助报酬的考量因素之一。第二，扩大了公约适用范围。《1989 年救助公约》适用于属于缔约国所有的救助船或被救助船，同时在公约

[①] 胡正良主编：《国际海事条约汇编》（第 6 卷），大连海运学院出版社 1994 年版，第 213 页。
[②] 参见国际海事组织网站，https://wwwcdn.imo.org/localresources/en/About/Conventions/StatusOfConventions/List%20of%20the%20Conventions%20and%20their%20amendments.pdf，最后访问日期：2024 年 2 月 28 日。

缔约国提起有关公约所辖事项的诉讼或仲裁的，也可以适用该公约。第三，增设了特别补偿条款。具体规定为：当船舶或货物对环境构成威胁时，若救助作业未能有效救助财产或防止环境污染，且依公约计算的救助报酬低于实际救助费用，救助方有权获得相当于救助费用的特别补偿；若救助作业成功防止或减轻了环境污染，特别补偿金额可进一步提高，最高可达救助费用的200%。此外，《1989年救助公约》还明确规定了船长代表船货双方签订救助合同的权利，以及被救助方接受获救财产、提供担保等义务，充分体现了鼓励海上救助的宗旨。①

在加入《1910年救助公约》后，美国国会通过制定《救助法案》将公约内容转化为国内法。根据《美国法典》第80101—80107条的规定，《救助法案》基本完整采纳了公约条款，仅作出少量调整。目前，该法案共包含7个条文，主要规范以下事项：船舶在外国海岸搁浅、佛罗里达海岸的财产被运至入境港、外国船舶参与的救助作业、加拿大船舶在美国水域开展救助活动、遗弃物的国际协议，以及人命救助参与报酬分配等。值得注意的是，尽管美国已将公约内容纳入国内法体系，但司法实践中，法院审理海难救助纠纷时主要依据美国海商法的一般规定，较少直接适用国际公约条款。②

针对救助报酬纠纷，既可以向被救船舶所有人提起对人诉讼，也可以向被救船舶提起对物诉讼。③ 联邦法院对向被救船舶提起的对物诉讼享有排他性管辖权，但是有学者认为州法院是否享有对人诉讼管辖权并不是特别明确，尽管在州法院提起此类诉讼极为罕见。④ 根据美国《救助法案》的规定，救助报酬索赔诉讼时效是2年，不论是"纯救助"还是基于合同的救助，救助人在救助成功并取得效果后都有权主张救助报酬。

美国联邦最高法院于1887年审理Cope v. Vallette Dry Dock Co.案⑤时明确判定，非船舶的其他构造物不能成为救助标的。但随着航运实践的发展，现

---

① 司玉琢主编：《海商法》（第5版），法律出版社2023年版，第277—280页。
② Sobonis v. Steam Tanker Nat'l Defender, 298 F. Supp. 631（S. D. N. Y. 1969）.
③ Jupiter Wreck, Inc. v. Unidentified, Wrecked & Abandoned Sailing Vessel, 691 F. Supp. 1377（S. D. Fla. 1988）.
④ See Robert Force, *Admiralty and Maritime Law*（2nd edition）, Federal Judicial Center, 2013, p. 163.
⑤ Cope v. Vallette Dry Dock Co., 119 U. S. 625（1887）.

今船载货物、燃油以及来自船舶的任何其他财产均可成为救助标的，救助方有权就此主张救助报酬。① 最高法院在判定是否确认救助报酬请求权时，通常考量救助标的是否与传统海事活动存在关联。② 对于这一标准，部分下级联邦法院几乎完全从字面意思予以理解和解释，由此认定海上飞机③、漂浮尸体中发现的现金④等均可成为救助标的。然而，也有联邦法院作出相反判决，例如针对卡车在结冰湖面运输可移动房屋发生事故沉没的情形，判定救助该移动房屋与传统海事活动之间缺乏必要关联。⑤

未经遇险船舶所有人、船长或船舶代理人的请求，自行提供救助服务的一方当事人，只要依据当时的情况能够表明，作为一个合理谨慎的船舶所有人会提出救助服务请求，那么其仍然可以向被救助方主张救助报酬。⑥但是，如果不顾被救船舶授权人的明确拒绝，仍然提供救助服务，那么提供救助服务的一方主张救助报酬的请求权通常不会得到联邦法院的支持。⑦

第二节 海难救助的成立要件

一、海难救助的形式与构成要件

海难救助主要包括纯救助和合同救助。纯救助是指，船舶遇难以后未曾请求援救，救助人针对处于危险中的财产自行提供救助服务并有权获得报酬的一种救助形式。纯救助的特点就是救助双方无须签订任何救助协议，并且遵循"无效果无报酬"（no cure no pay）原则。根据美国公共政策原则，纯救助报酬是对救助人提供救助服务的合理补偿，其数额应当既能体现救助价值，又能激励救助行为。鉴于纯救助缺乏合同约定容易引发报酬争议，在实践中

---

① Allseas Mar., S. A. v. M/V Mimosa, 812 F. 2d 243 (5th Cir. 1987).
② Provost v. Huber, 594 F. 2d 717 (8th Cir. 1979).
③ Lambros Seaplane Base v. The Batory, 215 F. 2d 228 (2nd Cir. 1954).
④ Broere v. Two Thousand One Hundred Thirty-Three Dollars, 72 F. Supp. 115 (E. D. N. Y. 1947).
⑤ Provost v. Huber, 594 F. 2d 717 (8th Cir. 1979).
⑥ Lambros Seaplane Base v. The Batory, 215 F. 2d 228 (2nd Cir. 1954).
⑦ Platoro Ltd., Inc. v. Unidentified Remains of a Vessel, 695 F. 2d 893 (5th Cir.), 464 U. S. 818 (1983).

已很少采用。仅在个别情况下可能会运用此种救助形式,如救助无人遇难船。合同救助有别于纯救助,是指双方在实施救助之前签订救助合同,既可以约定以"无效果无报酬"为原则确定救助报酬,也可以约定按照固定费率计算救助报酬。合同救助是美国实践中最为常见的救助形式。

因此,除了救助合同明确约定固定费率的情形,救助人若要主张救助报酬,必须满足以下 3 个条件:(1) 被救助财产必须实际面临海上风险;(2) 救助行为必须基于自愿,而非履行合同义务或法定义务;(3) 救助作业必须产生实际效果,无论该效果是全部或部分成功。①

(一) 救助行为属于自愿行为

任何为处于危险中的海上财产提供救助服务的主体,都可以成为救助方。但如果救助方不是有意采取救助措施,只是因偶然因素实施财产救助,便不能主张救助报酬。也就是说,救助方必须有明确的意图,自愿为处于危险中的海上财产提供救助服务。例如,某人试图扑灭码头的火,火成功扑灭后,停泊在码头的几艘船舶得以脱离火灾危险。由于该救助方并没有针对船舶进行救助的意图,因此不能向船舶所有人主张救助报酬。②

救助人提供救助服务应当出于自愿。如果不支付救助报酬,那么被救助船舶的所有人有义务举证证明救助人并非自愿提供救助服务。③ 所谓自愿提供救助服务,是指救助人没有任何法定义务或合同约定的义务去实施救助。④ 自愿提供救助服务并不妨碍专业救助人主张救助报酬,但是可能影响特定行业人员(例如消防员)主张救助报酬。因为根据相关法律规定,如果消防员采取灭火措施属于其本职工作,则不符合自愿救助的要件。⑤ 同样地,当船舶面临实际危险时,如果根据雇佣合同,船员有救助船舶的义务,那么即使救助有效果,船员也不能向被救助船舶的所有人主张救助报酬。当然上述人员在特定情况下还是可以主张救助报酬的,即若他们在职责范围以外,自愿为处于危险中的财产提供救助服务,便享有救助报酬请求权。此外,如果船员为属于同一船舶所有人的处于危险中的其他船舶提供救助服务,即发生姊妹船互救

---

① The Sabine, 101 U. S. (11 Otto) 384 (1879).
② Merritt & Chapman Derrick & Wrecking Co. v. United States, 274 U. S. 611 (1927).
③ Clifford v. M/V Islander, 751F. 2d 1 (1st Cir. 1984).
④ B. V. Bureau Wijsmuller v. United States, 702 F. 2d 333 (2nd Cir. 1983).
⑤ Fireman's Charitable Ass'n v. Ross, 60 F. 456 (5th Cir. 1893).

的情形，那么并不影响救助船上的船员向被救船舶的所有人主张救助报酬。①

（二）救助标的处于危险中

构成海难救助的危险并不要求即刻紧迫发生，只要能合理预计到危险会发生或存在即可。② 主张救助报酬的救助方应当举证证明在其提供救助服务时，被救财产已经被损害，或如果不进行救助将面临毁损或进一步损害的危险。③主张救助报酬的救助方有义务举证证明救助标的处于危险中。

（三）救助要取得效果

主张救助报酬的救助人有义务举证证明其成功地实施了救助并取得效果。④ 这一要件包括两个层面的内容：第一，根据"无效果无报酬"原则，尽管救助人实际提供了救助服务，但如果最终没有任何财产获救，即没有取得救助效果，那么救助人仍然不能主张救助报酬。第二，救助人应当举证证明其对救助取得的效果或成功救助的结果发挥了作用。需要注意的是，救助人发挥作用并不一定要求其必须实际付出劳务或直接参与救助危险标的物。正如美国联邦法院在 Markakis v. S. S. Volendam 案中所指出的，如果救助方仅仅是守候在遇险船舶旁边或者进行护航，以便在必要时提供帮助，如通过己方通信频道为遇险船舶提供信息以避免其搁浅，为遇险船舶提供必要的帮助和设备等，都可以被认为对成功救助作出了贡献，因此救助方可以主张救助报酬。

二、海难救助和考古发现的区别与联系

当因发现和挖掘历史沉船而引发的争议提交至美国联邦法院解决时，联邦法院应当明确该争议属于海难救助还是考古发现，因为二者分别适用不同的法律规定。依据海难救助的相关法律规定，海难救助的目的在于对处于危险境地的财产提供援助，使其脱离危险。若救助对象是遇险船舶，尽管救助人可对被救船舶行使留置权以主张救助报酬，但被救船舶的所有权仍归属于原船舶所有人，救助人无论如何都无法借此获得被救船舶的所有权。为实现

---

① Markakis v. S. S. Volendam, 486 F. Supp. 1103 (S. D. N. Y. 1980).
② Markakis v. S. S. Volendam, 486 F. Supp. 1103 (S. D. N. Y. 1980).
③ Conolly v. S. S. Karina II, 302 F. Supp. 675 (E. D. N. Y. 1969).
④ The Sabine, 101 U. S. (11 Otto) 384 (1879).

救助人的救助报酬请求权，救助人也可申请法院拍卖被救船舶，并从拍卖价款中获得救助报酬。因此，船舶拍卖是消灭船舶所有权的一种方式，原船舶所有人也可通过参与法院拍卖程序重新获得该船舶的所有权。① 相反，根据考古发现的相关法律规定，考古发现者无法获得类似于救助报酬的酬金，而是应依据"取回意向原则"（doctrine of animus revertendi）来确定是否对被发现之物享有权利。"取回意向原则"旨在判定被发现物的所有人是否存在取回该财产的意图。若考古发现者认为被发现物已处于被永久放弃或弃置的状态，那么该发现者有权取得被发现物的所有权。被发现物是否被放弃，需综合考量该财产被放弃的时间、是否无人使用等多方面因素进行判定。②

无论是海难救助法，还是考古发现法，都应当与联邦政府颁布的有关管控历史遗留物的制定法规定保持一致。为使美国境内历史沉船残骸上留存的手工艺品得到妥善保存和维护，美国国会于1979年颁布了《考古资源保护法案》（Archaeological Resources Protection Act of 1979）。该法案第470aa条至第470mm条明确规定，对外大陆架以外属于联邦土地和印第安部落土地上的考古资源予以保护。《考古资源保护法案》作为联邦制定法，由美国国会于1979年10月31日通过，并在1988年进行过修订。该法案详细规定了在美国联邦土地和印第安部落土地上从事考古遗址挖掘管理、许可审批，以及从这些遗址移走和处置考古资源等管理事项。其立法宗旨是为了美国人民当前和未来的利益，保护联邦土地和印第安部落土地上的考古资源和遗址。这些资源被视为美国国家遗产中不可替代的重要组成部分。根据该法案规定，美国农业部下设的林务局负责考古遗址调查及相关刑事案件的起诉工作。③ 根据《考古资源保护法案》第470bb条的规定，"考古资源"是指根据法律确定的具有考古价值的人类以往生活或活动的任何物质遗迹，包括但不限于：陶器、篮筐、瓶子、武器、工具、建筑物或其部分、坑屋、岩画、岩刻、凹雕作品、坟墓、

---

① Chance v. Certain Artifacts Found & Salvaged from the Nashville, 606 F. Supp. 801 (S.D. Ga. 1984), 775 F. 2d 302 (11th Cir. 1985).

② Treasure Salvors, Inc. v. Unidentified Wrecked & Abandoned Sailing Vessel, 569 F. 2d 330 (5th Cir. 1978).

③ 参见林务局网站，https：//www.fs.usda.gov/lei/archeological-resources-protection.php#:~:text=The%20Archaeological%20Resources%20Protection%20Act%20of%201979%2C%20also，and%20disposition%20of%20archaeological%20collections%20from%20those%20sites，最后访问日期：2024年2月29日。

人体骨骼，以及这些遗存的任何部分。需要注意的是，非化石和化石古生物标本或其部分，除非在考古环境中被发现，否则不应被视为考古资源。此外，该条款还规定，任何物品必须具有至少 100 年历史，才能被认定为考古资源。

对于在美国控制之下特定区域内发现的船舶残骸，美国政府享有所有权。根据 1987 年《被放弃船舶残骸法案》第 2101—2106 条的规定，美国负有管理国家水域以及可航水域下被水淹没土地上广泛存在的生物资源和非生物资源的义务和责任。上述资源包括被遗弃的沉船，这些沉船已被荒废，且船舶所有人未保留任何权利。美国政府对在各个州领海范围内底土上发现的一切船舶残骸享有所有权，并有权将上述船舶残骸的所有权让渡给残骸所在州的政府。《被放弃船舶残骸法案》于 1988 年 4 月 28 日由美国国会通过，旨在保护美国水域内的历史沉船免受寻宝者和未经授权的打捞者的侵害。根据该法案的规定，美国公共土地上的任何船舶残骸均属联邦政府财产，印第安部落土地上的任何船舶残骸归相关部落所有。在《被放弃船舶残骸法案》出台之前，根据美国 1953 年《水下土地法案》（Submerged Lands Act）第 1301—1303 条的规定，各州政府对在该州管辖水域内底土上的废弃船舶残骸享有所有权和控制权。到了 20 世纪 80 年代，超过一半的州政府通过颁布州法律来管理这些资源。美国联邦法院明确对船舶残骸纠纷拥有管辖权，认为这些船舶残骸虽然是那些曾经遭遇海上危险而沉入水体的物品，但是如果能够将其重新打捞并投入商业用途中仍然是有意义的事情。然而，当这些沉船被打捞出来时，它们所承载的历史和考古信息将会丢失。为了保护这些不可替代的文化资源免遭寻宝人破坏以及抢救这些文化资源，美国国会通过了《被放弃船舶残骸法案》。[①] 在该法案适用的情况下，海难救助法和考古发现法都不予适用。

美国国会于 1906 年 6 月 8 日通过了《古物法》，这是美国第一部为联邦土地上具有历史或科学研究价值的文化和自然资源提供一般法律保护的法案。《古物法》明确规定，对于在美国拥有和控制的土地上的所有历史界标、历史构造物、具有历史和科学研究价值的物品，美国联邦政府享有所有权和控制权。根据《考古资源保护法案》第 470cc 条的规定，一旦对考古资源进行挖掘并获得相关主管部门的许可，就无须再根据《古物法》获得相关许可。

---

① 参见美国国家公园管理局网站，https://www.nps.gov/subjects/archeology/abandoned-shipwreck-act.htm，最后访问日期：2024 年 2 月 29 日。

美国国会于 1953 年 8 月 7 日颁布《外大陆架土地法案》。根据该法案第 1331 条的规定，外大陆架土地是指位于美国可航水域之下并且是在陆地区域以外的，面向海洋方向的所有水下土地，并且位于美国专属经济区内并毗邻美国任何领土。其中海床和底土不仅属于美国，而且受美国管辖和控制。该法案将美国的管辖权和控制权扩展至外大陆架，并且明确美国内政部长负责外大陆架矿产勘探和开发的管理工作。同时，该法案授权内政部长可以在密封竞争性投标的基础上，向最为合适的投标人授予矿产资源租赁权，并制定必要的法规以细化执行法案的相关管理规定。目前，负责管理外大陆架石油和天然气勘探及开发的是美国海洋能源管理局。《外大陆架土地法案》自颁布以来经过数次修订，最近一次是 2022 年通过美国《通胀削减法案》（Inflation Reduction Act）进行修订。经修订的法案为实施外大陆架石油和天然气勘探及开发计划提供了指导方针。[1] 鉴于《外大陆架土地法案》仅涉及外大陆架海床和底土的自然资源的管理问题，因此其对于外大陆架地域范围内海床或底土中的船舶残骸以及船上载有的货物、财产等均不适用。

三、救助报酬

根据前述内容，如果救助人救助成功，那么按照"无效果无报酬"原则，救助人为救助报酬请求权的债权人，即一旦确认救助人实际提供了救助服务，就会涉及如何认定及计算救助报酬。

根据救助的具体情况，其报酬数额也会有所差异。[2] 在 The Blackwell 案[3]中，美国联邦最高法院明确了确定救助报酬时应当考虑的因素：救助人在救助作业中投入的人力；救助人在提供救助服务时的及时性、技能和努力程度；救助人在施救中所使用设备或装置的价值；救助人对遇险财产开展施救作业时面临的风险；被救财产的价值；被救财产本身面临的危险程度等。

联邦法院在计算救助报酬时应当综合考虑上述全部因素。当然每一项因

---

[1] 参见美国海洋能源管理局网站，https：//www.boem.gov/oil-gas-energy/leasing/ocs-lands-act-history#:~:text=The%20Outer%20Continental%20Shelf%20Lands%20Act%2C%20created%20on,%283%20miles%20offshore%29%20which%20are%20under%20U.S.%20jurisdiction，最后访问日期：2024 年 2 月 29 日。

[2] B. V. Bureau Wijsmuller v. United States, 702 F. 2d 333 (2nd Cir. 1983).

[3] The Blackwell, 77 U. S. (10 Wall.) 1 (1869).

素的权重程度各不相同。部分联邦法院按相反顺序考量上述因素，认为被救财产（包括被救船舶及其货物）的价值①、面临的危险程度才是最重要的因素，对于因此产生的财产价值评估或风险评估的相关费用及利益的索赔请求也予以认可。②

在确定救助报酬时，还应当考虑在救助作业中被救财产遭受灭失或损害的情况。③ 有联邦法院认定，除了救助报酬，救助人还可以向被救方提出其在救助中所产生的相关费用的索赔请求。④ 在多人救助情况下，应当根据所有救助人参与救助作业的程度按比例分配救助报酬。如果救助一方通过船舶进行施救，那么根据法律或合同约定，救助船舶所有人也可以参与救助报酬分配。⑤ 相较而言，专业救助人员应比偶然参与救助的人员获得更多的救助报酬，因为前者运用了专业技能，并且在具有特定用途的救助设备方面已经实际投入了成本。

救助报酬请求权的债务人为被救助方，因此同一航程中的所有获救方都应当根据其获救财产的价值按比例支付救助报酬，即不论是遇险船的船舶所有人，还是遇险船上的货主，均应当支付救助报酬。⑥ 如果经授权的人（例如载货船的船长）并未提出海难救助请求，而救助人自愿救助并获得成功后，被救财产的所有人对于应付的救助报酬不承担"对人的责任"，但是被救助的财产本身应当承担"对物的责任"。在这种情况下，救助人只能向被救财产提起对物诉讼，而不能向被救财产的所有人提起对人诉讼。

四、救助人的不当行为

救助人提供救助服务时应当遵循诚实信用原则，运用合理的救助技能并

---

① Brown v. Johansen, 881 F. 2d 107 (4th Cir. 1989); Platoro Ltd., Inc. v. Unidentified Remains of as Vessel, 695 F. 2d 893 (5th Cir. 1983); The Haxby v. Merritt's Wrecking Org., 83 F. 715 (4th Cir. 1897).
② Margate Shipping Co. v. M/V JA Orgeron, 143 F. 3d 976 (5th Cir. 1998).
③ Perez v. Barge LBT No. 4, 416 F. 2d 407 (5th Cir. 1969).
④ Reynolds Leasing Corp. v. Tug Patrice McAllister, 572 F. Supp. 1131 (S. D. N. Y. 1983).
⑤ The Lydia, 49 F. 666 (E. D. N. Y. 1892).
⑥ Pac. Far E. Line, Inc., 314 F. Supp. 1339 (N. D. Cal. 1970), 472 F. 2d 1382 (9th Cir. 1973).

谨慎地采取良好船艺。① 如果在实施救助过程中，救助人存在过失，那么其主张的救助报酬将会被扣减。根据过失程度，救助人还可能面临救助报酬请求权被剥夺的风险，甚至需要承担因自身过失造成被救财产损害的赔偿责任。依据"无效果无报酬"原则，如果救助人的过失仅导致救助作业未成功，那么救助人只是不能主张救助报酬；如果救助人的过失仅影响了救助效果，那么救助人仍可以主张救助报酬，但报酬数额应当与救助取得的效果相符。然而，如果救助人在救助作业中存在重大过失或者故意不当行为，例如雇员偷盗被救财产，或者故意放任对被救财产造成损害，那么联邦法院不仅会驳回其救助报酬的主张或扣减报酬，救助人还需对被救财产因此遭受的灭失或损害承担赔偿责任。甚至有观点认为，即使救助人的过失不属于重大过失，但造成被救船舶显而易见的损害或者遇险风险以外的损害，救助人仍需对该损害承担赔偿责任。② 所谓"显而易见的损害"是指，如果救助人不向处于危险中的船舶提供救助服务，船舶就不会遭受的损害。此外，如果海难救助中存在不诚实行为或者欺诈行为，那么救助报酬的主张也将被联邦法院驳回。③ 例如，在 Black Gold Marine, Inc. v. Jackson Marine Co. 一案④中，第五巡回上诉法院认为，确定救助合同是否基于欺诈行为订立，被欺诈一方需要举证证明如下事项：（1）救助人在订立合同时存在明显的虚假陈述或者明显隐瞒某些信息而未予以披露；（2）虚假陈述或者隐瞒某些信息所默示的情况与客观事实不符；（3）救助人知道其虚假陈述或隐瞒信息会使对方形成错误认知；（4）救助人有意让被欺诈一方依赖或相信其作出的虚假陈述或未予以披露的信息；（5）被欺诈一方因为信赖虚假陈述或未披露的信息而遭受损害。救助船船长的不诚实行为将被视为船舶所有人的行为，因此其救助报酬的主张也会被驳回。船长的不诚实行为不等同于其他船员的行为，除非船员对船长的不诚实行为知情，否则不能因为船长的不诚实行为而剥夺其他船员主张救助报酬的权利。⑤

---

① Basic Boats, Inc. v. United States, 352 F. Supp. 44, 48 (E. D. Va. 1972); The Noah's Ark v. Bentley & Felton Corp. , 292 F. 2d 437 (5th Cir. 1961).
② Black Gold Marine, Inc. v. Jackson Marine Co. , 759 F. 2d 466 (5th Cir. 1985); The Elfrida, 172 U. S. 186 (1898).
③ Jackson Marine Corp. v. Blue Fox, 845 F. 2d 1307 (5th Cir. 1988).
④ Black Gold Marine, Inc. v. Jackson Marine Co. , 759 F. 2d 466 (5th Cir. 1985).
⑤ Jackson Marine Corp. v. Blue Fox, 845 F. 2d 1311 (5th Cir. 1988).

第三节　合同救助和人命救助

一、合同救助

提供救助服务可以根据救助合同的约定进行，此种救助被称作合同救助，也可称为协议海难救助。根据美国判例，救助合同包括两种情形：第一种是约定按照固定费率计算救助报酬，无须考虑救助是否成功或者是否取得效果。此种救助形式对救助方比较有利，即救助方无须考虑救助效果，其采取救助措施所支出的成本可以通过约定固定费率全部或部分获偿。第二种是在合同中约定"无效果无报酬"条款，而且救助方最终能否获得救助报酬，取决于救助作业是否取得成效，因此救助方面临着因救助未取得效果而导致其支出的成本无法获得补偿的风险。[①]

一般而言，美国联邦法院认可并执行经双方协商一致订立的固定费率救助合同，即便有迹象显示被救助方未能通过讨价还价约定出理想的合同条款。例如，救助方实际开展的救助作业比订立合同时预估的情况更为简单和容易，但被救助方仍需按照合同约定的费率及计算数额向救助方支付救助报酬。然而，如果是基于"无效果无报酬"原则订立的救助合同，则更强调合同应建立在公平原则之上。即便实际开展的救助作业事实情况与订立合同时双方预估的情形不符，联邦法院也可根据海难救助的实际情形，对合同约定的可能畸高或畸低的救助报酬数额予以调整。但若救助方存在欺诈、虚假描述或强迫等不当行为，即便合同中有"无效果无报酬"的条款约定，联邦法院也不会因该合同约定赋予救助方主张救助报酬的权利而支持其请求权，而是会根据普通法一般原则确定海难救助合同的效力，并追究欺诈方的相应责任。

实践中，为节省海难救助合同洽谈时间、提高效率，合同当事方通常会选择使用格式合同，例如劳氏救助合同（Lloyd's Open Form，LOF）等。但使用这些标准的合同范本，并不会免除救助人因欺诈行为造成损害的赔偿责

---

① The Elfrida, 172 U. S. 186 (1898).

任。① 此外，如果救助作业发生在美国水域，并且被救船的所有人和救助方都是美国法人或公民的，一些联邦法院可能会拒绝承认该标准救助合同中有关争议应提交伦敦仲裁的条款效力。②

二、人命救助

根据《美国法典》第2303条、第2304条的规定，救助海上人命是法律明确规定的义务，救助方不能主张救助报酬。③ 不过，《美国法典》第46编第801章"残骸与救助"第80107条对人命救助报酬请求权作出了特别规定：在同一救助作业中，如果同时存在财产救助和人命救助，即使双方没有事先的意思联络或协议，人命救助方也有权从财产救助方应得的报酬中获得合理份额。这意味着人命救助方不能直接向被救助方主张报酬，但可以从参与同一救助作业的财产救助方的报酬中分得部分金额。在纯救助的情形下，人命救助方较容易获得救助报酬请求权；而在合同救助情形下，由于人命救助方通常不是合同当事人，一般难以依据合同主张报酬。④ 但根据美国判例，如果人命救助方能够证明其放弃了有利可图的财产救助机会而选择救助人命，则可以向财产救助方主张合理份额的报酬。⑤

当然，如果一起海难事故存在多个救助人，并且这些救助人进行了分工，例如某个救助人负责救助人命，某个救助人负责救助遇险财产，那么人命救助人依然可以从财产救助人获得的救助报酬中获得合理份额。⑥ 此外，根据《1989年救助公约》的规定，如果救助人在成功救助遇险财产的同时，又救助了全部或部分人命，那么联邦法院在确定报酬数额时，应当将人命救助因素纳入考量，最终判定的报酬金额应高于单纯财产救助应得的数额。即使救助人仅救助船员而未主张人命救助报酬，仅就实际支出费用向船舶所有人索赔，美国联邦法院基于鼓励救助的公共政策和公平原则，通常仍会支持此类索赔

---

① Black Gold Marine, Inc. v. Jackson Marine Co., 759 F. 2d 466 (5th Cir. 1985).
② Jones v. Sea Tow Serv. Freeport N. Y. Inc., 30 F. 3d 360 (2nd Cir. 1994); Reinholtz v. Retriever Marine Towing & Salvage, 1994 AMC 2981 (S. D. Fla. 1993).
③ The Emblem, 8 F. Cas. 611, 2 Ware 68, No. 4434 (D. Me. 1840).
④ Yamashiita-Shinnihon Kisen, 305 F. Supp. 796 (D. Or. 1969).
⑤ St. Paul Marine Transp. Corp. v. Cerro Sales Corp., 313 F. Supp. 377 (D. Haw. 1970).
⑥ Yamashiita-Shinnihon Kisen, 305 F. Supp. 796 (D. Or. 1969).

主张。①

除了人命救助报酬请求权,《美国法典》第 80107 条还明确规定了以下内容：同一船舶所有人旗下的姊妹船之间进行救助的，不影响救助人向被救助方主张救助报酬的权利；救助报酬请求权的诉讼时效为 2 年，自救助服务提供或救助行为发生之日起算；同时，上述规定不适用于战时船舶以及执行政府公务的船舶。

---

① Peninsular & Oriental Steam Navigation Co. v. Overseas Oil Carriers, 553 F. 2d 830 (2nd Cir.), *cert. denied*, 434 U. S. 859 (1977).

第十二章
船舶优先权与船舶抵押权

第一节 船舶优先权

一、船舶优先权概述

船舶优先权是海商法中一项独具特色的法律制度，因此受到美国学者的广泛关注，相关研究论著十分丰富。例如，Robert Force 教授等编著的《海事及海商法》一书①中明确指出，船舶优先权是海商法特有的一种担保权利。与留置权作为针对债务清偿而在财产上产生的权利不同，船舶优先权是债权人对船舶享有的特殊权利，其设立目的是担保以下债权或请求权的实现：向船舶提供服务产生的债权；有助于船舶在可航水域航行产生的债权；船舶造成的人身伤亡损害赔偿请求。美国学者认为，海商法设立船舶优先权这一法律制度的基本目的是，为特定海事请求权提供担保，同时不影响船舶继续营运并赚取运费或租金，从而确保其具备赔偿能力。②虽然给船舶优先权下定义并不容易，但从其功能角度理解则相对简单，因为船舶优先权是依据法律规定创设的一项法律制度，不以占有船舶为前提。需要强调的是，当事人可以通过合同约定放弃船舶优先权，但不能通过合同约定创设船舶优先权。

目前，有关船舶优先权的国际公约包括：（1）《1926 年统一船舶优先权和抵押权某些法律规定的国际公约》（International Convention for the Unification of Certain Rules relating to Maritime Liens and Mortgages），于 1926 年在比利时首都

---

① See Robert Force, *Admiralty and Maritime Law* (2nd edition), Federal Judicial Center, 2013, p. 172.

② See Robert Force, *Admiralty and Maritime Law* (2nd edition), Federal Judicial Center, 2013, p. 173.

布鲁塞尔召开的海洋法外交会议上通过，于1931年6月2日生效。(2)《1967年统一船舶优先权和抵押权某些规定的国际公约》(International Convention for the Unification of Certain Rules relating to Maritime Liens and Mortgages)，于1967年5月27日在比利时首都布鲁塞尔召开的海洋法外交会议上通过，于1987年4月生效。(3)《1993年船舶优先权和抵押权国际公约》(International Convention on Maritime Liens and Mortgages)，于1993年5月6日在日内瓦召开的联合外交会议上通过，于2004年9月5日生效。① 美国没有加入上述国际公约，因此其船舶优先权制度完全由国内法规定。这些规定主要包括联邦制定法和一般海商法。《联邦船舶优先权法案》作为制定法，现已被编入《美国法典》第46编第313章"商事文件及船舶优先权"中，其中第3分章对船舶优先权作出了专门规定，包括第31341—31343条。

根据美国法律的规定，船舶优先权的产生基于船舶的"拟人化理论"。根据该理论，船舶应当对为完成其使命而产生的侵权责任或合同责任负责。由此可以合理地推断出，船舶优先权的实现只能通过对物诉讼方式。船舶优先权与普通法下的留置权存在诸多差异。例如，船舶优先权具有秘密性，因其无须进行登记。船舶优先权还具有依附性，一旦产生便依附于特定船舶，即使船舶所有权发生转移也不受影响。因此，船舶的买受人可能对已经存在的优先权毫不知情，但是仍可能因请求权人实现船舶优先权而受到影响。尽管多数情形下实现船舶优先权主要是针对船舶采取对物诉讼，但也会出现船舶所有人需要承担"对人的责任"的情形。

二、实现船舶优先权的标的物

根据《美国法典》第31342条的规定，遵照船舶所有人或者其授权人员的指示，向船舶提供第31341条所规定的必要海事服务的人员，可以向船舶主张优先权，并为实现该船舶优先权向联邦法院提起民事诉讼，且无须在诉讼中声明或证明其已经向船舶发出索赔通知。显然，船舶优先权的实现均针对特定船舶，但不包括政府公务船舶。

根据美国法律的规定，船舶一词的范围非常宽泛，不仅包括船体本身，

---

① 参见国际海事委员会网站，https://comitemaritime.org/publications-documents/cmi-yearbook/，最后访问日期：2024年2月29日。

还包括构成船舶的装置以及船舶附属物。① 构成船舶的装置是指那些虽然与船舶相连或者依附于船舶，但仍能构成独立组成部分的物品或构造物。船舶附属物主要是指为完成船舶建造或者用于船舶装饰而放置在船上的物品，虽未必与船舶相连，但能够构成船舶不可分割的整体。清晰地区分构成船舶的装置和船舶附属物并非易事。根据美国相关判例，预付的运费不能被认定为船舶的组成部分②；船载货物不属于船舶的组成部分，即使船载货物归船舶所有人所有，也不能就船载货物主张权利，因为船舶优先权的行使对象只能是船舶。③

同样地，如果船舶丧失了法律属性，就不再是船舶优先权的对象。如果船舶优先权产生之时，构成船舶的装置以及船舶附属物都安置在该船舶上，那么即使船舶尚未完全建成，也可以针对被视为完整船舶一部分的船舶装置以及船舶附属物行使优先权。④ 根据美国法律的规定，如果一艘已经产生船舶优先权的船舶因碰撞遭受严重损坏，仅剩下一块钢板，那么船舶优先权人仍然可以就这块钢板主张船舶优先权。但一旦船舶上的某个构造物丧失了作为船舶的法律属性，该船舶构造物上的船舶优先权也随之消灭。⑤

虽然美国法律原则上不允许船舶优先权及于责任人的非船舶类海运财产，且这一限制缺乏坚实的理论基础，学界也较少探讨此问题，但值得注意的是，部分美国学者主张理论上船舶优先权可扩展适用于船载货物。⑥ 例如，当救助人对遇险货物实施有效救助时，应当有权针对其提供救助服务的货物行使优先权。这一观点已得到部分美国联邦法院判决的支持，实践中也存在认可就货物主张船舶优先权的司法判例。⑦

需要特别说明的是，关于法院扣押产生的法律费用优先性问题。根据美国法律规定，联邦法院依据船舶扣押程序或财产保全扣押程序控制船舶所产

---

① The Joseph Warner, 32 F. Supp. 532 (D. Mass. 1939).
② Galban Lobo Trading Co. S/A v. The DIponegaro, 103 F. Supp. 452 (S. D. N. Y. 1951).
③ Vlavianos v. The Cypress, 171 F. 2d 435 (4th Cir. 1948), *cert. denied*, 337 U. S. 924 (1949).
④ Arques Shipyard v. The Charles Van Damme, 175 F. Supp. 871 (N. D. Cal. 1959).
⑤ Slavin v. Port Serv. Corp., 138 F. 2d 386 (3rd Cir. 1943); Hayford v. Doussony, 32 F. 2d 605 (5th Cir. 1929); Johnson v. Oil Transp. Co., 440 F. 2d 109 (5th Cir.), 404 U. S. 868 (1971).
⑥ See Robert Force, *Admiralty and Maritime Law* (2nd edition), Federal Judicial Center, 2013, p. 175.
⑦ Logistics Mgmt, Inc. v. One Pyramid Tent Arena, 86 F. 3d 908 (9th Cir. 1996).

生的司法费用，并不属于船舶优先权担保的债权范围。① 然而，为实现船舶优先权而产生的特定司法费用（包括船舶扣押、看管等合理费用），可以从拍卖船舶所得价款中优先受偿，或者在船舶被扣押后，从船舶所有人为释放船舶而提供的保证金中优先扣除。这类费用通常被称为合法扣押费。在清偿顺序上，应当先扣除这些司法费用，剩余款项再依法在各船舶优先权人之间进行分配。

三、船舶优先权担保的海事请求权

（一）概 述

根据《美国法典》第 31341 条的规定，只有下列人员有权发出指示要求为船舶提供必需品：船舶所有人、船长、在供应港口专门负责船舶管理的人员，或者由船舶所有人、承租人、临时船舶所有人、约定购买船舶并占有船舶的买方所任命的人员或代理人。通过侵权或违法方式占有或控制船舶的人，无权指示向船舶提供必需品。

显然，债权人因向船舶提供上述必要服务而产生的海事请求权，无论是源于侵权、违约，还是其他特定的海运活动，如海难救助等，大多会涉及受船舶优先权担保的问题。不过，依据美国法律法规的明确规定，也存在一些例外情形。例如，船员依据《琼斯法案》提出的人身损害索赔请求，并不属于船舶优先权担保的债权范围。根据美国的审判实践，海上保险合同下因保险费支付而产生的请求权，同样不在船舶优先权担保的债权范围内。② 然而，美国联邦第五巡回上诉法院在审理 Equilease Corp. v. M/V Sampson 案③时作出例外判决，认定欠付保险费可主张船舶优先权。Robert Force 教授指出，该案属于极为特殊的情况，因为美国联邦法院通常会严格遵循船舶优先权的相关法律规定，一般不会轻易将船舶优先权的担保范围扩展至新类型债权。④

---

① The Nisseqogue, 280 F. 174 (E. D. N. C. 1922). City of Erie v. S. S. N. Am., 267 F. Supp. 875 (W. D. Pa. 1967).
② Ins. Co. of State of Pa., 22 F. 109 (N. D. N. Y. 1884).
③ Equilease Corp. v. M/V Sampson, 793 F. 2d 598 (5th Cir.), *cert. denied*, 579 U. S. 984 (1986).
④ See Robert Force, *Admiralty and Maritime Law* (2nd edition), Federal Judicial Center, 2013, p. 176.

根据美国法律，能够产生船舶优先权的海事请求主要包括以下方面：船员工资请求，救助报酬，一般海商法下的侵权索赔，共同海损分摊请求，具有优先性的船舶抵押权，因向船舶提供供应品、修理及其他必需品而产生的海事请求，拖航费、码头费、引航费及装卸费，因船载货物灭失或损害产生的索赔，承运人因欠付运费提出的索赔，以及违反租船合同产生的海事请求等。这些海事请求产生的原因各不相同，有的基于违约行为，有的源于侵权行为，下文将予以讨论。

（二）因违约产生船舶优先权的海事请求范围

因合同履行或违约而提出的请求或主张，可以产生船舶优先权，主要涉及为船舶提供必需品、修理服务以及开展有利于船舶的其他活动而订立的合同、货物运输合同以及与船舶使用有关联的租船合同等。船舶优先权产生的前提条件是存在海事请求权，但是并非所有与船舶有关的合同都能够被认定为海事合同。因此，区分海事合同和非海事合同非常重要，因为只有在海事合同下产生的请求权才会涉及是否存在船舶优先权的问题。当然，并非所有的海事合同都会产生船舶优先权，因为如果该海事合同不属于联邦法院海事管辖范畴，那么即使该合同属于海事合同，也不会产生船舶优先权问题。①

1. 待履行合同

如果一方当事人违反待履行合同，即使该合同属于海事合同并且属于联邦法院海事管辖范畴，也不会产生船舶优先权。所谓待履行合同是指，合同双方约定在未来特定日期履行义务的协议，在合同完全履行前，双方均负有持续履约义务。这类合同常见于债务人与债权人、借款人与出借人之间。待履行合同的本质特征在于合同义务尚未完全履行。需特别说明的是，虽然付款条款通常构成合同的实质性条款，但单纯的付款义务一般不会使合同处于待履行状态。只有当违约行为涉及合同实质性条款时，才会触发待履行合同的认定。若合同一方已完全履行义务而另一方未完全履行，则该合同不再属于待履行合同。

待履行合同与已履行合同相对应。已履行合同是指双方当事人均已经完全履行了约定义务的合同，如果只是部分履行了合同义务，则仍属于待履行合同范畴。② 已履行合同一经双方当事人签字就具有充分的法律效力，其条款

---

① Cary Marine, Inc. v. M/V Papillon, 872 F. 2d 751 (6th Cir. 1989).
② 薛波主编：《元照英美法词典》，北京大学出版社 2017 年版，第 507 页。

应当立即执行。如果合同处于待履行状态，那么因违反合同产生的请求权，不会引发船舶优先权问题。例如，船舶所有人订立运输合同，约定载运货物或旅客，在货物尚未装载上船或者旅客尚未登船之前，船舶所有人毁约并拒绝履行合同，此时受害方可以主张船舶所有人违反海事合同，但不能因此享有船舶优先权。尽管货物运输合同属于典型的海事合同，但如果承运人未能将全部货物运至目的地，对于未装载在船舶上的货物而言，该合同处于待履行状态。因此，由于承运人违反运输合同约定，未能将货物装载上船并完成运输，托运人可以向承运人提起对人诉讼，但承运人的这一违约行为不会产生船舶优先权。相反，如果装载在船上的部分货物出现灭失或损坏，且该货物灭失或损坏是由承运人的违约行为导致的，那么托运人或收货人可以基于货损赔偿这一海事请求主张船舶优先权。

2. 代理合同

在美国，代理合同曾被长期排除在海事合同范畴之外，直到美国联邦最高法院审理 Exxon Corp. v. Central Gulf Lines, Inc. 一案[①]，才彻底改变了这一法律认定。在涉案纠纷中，石油公司与轮船公司约定，由石油公司为轮船公司经营的船舶提供燃料。合同具体约定如下：当轮船公司的船舶停靠在石油公司能够直接供应燃料的港口时，由石油公司直接供应燃料；当轮船公司的船舶停靠在石油公司无法直接供应燃料的港口时，由石油公司负责安排当地其他供应商提供燃料，并代为支付相关费用。燃料添加后，石油公司再向轮船公司发送账单并收取该笔费用。本案属于第二种情况。由于石油公司在加油港没有适配燃油，便与港口另一家供油公司签订合同，为涉案船舶提供燃油。船舶加油完毕后，石油公司向实际供油商先行支付了油款。当石油公司履行完供应燃料的合同义务，要求轮船公司支付油款时，得知轮船公司已申请破产，且其财产无法足额偿债。同时，石油公司了解到涉案船舶并非轮船公司所有，而是从其他公司租赁而来，船舶真正的所有权人是一家班轮公司。班轮公司表示，除非联邦法院在对物诉讼中判决船舶需承担责任，否则不愿意支付此笔费用。因此，石油公司向美国联邦地区法院提起针对班轮公司的对人诉讼和针对船舶的对物诉讼，并主张对该船舶享有优先权。涉案纠纷的焦点问题在于原告石油公司作为代理人向被告享有所有权的船舶提供燃油，该代理合同是否属于海事合同。

---

① Exxon Corp. v. Central Gulf Lines, Inc., 500 U.S. 603 (1991).

初审法院认为，对于原告石油公司直接提供燃料所产生的欠款，原告可享有船舶优先权。但对于原告以代理人身份从第三方购得且由第三方实际向船舶提供燃料所产生的欠款，法院认定该合同为代理合同，不属于海事管辖范围，故原告不享有船舶优先权。原告石油公司不服该判决，遂向联邦上诉法院提起上诉，联邦上诉法院维持了地区法院的判决。美国联邦最高法院对本案进行司法审查后，推翻了联邦上诉法院的观点，并下令将案件发回重审。最高法院在判决中指出，石油公司为船舶提供供应品等必要服务，无论由其自身实际提供，还是作为代理人通过第三方提供，所依据的合同均属于海事合同。最高法院认为，在判断代理合同是否属于海事管辖范围时，首先应明确设立海事管辖的目的与初衷，其次不能机械地以合同类型或当事人身份作为判断标准，而应当根据既定的海事合同认定标准进行实质判断。综上，原告石油公司无论是自行向船舶供应燃料，还是通过第三方供应，均属于向船舶供应燃料的履约行为。以船舶接受燃料的价款争议作为诉讼请求，与传统海商活动相关，应当被纳入海事管辖范围。

然而，美国联邦最高法院在涉案判决中没有特别明确指出违反这类合同能否产生船舶优先权，这便赋予了下级联邦法院自行解决该问题的自由裁量权。当然，根据最高法院关于涉案合同属性的判决结论，既然已确认石油公司向船舶提供燃料的合同属于海事合同，那么一审、二审法院判定石油公司不享有船舶优先权是毫无道理的。

（三）因提供必需品而产生的船舶优先权

为了保护那些向船舶提供必需品的经营者的利益，《联邦船舶优先权法案》明确规定，根据船舶所有人或其授权人的指示，向船舶提供必需品的人可以就其债权向船舶行使优先权，并且为实现优先权可以提起对物诉讼。该法案采用列举方式将"必需品"界定为包括船舶修理、供应品补给、拖带服务以及使用干船坞或海运铁路线等服务。需要强调的是，这一列举规定并不具有排他性。正如美国联邦最高法院在相关判例中所指出的，只要是对船舶有益处、能够使船舶规避风险或实现特定功能的物品或服务，原则上都应纳入必需品的范畴。因此，应该根据船舶的具体需求理解"必需品"一词。[①]

---

① Equilease Corp. v. M/V Sampson, 793 F. 2d 598, 603 (5th Cir.), 579 U. S. 984 (1986).

而在 Piedmont & George's Creek Coal Co. v. Seaboard Fisheries Co. 案①中，美国联邦最高法院认为，只有供应商直接向特定船舶提供的物品或服务，才能构成《联邦船舶优先权法案》意义上的"必需品"。根据这一原则，曾经有判例认为，向承运人提供集装箱的合同尽管是海事合同，而且集装箱本身也符合《联邦船舶优先权法案》对必需品的界定，但是不能产生船舶优先权，因为通常情况下集装箱都是批量地交给承运人使用，而非直接将集装箱提供给某个特定的船舶使用。②

根据《联邦船舶优先权法案》的规定，供应商不仅需举证证明其向特定船舶实际提供了必需品，还需证明是应船舶所有人或其授权人的指示为该船舶提供必需品。因此，在实践中容易产生争议的问题就是，当向供应商发出指示的人并非船舶所有人本人时，如何证明发出该指示的人是经过船舶所有人授权的。美国联邦法院通常根据有关代理的一般法律原则，来确定发出指示的人是否取得了船舶所有人的授权。③

根据《联邦船舶优先权法案》的规定，有权发出指示向船舶提供必需品的人员包括船舶所有人、船长、在供应港口专门负责船舶管理的人员，或者由船舶所有人、承租人、临时船舶所有人、约定购买船舶并占有船舶的买方所任命的人员或代理人。由此可以看出，承租人同样有权发出向船舶提供必需品的指示，并可能因为发出此种指示而在船舶上设定优先权。在租船合同中，尤其是光船租赁合同中，通常会订立"无担保物权条款"，即禁止承租人在光船租赁期间因为其经营活动等使光租船舶上产生包括船舶优先权在内的任何担保物权。即使必需品的供应商知晓承租人所订立的租船合同中存在"无担保物权条款"，也不能以此进行抗辩或影响承租人作为可发出指示之人的身份。联邦法院认为，只有举证证明供应商实际知晓承租人没有取得授权，船舶优先权才不会成立。如果仅仅是推定供应商应当知晓承租人没有取得授权，或者仅举证证明作为一个谨慎的供应商应当知晓承租人没有取得授权，都不足以影响船舶优先权的成立。④ 因此，如果租船合同存在"无担保物权条

---

① Piedmont & George's Creek Coal Co. v. Seaboard Fisheries Co., 254 U. S. 1 (1920).
② Foss Launch & Tug Co. v. Char Ching Shipping U. S. A. Ltd. 808 F. 2d 697 (9th Cir.), 484 U. S. 828 (1987).
③ Epstein v. Corporacion Peruana de Capores, 325 F. Supp. 535 (S. D. N. Y. 1971).
④ Belcher Oil Co. v. M/V Gardenia, 766 F. 2d 1508 (11th Cir. 1985).

款",那么根据美国联邦最高法院对《联邦船舶优先权法案》的解释,提供必需品的供应商应谨慎确保发出指示要求提供必需品的人是经过船舶所有人授权或者符合法案规定的,否则不会产生船舶优先权。

如果船舶所有人或承租人从未授权一个分合同人①以及作为居间人的货运代理人②,而上述人员又实际履行了船舶所有人或承租人应当履行的主合同义务,那么对于提供必需品的经营者来说,上述分合同人或居间人举证证明其根据船舶所有人或承租人的授权发出向船舶提供必需品的指示就变得至关重要。

根据《联邦船舶优先权法案》的规定,只要供应商举证证明其根据法案的规定提供了必需品,不论船舶是在挂靠港、装卸港还是在船籍港(又称母港),供应商都可以对船舶主张优先权。供应商无须举证证明其已经在船舶上设定船舶优先权,因为根据《联邦船舶优先权法案》的规定,船舶优先权与海事请求权同时产生。只要满足《联邦船舶优先权法案》要求的海事请求权成立,作为担保物权的船舶优先权就依附于产生海事请求权的特定船舶。当然,供应商可以放弃主张船舶优先权,例如通过明示行为放弃,或者表明其已经得到债务人提供的特别担保。

根据美国判例,船舶所有人、共有人或者船舶代理人都不能因为船舶所有或共有纠纷享有船舶优先权。③ 但是,向船舶提供必需品的供应商的共同投资者,仍可以基于提供必需品产生的海事请求权向船舶主张优先权。④ 此外,船舶优先权还可以约定转让,受让人的受偿顺序与转让人的受偿顺序一致,不会因为船舶优先权转让而影响受偿顺序。⑤ 如果第三方先行向船舶优先权的债权人支付款项,那么该第三方承继原船舶优先权债权人所享有的权利,并向船舶优先权的债务人行使。

---

① Turecamo of Savannah, Inc. v. United States, 824 F. Supp. 1069 (S. D. Ga. 1993); 36 F. 3d 1083 (11th Cir. 1994), *cert. denied*, 516 U. S. 1028 (1995); Stevens Technical Servs. , Inc. v. United States, 913 F. 2d 1521 (11th Cir. 1990); Integral Control Sys. Corp. v. Consol. Edison Co. of N. Y. , Inc. , 990 F. Supp. 295 (S. D. N. Y. 1998).

② Lake Charles Stevedores, Inc. v. Professor Cladimir Popov M/V, 199 F. 3d 220 (5th Cir. 1999).

③ See Robert Force, *Admiralty and Maritime Law* (2nd edition), Federal Judicial Center, 2013, p. 181.

④ Compagnia Maritima La Empresa, S. A. v. Pickard, 320 F. 2d 829 (5th Cir. 1963).

⑤ Sasportes v. M/V Sol de Copacabana, 581 F. 2d 1204 (5th Cir. 1978).

四、船舶优先权的优先性

（一）船舶优先权担保的海事请求权顺位

船舶优先权通过对物诉讼程序，由联邦法院通过拍卖船舶来实现。因此，联邦法院会将拍卖船舶所得的价款设立一个基金，并交由联邦法院登记处保管。一旦设立的基金，或者船舶所有人为释放被扣押船舶而提供的担保，不足以满足所有船舶优先权所担保的海事请求权以及索赔人的索赔诉求，那么不同种类的索赔权是否具有优先性以及排序如何，就显得极为重要。

根据《联邦船舶优先权法案》的规定，各债权受偿顺序如下：（1）在法院扣押船舶期间产生的司法费用；（2）具有优先性的船舶优先权；（3）在美籍船舶上设定的具有优先性的船舶抵押权；（4）在美籍船舶上设定的具有优先性的船舶抵押权之后，在外籍船舶上设定的具有优先性的船舶抵押权之前发生的，因其他海事合同产生的船舶优先权；（5）在外籍船舶上设定的具有优先性的船舶抵押权；（6）其他因海事合同产生的船舶优先权。

需要注意的是，联邦法院扣押船舶期间产生的司法费用本身并不属于船舶优先权担保的海事请求权。如果船舶拍卖价款或保证金不足以清偿所有债权，那么联邦法院在分配价款时应当先将该司法费用扣除，再根据法律规定的上述顺位依次清偿。

具有优先性的船舶优先权是指，根据《联邦船舶优先权法案》的规定产生的下列海事请求权：（1）船长、船员工资，供养和医疗费用，船舶所有人或其代理人直接雇佣的装卸工人的工资；（2）救助报酬和共同海损分摊；（3）因海事侵权行为产生的索赔请求，包括人身伤亡、财产损害和侵权导致的货物灭失或损害；（4）在美籍船舶上设定的具有优先性的船舶抵押权之前产生的，基于海事合同的请求权，包括向船舶提供必需品而产生的优先权。关于船长工资的船舶优先权问题，需要根据船舶国籍进行区分：对于在美籍船舶上工作的船长，其因欠付工资当然享有船舶优先权；而对于在外籍船舶上工作的船长，能否基于欠付工资享有船舶优先权则需要根据该船舶的船旗国法确定。

根据《联邦船舶优先权法案》的规定，其他因海事合同产生的船舶优先权是指，在美国管辖水域内向船舶提供必需品所产生的优先权。该海事请求权无论如何都将优先于在外籍船舶上设定的具有优先性的船舶抵押权受偿，而无须考虑向船舶提供必需品所产生请求权的时间。《联邦船舶优先权法案》之所以这样规定，是为了确保在美国管辖水域内提供船舶必需品的经营者的权利能够得到充分保障。

（二）同种类船舶优先权的逆序原则

根据上述有关船舶优先权所担保的海事请求权的排列顺序和位次，可以看出，不同种类的船舶优先权，会依据其排列位次的先后进行受偿。同种类的优先权处于同一顺位，例如工资类的归为一类，因侵权产生的赔偿请求归为另一类。而工资类的海事请求权排在最前列，可优先受偿。若在联邦法院登记处设立的基金数额不足以足额赔偿海事请求权人主张的全部索赔数额，就会涉及同一类型船舶优先权如何排序的问题。美国联邦法院通常依据"逆序原则"来确定，即同一种类的海事请求权，先发生的后受偿，后发生的先受偿。当然，联邦法院的法官在分配船舶优先权基金时，会兼顾公平原则。因此，联邦法院有权决定针对某一特殊种类的优先权是否适用逆序原则，例如船员工资索赔等。

（三）逆序原则的例外情形——特殊时间原则

尽管对于同一种类的船舶优先权而言，逆序原则是确定船舶优先权顺序的基本原则，但在美国的司法实践中，联邦法院为满足航运实践发展的需要，兼顾公平原则，在具体排序时会适用一些特殊原则。对于因海事合同产生的船舶优先权，逆序原则有助于索赔人尽快采取行动维护自身利益，也能让提供必需品的供应商在向船舶实际提供必需品且产生海事请求权时，立即申请扣押船舶，避免未来其他供应商主张船舶优先权而损害自身利益。然而，这样的实践结果与创设船舶优先权制度的目的相悖，因为船舶优先权制度旨在通过在船舶上创设优先权，为海事请求权提供担保。一旦责任人提供了担保，船舶便可获释，继续从事经营活动以赚取运费或租金，抵补船舶实际产生的损害赔偿。因此，为改变逆序原则可能产生的不利后果，美国联邦法院先后采用了一些特殊时间原则，如航次原则、季节原则以及日历年度原则等。这些特殊时间原则的运用，使得在某一特定时段内产生的同种类船舶优先权，可按同一顺位受偿，而无须考虑船舶优先权所担保的海事请求权产生时间的先后顺序。

一般来说，对跨洋货物运输而言，联邦法院往往适用"航次原则"，即在特定航次中产生的船舶优先权属于同一顺位，没有先后顺序。当然，逆序原则还会在一定程度上得以适用。例如，一艘船舶先后开展了几个航次的经营活动，并且每个航次都产生了船舶优先权。此时，最后一个航次产生的船舶优先权可同时优先受偿，而前几个航次产生的船舶优先权在较后顺位受偿。但是，对于美国管辖水域内的沿海短程货物运输，适用航次原则可能不切实际，而需要适用诸如季节原则、日历年度原则等特殊原则。因为缺乏统一的法律规定，美国不同地区的联邦法院所适用的特殊原则存在明显区别。

五、具有优先性的船舶抵押权

是否存在具有优先性的船舶抵押权，对于因海事合同产生的船舶优先权的受偿顺位非常重要。当不存在具有优先性的船舶抵押权时，因海事合同产生的船舶优先权主要适用传统的逆序原则。但是，如果存在针对美籍船舶的具有优先性的船舶抵押权，那么在该船舶抵押权实现前已经生效的因海事合同产生的船舶优先权，优先于该船舶抵押权受偿。但具有优先性的船舶抵押权要比其后因海事合同产生的船舶优先权优先受偿，此时逆序原则并不适用。综上，具有优先性的船舶抵押权的存在，不仅使在其之前或之后因海事合同产生的船舶优先权的受偿顺位发生变化，也对逆序原则产生一定影响。此外，根据《联邦船舶优先权法案》的规定，当船舶同时面临政府索赔和船舶优先权担保的海事请求权时，后者始终优先受偿。[1]

六、船舶优先权的法律适用

一般来说，对于交易活动在美国境外完成且不涉及美国当事一方的海事请求，通常不会产生船舶优先权，也不适用美国《联邦船舶优先权法案》。但是，根据外国法的规定，此类海事请求可能会产生船舶优先权。目前，美国联邦法院根据法律适用的一般原则，来判定审理案件到底适用美国法还是外国法。如果美国联邦法院认定案件争议不适用美国法，那么将依据不方便法院原则驳回原告的诉讼请求；如果美国联邦法院认为无须驳回诉讼请求，那

---

[1] See Robert Force, *Admiralty and Maritime Law* (2nd edition), Federal Judicial Center, 2013, p. 185.

么将适用外国法审理涉及船舶优先权的案件。但倘若美国的燃油供应商向停留在美国港口的外籍船舶提供燃油,那么即使该燃油供应合同可能约定了外国法院管辖条款,美国联邦法院仍然会适用包括《联邦船舶优先权法案》在内的美国法律,以保障美国供应商的合法权益。①

七、船舶优先权的消灭

根据美国法律的规定,船舶优先权在出现如下情形时消灭:船舶发生全损、船舶被法院拍卖、船舶优先权时效期限届满、当事方通过协议放弃行使船舶优先权等。下文将分别予以阐述。

(一)船舶毁损

如果船舶处于完全毁损或者全部灭失状态②,那么依附于该船舶的一切优先权均不复存在。③ 但如果船舶只是遭受部分损害,那么船舶优先权人依然可以对遭受部分损害的船舶主张优先权。④ 如果船舶被拆解后重建,那么船舶优先权依然存在。⑤ 如果船舶优先权所担保的海事请求责任人拥有的船舶被扣押,其船舶所有人向联邦法院提供担保以释放被扣押船舶,那么船舶优先权应当针对该担保予以实现,即船舶优先权人不能再向该特定船舶主张优先权。

(二)船舶被法院拍卖

如果联邦法院根据《补充规则》规则 C 的规定,在扣押船舶之后进行拍卖,那么依附在船舶上的一切担保物权均将消灭。也就是说,被法院拍卖的船舶是"干净船舶",依附在船舶上的一切债权或优先权应通过船舶拍卖价款进行受偿。如果一艘船舶在外国法院被拍卖,且遵循类似于美国对物诉讼的司法程序规则,那么美国联邦法院也会依照上述原则来确定优先权或附着在船舶上的债权是否消灭。例如,美国联邦法院在作出此类决定时,会较多考

---

① Gulf Trading & Transp. Co. v. M/V Tento, 694 F. 2d 1191 (9th Cir. 1982), cert. denied, 461 U. S. 929 (1983).
② Walsh v. Tadlock, 104 F. 2d 131 (9th Cir.), cert. denied, 308 U. S. 584 (1939).
③ Hawgood & Avery Transit Co. v. Dingman, 94 F. 1011 (8th Cir. 1899).
④ Chapman v. Engines of the Greenpoint, 38 F. 671 (S. D. N. Y. 1889).
⑤ Dann v. Dredge Sandpiper, 222 F. Supp. 838 (D. Del. 1963).

虑该船舶是否处于外国法院的控制之下，以及依据该外国法院所在国的诉讼程序规则，被该外国法院司法拍卖的船舶是否会产生消灭船上一切债务的法律后果等。相反，如果海事请求权人依据规则 B 提起对人诉讼并申请船舶抵押担保，即使最终导致法院拍卖船舶，此种拍卖也不会产生消灭船舶优先权的法律后果。因此，海事请求权人选择适用规则 B 或规则 C，对于实现船舶优先权而言至关重要。

（三）疏于行使权利：懈怠原则

美国法律并未明确规定船舶优先权所担保的海事请求权人应在何时行使权利，或实现船舶优先权的期限何时届满。但美国联邦法院通常会依据一般海商法中的懈怠原则，判定海事请求权人是否已合理谨慎地行使优先权，否则该船舶优先权将消灭。① 联邦法院通常会参照美国对人诉讼程序中有关时效的相关规定来处理船舶优先权时效问题。根据联邦法院的判决，对于从事美国沿海水域运输的船舶，其船舶优先权的时效为 1 年；而对于非沿海运输的船舶，依据懈怠原则确定其船舶优先权时效时，未必受 1 年时限的约束。②

一些联邦法院在确认船舶优先权时效问题时，认为还需考虑行业习惯或惯例。例如，在航运领域，债权人为保障权利实现，向联邦法院提出扣押船舶作为担保是常见做法。若产生优先权的船舶一直未停靠在美国港口，债权人便无机会通过扣押船舶的方式实现权利，此种情形不属于权利人未能在合理时间内谨慎行使船舶优先权的懈怠情形。③ 因此，通常情况下，美国联邦法院会根据每个案件的具体事实情况综合分析是否适用懈怠原则。同样地，美国联邦法院还会考虑有关当事方的利益平衡。例如，船舶优先权是否因时效消灭，仅涉及船舶所有人和船舶优先权人的利益，还是会影响到第三方的利益。若作为船舶的购买者，并不知晓船舶上附有船舶优先权，且已采取一切合理谨慎措施了解船舶情况，那么联邦法院综合考虑相关因素后，会判定船舶优先权消灭，以避免影响该购船者的利益。

---

① McLaughlin v. Dredge Glouchester, 230 F. Supp. 623 (D. N. J. 1964).
② S. Coal& Coke Co. v. Kugniecibas (The Everosa), 93 F. 2d 732 (1st Cir. 1937).
③ Bermuda Exp., N. V. v. M/V Lista, 872 F. 2d 554 (3rd Cir.), 492 U. S. 939, *cert. denied*, 493 U. S. 819 (1989).

(四) 船舶优先权的放弃

根据美国《联邦船舶所有权法案》，当事人可以通过协议约定放弃或转让船舶优先权。根据船舶优先权所担保的海事请求权种类的不同，联邦法院在认定是否存在放弃权利的协议时，判定标准也会有所差异。例如，有联邦法院认为，由于美国国会为保护提供必需品的美国供应商的权益，明确赋予其法定的船舶优先权，因此只有出具明确证据表明该供应商有意放弃权利，才会认定船舶优先权放弃问题。① 但是，在缺乏此种协议的情况下，可能会涉及如何识别放弃意图的问题。例如，船舶优先权人接受了其他形式的担保，是否属于明确有意放弃船舶优先权的情形。根据美国判例，如果船舶优先权人仅仅向债务人提出应当增加担保数额，并不构成对船舶优先权的放弃。②

(五) 破产程序对船舶优先权实现的影响

不论是企业破产还是重组，都不会必然导致船舶优先权消灭③，但是在程序方面仍然会产生一定的影响。根据美国破产法的相关规定，受理破产案件的联邦地区法院对位于其管辖范围内的债务人财产享有排他性管辖权。因此，当设有优先权的船舶处于破产法院管辖范围内时，享有船舶优先权的海事请求权人可选择以下两种实现权利的途径：其一，直接向受理破产案件的法院主张实现优先权；其二，请求该破产法院准许其向其他具有海事管辖权的联邦地区法院提起诉讼以实现船舶优先权。

第二节 船舶抵押权

在美国，船舶建造合同不被认定为海事合同，因此基于船舶建造合同产生的纠纷也不在海事管辖范围内。这是因为美国联邦法院在认定海事合同时，会综合考量合同的性质、合同下产生的争议类型以及根据合同所提供的服务类型等因素，认为只有那些与海上商事活动和航海活动相关的协议约定，才

---

① Ryan-Walsh, Inc. v. M/V Ocean Trader, 930 F. Supp. 210 (D. Md. 1996).
② The President Arthur, 279 U.S. 564 (1929); Nacirema Operating Co. v. S.S. Al Kulsum, 407 F. Supp. 1222 (S.D.N.Y. 1975).
③ Sterling Navigation Co., 31 B.R. 619 (S.D.N.Y. 1983).

属于海事合同。① 基于此，为建造中的船舶融资而产生的抵押纠纷也不属于联邦法院海事管辖的范畴。其结果是，每个州都颁布了本州有关建造中船舶抵押的法律，以解决船舶建造中的临时融资问题。然而，一旦船舶建造完毕，针对已完工船舶的融资问题就属于《船舶抵押权法案》的调整范围。因此，船舶建造完毕后，需要注销船舶在建造过程中设定的临时融资抵押，并将临时融资抵押转变为永久融资抵押，这样才有可能依据《船舶抵押权法案》成为具有优先性的船舶抵押。但如果船舶不满足该法案的相关规定，那么该船舶融资抵押问题仍需根据各个州有关融资抵押的法律规定来解决。具有优先性的船舶抵押权的最显著特点是，抵押权人有权向船舶主张优先权，并且可以通过向船舶提起对物诉讼的方式来实现权利。

根据《船舶抵押权法案》的规定，具有优先性的船舶抵押权应当满足下列法定要件：（1）对整艘船舶进行抵押。（2）严格遵守有关抵押权设定文件的提交、登记、注销等程序规定。（3）船舶持有证书或者根据美国有关法律规定已经申请了符合要求的证书。（4）确保抵押权人为下列主体：州政府、美国联邦政府、美国联邦保险的存款机构（未得到美国商务部长批准的除外）、美国法人、根据美国法律规定有资格成为美国法人的主体，以及经交通部长批准的个人或实体。

根据《美国法典》的规定，有资格成为美国法人的主体涵盖公司、合伙企业或协会等实体，其前提是该实体的控制权归属于美国公民。若该实体从事美国沿海贸易运输经营活动，则需确保该实体至少75%的股份由美国公民持有。对于能够满足美国法人条件的公司而言，还需满足法律规定的其他条件。例如，该公司须依据美国联邦法律或州法律设立；公司首席执行官以及董事会主席应当由美国公民担任；董事会成员中非美国公民的人数不得超过法定人数的下限等。此外，美国法律还对控制权以及如何确定75%股份等条件作出了明确规定。

根据《船舶抵押权法案》的规定，一旦船舶抵押人不履行具有优先性的船舶抵押权下的义务，抵押权人可选择以下路径维护自身权益：抵押权人可以向联邦地区法院提起对物诉讼，以实现具有优先性的船舶抵押权；也可以

---

① People's Ferry Co. v. Beers (The Jefferson), 61 U.S. (20 How.) 393 (1858).

向抵押人或者债务担保人提起对人诉讼。若抵押权人提起对人诉讼，既可以基于海事请求向联邦法院提起对人诉讼，也可以向州法院提起一般民事诉讼。此外，抵押权人还可以根据相关法律规定，向抵押船舶、抵押人或债务担保人采取诉讼以外的其他救济方式，如仲裁、调解等。

根据《船舶抵押权法案》的规定，抵押权人还可以针对外籍船舶设定具有优先性的船舶抵押权。为了获得与美籍船舶相同的待遇，针对外籍船舶设定的具有优先性的船舶抵押权，必须依据该船旗国法律设定，并且已在该外籍船舶登记港或该国公共登记处进行船舶抵押权登记。

当被扣押船舶被拍卖且所得价款不足以清偿全部债权时，需依法确定各海事请求权的受偿顺序。若存在多个具有优先性的船舶抵押权，根据《船舶抵押权法案》的规定，其受偿顺序应按照抵押权设立文件的提交时间先后确定。对于不同类别的船舶担保物权，受偿顺序如下：在扣除联邦法院因扣押船舶产生的合理费用及诉讼费用后，具有优先性的船舶优先权最先受偿，其次为具有优先性的船舶抵押权，其他赔偿请求权则位列其后。需要特别说明的是，在美国管辖水域内因向船舶提供必需品而产生的优先权，其受偿顺序先于外籍船舶上设定的具有优先性的船舶抵押权。

第十三章
海上保险合同

受英国1906年《海上保险法》的影响，美国有关海上保险合同的界定与英国法律类似。在 Insurance Co. v. Dunham 案①中，美国联邦最高法院确认，尽管美国法律在很多情况下受英国法律影响，但是美国海事管辖权不受英国法律或司法禁令限制。具体表现如下：第一，只要实施具有海事性质的侵权行为的地点和从事具有海事性质的交易活动的地点位于美国管辖的主要水域（包括美国一切可航水域或与美国接壤的水域，无论是封闭水域还是开阔水域，海水水域还是淡水水域，也无论是否受潮汐影响），均属于海事管辖范围。第二，根据合同的性质和标的物确定合同纠纷是否属于海事管辖范围，只要这些合同涉及海事服务、海事交易或海上事故就属于海事合同，而无须考虑这些合同的签订地点。鉴于这些原则，海上保险合同被认为是海事合同，但不属于美国联邦法院专属管辖范围。在涉案纠纷中，联邦法院认为海上保险合同的作用就是保证海上运输中的船舶或货物是安全的，即使可能面临海上风暴以及其他海上事故，也能安全抵达目的地；一旦运输中的船舶或货物面临安全威胁，并遭遇了保险合同约定的灾难或风险，则保险人应当就船舶、货物遭受的损失承担保险赔偿责任。

因此，从美国联邦法院对海上保险合同的界定可以看出，海上保险合同具有如下特征：第一，海上保险合同属于损失补偿合同。因为保险不属于金融投机行为，所以被保险人应当对保险标的享有保险利益，而且其从保险人处获得的赔偿仅限于在保险承保范围内的风险导致保险标的遭受的损失，法律不鼓励不劳而获或不合理获益的行为。② 第二，海上保险合同的补偿责任基

---

① Insurance Co. v. Dunham, 78 U.S. 1 (1870).
② Purofied Down Prods. Corp. v. Travelers Fire Ins. Co., 278 F. 2d 439 (2nd Cir. 1960).

于意外事故或偶发事件而产生。只有被保险人因为保险合同约定的意外事故或偶发事件遭受了损失，才可以向保险人提出索赔。对于已经发生的损失、折旧损失或者因为被保险人恶意行为导致的损失等，无法向保险人索赔。① 第三，遭遇的危险或承保的风险具有海事特性。所谓海上风险，是指船舶在海上航行过程中发生的，或者与海上航行事故相关的风险。例如，台风、海啸等海上特殊风险，火灾、战争风险，海盗、偷盗、捕获、扣押、滞留，君主或人民的限制行为，抛弃货物，船员的不法行为，以及与上述情形类似的其他风险等。②

在保险人和被保险人订立海上保险合同后，通常情况下保险人会以签发保单的形式确认保险合同的主要内容。保单内容通常包括被保险人或其代表名称、保险标的以及承保的风险、保险期间、保险金额以及保险人名称等。这些记载事项并不影响保险人与被保险人可以根据订约自由原则，就具体情形协商洽谈与海上保险合同相关的事项。

第一节 海上保险合同概述

一、海上保险合同适用的法律

由于海上保险合同符合联邦法院对海事合同的认定标准，美国联邦法院对此类合同纠纷享有管辖权。③ 同时，根据《美国法典》中的"穷尽一切手段有利于请求人"条款，州法院对海上保险合同纠纷也享有管辖权。因此，海上保险合同争议既可适用一般海商法，也可适用相关州法律。

与英国专门制定 1906 年《海上保险法》不同，美国没有统一的综合性海上保险法典。在司法实践中，联邦法院主要通过以下方式处理海上保险纠纷：适用一般海商法原则；适用相关州法律规定；援引英国 1906 年《海上保险法》；借鉴英国法院在处理海上保险合同争议方面的权威判例。④

---

① Zurich Ins. Co. v. Wheeler, 838 F. 2d 338, 341 (9th Cir. 1988).
② Thomas J. Schoenbaum, *Admiralty and Maritime Law* (4th edition), Thomson West, 2004, p. 919.
③ Ins. Co. v. Dunham, 78 U.S. (11 Wall.) 1 (1870); N. H. Ins. Co. v. Home Sav. & Loan Co. of Youngstown, Ohio, 581 F. 3d 420 (6th Cir. 2009).
④ See Robert Force, *Admiralty and Maritime Law* (2nd edition), Federal Judicial Center, 2013, p. 191.

19世纪后半叶以来,美国普遍认为保险公司签发保单的行为不属于商事交易行为,因此保险业一直不受联邦法律中有关商事交易条款的规制。这一情况在1944年United States v. South-Eastern Underwriters案①中发生了重大转变。该案中,东南保险人协会因开展跨州火险业务被指控违反《谢尔曼反托拉斯法案》(Sherman Antitrust Act),具体表现为:通过确定和维持具有任意性和非竞争性的火险险别及相关保险费率,不当限制美国州际贸易和商业活动的开展,涉嫌垄断。联邦法院最终认定,涉案保险公司实质上从事了州际商事活动,应当受联邦法律规制。

为应对该案可能引发的法律适用问题,美国国会于1945年颁布了《麦卡伦—弗格森法案》(McCarran-Ferguson Act),该法案已被编入《美国法典》。根据该法案第1012条的规定,制定保险规则原则上属于州法律调整的范畴,同时明确规定任何联邦法案都不得影响或取代各州为规范保险业务制定的法律,包括对保险业务征税或收费的相关规定,或使上述州法律无效。需要特别说明的是,《麦卡伦—弗格森法案》虽然将有关保险方面的立法权明确、广泛地授予各州,但并未完全排除国会的联邦立法权限,各州立法不能影响对保险行业已作出特别规定的联邦立法。例如,该法案明确规定,1890年《谢尔曼反托拉斯法案》、1914年《克莱顿反托拉斯法案》(Clayton Antitrust Act)和1914年《联邦贸易委员会法案》(Federal Trade Commission Act)均适用于保险行业。因此,在涉及保险行业的上述联邦立法规定范围内,各州不得自行立法。目前,上述联邦制定法中有关保险的内容,均已统一合并至《美国法典》中。

《麦卡伦—弗格森法案》的颁布直接影响了美国联邦最高法院对Wilburn Boat Co. v. Fireman's Fund Insurance Co.案②的判决结果。该案争议焦点在于被保险人是否违反保证义务。联邦最高法院在判决中认定:对于此类争议,美国既不存在既定的基本原则或一般海商法原则,也没有必要创设新的联邦规则,因此应当直接适用州法律。该案判决作出后,美国联邦法院一般会遵循以下原则处理海上保险合同纠纷:首先应当适用合同订立地所在州的法律,除非存在强制适用的特定联邦规则,或有充分理由需要创设新的联邦规则。③

---

① United States v. South-Eastern Underwriters, 322 U. S. 533 (1944).
② Wilburn Boat Co. v. Fireman's Fund Insurance Co., 348 U. S. 310 (1955).
③ Ingersoll-Rand Fin. Corp. v. Employers Ins. of Wausau, 771 F. 2d 910 (5th Cir. 1985), cert. denied, 475 U. S. 1046 (1986).

若某项关于海上保险的联邦规则是基于长期司法实践形成的，则应当优先适用该联邦规则。① 在既无明确联邦规则可适用，又无充分理由需要创设新联邦规则的情况下，州法律可适用于解决海上保险合同纠纷。

目前，美国保险合同纠纷主要依据各州法律而非联邦法律进行处理。虽然海上保险合同纠纷与陆地保险合同纠纷存在差异，但受 Wilburn Boat Co. v. Fireman's Fund Insurance Co. 案判决的影响，各州关于一般保险的实体法规定经常被适用于解决海上保险纠纷。值得注意的是，许多州的保险法并未对陆地保险和海上保险进行区分，而是适用同样的法律规则。因此，各个州有关保险的法律在一些情形下会与传统的海事理念存在差异。但是大多数州的保险法理念与有关海上保险的联邦规则理念一致，并且都可以适用于海上保险合同纠纷案件。

二、海上保险合同的形式与解释

英国保险法要求保险合同应当采用书面形式订立，而美国允许口头订立保险合同。② 美国对海上保险合同的解释通常完全适用有关合同法的一般解释原则，除非在一些特殊情况下存在有关保险合同解释的特殊规则。此外，鉴于保险合同条款通常由保险人单方面制定，当合同双方对海上保险合同条款的理解存在争议时，美国联邦法院通常会作出有利于被保险人的解释。③

三、海上保险合同最大诚信原则

海上保险合同的订立都应当遵循"最大诚信原则"。④ 最大诚信原则又被称为"绝对诚信原则"，是指双方基于信用关系订立合同时应遵循的原则。保险合同通常是最大诚信合同，例如保险公司要求投保人履行最大诚信义务，订立保险合同时不得误述或隐瞒重要事实。⑤ "最大诚信原则"最早由英国法院于 1766 年审理 Carter v. Boehm 一案时确立，后经 1906 年英国《海上保险

---

① Albany Ins. Co. v. Anh Thi Kieu, 927 F. 2d 882, 886 (5th Cir.), cert. denied, 502 U. S. 901 (1991). London v. Inlet Fisheries, Inc., 518 F. 3d 645 (9th Cir. 2008).

② Great Am. Ins. Co. of N. Y. v. Maxey, 193 F. 2d 151 (5th Cir. 1951).

③ Exxon Corp. v. St. Paul Fire & Marine Ins. Co., 129 F. 3d 781 (5th Cir. 1997).

④ McLanahan v. Universal Ins. Co., 26 U.S. (1 Pet.) 170 (1828).

⑤ 薛波主编：《元照英美法词典》，北京大学出版社 2017 年版，第 1336 页。

法》第一次以成文法形式确认。①《海上保险法》的条文规定本身并未对该原则作出明确界定，鉴于该原则源自一宗案件，因此英国有关最大诚信原则的相关立法和判例，主要聚焦于保险合同订立前的告知义务、误述的法律后果等方面。不论是未履行告知义务而导致的未披露行为，还是履行了告知义务却作出误述，在法律后果上并无本质差异，均会使保险合同无效。然而，未披露或者不披露行为更强调无须考量不披露是否源于被保险人的故意、疏忽或意外事件。而误述必定是因被保险人故意或疏忽，致使所陈述或说明的事项与事实不符。

根据最大诚信原则，被保险人必须如实向保险人披露与保险标的风险有关的一切重要事实。保险人基于被保险人提供的这些信息来决定是否承保。如果被保险人未能披露其实际知晓或应当知晓的重要事实，将导致保险合同自始无效的法律后果。同样地，如果被保险人对重要事实进行误述，也将产生保险合同无效的法律后果。

所谓重要事实，是指那些足以影响保险人决定是否承保风险、厘定保险费率或者确定承保风险合同条款等的事实内容。② 即使保险人没有就某个具体事项向被保险人进一步询问，被保险人也应当有披露重要事实的义务；如果保险人在被保险人披露了相关重要事实后，未能再向被保险人发出询问，则可能影响对该事实内容是否属于重要事实的判定。因此基于最大诚信原则所确立的被保险人告知义务，也被认为是主动无限告知义务。美国一些联邦法院判决认为，最大诚信原则作为长期存在并且被保险领域严格遵守的一项原则，不仅适用于被保险人，也同样适用于被保险人的代理人。③

四、海上保险合同的保证义务

根据海上保险法的规定，保证是指被保险人对特定行为或事实作出的承诺，包括承诺作出或不作出某些行为，承诺满足某些条件，或者确认或否认

---

① 初北平：《海上保险的最大诚信：制度内涵与立法表达》，载《法学研究》2018 年第 3 期，第 66—83 页。
② Gulfstream Cargo Ltd. v. Reliance Ins. Co., 40 F. 2d 974 (5th Cir. 1969).
③ Port Lynch, Inc. v. New Eng. Int'l Assurety of Am., Inc., 754 F. Supp. 816 (W. D. Wash. 1991); Albany Ins. Co. v. Anh Thi Kieu, 927 F. 2d 882 (5th Cir.), *cert. denied*, 502 U. S. 901 (1991); C. N. R. Atkin v. Smith, 137 F. 3d 1169 (9th Cir. 1998).

某些重要事实。保证分为明示保证和默示保证两种。明示保证通常明确载于保单中，常见的明示保证条款包括：航行区域保证、开航时间保证、在船船员数量保证、运输船舶不从事拖带业务保证、投保额外保险的保证，以及在被保险人掌控范围内合理速遣航行的保证等。而常见的默示保证则包括：船舶适航保证、海上风险合法性保证、不得在航次中擅自绕航的保证等。

保证就是在保险合同中明确承诺的事项，并不需要使用特别的词语表述。是否构成保证条款主要根据合同条款的约定内容和当事方的意图确定。但是对于表明观点或态度的用词，例如"尽最大努力"或者"相信"等，并不构成保证。即使合同条款中使用了"保证"一词，也未必就一定构成保证条款，尽管大多数情况下此类表述可能被解释为保证条款。如果条款中的表述存在模棱两可的情形，鉴于大多数保险合同条款都是由保险人单方起草并印制的，保险合同条款具有格式条款的属性，美国法院通常会根据"逆利益方原则"作出对保险人不利的解释。①

与英国法规定的严格法律后果不同，美国法律对违反海上保险合同保证义务的处理更为灵活。根据美国法律规定，违反保证义务并不必然导致海上保险合同无效，被保险人通常有机会通过采取补救措施来纠正违约行为，从而使合同继续有效。美国联邦最高法院认为，既不存在关于违反保证义务的联邦保险规则，也没有必要创设这样一项规则。② 因此，违反保证义务的具体法律后果将根据所适用的州保险法而有所不同。③ 部分州规定，只有当被保险人违反保证义务的行为构成保险标的遭受损害的近因时，才会导致保险合同无效的法律后果。④ 与此同时，也有一些州遵循英国传统观点，认为只要被保险人违反保证义务，就足以导致保险合同无效，而无须考虑保险标的损失的原因。⑤

有的州保险法规定，只有当被保险人构成根本性违反保证义务或违反最

---

① Provincial Ins. Co. v. Morgan [1933] A. C. 240.
② Wilburn Boat Co. v. Fireman's Fund Ins. Co., 348 U. S. 310 (1955).
③ Wilburn Boat Co. v. Fireman's Fund Ins. Co., 348 U. S. 310 (1955); N. H. Ins. Co. v. Home Sav. & Loan Co. of Youngstown, Ohio, 581 F. 3d 420 (6th Cir. 2009).
④ Thanh Long Partnership v. High-lands Ins. Co., 32 F. 3d 189, 1995 AMC 203 (5th Cir. 1994); Home Ins. Co. v. Ciconett, 179 F. 2d 892 (6th Cir. 1950); Coffey v. Indiana Lumberman's Mut. Ins. Co., 372 F. 2d 646 (6th Cir. 1967).
⑤ Home Ins. Co. v. Vernon Holdings, 1995 AMC 369 (S. D. Fla. 1994).

大诚信原则时，保险合同才被认定为无效，且保险人还需证明该违约行为是保险标的遭受损失的原因。在 Albany Insurance Co. v. Anh Thi Kiev 一案①中，被保险人 Anh Thi Kiev 为其船舶投保船壳险，后船舶因与未标识的离岸平台碰撞受损。保险人以被保险人违反多项明示保证义务（包括随船义务、船舶适航义务及船舶价值如实披露义务等）为由拒赔。联邦法院适用得克萨斯州保险法后认定，虽然被保险人确实存在多项违约行为，但由于这些违约行为与船舶遭受损害之间缺乏因果关系，保险人仍应承担赔偿责任。

适航保证是海上保险法律中最为重要的一种保证形式，当事方可以在保险合同中约定适航保证为一项明示保证，但是如果合同未对此进行明确约定，被保险人也有默示义务保证船舶适航。因为对于海上保险而言，船舶处于适航状态是至关重要的，如果被保险人违反此项保证义务，就无法有效地向保险人索赔保险标的损失。对于船舶是否满足适航条件，联邦法院必须依据联邦法律的相关规定进行判断，而不能适用州法律，即使该保险合同纠纷适用的是州法律。

五、保险人与船舶所有人责任限制

根据 1851 年《责任限制法案》的规定，可以援引海事赔偿责任限制的主体为船舶所有人，并没有规定包括海上保险人。因此作为船舶所有人的责任保险人，无法援引有关船舶所有人赔偿责任限制的法律规定限制其保险赔偿责任。

美国大多数州的保险法不支持第三人直诉保险人，但是根据这些州的保险法，保险人事实上可以间接享受责任限制。因为第三人向船舶所有人提起诉讼后，船舶所有人可以根据美国有关《责任限制法案》的一般规定进行抗辩，如果能够成功援引海事赔偿责任限制，那么根据保险合同的相关规定，保险人实际向船舶所有人赔偿的数额不应超过船舶所有人根据《责任限制法案》赔付给受害人的数额，因为保险人仅对被保险人赔付的数额承担保险赔偿责任，从某种意义上说，保险人间接享受了船舶所有人赔偿责任限制的权利。

---

① Albany Insurance Co. v. Anh Thi Kiev, 927 F. 2d 882 (5th Cir.), *cert. denied*, 502 U. S. 901 (1991).

在允许第三人直诉保险人的少数州，保险人不可以直接根据《责任限制法案》限制其保险赔偿责任。但是第五巡回上诉法院允许保险人在保险合同中增加有利于自身的条款，明确规定保险人的赔偿数额不超过作为被保险人的船舶所有人依据《责任限制法案》应赔付的数额。显然，保险人仍然可以通过在保险合同中增加相关条款，实际限制其保险赔偿责任。①

六、海上保险合同的举证义务

在海上保险合同纠纷中，被保险人和保险人都负有举证义务。被保险人有义务举证证明保险人已经签发了保单，实际上发生了意外损失，海上保险合同承保的风险是导致保险标的灭失或损害的近因；保险人则有义务举证证明保险标的灭失或损害不是保险合同承保风险所致，被保险人对重要事实存在误述或者被保险人未披露重要事实，等等。

通常情况下，被保险人应当首先举证证明承保风险导致保险标的灭失或损害，并且推定船舶处于适航状态，再由保险人举证证明船舶事实上是不适航的，被保险人违反了船舶适航保证义务。只有出现下列情形，保险人才可以免除举证义务，而由被保险人举证：第一，船舶在平静水域沉没，根据美国法律，可以推定船舶存在不适航的情形，被保险人应举证证明船舶处于适航状态；第二，船舶因无法解释的原因沉没或者遭受无法解释的损害，被保险人应当举证证明船舶在航次开始时处于适航状态。②

七、海上保险合同的可保利益

被保险人如果根据海上保险合同向保险人索赔，应当举证证明被保险人遭受了经济损失，经济损失由承保的风险导致，保险标的灭失或损害在保单承保范围内，被保险人具有可保利益。因此，海上保险合同有效的前提条件就是被保险人应当对保险标的具有可保利益。美国法律借鉴了英国1906年《海上保险法》对可保利益的界定标准，将其定义为被保险人与存在风险的保

---

① Crown Zellerbach Corp. v. Ingram Indus., Inc., 783 F. 2d 1296 (5th Cir.), *cert. denied*, 479 U. S. 821 (1986).

② P. T. Tugs, Inc. v. United States Fire Ins. Co., 796 F. 2d 125 (5th Cir. 1986); Insurance Co. of N. Am. v. Lanasa Shrimp Co., 726 F. 2d 688 (11th Cir. 1984).

险财产具有法律上的利害关系。具体表现为以下两种情形：如果保险财产能够安全或者顺利到达约定地点，那么被保险人会从中受益；如果保险财产遭受灭失、损害或迟延交付，那么被保险人的权益将受到影响，或者可能因此承担责任。

船舶所有人对于船舶以及因为船舶从事经营活动所产生的责任享有可保利益。承租人对于船舶的使用，以及因为使用船舶而产生的责任等均享有可保利益。托运人和收货人则对货物享有可保利益。除了这些显而易见的实际例证，可保利益原则还可以适用于其他人员，例如代理人、寄托财产的受托人、承运人、托管人、抵押权人以及船舶担保物权的债权人等。①

虽然物权并不是获得可保利益的必要前提，但是对于保险标的导致的人身伤亡，受害方对保险标的具有可保利益。"离岸价"贸易术语之下，发货人将货物在装货港交付给承运人之前，买卖合同的收货人对货物具有可保利益。尽管根据该贸易术语，买卖双方的风险在卖方（发货人）将货物装在船舶上交给承运人时已经发生转移。②

当然，根据美国有关保险的法律规定，不要求被保险人或者投保人在向保险人投保时必须具有可保利益，但是当保险标的发生承保范围内的损害时，被保险人或投保人必须具有可保利益。

八、保险人的代位求偿权

与其他国家的保险法一样，美国保险法也确认保险人享有代位求偿权。代位求偿权是保险人的一种权利，即在保险人根据保险合同约定向被保险人赔付了相关损失之后，有权以被保险人的名义向责任人索赔。

第二节 海上保险合同的种类

海上运输活动涉及的保险可分为两大类：船舶保险和海上货物运输保险。针对船舶风险，主要包括船壳险、保赔保险、油污责任保险。此外还存在若干特殊类型的保险，如船舶建造险、港口险以及灯塔责任险等。下文将对这

---

① Hooper v. Robinson, 98 U.S. 528, 538 (1878).
② Curacao Trading Co. v. Federal Ins. Co., 441 1943 AMC 1050, 1052 (S.D.N.Y. 1942).

些主要保险类型进行简要阐述。

一、船壳险

船壳险是一种最主要的单方风险承担的保险类型，其目的就是承保船舶因约定的保险风险所遭受的灭失或损害。船壳险一般包括全损险和一切险。全损险仅承保船舶实际全损或推定全损的风险，当船舶因为约定的保险风险造成了部分损失，被保险人无法以全损险向保险人索赔。而一切险则在承保全损险的基础上，还扩展承保因为约定的保险风险造成的船舶部分损失。由于航运实践中船舶发生部分损失的概率较大，因此相较于全损险，一切险的保险费率也相应更高。

船壳险承保的范围比较广泛，不仅包括船舶本身的灭失、损害，还包括船舶上的机器、设备损失，以及因船舶碰撞而产生的责任、共同海损分摊、海难救助费用等。这主要得益于船舶保险合同中通常包含的"损失条款"，根据该条款，船壳险还承保船舶碰撞造成第三人财产损失的赔偿责任风险。船壳险是船舶保险中最基本的保险类型，对商船而言，主要是承保合同列明风险使船舶遭受灭失、损害的风险。而对娱乐船舶而言，船壳险承保一切风险造成的损失，不以保单中列明的风险为限。不同保险公司制定的船壳险合同在承保风险范围上存在差异，因此投保时应当仔细审阅保险人提供的格式化保险合同。此外，船壳险通常为定值保险，即在保单中列明被保险船舶的特定价值。当然，船壳险的投保标的不仅限于单一船舶，还可以扩展至整个船队。

船壳险保险合同通常会约定船舶适航的保证义务。根据美国法律的规定，在船舶航次保险合同中，被保险人有默示义务保证船舶在航次开始时处于适航状态。[1] 因此，船舶航次保险合同承保的是船舶在特定航次下所承受的风险，而船舶定期保险合同则承保船舶在约定的一段时间内的风险。对于船舶定期保险合同，一些联邦法院（如第五巡回上诉法院）认为存在双重保证义务：首先，被保险人在保险合同开始时负有船舶适航保证义务；其次，在整个合同期间，被保险人还需保证不会因违反最大诚信原则或重大疏忽，导致

---

[1] Saskatchewan Gov't Ins. Office v. Spot Pach. Inc., 242 F. 2d 385 (5th Cir. 1957).

船舶在任何一个航次开始时处于不适航状态。①

二、保赔保险

从历史沿革的角度，鉴于船壳险保险合同列明风险以外的海上风险是保险人不予承保的，而这些风险又是船舶所有人从事海上经营活动十分常见的，为了弥补船壳险保险合同的不足，保赔保险应运而生。如今，除了船壳险中的船舶损失风险，保赔保险已经成为船舶基本保险常见的保障方式。保赔保险主要承保船舶所有人和经营人对第三方的赔偿责任，例如因船舶经营活动导致人身伤亡，船壳险承保范围之外的第三人财产损失，以及货物损害赔偿责任等。因此保赔保险合同通常都会明确规定，如果船舶所有人可以通过船壳险承担船舶损失风险，无论该船壳险保险合同是否发生效力，保赔保险都不予承保。

通常情况下，保赔保险并非如船壳险那样由商业保险公司承保，而是由保赔保险协会承保。保赔保险协会通常被称为船东互保协会，是因为航运实践中通常将船舶所有人、船舶经营人等统称为船东。事实上，保赔保险协会是船舶所有人等以会员方式加入的具有自助性质的机构或组织。船壳险保险合同之下，被保险人需要向保险人支付保费。与船壳险保险合同不同，保赔保险协会之下的所有会员都需要向协会缴纳会费，并且通过全体会员缴纳的会费分散各会员在经营活动中产生的约定风险。因此，保赔保险合同条款不像其他商业保险合同一样体现在保单中，而是通常体现在协会的章程或规则中。依据保险年度内协会会员在开展经营活动中发生事故、风险及责任的实际情况，保赔保险协会的经理人会相应地调整下一保险年度各个会员需要缴纳的会费。因此基于风险及承担能力的考虑，不同保赔保险协会的章程或规则内容都有所区别。

保赔保险同样也遵循补偿原则，即对他人行为造成的损失进行赔偿或恢复原状。② 此外，根据协会章程的规定，保赔保险承保的风险被分成几种类型，主要包括：人身伤亡赔偿责任（包括人员供养费用和派遣费用）；旅客伤亡赔偿责任（包括其行李）；对货物灭失、损害的责任（包括额外产生的操作

---

① See Robert Force, *Admiralty and Maritime Law* (2nd edition), Federal Judicial Center, 2013, p. 197.

② 薛波主编：《元照英美法词典》，北京大学出版社 2017 年版，第 691 页。

费用）；碰撞责任及根据法律应当承担的船舶残骸清除责任；污染责任；被保险船舶上发生的财产灭失；造成固定和浮动物体损害；拖航费以及无法从货主处获得的共同海损分摊或救助报酬、海难救助特别补偿、罚款、法律费用；等等。①

三、油污责任保险

油污责任传统上属于保赔保险的承保范围，但随着美国 1990 年《油污法案》的实施，油污责任保险已逐渐成为单独的海上保险类型。根据该法案规定，船舶所有人和海上设施经营人对在美国可航水域发生的石油泄漏污染损害应当承担严格责任。因此，现代油污责任保险的承保范围不仅包含污染清除费用，还包括海上自然资源损害。

鉴于海上污染风险大且赔偿数额较高，一般商业保险公司和船东互保协会往往不敢轻易承保此类风险。然而，美国法律强制要求油轮所有人和经营人必须投保油污责任险，相应的保险费率也因此居高不下。为应对这一特殊风险，美国市场出现了专门提供油污责任保险的专业保险公司。这类保险通常涵盖：污染清除费用及因清除行为造成的后续损害，为了避免或减少溢油泄漏而产生的费用，以及有毒有害物质溢出而产生的费用，等等。

四、海上货物运输保险

海上货物运输保险通常采用"一切险"（all risks）保单，承保范围涵盖货物从托运人仓库到收货人仓库的整个运输过程。② 虽然该险别被称为"一切险"，但实际上仍存在特定的除外责任条款，其承保范围并非字面意义上的"所有风险"，而仅限于运输途中意外事故导致的货物损害，或外来原因导致的货物灭失。

为便利国际贸易及商事交易活动，海上货物运输保险通常采用预约保险方式。预约保险指在保险合同双方约定的期限内，被保险人装运出口的所有货物，按约定费率自动获得保险保障。每期货物装船后，被保险人应及时通

---

① Raymond P. Hayden & Sanford E. Balick, "Marine Insurance: Varieties, Combinations, and Coverages", *Tul. L. Rev.*, Vol. 666, 1991, pp. 311-327.

② Brammer Corp. v. Holland-Am. Ins. Co., 228 N.Y.S. 2d 512 (N.Y. 1962).

知保险人，由保险人签发该航次的保单。被保险人需要预先缴纳一定金额的保费，待货物实际装运后，再根据货物价值确定最终应当支付的保险费数额，并参考已预缴的保险费进行相应的调整。①

海上货物运输保险通常包括三种险别：平安险、水渍险、一切险。其中，平安险又被称为单独海损不保险，即保险人仅对保险合同中约定风险造成的货物全部损失负责，不论是实际全损还是推定全损。因此在平安险之下，一旦货物发生的是部分损失，则保险人无须承担保险赔偿责任，除非合同另有约定。水渍险，是指在平安险承保风险的基础上，保险人还承保保险合同约定风险造成的货物部分损失。但为避免小额部分损失导致理赔程序烦琐和成本过高，保险合同通常会设置免赔额条款，即约定保险人仅对超过特定比例或金额的部分损失承担赔偿责任。若损失金额低于合同约定的免赔额，则该部分损失由被保险人自行承担。

---

① 薛波主编：《元照英美法词典》，北京大学出版社2017年版，第1005页。

第十四章
美国政府的海事责任及豁免

第一节 有关联邦政府海事责任及豁免的制定法

根据美国法律的规定,美国联邦政府享有诉讼豁免权,除非其主动放弃该权利。① 通常情况下,联邦政府不应成为海事诉讼纠纷的当事一方。但是,在一些涉及海商法内容的联邦制定法中,联邦政府明确放弃了豁免权。② 因此从某种意义上讲,联邦政府应当像其他私主体一样,在海事纠纷案件中承担赔偿责任。需要指出的是,这些联邦制定法并非旨在创设关于联邦政府责任的实体法律规定,而仅是通过相关条文放弃美国政府的豁免权。因此,当前涉及联邦政府责任的海事纠纷案件,仍需依据有关海事争议的实体法律规定进行处理,具体包括以下法案。

一、《海事诉讼法案》

在美国,如果联邦政府所有或经营的船舶造成人身伤亡、财产灭失或损害,受害人曾因联邦政府的豁免权而无法通过民事诉讼获得救济。美国国会认为,这样对受害者是不公平的,因此于1920年3月9日颁布了《海事诉讼法案》,并于1960年修订(现编入《美国法典》第46编第30901—30918条)。该法案适用于向美国政府索赔的一切海事请求案件,但不包括《公共船舶法案》(Public Vessels Act)所涵盖的情形。

根据《海事诉讼法案》,若联邦政府所有或经营的船舶过失导致人身伤

---

① Welch v. State Deaprtment of Highways and Public Transp., 483 U.S. 468 (1978); United States v. Testan, 424 U.S. 392 (1976); Alabama v. Pugh, 438 U.S. 781 (1978); State of New York, 256 U.S. 490 (1921).

② Trautman v. Buck Steber, Inc., 693 F. 2d 440 (5th Cir. 1982).

亡、财产灭失或损害，索赔人有权对联邦政府或联邦机构提起民事诉讼以寻求赔偿救济，但不能对其雇员提起此类诉讼。此外，只能向联邦地区法院提起此类诉讼，而不能向州法院提起。

目前，与船舶经营活动有关的联邦机构主要包括美国海军、美国海岸警卫队、国家海洋和大气管理局及隶属于该管理局的军官团、美国陆军工程兵团、美国国家海洋渔业局、美国缉毒局、美国海关和边境保护局等，这些联邦机构都可能成为《海事诉讼法案》下的被告。

美国国会制定《海事诉讼法案》的初衷在于，无论是在战争时期还是和平时期，只要联邦政府所有或经营的船舶为国家提供了有益服务，就应当禁止索赔人对这些船舶采取扣押措施，即索赔人不得扣押美国政府拥有的船舶，也不得对其提起对物诉讼。与此同时，该法案规定联邦政府可以放弃豁免权，使其能够作为诉讼主体参与海事诉讼，从而确保受害方获得相关法律救济，但这种放弃是有限的。①

《海事诉讼法案》明确规定，禁止对美国政府所有或经营的船舶采取扣押措施，这一限制同样适用于联邦政府所有的货物。此外，索赔人仅能就海事纠纷向美国联邦政府提起对人诉讼，类似于针对私营船舶所有人或经营人的诉讼，但此类诉讼不允许陪审团参与。

可以受理向美国联邦政府提起的海事诉讼的管辖法院包括：（1）属于美国政府的船舶或货物所在地的联邦地区法院；（2）原告居住地或主营业地的联邦地区法院。根据该法案的规定，经一方当事人申请，案件可以从一个联邦地区法院移送到其他适当的联邦地区法院审理。

向美国联邦政府提起海事诉讼涉及的损害赔偿类型主要包括：与美国联邦政府拥有的船舶发生碰撞或其他事故造成受害人船舶或其他财产损害，美国联邦政府的船舶在营运中的过失造成海事事故导致人身伤害所产生的医疗费以及康复费用，人身伤害导致残疾或其他损伤的长期护理费用，人身伤害导致受害人无法工作产生的收入损失，因受害人永久性残疾而可能丧失未来收入和无法享受就业福利的损失索赔，受害人遭受疼痛和痛苦以及因此降低生活质量的损失索赔，等等。《海事诉讼法案》规定，向美国联邦政府提起对人诉讼的时效为2年，自造成上述损失的事故发生之日起算。

---

① Schnell v. United States, 166 F. 2d 479 (2nd Cir.), *cert. denied*, 334 U. S. 833 (1948).

此外，该法案还明确了在向美国联邦政府提起对人诉讼时，具有管辖权的法院在文书送达方式及相关程序方面的规则。例如，《海事诉讼法案》规定，索赔人在向联邦法院起诉美国联邦政府前，应先向美国联邦政府提出索赔申请。美国联邦政府需在收到该索赔申请的120日内对索赔请求进行审核，以确定是接受还是拒绝该索赔。如果向美国联邦政府提起对人诉讼，那么美国联邦政府有权援引船舶所有人享有的海事赔偿责任限制权利。一些涉及民商事诉讼的传统抗辩事由，同样适用于针对联邦政府的海事诉讼。[①]

此外，根据《海事诉讼法案》的规定，联邦政府在海事诉讼中既可以作为被告应诉，也可以主动以原告身份提起诉讼。例如，美国联邦政府拥有或经营的从事商业活动船舶的船员，或者属于联邦政府管控的船公司的船员可以提起民事诉讼，就船舶和船员提供的救助服务主张救助报酬。但是主张救助报酬是为了美国联邦政府的利益而非船员自身利益，因此获得的救助报酬应当存入美国国库，归属于美国联邦政府或者归属于联邦政府管控的船公司。

二、《公共船舶法案》

《公共船舶法案》由美国国会于1925年颁布，后于2000年进行过修订（现编入《美国法典》第46编第31101—31113条）。根据该法案，如果索赔人举证证明其人身伤害和财产损失是联邦政府的过失导致的，或者是在美国政府所有、经营或租赁的船舶上工作的官员和雇员的过失导致的，或者是与美国政府所有、经营或租赁的船舶订立并履行合同导致的，或者因向美国联邦政府船舶提供拖带服务和救助服务而产生损失，那么受害人有权就上述损失向美国联邦政府提起诉讼。因此，《公共船舶法案》的规定也属于联邦政府放弃豁免权而参与海事诉讼的情形。这也为一些个人、实体就美国联邦政府公务船舶导致的人身伤害或财产灭失、损害寻求经济赔偿提供了救济路径。

《海事诉讼法案》颁布之初仅限适用于美国联邦政府拥有的从事商业活动的船舶，而2000年修订的《公共船舶法案》则明确将适用范围扩展至美国联邦政府拥有的从事商业活动的船舶以外的其他类型船舶。因此根据《公共船舶法案》的规定，对于因向美国公共船舶提供各种服务而产生的赔偿，或者

---

① Indian Towing Co. v. United States, 350 U. S. 61 (1955).

因美国公共船舶造成的损害,允许索赔人向美国联邦政府提起对人诉讼。《海事诉讼法案》修订时,将仅适用于美国联邦政府拥有的从事商业活动的船舶的限定条件删除,即《海事诉讼法案》既适用于美国联邦政府拥有的从事商业活动的船舶,也适用于美国联邦政府用于公共事务的船舶,例如军用船舶。目前,如果海事争议涉及美国公共船舶,会存在可以同时适用《海事诉讼法案》和《公共船舶法案》两部法案的情形。

根据《公共船舶法案》的规定,在《海事诉讼法案》与《公共船舶法案》不存在冲突的情况下,依据《公共船舶法案》提起的诉讼应当遵循《海事诉讼法案》规定的程序规则。具体而言,所有涉及美国联邦政府公共船舶的索赔案件,均应适用《海事诉讼法案》规定的程序规则。① 此外,《公共船舶法案》规定了一个互惠条款(reciprocity clause),该条款对外国国家起诉美国联邦政府的权利予以限制,除非该外国国家允许美国联邦政府在类似情形下向美国联邦法院提起针对该外国国家的诉讼。

根据《公共船舶法案》的规定,相关诉讼只能向美国联邦地区法院提起。《公共船舶法案》有关联邦法院管辖权的规定,与《海事诉讼法案》有关联邦法院管辖权的规定类似。但是有所区别的是,《公共船舶法案》对联邦法院管辖的范围又作出了较为详尽的规定,即如果原告方在美国没有主营业地或居住地,并且涉及诉讼的船舶或货物也不在美国管辖范围内,那么任何一个联邦地区法院都可以成为适格法院并享有案件管辖权,而《海事诉讼法案》对此未予以明确。

不论是美国公民、美国永久居民还是非美国公民或居民,都可以根据《公共船舶法案》向美国联邦政府提起诉讼。但是,根据互惠条款的规定,若外国公民或居民为原告,只有在其所在国家的法律允许美国公民针对其国家政府提起同样诉讼的情况下,才能根据《公共船舶法案》向美国联邦政府提起诉讼。

根据《公共船舶法案》,因在美国联邦政府拥有的船舶上发生的事故或由联邦政府拥有的船舶所造成的事故而导致的下列损失或费用,受害人可以提起海事诉讼:事故中个人财产遭受损害或毁损;因事故造成人身伤害所产生的医疗费用,包括医院护理费、手术费、药物费、治疗费等;受害人在恢复

---

① United States v. United Cont'l Tuna Corp., 425 U. S. 164 (1976).

期缺勤导致的收入减少，或者在恢复期因工作岗位调整而导致的收入减少；因人身伤害导致永久性残疾，致使失去未来赚钱能力和工作福利；身体疼痛和情绪困扰；因毁容/疤痕、永久性残疾造成生活质量下降或人身伤害导致预期寿命缩短；等等。

《公共船舶法案》并未明确规定诉讼时效，根据相关联邦法律规定，在事故发生或事故导致人身伤害或财产损失发生之日起 2 年内，受害人应当向联邦政府提起海事诉讼。但是如果遭受伤害的是船员，那么船员可以根据《琼斯法案》规定的 3 年诉讼时效向美国联邦政府提起海事诉讼。

除了受联邦制定法规定的诉讼时效限制，如果索赔人以侵权为由起诉美国联邦政府，应当满足《联邦侵权索赔法案》（Federal Tort Claims Act）的相关要求。

三、《联邦侵权索赔法案》

如果因为联邦政府雇员的侵权行为导致受害人人身伤害或财产损失的，受害人不太倾向于起诉该联邦政府雇员，因为雇员的经济能力很难满足受害人的金钱索赔诉求。而如果联邦政府雇员是在受雇范围内行事且并非雇员本人故意行为造成了侵权损害，那么联邦政府基于主权豁免又享有免于参加诉讼的权利。因此，为了保护受害人的权益，美国国会于 1946 年颁布了《联邦侵权索赔法案》（现编入《美国法典》第 28 编第 2671—2680 条）。

根据《联邦侵权索赔法案》第 1035 条规定，受害人可以就美国联邦政府雇员在其雇佣范围内的侵权行为向美国联邦政府提起诉讼。根据该法案第 2674 条规定，此种赔偿责任仅限于金钱损害赔偿，而且明确排除联邦政府雇员故意造成损害的赔偿责任，也不包括惩罚性损害赔偿责任。根据《联邦侵权索赔法案》第 2680 条规定，若索赔人可以依据《海事诉讼法案》或《公共船舶法案》获得法律救济，则不能再依据《联邦侵权索赔法案》获得赔偿。具体而言，索赔人应当首先依据《海事诉讼法案》或《公共船舶法案》提起海事索赔，不论该海事索赔是基于违约行为还是侵权行为，只有在其无法根据《海事诉讼法案》或《公共船舶法案》获得法律救济时，才可以根据《联邦侵权索赔法案》提起诉讼。

只有满足下列条件，索赔人才可以根据《联邦侵权索赔法案》向具有排他性管辖权的联邦法院提起诉讼：第一，被告是美国联邦政府；第二，索赔请求属于金钱赔偿范围；第三，发生了财产损害或人身伤亡；第四，联邦政府雇员的过失或错误行为或不为导致财产损害或人身伤亡；第五，雇员是在其雇佣范围内行事；第六，根据行为地法律或应当行为而不为地的法律，联邦政府对索赔人的财产损害或人身伤亡承担责任。

鉴于美国联邦政府能够成为被告的主要原因是联邦政府需要对其雇员的行为负责，因此受害人无法根据该法案去起诉非联邦雇员的其他人员，即使该人员与联邦政府签订协议并作为独立合同人为联邦政府行事。

因此，满足联邦雇员主体身份的主要包括：一切联邦机构的官员和雇员；现役美国陆军或海军成员；根据联邦法律相关规定参加训练或执行任务的国民警卫队成员；代表联邦机构行事的官方人员；联邦公共防卫组织的官员和雇员（但向客户提供专业服务的除外）。①

根据《联邦侵权索赔法案》的规定，如下情形不适用该法案：（1）联邦政府雇员故意侵权造成的索赔案件。例如，美国联邦调查或执法人员的行为或不为导致索赔人受到攻击、殴打、非法监禁、错误逮捕、恶意起诉、诽谤、欺骗等而引起的任何索赔请求。（2）其他联邦制定法明确规定涉及海事侵权赔偿责任的索赔案件。例如，若索赔人根据《海事诉讼法案》或《公共船舶法案》获得救济，则不可以再根据《联邦侵权索赔法案》获得赔偿。《联邦侵权索赔法案》的这个除外规定非常重要，因为《联邦侵权索赔法案》和《海事诉讼法案》有关海事索赔的实体法律规定和程序法律规定存在明显差异。

根据《联邦侵权索赔法案》的规定，索赔人应当在索赔事项发生之日起2年内向联邦政府或联邦机构提交书面索赔通知。联邦政府或联邦机构应在收到索赔通知之日起6个月内完成调查，并作出同意赔偿或拒绝赔偿的决定。当6个月的期限届满，或者收到联邦政府或联邦机构拒绝承担赔偿责任的回复后，索赔人才可以向联邦法院就侵权索赔提起诉讼。因此该法案也赋予了联邦政府或联邦机构自由裁量权，以确定某个索赔案件是否在《联邦侵权索赔法案》可以适用的范围内。如果索赔请求属于法案适用的例外情形，就意味

---

① Congressional Research Service, *The Federal Tort Claims Act (FTCA): A Legal Overview*, p. 8. 参见美国国会网站，https://crsreports.congress.gov/product/pdf/R/R45732，最后访问日期：2024年2月29日。

着美国联邦政府并未放弃豁免权,因此联邦地区法院也无法受理侵权索赔案件。除了例外适用的条文规定限制了索赔人起诉美国联邦政府,索赔人还受到诉讼时效的限制,即《联邦侵权索赔法案》的诉讼时效为 2 年,且包含联邦政府或联邦机构收到索赔人书面索赔通知后进行调查的时间。

通常情况下,海事请求索赔人只有在用尽其他法律救济的前提下,才能依据《联邦侵权索赔法案》向联邦地区法院提起诉讼。区分《海事诉讼法案》和《联邦侵权索赔法案》适用范围的界限在于,首先判定某个海事纠纷是否属于传统的海事管辖范围:若确定属于海事管辖案件,则应当首先适用《海事诉讼法案》;若缺乏海事管辖属性,则可以适用《联邦侵权索赔法案》;若无法确定涉及的争议是否具有海事管辖属性,则原告可以同时根据两个法案提出主张。①

《海事诉讼法案》的诉讼时效也是 2 年,但并无向联邦政府或联邦机构提交书面索赔通知的程序及时限要求。此外,《海事诉讼法案》项下的海事索赔案件主要适用联邦海事实体法,而《联邦侵权索赔法案》规定应适用各个州的侵权实体法。②

第二节 美国地区政府、外国政府海事责任及豁免

一、美国地区政府海事责任及豁免

根据《美国宪法》第十一修正案,如果州政府或者其下属机构、代理机构没有明确放弃豁免权并且不同意参加在联邦地区法院提起的诉讼,那么禁止原告向该州政府及其下属机构、代理机构提起诉讼,不论是本州的居民还是其他州的居民或者外国公民。有关上述诉讼限制的法律规定也适用于海事纠纷案件的处理。但是美国大多数州已经颁布州法律,允许在州法院以侵权或者违约为由,向州政府或者其下属机构、代理机构提起诉讼,但是没有放弃在联邦法院提起诉讼的豁免权。③

---

① Thomas J. Schoenbaum, *admiralty and maritime Law*(4th edition), Thomson West, 2004, p. 1036.
② Patentas v. United States, 687 F. 2d 707, 711 (3rd Cir. 1982).
③ Thomas J. Schoenbaum, *admiralty and maritime Law*(4th edition), Thomson West, 2004, p. 1044.

《美国宪法》赋予州政府豁免权给联邦法院处理涉及州政府为被告的海事纠纷案件带来一些法律障碍。但是《美国宪法》第十一修正案的条文规定并未禁止索赔人向州政府的官员提起诉讼，即使该政府官员是在职责范围内行事，因为美国联邦最高法院已经明确判决，州政府官员所从事的行为不属于《美国宪法》第十一修正案规定的州政府的行为。① 美国第十巡回上诉法院有判决认定，如果当事人 A 已经在联邦法院提起海事赔偿责任限制的诉讼请求，同时在某个州的法院，该州政府向当事人 A 也提起索赔诉讼，那么当事人 A 可以向联邦法院主张将海事案件移送至州法院，这种行为不属于违反《美国宪法》第十一修正案规定的情形。②

对于州政府以下的地区政府（如市政府或郡政府）的责任承担，美国相关法律规定得没有那么严苛。这些地区政府没有被明确规定在《美国宪法》第十一修正案可以享受主权豁免的范围内。如果这些地区政府的管理人履行的是政府职责，那么地区政府仍可以对雇员过失造成的损害享有主权豁免。但是对于地区政府拥有所有权的财产或具有商业性质的财产的过失导致的损害，地区政府依然要承担赔偿责任。因此在涉及海事纠纷的案件中，索赔人仍然可以起诉这些地区政府，至少是可以采取对人诉讼的方式。③

二、外国政府海事责任及豁免

与多数国家一样，美国法院在审理涉及外国政府的诉讼案件时，一直遵循"绝对豁免"原则，承认外国政府享有免于应诉的绝对豁免权。④ 然而自 1952 年起，为与习惯国际法保持一致，美国法院逐渐采用"有限豁免"原则。根据该原则，对于外国政府参与的商业活动实行有限主权豁免，而对于外国政府从事的公务行为，仍保留其主权豁免权利。⑤

---

① Pla. Dep't of State v. Treasure Salvors, Inc., 458 U. S. 670 (1982).
② Magnolia Marine Transp. Co. v. Oklahoma, 366 F. 3d 1153 (10th Cir. 2004).
③ Thomas J. Schoenbaum, *Admiralty and Maritime Law* (4th edition), Thomson West, 2004, p. 1046.
④ Federal Judicial Center, The Foreign SovereignImmunities Act- A Guide for Judges (2nd Edition), 2018, p. 5. 参见美国联邦司法中心网站，https://www.govinfo.gov/content/pkg/GOVPUB－JU13－PURL-gpo116477/pdf/GOVPUB-JU13-PURL-gpo116477.pdf.，最后访问日期：2024 年 2 月 29 日。
⑤ Alfred Dunhill ofLondon, Inc. v. Republic of Cuba, 425 U. S. 682, 711-715 (1976).

1976 年，美国国会颁布《外国主权豁免法案》，该法案在 2000 年修订时被统一编入《美国法典》（第 28 编第 1602—1611 条）。该法案在延续美国法院"有限豁免"原则的基础上，对外国政府在美国法院诉讼中的豁免权作出一般性规定，并明确了以下例外情形：外国政府明示放弃主权豁免时，不得在相关诉讼中援引豁免权；诉讼涉及外国政府在美国境内开展的商业活动时，不得援引豁免权；外国政府的活动涉及美国境内发生的人身伤亡或财产损失时，不得享有豁免权；依据仲裁协议提起的索赔请求，不得享有豁免权。显然，该法案既适用于针对外国政府的海事纠纷索赔，也适用于针对外国政府的非海事纠纷索赔。

《外国主权豁免法案》未对"外国国家"与"外国政府"等表述进行明确区分，仅规定"外国国家"一词不仅包括外国主权国家，还包括该国的政治分支机构、该国国家机构或部门。但该法案明确规定其不适用于针对外国国家元首（政府首脑）、外交官员或使领馆官员个人提起的索赔诉讼。

根据该法案规定，针对外国政府提起诉讼的常见纠纷类型主要包括：商事合同违约（如采购商品或提供服务）；对外国境内财产的没收；在美国境内发生的侵权事件（如交通事故、滑倒摔伤等）；外国仲裁裁决的承认与执行；外国支持的恐怖主义活动导致的人身伤亡；等等。当上述纠纷涉及海事要素时，将同时引发两个法律问题：一是该外国政府是否应承担海事责任；二是索赔人能否对该外国政府提起海事诉讼。

《外国主权豁免法案》明确规定，该法案可以适用于特定的海事赔偿请求。为实现外国政府从事海上商事活动而产生的船舶优先权，在对该外国政府的船舶或货物提起海事诉讼时，该外国政府不能享有主权豁免。此外，启动诉讼程序时须向该外国政府发出适当通知。该法案还规定：允许原告为实现船舶优先权，依照财产所在地法律和惯例提起对物诉讼；允许原告向联邦法院提起实现具有优先性的船舶抵押权的诉讼。

根据《外国主权豁免法案》的规定，原告向美国联邦法院申请采取财产扣押或财产保全扣押措施时，若实际知道或应当知道相关财产涉及外国政府，则须对采取上述司法措施可能导致的相应损失和后果承担赔偿责任。该法案最初的条文规定是不允许原告通过财产扣押或财产保全扣押措施对外国政府的财产提起诉讼,并且如果原告采取上述措施,还会影响其索赔权利的实现。但是美国国会在修改《外国主权豁免法案》时,明确规定原告可以对涉及外国政府的财产申请采取财产扣押或财产保全扣押措施,只是应当对因此产生的责任或损失负责。

第十五章
共同海损

第一节　共同海损概述

"海损"一词特指海上保险以及海商法中的"损失"。多数情况下，无论是船舶还是货物产生的损失，根据海商法的一般规则，遭受损失的一方应当自己承担损失。但如果受损方船舶或货物遭受的损失是另一方当事人的过错导致的，则不适用上述一般规则。根据美国有关海事侵权及海商合同的规定，受损方可以向造成损失的责任方索赔，例如海上保险人或海事侵权人或海商合同的违约一方。此种损失通常被称为"单独海损"，而共同海损则是上述一般海商法规则的例外情形。

所谓共同海损，是指在船舶所有人和货物利益方之间，对在航次中产生的特定损失和额外产生的费用进行公平分摊的制度。该制度来源于航运实践中长期存在的理念，即在同一航程中，船舶所有人和货物所有人就面临共同风险所产生的额外损失或费用应当共同分担。共同海损包括共同海损牺牲和共同海损费用两种主要类型。鉴于共同海损措施造成的额外财产损失是为了同一航程中的各方利益，相当于该财产损失的所有人为了大家共同利益作出牺牲，因此航运实践中通常将此类财产损失称为"共同海损牺牲"。

共同海损制度最早源于《罗得海法》以及《查士丁尼法典》中有关抛弃货物的条文规定。而上述条文规定在《奥列隆惯例集》第 8 条和第 9 条予以明确，并最终被吸收到英国法律和美国法律中。①

---

① Thomas J. Schoenbaum, *Admiralty and Maritime Law* (*4th edition*), Thomson West, 2004, p. 863.

作为一项公平原则，共同海损规则是指在面对共同风险时，处于同一航程中的任何一方都不应当从风险中遭受不幸的其他方处获益。例如，在遭遇海上风暴时，船长可以决定抛弃一些货物以减轻船舶负载，避免可能沉船的风险。如果损失一些货物使得遇险的船舶及其他货物得以避开海上风暴而幸存并因此受益，则根据共同海损规则，遭受同一风险的所有各方，包括船舶所有人和所有货主，都应当对因货物被抛弃而作出特殊牺牲的货物所有人遭受的损失按比例予以分摊。常见的共同海损费用就是在航行中船舶所有人额外产生的费用，例如船舶在避难港发生的费用[1]、为了顺利完成航程所发生的必要修理费[2]、船舶碰撞产生的费用、支付的海难救助报酬[3]等。

单独海损风险由遭受风险的一方承担，除非可以通过海上保险分散风险或向责任人索赔。与单独海损的责任承担原则不同，共同海损应当由同一航程中所有受益方按比例分摊。在现代航运实践中，多数情况下是船舶所有人先行支付共同海损费用，因此通常都是船舶所有人根据共同海损规则向所有船载货物的利益方主张按比例分摊该额外费用。

目前，美国并没有针对共同海损的任何制定法，因此有关共同海损的规则主要依据美国一般海商法的规定。

第二节 共同海损构成要件

从共同海损制度产生至今，主张共同海损分摊的当事一方应当举证证明满足如下条件，才能成功地从同一航程中其他受益方得到共同海损分摊：（1）财产处于急迫的共同危险或风险中；（2）在同一航程中，为了避免风险而采取有意的措施导致损失发生；（3）所采取的措施取得了效果并有效对抗了海上风险。[4]

随着现代航运实践的发展，能够被认定为共同海损的情形较共同海损制度创设之时已经得到不断扩展。目前，共同海损已经不再局限于抛弃货物这

---

[1] Hobson v. Lord, 92 U. S. 397 (1876).
[2] Eagle Terminal Tankers, Inc. v. Insurance Co. of U. S. S. R, Ltd., 637 F. 2d 890 (2nd Cir. 1981).
[3] Amerada Hess Corp. v. S/T Mobil Apex, 602 F. 2d 1095 (2nd Cir. 1979).
[4] Barnard v. Adams, 51 U. S. (10 How.) 270 (1850).

种情形，只要是满足上述条件要求而采取相关措施导致的牺牲或额外费用，都可以构成共同海损。①

事实上，除了货物或船舶的额外牺牲，遭受损失的一方也可以针对其他类型的损失提出共同海损分摊请求。正如美国联邦最高法院在审理案件时所指出的，能够构成共同海损的损失通常被划分为两种类型：第一种，为了避免同一航程中的财产毁损而额外牺牲本船舶的部分货物；第二种，为了船舶利益方和货物利益方而产生的额外费用。②显然，额外产生的费用是指对船舶航行的安全而言所必须产生的费用，包括船舶修理费、卸货费、卸货后再次装船的费用、额外支付的船员工资以及因为发生海难事故而中止航程所产生的其他相关费用等。

一、财产处于共同危险或风险中

这里提及的共同危险，并不是指马上发生的紧迫危险，而是将来一定会发生或者存在发生可能性的危险。只要产生的危险是真实的且实际一定会存在，即使采取共同海损措施时危险尚未发生，也足以构成这里的危险要件。③例如，船上发生了火灾，即使火势并不大而船长错误地判断火灾的严重性，只要船长下令采取相关灭火措施并因此造成货物受损，就满足共同海损中危险存在的要件。但是，如果船长错误地判定事实上根本不存在的火灾，例如看到货舱上方有雾气飘动误以为货舱着火，并下令采取灭火措施，则采取灭火措施而导致的货物损失等不构成共同海损。④

二、采取的措施基于自愿行为

当处于同一航程中的船舶、货物、财产面临共同危险时，采取共同海损措施的主体应当是基于自愿所为，即没有法定或合同约定的义务要求其采取措施或开展相关行动。如果有法律规定的义务或者合同约定的义务，那么针对处于危险中的财产而采取措施的一方，即使最终使遇险财产获救或幸免于

---

① Eagle Terminal Tankers, Inc. v. Ins. Co. of U. S. S. R., Ltd. 637 F 2d 890 (2nd Cir. 1981).
② The Star of Hope, 76 U. S. (9 Wall.) 203, 228 (1869).
③ Navigazione Generale Italiana v. Spencer Kellogg & Sons, 92 F. 2d 41, 43 (2nd Cir. 1937).
④ Ravenscroft v. United States, 88 F. 2d 418 (2nd Cir. 1937).

难，仍不能就其采取措施造成的额外损失或费用主张共同海损分摊。例如在 Ralli v. Troop 案①中，一艘船舶在停靠加尔各答港（Kolkata）时发生火灾，当地港口主管部门在参与灭火后向船方收取了灭火费。美国联邦法院认定，由于该费用是港口强制收取的，并非基于船方自愿行为，因此不支持针对该费用请求共同海损分摊的主张。

三、共同海损牺牲或费用为共同利益所产生

采取共同海损措施导致遇险船舶、货物损失或因此发生额外费用，应当是为了同一航程中各方利益额外产生的特殊牺牲或特殊费用，而不是为了某一方的利益，或者有其他冠冕堂皇的理由。② 例如在 Dabney v. New England mutualMarine Ins. Co. 案③中，一艘船舶采取措施救助另一艘遭遇海难事故的客船及其乘客，为了使本船能够容纳更多被救助的乘客，船长将本船上载运的部分货物抛弃入海。事后船舶所有人就被抛弃货物的损失向本船其他载货货主主张共同海损分摊，美国联邦法院驳回了船舶所有人的请求。法院判决认为，被抛弃货物的损失不属于为了同一航程中各方利益所产生的额外损失，而是救助他船船舶及乘客所导致的，即涉案船舶所有人采取措施造成被抛弃货物额外损失并非为了使处于同一航程危险中的其他财产得以幸免。但是，如果涉案船舶所有人可以向遇险获救的船舶所有人主张救助报酬的，则可以将其抛弃本船货物的损失计入海难救助的成本一并向获救方主张。类似的情况是，在拖船和被拖船之间通常也不存在共同海损，因为基于拖航合同而面临的共同危险不满足共同海损构成要件中同一航程的要求。但如果拖船与被拖船之间订立的是海上货物运输合同，即拖船提供动力，而被拖船的载货舱室为拖船承载货物的空间，则当拖船与被拖船及其载运货物面临危险时，可能构成同一航程中的风险，并可主张共同海损分摊。④

---

① Ralli v. Troop, 157 U. S. 386 (1895).
② Thomas J. Schoenbaum, *Admiralty and Maritime Law* (4th edition), Thomson West, 2004, p. 864.
③ Dabney v. New England mutualMarine Ins. Co., 96 Mass 300, 14 Allen 300 (Mass 1987).
④ The J. P. Donaldson, 167 U. S. 599 (1897).

四、共同海损措施取得效果

如前文所述,共同海损与单独海损不同。根据美国一般海商法规则,单独海损应当由遭受损失的一方单独承担。而共同海损针对的是在同一航程中遭遇共同危险时,因共同海损措施遭受损失的一方(不论此种损失的表现形式是财产损失还是因此发生的额外费用),是为了同一航程中的各方利益,并且避免了同一航程中所有财产遭受损失的后果。因此,只有共同海损措施取得了效果,才会涉及所有受益方应当分摊共同海损牺牲或共同海损费用的问题。如果采取了共同海损措施,最终并未使船舶、货物、其他财产等所有人从中获益,也没有任何财产因此获救,则采取共同海损措施的一方无法向各财产所有人主张共同海损分摊。这里提及的共同海损措施应取得效果,并不要求同一航程中的所有财产都因此受益或因此免遭风险威胁,即使是一部分财产获益,因采取共同海损措施遭受牺牲或产生额外费用的一方也有权要求其他所有受益方按照获益财产价值比例分摊。

第三节 《约克—安特卫普规则》:共同海损理算规则

尽管美国一般海商法明确了共同海损规则,但是在共同海损理算实践中,美国也如同其他国家或地区一样,主要根据航运惯例规则进行,该规则被称为《约克—安特卫普规则》(York-Antwerp Rules:YAR)。该规则是基于国际上通行的做法,将共同海损实践中的一些规则和原则予以归纳,其由国际海事委员会颁布,已经进行过多次修订。

共同海损理算规则呈现"法典化"的特征,目前统一被冠以《约克—安特卫普规则》的名称。《约克—安特卫普规则》最初源于1860年的格拉斯哥决议,并在此基础上进行了第一次修订,于1877年正式命名为《约克—安特卫普规则》。《约克—安特卫普规则》后经1890年、1924年、1974年、1990年、1994年、2004年、2016年多次修订。① 目前,航运实践中广泛使用的是1974年《约克—安特卫普规则》。这些不同版本的规则并不具有强制适用的效

---

① 司玉琢主编:《海商法》(第5版),法律出版社2023年版,第306—313页。

力，但由于被广泛地并入提单、租船合同条款，因此对合同当事方具有一定的约束力。

《约克—安特卫普规则》通常包括 7 项字母规则和 22 项数字规则。字母规则都是一些原则性的规定，因用词表述过于原则、抽象，需要进一步解释其规则内容；而数字规则相对比较具体。但数字规则仅适用于规则条文明确的特定情形，而且无须考虑字母规则的规定即可适用。尽管《约克—安特卫普规则》在美国并不属于具有约束力的法律规定，但是在实践中基于当事方自愿选择，也得到了美国联邦法院的认可。而且，1936 年《海上货物运输法案》也有条文明确规定，该法案不妨碍当事方在提单中增加有关共同海损方面的任何合法规定。显然，该条文表述暗含着合同当事方有权选择适用《约克—安特卫普规则》的意思，但不能与美国联邦法院有关共同海损的一般海商法规则相违背。

《约克—安特卫普规则》字母规则 A 有关共同海损的界定与美国一般海商法相似，即共同海损是针对同一海上航程中遭遇危险的财产，为了保证这些财产的共同安全，有意且合理地采取措施导致的额外牺牲或费用，由受益方按比例分摊。因此，主张共同海损分摊的一方应当举证证明所采取的共同海损措施满足美国一般海商法规则的要求，并仅能针对共同海损措施直接造成的财产损失和费用支出主张分摊，不包括共同海损措施导致的其他间接损失或费用，例如船舶或货物因迟延而产生的滞期费、货物因市场跌价产生的经济损失或货物因迟延而发生腐烂损失等。

第四节 共同海损、过错与新杰森条款

共同海损分摊理算通常根据适用的规则以及法律予以计算，而无须考虑相关当事方是否对共同海损存在过错。因此，基于对方当事人存在过错或者违反法律规定的情形，一方当事人往往享有向过失方追偿的权利，并可以享有追偿权为由提出抗辩，例如拒绝参加共同海损分摊或减少共同海损分摊数额。船方如果有意向其他各方主张共同海损分摊，则应当举证证明船舶是适航的或者在航次开始前已经谨慎处理使船舶适航。如果船舶所有人因船舶不适航而不享有向其他各方主张共同海损分摊权利的，并不影响被抛弃货物的

所有人向因共同海损措施受益的其他货主主张共同海损分摊的权利。①

在 The Irrawaddy 案中②，美国联邦最高法院判决认为，船长航海过失导致船舶搁浅属于船舶存在过失，因此船舶所有人不能向其他各方主张共同海损分摊。尽管根据《哈特法案》，对于船舶搁浅直接造成的货物损害，承运人和船舶无须承担赔偿责任，但是承运人和货物利益方之间可以达成协议改变上述不利地位。在 The Jason 案中③，美国联邦最高法院判决认为，提单中的约定条款可以改变美国联邦法院在 The Irrawaddy 案中的判决结果。该条款的大致内容是，船舶所有人可以向其他方主张共同海损分摊而无须考虑船舶所有人是否存在航海过失或管船过失。由于提单中的这个条款被美国联邦最高法院确认有效，而且源于涉案名称，因此航运实践中这个条款也常常被称为"杰森条款"（The Jason clause）。

美国 1936 年颁布《海上货物运输法案》后，杰森条款的内容也相应扩展，扩展后的条款被称为"新杰森条款"（New Jason Clause）。常见的新杰森条款内容如下：在开航前或开航后，无论何种原因造成的事故、危险、损害或海难事故，无论承运人对上述原因或结果是否存在过失，如果承运人根据法律规定、合同约定或其他理由无须承担赔偿责任，则托运人、收货人或货物所有人应当对承运人垫付的与货物有关或因货物产生的任何共同海损牺牲、损失或共同海损费用予以分摊。因此，新杰森条款的目的就是，确保承运人在存在过失的情况下，如果根据《海上货物运输法案》或其他相关法律规定对该货损免除赔偿责任，则仍然有权主张其他受益方参加共同海损分摊。此外，新杰森条款区别于杰森条款之处在于，前者还约定同属于一个承运人的姊妹船之间发生海难救助的，不影响救助方在救助成功后依然有权向被救助方主张救助报酬的权利。由于扩展后条款的内容总体上延续了杰森条款的内容，只不过增加了针对姊妹船救助的事项，因此也被称为"新杰森条款"。

由于美国联邦最高法院态度发生转变，允许当事人在合同中约定可免责过失造成共同海损分摊的事项，目前大多数提单、运输合同或租船合同通常都包含杰森条款或者新杰森条款，即明确约定承运人即使过错导致共同海损

---

① Folger Coffee v. M/V Olivebank, 201 F. 3d 632 (5th Cir. 2000).
② Flint v. Christall (The Irrawaddy), 171 U. S. 187 (1898).
③ The Jason, 225 U. S. 32 (1912).

事故或事件，如果基于法律或合同规定，承运人可以援引免责抗辩，则有权向其他受益方主张参加共同海损分摊。①

但是，对于承运人无法免责的过失导致的共同海损，承运人无法向其他受益方主张共同海损分摊。例如，如果是船舶所有人过失未能提供适航船舶而导致海上风险所产生的额外损失和费用，则船舶所有人不能要求其他各方参与共同海损分摊。② 如果是船舶发生不合理绕航导致的共同海损，则承运人也不能向其他各方主张共同海损分摊。③ 同样，如果是货物潜在缺陷导致的共同海损，货主不能要求船舶所有人参与共同海损分摊。④ 但若是第三方过失导致的共同海损，不论是船舶所有人还是货主，都仍然有权要求处于同一航程中的各利益方参与共同海损分摊。⑤

第五节 共同海损声明书及计算

通常情况下，船舶所有人会在发生了共同海损损失或费用时宣布共同海损，因为大多数情况下发生的共同海损事故都与船舶有关。当然，如果发生损失的是货物，则船舶所有人也有义务从其他货物所有人处获得能够参加共同海损分摊的担保。⑥ 为了确保共同海损理算后共同海损损失或费用能够得到分摊，船舶所有人可以针对相应的货物行使留置权，留置的货物价款应当与分摊的数额大体吻合。当然，货主也可以行使留置船舶的权利，以确保船舶所有人能够参加共同海损分摊。实践中，船舶所有人为了保障共同海损分摊，常常会留置船上的货物以作为担保。因此，货主为了确保货物尽快完成卸载，应当提交共同海损分摊担保。该共同海损担保可以采取提交保证金的方式，也可以提供货物保险人出具的确认参加共同海损分摊的担保函。

在进行共同海损分摊之前，通常要对共同海损损失和费用进行理算。一

---

① Royal Ins. Co. of Am. v. Cineraria Shipping Co., 894 F. Supp. 1557 (M. D. Fla. 1995); Cal. & Hawaiian Sugar Co. v. Columbia S. S. Co., 391 F. Supp. 894 (E. D. La. 1972), 510 F. 2d 542 (5th Cir. 1975).

② Deutsche Shell Tanker Gesellschaft mbH v. placidRefining Co., 993 F. 2d 466 (5th Cir. 1993).

③ Tate & Lyle Ltd. v. Hain S. S. Co. Ltd. (The Tregenna), 49 Loyd's Rep. 123 (C. A.).

④ J. Howard Smith, Inc. v. S. S. Mranon, 501 F. 2d 1275 (2nd Cir. 1974).

⑤ Master Shipping Agency, Inc. v. M. S. Farida, 571 F. 2d 131 (2nd Cir. 1978).

⑥ Kohler & Chase v. United American Lines, 60 F. 2d 530 (S. D. N. Y. 1932).

般情况下，当事方会根据约定的理算规则，选择一家专业的共同海损理算机构开展共同海损理算工作。共同海损理算机构会委派一名或多名共同海损理算师，对共同海损损失数额进行精准计算并确定各方应当参加分摊的比例和金额。根据《约克—安特卫普规则》字母规则 G 的内容，共同海损的损失数额以及各方应当参加分摊的数额根据航程终止时当地的财产价值予以计算。共同海损理算往往涉及复杂的法律问题和事实问题，通常此种理算工作会持续数年。在美国，没有相反规定的情况下，共同海损声明书一般由专门的共同海损理算师作出，而且该声明书中通常会包含对各方当事人责任的评估内容。因共同海损理算师并不是法官、仲裁员等有权审理案件的人员，除非各方当事人自愿接受共同海损声明书并愿意根据其内容承担责任，否则共同海损声明书没有法律效力。而且，共同海损各方可以根据案件具体情形对共同海损声明书中的内容提出异议。① 有美国联邦法院判决认为，如果货物保险人出具共同海损担保函并愿意支付共同海损分摊金额，则共同海损声明书可以被视为相关货物利益方有责任支付共同海损分摊金额的初步证据。② 因为联邦法院认为，总体而言共同海损声明书可以初步证明如下事项：第一，共同海损措施直接导致的共同海损损失和费用；第二，产生上述共同海损损失和费用的财产价值；第三，同一航程中各方分摊共同海损损失和费用的比例。

共同海损声明书是否可以初步证明相关利益方有责任支付共同海损分摊费用涉及复杂的法律问题，相关利益方是否最终承担共同海损分摊的责任，联邦法院会综合相关损失和费用发生的事实情况，以及根据法律规定是否构成共同海损等多个因素予以考虑。共同海损声明书通常并不会对交付理算的案件是否构成共同海损作出确认，因此在当事人对是否构成共同海损达不成一致意见的情况下，由联邦法院判决认定是否构成共同海损。同样，联邦法院也可以认定哪些损失或费用属于共同海损。因此，主张共同海损成立的一方当事人应当向联邦法院提供除共同海损声明书以外的其他证据予以佐证。此外，有关共同海损分摊纠纷的法律适用，包括有关该纠纷的诉讼时效规定，依据航程终止地的法律确定，而非作出共同海损声明书所在地的法律。③

---

① United States v. Atl. Mut. Ins. Co., 298 U.S. 483 (1936).
② Cia. Atlantica Pacifica, S.A. v. Humble Oil & Refining Co., 274 F. Supp. 884 (D. Md. 1967).
③ A. Bottacchi S.A. v. Philipp Bros. Latin America Corp., 410 F. Supp. 375, 1976.

参考文献

一、中文著作

1. 徐昕:《英国民事诉讼与民事司法改革》,中国政法大学出版社 2002 年版。
2. 齐树洁主编:《英国民事司法改革》,北京大学出版社 2004 年版。
3. [美] 斯蒂文·N. 苏本、马莎·L. 米卢、马克·N. 布诺丁、托马斯·O. 梅茵:《民事诉讼法:原理、实务与运作环境》,傅郁林等译,中国政法大学出版社 2004 年版。
4. 徐昕译:《英国民事诉讼规则》,中国法制出版社 2001 年版。
5. 冯辉编著:《英美海商法》,对外经济贸易大学出版社 2004 年版。
6. 郁志轰:《美国海商法》,杭州大学出版社 1996 年版。
7. 吴如巧编著:《美国联邦民事诉讼规则的新发展》,中国政法大学出版社 2013 年版。
8. 何勤华主编:《英美法系及其对中国的影响》,法律出版社 2009 年版。
9. 司玉琢主编:《海商法》(第 2 版),法律出版社 2007 年版。
10. 司玉琢主编:《海商法》(第 5 版),法律出版社 2023 年版。
11. 司玉琢主编:《海商法大辞典》,人民交通出版社 1998 年版。
12. 司玉琢、韩立新主编:《〈鹿特丹规则〉研究》,大连海事大学出版社 2009 年版。
13. 郭萍:《国际货运代理法律制度研究》,法律出版社 2007 年版。
14. 郭萍编著:《租船实务与法律》(第 3 版),大连海事大学出版社 2014 年版。
15. 胡正良主编:《国际海事条约汇编》(第 6 卷),大连海运学院出版社 1994 年版。
16. [比利时] R. C. 范·卡内冈:《英国普通法的诞生》(第 2 版),李红海译,中国政法大学出版社 2003 年版。
17. [美] William Burnham:《英美法导论》,林利芝译,中国政法大学出版社 2003 年版。
18. [美] 罗斯科·庞德:《普通法的精神》,唐前宏等译,法律出版社 2001 年版。
19. [美] 伯纳德·施瓦茨:《美国法律史》,王军、洪德、杨静辉译,法律出版社 2018 年版。
20. [美] 艾伦·法恩思沃斯、史蒂夫·谢泼德:《美国法律体系》,李明倩译,上海人民出版社 2018 年版。

21. ［瑞士］亚历山大·凡·基格勒、［瑞典］约翰·斯蔡林、［意大利］斯蒂佛诺·祖纳若礼主编：《2008 年鹿特丹规则》，郭萍、李莹莹等译，法律出版社 2016 年版。

22. 薛波主编：《元照英美法词典》，北京大学出版社 2017 年版。

23. ［美］史蒂文·L. 伊曼纽尔：《侵权法》，中信出版社 2003 年版。

二、中文期刊

1. 司玉琢：《艰辛的历程，辉煌的成就——纪念〈海商法〉实施三十周年》，载《中国海商法研究》2023 年第 2 期。

2. 司玉琢、郭萍、韩立新：《美国 99 年 COGSA 的主要变化、影响及我国对策分析》，载《中国海商法年刊》1999 年。

3. 初北平：《海上保险的最大诚信：制度内涵与立法表达》，载《法学研究》2018 年第 3 期。

4. 潘军锋：《海上保险案件审判疑难问题研究——最高人民法院〈海上保险司法解释〉施行十五年回顾与展望》，载《法律适用》2021 年第 10 期。

5. 郑睿：《论英国海上保险合同告知义务之演进与立法启示》，载《中国海商法研究》2015 年第 4 期。

6. 郭萍、黎理：《史径望海，借鉴反思：中国海商法回顾与展望》，载《中山大学学报（社会科学版）》2021 年第 2 期。

7. 邓晗、韩立新：《Rule B 下的 EFTs 扣押被宣判"死缓"——美国联邦第二巡回上诉法院最新判例 the "Jaldhi" 案评述》，载《中国海商法年刊》2010 年。

8. 杨文贵、彭先伟：《"Rule B 扣押令"及其最新发展》，载《中国海商法年刊》2007 年。

9. 张金蕾、潘秀华：《中国海上保险法律制度修改的再审视——以〈2015 年英国保险法〉为背景》，载《中国海商法研究》2015 年第 4 期。

10. 王欣、苑宏宇：《〈2015 年英国保险法〉第一案的弃权规则及其启示》，载《中国海商法研究》2020 年第 3 期。

11. 傅廷中：《投保人的告知义务再检讨》，载《中国海商法研究》2012 年第 1 期。

三、外文著作

1. Robert Force, *Admiralty and Maritime Law*, Federal Judicial Center, 2004.

2. Robert Force, *Admiralty and Maritime Law* (*2nd edition*), Federal Judicial Center, 2013.

3. Robert Force & A. N. Yiannopoulos, *Admiralty and Maritime Law*, Beard Books Inc., 2012.

4. James V Calvin, Susan Coleman, *American Law and Legal Systems* (4th edition), Higher Education Press, 2002.

5. Cristopher Hill, *Maritime Law* (6th edition), Lloyd's Practical Shipping Guides, L. L. P. 2003.

6. Thomas J. Schoenbaum, *Admiralty and Maritime Law* (4th edition), West Thomson, 2004.

7. Terry L. Jordan, *The U. S. Constitution and Fascinating Facts About It*, Oak Hill Publishing Company, 2007.

8. Bryan A. Garner, *Black's Law Dictionary* (9th edition), West Publishing Co., 2009.

9. Henry Campbell Black, *Black's Law Dictionary* (5th edition), West Publishing Co., 1979.

10. Roger LeRoy Miller, Gaylord A. Jentz, *Business Law Today: The Essentials* (8th edition), Thomson West, 2005.

11. Michael Wilford, Terence Coghlin, John D. Mimball, *Time Charters* (3rd edition), L. L. P., 1989.

12. Julian Cooke, Timothy Young QC, Andrew Talyor, John Kimball, Ddavid Martowski, LeRoy Lambert, *Voyage Charters* (3rd edition), Informa Law from Routledge, 2007.

四、外文期刊

1. Robert Force, "Post-Calhoun Remedies for Death and Injury in maritime Case: Uniformity Whither Goest Thou", *Tul. Mar. L. J.*, Vol. 21, 1996, p. 7.

2. Thomas R. Denniston et al., "Liabilities of Multimodal Operators and Parties Other Than Carriers and Shippers", *Tul. L. Rev.*, Vol. 64, 1989, p. 517.

3. Robert Force, "Allocation of Risk and Standard of Care under the Jones Act: 'Slight Negligence' 'Slight care'", *J. Mar. L. & Com.*, Vol. 25, 1994, p. 1.

4. Jerome C. Scowcroft, "Recent Developments Concerning the Package Limitation", *J. Mar. L. & Com.*, Vol. 20, 1989, p. 403.

5. I. L. Evans, "The Harter Act and Its Limitations", *Michigan Law Review*, Vol. 1910, p. 8.

五、网　站

1. 中国海事仲裁委员会网站，https://www.cmac.org.cn/。

2. 中华人民共和国海事局网站，https://www.msa.gov.cn/。

3. 国际海事组织网站，https://www.imo.org/。

4. 世界海事大学网站，https://www.wmu.se/。

5. 大连海事大学网站，https://www.dlmu.edu.cn/。

6. 上海海事大学网站, https://www.shmtu.edu.cn/。

7. 香港特别行政区海事处网站, https://www.mardep.gov.hk/filemanager/en/share/forms/pdf/md523.pdf。

8. 美国联邦法院网站, https://www.uscourts.gov/rules-policies/current-rules-practice-procedure。

9. 美国国会网站, https://crsreports.congress.gov/product/pdf/R/R45732。

10. 美国联邦司法中心网站, https://www.govinfo.gov/content/pkg/GOVPUB-JU13-PURL-gpo116477/pdf/GOVPUB-JU13-PURL-gpo116477.pdf。

11. 美国海军军事海运司令部网站, https://sealiftcommand.com/about-msc。

12. 美国海洋能源管理局网站, https://www.boem.gov/oil-gas-energy/leasing/ocs-lands-act-history#:~:text=The%20Outer%20Continental%20Shelf%20Lands%20Act%2C%20created%20on, of%20mineral%20exploration%20and%20development%20of%20the%20OCS。

13. 美国国家公园管理局网站, https://www.nps.gov/subjects/archeology/abandoned-shipwreck-act.htm。

14. 国际海事组织网站, https://www.imo.org/en/。

15. 国际海事委员会网站, https://comitemaritime.org/publications-documents/cmi-yearbook/。

16. 英国最高法院网站, https://www.supremecourt.uk。

17. 美国康奈尔大学法学院网站, https://www.law.cornell.edu/wex/erie_doctrine。

后　记

在键盘上敲完最后一个字符时，我既有如释重负的轻松感，又有一丝不安和担忧。所谓的轻松感，是终于实现了自己多年来的一个愿望，也庆幸自己终于熬过了查找资料、辛苦"码字"的日日夜夜。美国海商法涉及很多法律条文和案例，尽管我试图努力地完善、更新书稿的相关内容，但是囿于资料有限，加上自身对外文文献及法律条文的理解可能存在偏差，所以本书可能无法满足对美国海商法感兴趣的各位读者的所有需求，仍有进一步提升的空间。每念于此，我常感惴惴不安，故诚挚期待各位专家、同行和读者不吝赐教，提出宝贵意见与建议，使本书能在未来得以进一步完善。

感谢中山大学法学院为本书出版提供的资金保障，使本书能够顺利与读者见面，并作为涉外法治人才培养系列教材之一。同时，感谢法学院各位领导、同事对我的支持和鼓励！

感谢知识产权出版社的信赖与支持，以及为本书尽快问世所付出的努力。特别感谢庞从容编辑、张琪惠编辑细致、周到、认真、踏实的工作，在文字编辑、内容完善方面字斟句酌、精雕细刻。感谢乔智炜美编精心设计的封面，极大地提升了本书的"颜值"。

感谢父母对我工作的一贯支持和理解。虽因异地工作不能时常团聚，但每一次视频通话，父母叮嘱我踏实工作的教诲仍萦绕耳畔。感谢家人对我的包容与呵护，他们承担了大部分的家庭事务，让我有更多的精力和时间努力完成书稿；在我身体不适或情绪低落时，给予我无微不至的照顾和关怀。这些成为我不断努力前行的源泉和动力。

2024 年 4 月定稿于广州康乐园